Marcus Tullius Cicero

Ausgewählte Briefe von M. Tullius Cicero

Erster Band

Marcus Tullius Cicero

Ausgewählte Briefe von M. Tullius Cicero
Erster Band

ISBN/EAN: 9783744671941

Hergestellt in Europa, USA, Kanada, Australien, Japan

Cover: Foto ©ninafisch / pixelio.de

Weitere Bücher finden Sie auf **www.hansebooks.com**

USGEWÄHLTE BRIEFE

VON

M. TULLIUS CICERO.

HERAUSGEGEBEN

VON

FRIEDRICH HOFMANN.

I. BAENDCHEN.

BERLIN,

WEIDMANNSCHE BUCHHANDLUNG.

1860.

INHALT.

EINLEITUNG.

Im Alterthum hatte man weit mehr Briefe von Cicero als wir jetzt besitzen. Es citirt Macrobius Saturn. II, 1 ein zweites Buch epistolarum ad Cornelium Nepotem, Priscian IX, 10, 54 ein erstes ad Licinium Calvum, Nonius Marcellus p. 286 ed. Gerlach und Roth ein neuntes ad Brutum, p. 305 ein neuntes ad Hirtium, p. 201 ein viertes ad Pompeium, p. 196 ein drittes ad Caesarem, p. 289 ein drittes ad Caesarem iuniorem, p. 65 ein drittes ad Pansam, p. 348 ein zweites ad Axium, p. 188 ein zweites ad filium und p. 190 ein erstes ad Cassium. Rechnen wir diese Bücher zusammen, so dass wir annehmen, wo ein erstes Buch citirt ist, sei mindestens noch ein zweites vorhanden gewesen, und nehmen wir dann die noch vorhandenen Bücher hinzu, so ergiebt sich, dass, abgesehen von den an andern Stellen citirten einzelnen Briefen, wenigstens 76 Bücher Ciceronischer Briefe im Alterthum bekannt gewesen sein müssen.

Uns sind als Ciceronische Briefe überliefert worden:
1) Epistolarum ad M. Brutum libri II,
2) Epistolarum ad Quintum fratrem libri III,
3) Epistola ad Octavianum,
4) Epistolarum ad Atticum libri XVI,
5) Epistolarum ad familiares libri XVI.

Aber nicht alle diese Briefe werden für ächt gehalten.

Zuerst ist die epistola ad Octavianum Cicero abgesprochen worden. Schon Malaspina hat es gethan und wie sehr Victorius schwankte, ergiebt sich aus seinen Worten: *nunc suum quisque iudicium consulat et quod ei rectum videtur id sequatur.* Jetzt ist niemand, der diesen Brief für ächt hielte.

Weit weniger Uebereinstimmung herrscht in Betreff der

Briefe an M. Brutus. Die Unächtheit dieser Sammlung hat zuerst Tunstall behauptet in der *Epistola ad virum eruditum Co-
nyers Middleton, Cantabrigae* 1741. Auf diesen Angriff hat Middleton geantwortet mit seiner Ausgabe der angefochtenen Briefe,
London 1743, und dagegen ist dann zuerst wieder Tunstall aufgetreten mit *Observations on the present collection of epistles bet-
ween Cicero and M. Brutus, London* 1744, und im folgenden
Jahre Jeremias Markland mit seinen *Remarks on the epistles of
Cicero to Brutus and of Brutus to Cicero, London* 1745. Seit
dieser Zeit haben fast alle Gelehrten die Briefe an Brutus für un-
ächt gehalten, bis in neuester Zeit K. F. Hermann in Göttingen
sich ihrer angenommen hat, ohne jedoch seiner Ansicht, dass die
Briefe ächt wären, allgemeine Anerkennung verschaffen zu können.
Seine drei Schriften über diesen Gegenstand: *Vindiciae Latinitatis epistolarum Ciceronis ad M. Brutum et Bruti ad Ciceronem,
Gottingae* 1844, Zur Rechtfertigung der Aechtheit des erhaltenen
Briefwechsels zwischen Cicero und Brutus, 1. u. 2. Abth. 1845,
und *Vindiciarum Brutinarum epimetrum* 1845 sind bekämpft
worden von A. W. Zumpt zuerst mit der Abhandlung *De M. Tullii Ciceronis ad M. Brutum et Bruti ad Ciceronem epistolis, quae
vulgo feruntur, Berolini* 1845, dann mit einer ausführlichen Re-
cension in den Berliner Jahrbüchern für wissenschaftliche Kritik
im Novemberheft 1845.

Schon die Zahl der in dieser Sache gewechselten Streit-
schriften und noch mehr der Name ihrer Verfasser zeigt, dass hier
eine weitschichtige, verwickelte und schwer zu entscheidende
Streitfrage vorliegt, in welcher Niemand, ohne den Vorwurf der
Anmassung auf sich zu ziehen, ein Urtheil abgeben kann, wenn
er nicht vorher alle Argumente, mit welchen von beiden Seiten
gekämpft worden ist, sorgfältig gegen einander abgewogen hat.
Da nun eine solche Prüfung theils wegen der nicht zu vermeiden-
den Weitläufigkeit, theils weil dabei sehr viele sonst nicht gerade
sehr wichtige historische und grammatische Fragen zur Sprache
kommen, dem Zwecke dieser meiner Schrift sehr wenig ent-
sprechend sein würde, so werde ich die eigentlichen Streitpunkte,
d. i. die Verstösse gegen die Geschichte und die Abweichungen
von der Ciceronischen Schreibart, die in diesen Briefen zu finden
sein sollen, ganz unerwähnt lassen und mich begnügen in aller
Kürze anzugeben, inwiefern die Art, wie diese Briefe uns überliefert sind, für oder gegen ihre Aechtheit spricht.

Bei dieser Frage müssen wir das erste und das zweite Buch
der in Rede stehenden Briefe wohl auseinander halten. Das erste

Buch findet sich in der Handschrift des Petrarca, durch welche
uns auch die Briefe an Quintus Cicero und an Atticus erhalten
sind, und zwar steht es am Anfang der Handschrift unmittelbar
vor den Briefen an Quintus Cicero. Ferner wird von Ammianus
Marcellinus XXIX, 5, 24 die Sentenz *salutaris rigor vincit inanem speciem clementiae* als Ciceronisch angeführt und diese Stelle
findet sich mit einer ganz unwesentlichen Abweichung im zweiten Briefe unseres Buches. Ebenso findet sich im ersten Briefe
eine Stelle, die Nonius Marcellus p. 286 ed. Gerlach so anführt:
*Cicero ad Brutum lib. VIIII: Lucilius Clodius, tribunus plebis
designatus, valde me diligit, vel, ut enfaticoteron dicam, valde
me amat,* und es kann nicht befremden, dass diese Stelle von
Nonius als aus dem neunten Buche angeführt wird, während sie in
unserem ersten Buche steht, da von K. F. Hermann aus dem Inhalt der Briefe genügend bewiesen ist, dass unser erstes Buch
dem zweiten nachgesetzt werden muss und dass es von den neun
Büchern das letzte gewesen ist. Endlich stimmen drei längere
Stellen bei Plutarch, nämlich Brut. 21, 26 und Cic. 45, mit drei
Briefen dieses Buches, dem sechzehnten, dritten und siebzehnten,
in den Gedanken so sehr überein, dass man annehmen kann,
Plutarch habe sie bei der Abfassung jener Stellen vor Augen gehabt. Dieses ist es, was für die Aechtheit der Briefe spricht.
Dagegen macht man geltend: erstens der Umstand, dass das Buch
in der Handschrift Petrarcas steht, beweist nichts, denn in derselben steht auch die anerkannt unächte epistola ad Octavianum. Zweitens die Citate des Nonius und Ammianus Marcellinus verlieren ihre Beweiskraft, wenn man annimmt, dass unsere Briefe schon vor der Zeit dieser Männer angefertigt sind.
Was drittens endlich die Stellen aus Plutarch betrifft, so beziehen sich die erste und dritte auf eine andere Zeit als die
Briefe, aus denen sie entlehnt sein sollen, und in der zweiten
Stelle, Brut. 26: χρόνον μὲν οὖν πολὺν ἐν τιμῇ τὸν Γάϊον (C.
Antonius) ἦγε καὶ τὰ παράσημα τῆς ἀρχῆς οὐκ ἀφῄρει.
καίπερ, ὥς φασιν, ἄλλων τε πολλῶν καὶ Κικέρωνος ἀπὸ
Ῥώμης γραφόντων καὶ κελευόντων ἀναιρεῖν, erhellt aus dem
hinzugefügten ὥς φασιν, dass unser dritter Brief, der zu dieser
Stelle in Beziehung stehen soll, von Plutarch entweder dabei
nicht benutzt worden ist oder, wenn er es ist, für nicht unzweifelhaft ächt gehalten worden ist; denn dass es zu Plutarchs Zeit
unächte Briefe wenigstens von Brutus gab, sagt Plutarch selbst
Brut. 53. So weit die Gegner. Man sieht, in diesem Punkte
verhalten sie sich nur abwehrend; sie suchen zu beweisen, dass

die Briefe trotz der guten Beglaubigung doch recht wohl gefälscht sein können; dass sie es wirklich sind, bleibt ihnen mit anderen Beweisen darzuthun.

Viel besser ist ihre Stellung bei dem zweiten Buche. Die sieben darin enthaltenen, theilweise verstümmelten Briefe, nach K. F. Hermann ein Bruchstück des achten Buches, das sammt den vorhergehenden aus der von Petrarca gefundenen Handschrift durch irgend einen Zufall abhanden gekommen wäre, sind zuerst in der Ausgabe von Cratander, Basel 1528, erschienen, und die Handschrift, der sie entnommen sind, ist völlig unbekannt geblieben. Auch wird keine Stelle aus diesen Briefen von einem der alten Schriftsteller angeführt. Bei diesen Briefen muss also der Vertheidiger sich darauf beschränken, die Möglichkeit zu zeigen, dass sie trotz der mangelhaften Beglaubigung doch von Cicero herrühren können, und, wenn ihm das gelungen ist, hat er mit andern Mitteln den Beweis zu führen, dass sie wirklich von Cicero und keinem Andern geschrieben sind. Es ist das eine schwer zu erfüllende Verpflichtung und der Vertheidiger scheint sich ihrer nicht hinlänglich bewusst gewesen zu sein, denn er begnügt sich auch bei diesen Briefen damit, die Angriffe der Gegner zurückzuweisen.

Wir kommen nun zu den drei Briefsammlungen, deren Aechtheit unbestritten ist. Sie enthalten gegen 850 Briefe, die an Cicero gerichteten Anderer mit gerechnet. Der erste Brief ist im Jahre 68 geschrieben, d. i. im Jahre nach Ciceros Aedilität, der letzte am 28. Juli 43, wenige Monate vor seiner Ermordung. Aber die Correspondenz, wie sie uns vorliegt, ist nicht immer gleich lebhaft unterhalten worden; manchmal ist sie sogar längere Zeit ganz unterbrochen. So haben wir aus Ciceros Consulat gar keinen Brief und verhältnissmässig viel weniger aus der Zeit vor dem Ausbruch des Bürgerkriegs zwischen Caesar und Pompeius als aus der Zeit nachher. Dennoch haben wir keinen Grund anzunehmen, dass die erhaltenen Sammlungen, was die Zahl der Bücher und die Abtheilung derselben betrifft, im Alterthum eine erheblich andere Gestalt gehabt haben.

Was zuerst die drei Bücher ad Quintum fratrem betrifft, so wird von Sueton Aug. 3 auf zwei Stellen aus ihnen verwiesen, die sich I, 1, 21 und I, 2, 7 finden. Ferner wird von Diomedes ars gramm. p. 381 ed. Keil eine Stelle aus dem zweiten Buche angeführt, die II, 1, 2 steht. Wenn also die uns erhaltene Sammlung auch erst im Jahre 60 beginnt und schon mit dem Jahre 54 schliesst und wenn es auch in der Natur der Sache liegt und

überdies durch ausdrückliche Zeugnisse bewiesen werden kann, dass sowohl vorher als nachher M. und Q. Cicero viele Briefe mit einander gewechselt haben, so müssen wir doch annehmen, dass im Alterthum auch nur die uns erhaltenen drei Bücher veröffentlicht worden sind.

Ueber die Briefe an Atticus berichtet Nepos im Leben des Atticus 16: *eum (Atticum) praecipue dilexit Cicero, ut ne frater quidem ei Quintus carior fuerit aut familiarior. Ei rei sunt indicio praeter eos libros, in quibus de eo facit mentionem, qui in vulgus sunt editi, undecim volumina epistolarum ab consulatu eius usque ad extremum tempus ad Atticum missarum, quae qui legat non multum desideret historiam contextam eorum temporum. Sic enim omnia de studiis principum, vitiis ducum, mutationibus rei publicae perscripta sunt, ut nihil in his non appareat et facile existimari possit prudentiam quodammodo esse divinationem; non enim Cicero ea solum, quae vivo se acciderunt, futura praedixit, sed etiam quae nunc usu veniunt cecinit ut vates.* Hiernach würde die Sammlung, die Nepos sah, in der Zahl der Bücher und im Anfangs- und Endpunkt von der unsrigen abgewichen sein, und es müsste die Veränderung vorgenommen sein entweder bei oder nach der Herausgabe der Sammlung, denn Nepos schrieb diese Stelle nur wenige Jahre vorher und in diesen wird sich schwerlich eine Veranlassung gefunden haben, die seit langen Jahren zurückgelegte Sammlung einer Revision zu unterwerfen. Wenn man nun aber bedenkt, dass auch von unserer Sammlung recht wohl gesagt werden kann, sie reiche *usque ad extremum tempus*, obgleich der letzte noch vorhandene Brief fast genau ein Jahr vor Ciceros Tode geschrieben ist, und dass bei einer ungefähren Angabe, und nur eine solche beabsichtigte Nepos, selbst der von ihm angegebene Anfangspunkt zur Noth auch von unsrer Sammlung gelten könnte, obgleich in ihr elf Briefe aus der Zeit vor dem Consulat und gar keine aus dem Consulat und dem Jahre nachher sich finden; wenn man ferner berücksichtigt, dass die Zahlenangaben in den Handschriften sehr häufig verderbt sind, und wenn man endlich nicht ausser Acht lässt, dass der Herausgeber nicht einmal so viel Sorgfalt angewandt hat, dass er überall die Briefe in chronologische Ordnung brachte, so wird man weit eher geneigt sein, die Bücherzahl XI in XVI zu verändern und sich mit Nepos ungefähren Zeitangaben zufrieden zu geben, als anzunehmen, dass die von dem pünktlichen Geschäftsmann Atticus geordnete und sorgsam aufbewahrte Sammlung bei der Herausgabe um einige unbedeutende Briefe ver-

mehrt, um viele wichtige vermindert und überhaupt in eine
andere Ordnung gebracht worden wäre. Es bliebe die Möglichkeit, dass nach der Herausgabe irgend einmal die Aenderung gemacht wäre. Aber die Citate bei Seneca ep. 97, 4 aus dem ersten Buche, bei Gellius IV, 9, 6 aus dem neunten, bei Nonius
p. 145 aus dem zweiten, p. 63 aus dem vierten, p. 257 aus dem
neunten, p. 326 aus dem funfzehnten, welche Citate sich alle in den
angegebenen Büchern finden, beweisen genügend, dass, was den
Umfang, die Bücherzahl und die Abtheilung der einzelnen Bücher
betrifft, die im Alterthum cursirenden Sammlungen mit der
auf uns gekommenen vollkommen übereinstimmten. Damit soll
indessen nicht gesagt sein, dass nicht einzelne Stellen oder wohl
auch einzelne Briefe, die im Alterthum in der Sammlung standen, uns verloren gegangen sein könnten. Ich meine damit nicht
die Briefe, auf die sich Cicero in andern Briefen bezieht und die
gleichwohl in unserer Sammlung fehlen; denn diese können von
Atticus, wie erweislich einige andere, verloren oder vernichtet
worden sein. Aber die bei Seneca de brev. vitae 5 so genau bezeichnete Stelle suchen wir in unsern Briefen vergebens; Beweis
genug, dass so manches uns durch die Schuld der Abschreiber
verloren gegangen ist.

Weit schwieriger als bei den Briefen an Quintus Cicero und
an Atticus ist es bei den sogenannten Briefen ad familiares ins
Reine zu kommen über den ursprünglichen Umfang dieser Sammlung und den Plan, nach dem sie gemacht worden ist.

Der Gesammttitel, den diese Sammlung in unseren Ausgaben
führt, ist neueren Ursprungs und hat im Laufe der Zeit sich geändert. In den ältesten Ausgaben hiess sie *epistolae familiares*,
in der Ausgabe des Stephanus 1526 wurde dieser Titel geändert
in *epistolae ad familiares*, Victorius 1536 setzte dafür *epistolarum libri XVI* und Cellarius gab seiner Ausgabe 1698 den Titel: *epistolarum ad diversos libri XVI*. Von diesen Titeln sind
die beiden ältesten schon deshalb zu verwerfen, weil die wenigsten Briefe in unserer Sammlung 'vertraute Briefe' sind, und
der von Cellarius, weil, 'an Verschiedene' Lateinisch nicht *ad
diversos* heisst. Allen aber steht die Auctorität der Handschriften
entgegen. Zwar findet sich im Codex Parisinus, den ich im Anhang
näher bezeichnet habe, die Ueberschrift: *Marci Tullii Ciceronis
epistolarum liber primus incipit* und nachher unter den einzelnen
Büchern Subscriptionen, wie diese: *M. T. C. epistolarum ad P.
Lentulum lib. primus expl. Incipit eiusdem ad curionem feliciter
secundus,* und damit stimmen auch der Palatinus primus und

drei Dresdner Handschriften, die Benedict benutzte, überein, ja
im Palatinus tertius soll sogar stehen: *Marci Tullii Ciceronis
epistolarum familiarium liber primus incipit.* Indessen diese
Handschriften sind aus dem Mediceus geflossen und haben, wenn
dieser widerspricht, keine Auctorität. Im Mediceus aber findet
sich keine allgemeine Ueberschrift und die Subscriptionen unter
den einzelnen Büchern lauten immer im Wesentlichen wie beim
ersten Buche: *Marci Tullii Ciceronis epistolarum ad Publium
Lentulum explicit. Incipit eiusdem ad consulem curionem* (d. i.
C. Curionem) *feliciter.*

Ebenso verhält es sich auch mit den bei den Alten vorkommenden Citaten aus diesen Büchern. Man citirt entweder ganz
unbestimmt den Brief nach dem Namen des Empfängers, wie
Nonius p. 199 mit dem Citat *M. Tullius epistola ad Cassium* den
Brief ad fam. XV, 16 in dem Buche *ad senatum et ceteros* meint;
— oder man nennt den Titel des Buchs, wie Gellius XII, 13, 21:
in libro M. Tullii epistularum ad Servium Sulpicium, d. i. ad
fam. IV, 4; — oder man führt den Titel des Buches an und bezeichnet noch aufserdem den Brief durch den Namen des Absen-
ders oder des Empfängers, wie ad fam. X, 33 von Gellius I, 22, 19 citirt
wird: *in libro epistularum M. Ciceronis ad L. Plancum et in epi-
stula Asini Pollionis,* und ad fam. IX, 20 von Nonius p. 59: *Cicero
ad Varronem epistola Peti,* d. i. in einem Briefe an Paetus in dem
Buche *ad Varronem et ceteros.* Nirgends finden wir also in unserer Ueberlieferung eine Andeutung, dass die Bücher ad familiares im Alterthum eine besondere Sammlung, ein Ganzes für sich
gebildet hätten.

Anders stellt sich aber die Sache, wenn wir die Sammlung
selbst betrachten und sie mit den andern Sammlungen Ciceronischer Briefe vergleichen.

Alle übrigen Briefe Ciceros sind, so weit wir es bestimmen
können, und wir können es bei fast allen, nach den Empfängern
geordnet gewesen; in unserer Sammlung allein sind Briefe an
verschiedene Personen vereinigt und zwar so, dass nur vier Bücher, das dritte, achte, vierzehnte und sechzehnte, nicht Briefe
an Mehrere enthalten. Dies allein würde allerdings noch nichts
beweisen, denn das sonst überall beobachtete Eintheilungsprincip
könnte hier blos darum nicht beobachtet sein, weil es sich nicht
beobachten liess, indem nicht mehr genug Briefe an eine Person
vorhanden waren, eine eigne Sammlung oder auch nur ein eignes
Buch damit zu füllen. Es hätte nichts Auffallendes, wenn neben
den sechzehn Büchern an Atticus und den drei an Quintus u. s. w.

ein Buch an Lentulus und Andere stände, wenn an Lentulus nicht mehr Briefe vorhanden waren oder wenigstens nicht mehr zur Veröffentlichung sich eigneten. Aber so ist es nicht. Das vierte Buch ist überschrieben *ad Servilium* (d. i. Servium) *Sulpicium* und es enthält 5 Briefe an diesen Mann, 2 von ihm und 8 Briefe an andere Personen. Dennoch finden sich im dreizehnten Buche, welches *ad Memmium et ceteros* überschrieben ist, noch 13 Briefe an Sulpicius, und diese haben zusammen ungefähr denselben Umfang, wie jene 8 Briefe des vierten Buches an andere Personen, wären also recht gut geeignet gewesen das vierte Buch zu füllen. Ebenso haben wir im funfzehnten Buche 5 Briefe von Cicero an Cassius und einen Brief von diesem an Cicero, obgleich das zwölfte Buch mit dem Titel *ad C. Cassium et ceteros* ausser 10 Briefen von Cicero an Cassius und 3 von diesem an Cicero noch 17 Briefe von Anderen oder an Andere enthält. Endlich steht im dreizehnten Buche ein Brief von L. Plancus, obgleich das zehnte Buch, das *ad L. Plancum* überschrieben ist, für diesen Brief Raum genug gehabt hätte.

Hierzu kommt noch ein anderer Umstand. Wären unsere Bücher ad familiares nur eine Fortsetzung oder Vervollständigung der andern Sammlungen, stünden sie neben diesen, wie die Bücher an Atticus neben denen an Quintus Cicero, so dürften Briefe, die anderswo ihren geeigneten Platz gefunden hatten, nicht noch einmal in unsern Büchern vorkommen. Wir würden es nicht auffallend finden, dass ein Brief des Caelius und einer an Dolabella, die als Beilagen bei ad Att. X, 9 und XIV, 17 stehen, noch einmal ad fam. VIII, 16 und IX, 14 sich finden, wie ja auch ein Brief an Pompeius, der ad Att. VIII, 11 beigelegt war und bei diesem Briefe noch steht, von Nonius p. 201 so citirt wird: *M. Tullius ad Pompeium lib. IIII.* Wir würden es auch erklärlich finden, wenn hin und wieder aus Versehen ein selbstständiger Brief aus einer andern Sammlung auch in unsern Büchern eine Stelle gefunden hätte. Wenn aber in ihnen 5 Briefe an M. Brutus, 3 an C. Caesar, 1 an Cn. Pompeius und viele an C. Cassius vorkommen, obgleich, wie p. 1 zeigt, für Briefe an diese Männer eigne, zum Theil sehr umfangreiche Sammlungen vorhanden waren, so können wir uns wohl kaum der Annahme entziehen, dass unsere Sammlung nach einem von dem der übrigen abweichenden Plane angelegt ist und dass sie von jeher ein Ganzes für sich gebildet hat, das mit den andern Sammlungen in keiner Verbindung stand.

Fragen wir nun, wie eine solche Sammlung entstanden sein

kann, so lassen sich, so viel ich sehe, drei Möglichkeiten denken:
entweder die Bücher ad familiares sind Trümmer der verloren
gegangenen grösseren Sammlungen, oder sie sind eine Auswahl
der beststilisirten oder sonst interessantesten Briefe für Leser,
denen die andern Sammlungen zu umfangreich waren, oder endlich sie sind herausgegeben, bevor die vollständigen Sammlungen
veröffentlicht wurden, von einem Manne, welchem andere Ciceronische Briefe, solche wenigstens, deren Herausgabe ihm unbedenklich erschienen wäre, nicht zu Gebote standen. Von diesen
Annahmen ist die erste unstatthaft, weil die oben p. 1 und p. 7
angeführten Citate von Gellius und Nonius deutlich zeigen, dass
zur Zeit dieser Männer unsere Sammlung schon vorhanden war
und die andern noch nicht verloren waren. Der zweiten Annahme
würde es nicht sehr widersprechen, dass unter den Briefen ad
familiares mehrere sich finden, die in den grösseren, nach den
Empfängern geordneten Sammlungen nicht wohl gestanden haben können, wie z. B. die beiden Berichte Ciceros an den Senat
ad fam. XV, 1 und 2, denn es wäre recht wohl möglich, dass
man einer Auswahl der besten Briefe einige Inedita hinzugefügt
hätte. Aber unvereinbar ist es mit dieser Annahme, dass so auffallend viele Briefe anderer Personen aufgenommen sind, von
denen einige gar nicht an Cicero gerichtet sind und sehr viele
zum Verständniss der übrigen Briefe nicht das Mindeste beitra-
gen; dass ferner neben einer allerdings grossen Anzahl meister-
haft stilisirter und auch sonst sehr interessanter Briefe auch
eine nicht unbedeutende Menge kleiner und durch Nichts ausgezeichneter Platz gefunden hat, deren Aufnahme nur durch die
Rücksicht auf Vollständigkeit veranlasst sein kann; dass endlich
aus den uns nur dem Namen nach bekannt gewordenen Sammlungen, in denen gewiss viele höchst ausgezeichnete Briefe sich
fanden, verhältnissmässig nur wenige, und aus den Briefen an
Atticus und Quintus Cicero, deren Vorzüge wir aus eigener An-
schauung kennen, gar keine in unsere Sammlung aufgenommen
sind. Ich berufe mich für das erste Argument auf das achte
Buch, welches nur Briefe von Cälius an Cicero enthält, ferner
auf die Briefe von Cicero dem Sohn und Quintus Cicero an Tiro,
ad fam. XVI, 21, 25, 26, 27, und auf die von D. Brutus an Antonius, ad fam. XI, 1—3. Für das zweite wird eine Verweisung
auf die letzten Briefe des Buchs *ad Terentiam uxorem* genügen.
Bei dem dritten endlich lege ich besonders Gewicht auf den Brief
an Cn. Pompeius ad fam. V. 7; denn da Cicero in diesem Briefe
sein Befremden darüber ausdrückt, dass der Bericht über sein

Consulat, den er an Pompeius geschickt hatte, von diesem so kalt aufgenommen war, so wüsste ich nicht zu sagen, wie einer, der eine Auswahl der wichtigsten Briefe herausgeben wollte, diesen Bericht hätte weglassen können, da er doch veröffentlicht worden war und da über seine Wichtigkeit kein Zweifel sein kann. Vgl. pro Sulla 24,67 und Scholia Bobiensia p. 270 ed Orelli. Somit bleibt nur die dritte Annahme übrig.

Ist diese Annahme richtig, und ich finde nichts, was ihr widerspräche, so können wir nach der Beschaffenheit unserer Quellen nur entweder Tiro oder Atticus für den Herausgeber unserer Sammlung halten. Denn wenn es auch nicht unmöglich ist, dass auch andere Personen in den Besitz einer grösseren Anzahl nicht an sie selbst gerichteter Ciceronischer Briefe gekommen sind, so wissen wir das doch nur von jenen beiden. Von Tiro lässt es sich aus seiner Stellung zu Cicero vermuthen und wird auch ausdrücklich bezeugt ad Att. XVI, 5, 5, und dass an Atticus von Cicero oft Abschriften seiner an Andere gerichteten Briefe geschickt worden sind, ersehen wir z. B. aus ad Att. VIII, 11, 6, IX, 11, 4, XIII, 6, 3, XIV, 13, 6, XIV, 17, 4, XVI, 16, 1. Sehen wir also, welchem von beiden mit grösserer Wahrscheinlichkeit die Autorschaft unserer Sammlung zugeschrieben werden kann.

Wenn zugegeben werden muss, dass sowohl Atticus als Tiro durch Cicero selbst eine nicht unerhebliche Anzahl Abschriften seiner Briefe erhalten haben, so kann doch auch andererseits nicht geläugnet werden, dass nicht alle Briefe unserer Sammlung auf diese Weise in ihre Hände gekommen sind; denn dass Cicero nicht von allen diesen Briefen Abschriften hat machen lassen, zeigen unter andern die Briefe ad fam. XII, 20 und XV, 18. Es muss also der Herausgeber manche Briefe mittelbar oder unmittelbar von dem Empfänger erhalten haben, und zwar, wie sich nicht anders denken lässt, auf sein Ansuchen und zu dem Zwecke sie herauszugeben. Nun hat Atticus, wie weiter unten gezeigt werden wird, die sehr bedeutende Sammlung der an ihn gerichteten Ciceronischen Briefe erst nach seinem Tode veröffentlichen lassen. Wie hätte er also andere angehen können ihm ihre Briefe zur Herausgabe zu überlassen, da er entschlossen war die seinigen zurückzuhalten? Und auch von Tiro müsste er sich die Briefe ausgebeten haben, die dieser in Besitz hatte; denn dass Cicero von den meistens unbedeutenden Briefen an Tiro, die in unserer Sammlung sich finden, Abschriften an Atticus geschickt haben sollte, ist durchaus nicht glaublich. Wie

hätte aber Tiro hierzu geneigt sein sollen, da er, wie wir aus ad Att. XVI, 5 und aus ad fam. XVI, 17 wissen, längere Zeit mit dem Plane umging, mit Ciceros Bewilligung und unter dessen Oberaufsicht eine Sammlung von dessen Briefen herauszugeben, und da nach Ciceros Willen Atticus ihm hierzu Briefe aus seiner Sammlung beisteuern sollte? Endlich wäre auch nicht abzusehen, warum Atticus, wenn er die Herausgabe unserer Sammlung besorgt hätte, von den vielen wichtigen Briefen, von denen Abschriften an ihn geschickt wurden und die nach seinem Tode in der Sammlung der an ihn gerichteten Briefe der Oeffentlichkeit übergeben wurden, nur zwei, den an Caelius ad fam. VIII, 16 und den an Dolabella ad fam. IX, 14, aufgenommen hätte. Dieses scheint mir auszureichen, um es wahrscheinlich zu machen, dass nicht Atticus, sondern Tiro die Herausgabe der Bücher ad familiares besorgt hat.

Sonach wäre das Resultat unserer Untersuchung über die epistolae ad familiares in Kurzem dieses. Diese Bücher bildeten auch im Alterthum eine für sich bestehende Sammlung, wahrscheinlich mit dem Titel, den Victorius gewählt hat: *M. Tulli Ciceronis epistolarum libri XVI.* Sie sind die älteste von allen Sammlungen Ciceronischer Briefe und sind veröffentlicht worden von M. Tullius Tiro, Ciceros Freigelassenen und treuem Gehülfen bei seiner Correspondenz und seinen gelehrten Arbeiten. Es hat aber Tiro, wofern nicht politische oder persönliche Rücksichten es verboten haben mögen, die Briefe, die er gesammelt hatte und die er in Ciceros Nachlass fand und die ihm Freunde des Verstorbenen mittheilten, alle veröffentlicht, ohne auf ihren Werth oder Unwerth grosse Rücksicht zu nehmen und ohne auf die Anordnung sonderlichen Fleiss zu verwenden, wiewohl sein Bestreben die Briefe theils nach den Empfängern, theils nach der Aehnlichkeit des Inhalts zu ordnen nicht zu verkennen ist. Später, wo Ciceros Ansehn immer höher stieg und wo jedes Blatt von ihm wichtig zu sein schien, mögen dann die, mit denen Cicero in Correspondenz gestanden hatte, oder deren Erben die Bekanntmachung der andern Sammlungen bewirkt haben, wie ja auch in unserer Zeit Briefe von Göthe und anderen berühmten Männern meistens von denen veröffentlicht worden sind, an die sie gerichtet waren.

Wir kommen jetzt zu der Frage, in welcher Zeit unsere Sammlungen bekannt gemacht worden sind. Hierfür ist die Hauptstelle neben der oben p. 5 aus Cornelius Nepos angeführten Cicero ad Atticum XVI, 5, 5: *mearum epistolarum nulla*

*est συναγωγή, sed habet Tiro instar septuaginta. Equidem
sunt a te quaedam sumendae. Eas ego oportet perspiciam, cor-
rigam; tum denique edentur.* Für diese Stelle bietet der Mediceus keine erhebliche Variante, denn *sumenda* für *sumendae* ist
ein in dieser Handschrift oft vorkommender Schreibfehler und
auch *inistar* für *instar* kann kaum Bedenken erregen, da *instar*
hier gebraucht ist, wie bei Velleius II, 29: *cuius viri magnitudo
multorum voluminum instar exigit,* in der Bedeutung: ich habe
die Briefe nicht gezählt, aber sie bildeten ein Volumen, wie 70
es zu bilden pflegen. Wir können also die Stelle, wie sie oben
abgedruckt ist, unbedenklich für unsern Zweck verwenden. Man
ersieht aber daraus, dass Cicero seine Briefe nicht gesammelt
und aufbewahrt hat und dass auch Tiro nur eine kleine Anzahl
davon besass; ferner dass am VII Id. Quint. 44, an welchem
Tage der Brief, aus dem wir die Stelle angeführt haben, geschrieben ist, noch keine Sammlung Ciceronischer Briefe erschienen
war; endlich dass Cicero wohl beabsichtigte eine solche erscheinen zu lassen, aber in weit geringerem Umfange als dies später
geschehen ist, und nur, nachdem er selbst sie durchgesehen und
verbessert hätte. Dies reicht aus zu beweisen, dass bei Ciceros
Lebzeiten Briefe von ihm weder von Tiro noch von Atticus veröffentlicht worden sind; denn in dem vielbewegten letzten Le-
bensjahre hatte Cicero sicherlich weder Zeit noch Lust zu einer
Revision seiner Briefe und mit der Durchsicht wird es ihm wohl
Ernst gewesen sein, da Atticus, der viele Bücherabschreiber un-
terhielt und meistens mit der Herausgabe von Ciceros Schriften
beauftragt wurde, nicht immer besonders discret dabei verfahren
war (ad Att. XIII, 21, 4). Wir haben somit ein Datum, vor welchem keine unserer Briefsammlungen erschienen sein kann. Für
die übrigen Sammlungen muss es dabei sein Bewenden haben;
für die Briefe an Atticus aber sind wir in der Lage den Termin erheblich weiter hinausstecken zu können. In der oben p. 5 aus dem
Leben des Atticus von Cornelius Nepos angeführten Stelle werden die *undecim volumina epistolarum ad Atticum missarum* den
libri qui in vulgus sunt editi gegenüber gestellt; es können also
jene Briefe noch nicht veröffentlicht gewesen sein zu der Zeit,
wo der Theil von Atticus Leben, in dem jene Stelle enthalten ist,
herausgegeben wurde. Da dieses nun erst in einem der drei
Jahre 35, 34, 33 v. Chr., wahrscheinlich 34, geschehen ist, also
zwei Jahre vor Atticus im Jahre 32 erfolgtem Tode, und da die
Gründe, die Atticus bestimmten 10 Jahre lang die Briefe zurückzuhalten, wohl auch noch ein Paar Jahre weiter ihre Geltung

behalten haben werden, so ist es sehr wahrscheinlich, dass die Briefe nach Atticus Tode aus seinem Nachlass und auf seine Verordnung herausgegeben worden sind.

Wir haben nun noch das nächste Datum zu suchen, nach welchem die Herausgabe unserer Briefsammlungen nicht erfolgt sein kann. Das einzige Mittel hierzu sind die bei den Alten vorkommenden Citate. Es werden aber citirt von Seneca, welcher 65 n.Chr. starb, dial. X, 5, 2 und ep. 97, 4 und 118, 1 die Briefe an Atticus, von Quintilian, der seine Institutiones oratoriae um das Jahr 90 schrieb, VI, 3, 109, VIII, 3, 32 eben diese, I, 7, 34 ein Brief an Cicero den Sohn, VI, 3, 112 ein Brief an die Cerellia, VI, 3, 20 die Briefe an Brutus, VIII, 3, 35 ein Brief an Appius Pulcher, der jetzt ad familiares III, 8 sich findet, endlich von Sueton, dessen Buch de vita Caesarum 120 n. Chr. erschienen ist, Tib. 7 und de Gramm. 14 und 16 die Briefe an Atticus, Caes. 9 ein Brief an Axius, ebenda 55 ein Brief an Cornelius Nepos, de Rhetor. 2 ein Brief an M. Titinnius, Aug. 3 die Briefe an Quintus Cicero und de Gramm. 14 der Brief an Dolabella, der jetzt ad familiares IX, 10 steht. Dieses sind die ältesten Anführungen der Ciceronischen Briefe. Sie sind aber sämmtlich aus so später Zeit, dass sie für die Entscheidung unserer Frage von geringem Belang sind; denn dass alle Sammlungen der Ciceronischen Briefe noch während Augustus Regierung erschienen sind, kann für den, welcher alle Verhältnisse, die hierauf Bezug haben, wohl erwägt, kaum zweifelhaft sein.

Soviel über die Entstehung der Ciceronischen Briefsammlungen und die Gestalt, die sie im Alterthum gehabt haben; es bleibt noch anzugeben, wie die noch vorhandenen auf uns gekommen sind und welchen Anspruch auf Berücksichtigung bei der Texteskritik die von den Herausgebern benutzten Handschriften erheben können.

Wie eifrig Ciceros Briefe bis in die letzten Zeiten des weströmischen Reichs und noch darüber hinaus gelesen, excerpirt und nachgeahmt wurden, können wir ersehen aus Plinius ep. IX, 2, Fronto ad Marcum Caes. I, 1, ad Anton. Imp. II, 5, und Sidonius Apollinaris ep. I, 1. Auch aus den ersten Jahrhunderten des Mittelalters finden wir noch einige Erwähnungen derselben, welche von Orelli in seiner Historia critica epistolarum Ciceronis ad familiares p. VI—XI gesammelt worden sind. Aber seit der Mitte des 12. Jahrhunderts sind die Briefe so völlig verschollen, dass, als Franz Petrarca (geb. 1304, gest. 1374) zwei Jahrhunderte später in einer Handschrift die Briefe an Brutus, Quintus Cicero

und Atticus, in einer andern die ad familiares fand, sowohl er
selbst als auch die Gelehrten seiner Zeit diesen Fund als die
Wiederauffindung eines längst verlorenen und aufgegebenen
Werkes feierten.

An welchem Orte die Handschriften gefunden sind, ist von
Petrarca selbst nirgends ausdrücklich angegeben. Wir haben
aber eine hierauf bezügliche Nachricht in einem Briefe von Coluccius Salutatus an den Cremoneser Pasquinus aus dem Jahre
1390, welchen Brief Haupt in dem Berliner Lectionscatalog für
den Winter 1856—1857 veröffentlicht hat. In diesem Briefe
bedankt sich Coluccius bei Pasquinus für die Uebersendung einer
Sammlung Ciceronischer Briefe, welche nach allem, was er davon sagt, Briefe ad familiares gewesen sein müssen, und fährt
dann fort: *Sentio quidem epistolarum Ciceronis plurimum abesse
putoque quod has habueris ab ecclesia Vercellensi, verum com-
pertum habeo quod in ecclesia Veronensi solebat aliud et epistolarum esse volumen, cuius, ut per aliquas epistolas inde desum-
tas, quas habeo, et per excerpta Petrarcae clarissime video,
[quod] inter has penitus nihil extat. Quamobrem ut integre possim omnes habere, te per aeterni numinis maiestātem . . . deprecor et obtestor, quod illas etiam inquiri facias et diligenter, ut
has alias, exemplari, ut omnes, qui magna iam ex parte suscepi
tuo munere, consequar epistolas Arpinatis.* Wenn Coluccius
Briefe ad familiares aus Vercelli hat und nun noch die in der Veronensischen Handschrift enthaltenen Briefe zugesendet haben
will, um so in den Besitz aller vorhandenen Ciceronischen Briefe
zu kommen, so muss nach seiner Meinung die Veronensische
Handschrift jedenfalls die Briefe an Quintus Cicero und an Atticus enthalten haben. Wenn ferner Coluccius schreibt, er ersähe
aus einigen Briefen, die er aus der Veronensischen Handschrift
besässe und aus Excerpten von Petrarca, dass von dieser Handschrift nichts unter seinen Briefen sich befände, so müsste ein
merkwürdiger Zufall obgewaltet haben, wenn die Briefe der Ver-
cellensischen auch in der Veronensischen Handschrift gestanden hätten. Wenn also nicht ein Theil der Briefe ad familiares
in der einen, ein anderer in der andern Handschrift gestanden hat, was sehr unwahrscheinlich ist, so bleibt uns nur die
Annahme übrig, dass die Handschrift der Briefe an Brutus, Quintus Cicero und Atticus von Petrarca in Verona und die der Briefe
ad familiares von eben demselben in Vercelli gefunden worden ist.

Zu demselben Resultat gelangen wir durch Betrachtung
dreier von Orelli a. a O. p. XII und XIII citirter Stellen. Flavius

Blondus, welcher 14 Jahre nach Petrarcas Tode geboren wurde, der also die nachfolgende Notiz leicht aus einem nachher verloren gegangenen Briefe Petrarcas oder von einem seiner Freunde haben konnte, berichtet in seinem Buche Italia illustrata p. 346 ed. Bas. über Petrarca: *ipse . . . . epistolas Ciceronis Lentulo inscriptas Vercellis reperisse gloriatus est.* Blondus sagt also ausdrücklich, dass die Briefe ad familiares, denn das sind die *epistolae Lentulo inscriptae,* von Petrarca in Vercelli gefunden worden sind. Ferner: Petrarca schreibt in der Praefat. Epp. de rebus fam. a. 3. b. Lugd.: *Epicurus . . . . epistolas suas duobus aut tribus inscripsit, Idomeneo, Polyaeno et Metrodoro. Totidem paene suas Cicero, Bruto, Attico et Ciceronibus suis, fratri scilicet ac filio.* Petrarca hat also die Handschrift der Briefe an Brutus, Quintus Cicero und Atticus zuerst gefunden und eine Zeitlang allein besessen; denn, wenn er die Briefe ad familiares gekannt hätte, würde er nicht haben schreiben können, Cicero hätte seine Briefe an fast ebensoviele Personen gerichtet als Epicur. Dass aber Petrarca von Briefen Ciceros an seinen Sohn spricht, braucht nicht zu befremden, da er aus Anführungen älterer Schriftsteller Kenntniss davon erhalten haben kann, dass auch eine solche Briefsammlung im Alterthum vorhanden war. Endlich ist für uns von Wichtigkeit, was Petrarca Ad Viros illustr. p. 661. Lugd. schreibt: *M. T. Ciceroni. Epistolas tuas diu multumque perquisitas atque, ubi minime rebar, inventas avidissime perlegi cet. Apud superos ad dexteram Athesis ripam in colonia Veronensium Transpadanae Italiae XVI Kalend. Quintiles anno ab ortu Dei illius, quem tu non noveras, MCCCXLV.* Denn, da dieser Brief offenbar in der ersten Freude über die Entdeckung geschrieben ist, so kann er als Beweis dafür dienen, dass die von Petrarca zuerst gefundenen Briefe, und das sind, wie eben gezeigt worden ist, die an Atticus, in Verona gefunden worden sind.

Von den beiden Handschriften, welche Petrarca gefunden hat, besitzen wir noch die der Briefe ad familiares, eine Handschrift aus dem 11ten Jahrhundert, jetzt Cod. Medic. Plut. XLIX, N. IX. Die andere, welche die Briefe an Brutus, Quintus Cicero und Atticus enthielt, ist verloren gegangen; wir haben aber noch Petrarcas Abschrift davon, jetzt Cod. Medic. Plut. XLIX, N. XVIII. Von der ersteren Handschrift hat Orelli in seiner Historia critica epistolarum Ciceronis auf überzeugende Weise nachgewiesen, dass aus ihr mittelbar oder unmittelbar alle übrigen von den Neueren benutzten Handschriften der Briefe ad familiares geflossen sind, dass also sie allein bei der Gestaltung des Textes in

diesen Büchern massgebend sein muss. Weniger begründet ist
sein Urtheil über die Handschriften der Briefe an Atticus. Er
unterscheidet hier zwei Handschriftenfamilien, die italienische,
deren Hauptrepräsentant Petrarcas Abschrift wäre, und die nach
seiner Meinung weit vorzüglichere französische, zu welcher er
drei nicht mehr vorhandene Codices rechnet, die beiden Bosia-
nischen, den Decurtatus und Crusellinus, und den Turnesianus,
der ausser von Bosius auch von Turnebus und Lambin benutzt
worden ist. Es hat aber Moritz Haupt im Berliner Lectionscatalog für den Sommer 1855 aus einer Vergleichung der gedruck-
ten Anmerkungen des Bosius mit den von ihm vorher niederge-
schriebenen, welche in der Pariser Bibliothek aufbewahrt werden
und von Th. Mommsen genau durchgesehen worden sind, auf
das Ueberzeugendste dargethan, dass Bosius die angeblich aus
seinen Codices entlehnten Lesarten erfunden hat, um damit seine
bisweilen vortrefflichen, oft aber auch verfehlten Conjecturen zu
stützen. Da sonach nicht bloss die Lesarten des Decurtatus und
Crusellinus, sondern auch die von Bosius allein angeführten des
Turnesianus ihre Glaubwürdigkeit verloren haben, und da dies
gerade die Lesarten sind, deretwegen Orelli die drei Codices
für so vortrefflich hielt, so müssen wir abweichend von Orelli
die Handschrift des Petrarca als Grundlage bei der Texteskritik
annehmen. Es kann jedoch nicht verkannt werden, dass von der
von Petrarca gefundenen und nachher verschollenen Handschrift
ausser seiner Abschrift noch andere gemacht worden sind, dass
daher mehrere der nachher benutzten Handschriften ihren Ursprung gehabt haben und dass eine solche dem Coluccius Salutatus vorgelegen haben muss, von welchem die Verbesserungen
der zweiten Hand in die Handschrift des Petrarca eingetragen
worden sind. Während wir also bei den Briefen ad familiares
nur den Lesarten des Mediceus, und zwar nur denen der ersten
Hand, Auctorität zugestehen können, werden wir hier den Verbesserungen der zweiten Hand, sofern sie nicht augenscheinlich blosse
Conjecturen sind, grosse Wichtigkeit beilegen müssen und auch
die Lesarten der Handschriften nicht vernachlässigen können,
welche, wie der Turnesianus, nicht aus der Abschrift des Petrarca abgeschrieben zu sein scheinen.

Erstes Buch.

Ciceros Verbannung.

EPISTOLA I.

(AD FAM. V, 1.)

Q. METELLUS Q. F. CELER PROCOS. S. D. M. TULLIO CICERONI.

Si vales, bene est. Existimaram pro mutuo inter nos ani- 1
mo et pro reconciliata gratia nec absentem ludibrio laesum

EPISTOLA I.

Der Brief ist geschrieben im Januar 62 v. Chr. Q. Caecilius Metellus Celer hatte im Jahre vorher als Praetor den Consul Cicero bei der Unterdrückung der Catilinarischen Verschwörung eifrig unterstützt und war jetzt Proconsul von Gallia cisalpina. Sein Bruder Q. Caecilius Metellus Nepos, trib. pl. seit a. d. IV Id. Dec. 63, hatte gleich nach dem Antritt seines Amtes den Cicero wegen seines Verfahrens gegen die Catilinarier angegriffen und ihn gehindert die herkömmliche Rede beim Abgang vom Consulat zu halten. Dass Cicero ihm hierauf mehrfach entgegentrat, gab dem Bruder Veranlassung zu diesem Briefe. Die Abkürzungen in der Ueberschrift bedeuten: Q. F. = Quinti filius, S. D = salutem dicit.

bene est] Da *esse* nicht blos Copula ist, sondern auch die Bedeutungen vorhanden sein, sich wo aufhalten, sich verhalten annehmen kann, so kann die Art und Weise dieses Seins durch ein Adverbium ausgedrückt werden; z. B. satis est, parum est, es genügt, es genügt nicht, Cic. in Verr. III, 95, 221; ferner in Pis. 5, 11: *mitto quae ne-*

gari possunt, haec commemoro, quae sunt palam; ad Att. XIV, 22, 2: *qui mihi videntur ubivis tutius quam in senatu fore;* pro Deiot. 7, 19: *cum in convivio comiter et iucunde fuisses;* pro Sest. 42: *qui sibi licere vult tuto esse in foro;* auch so, dass der Ort aus dem Zusammenhange zu ergänzen ist: ad Att. XVI, 7, 1: *ibi cum ventum exspectarem, erat enim villa Valerii nostri, ut familiariter essem et libenter;* ad Att. IV, 1, 8: *ita sunt res nostrae;* pro Rosc. Am. 30, 84: *sic vita hominum est;* ad Att. XVI, 11, 1: *de Sicca ita est, ut scribis;* ad fam. IV, 9, 2: *deinde non habet, ut nunc quidem est, id vitii res;* ad Q. fr. III, 9, 2: *cetera recte sunt;* ad Att. I, 7: *apud matrem recte est;* von einer Person gewöhnlich mit dem Dativ; z. B. ad fam. XVI, 22, 1: *spero ex tuis litteris tibi melius esse;* in Verr. IV, 43, 95: *nunquam tam male est Siculis;* aber bei Hor. sat. II, 3, 162 auch *recte est aeger,* und ebenso ad Att. I, 16, 11: *apud bonos iidem sumus, quos reliquisti, apud sordem urbis et faecem multo melius nunc quam reliquisti.*

1. *nec absentem*] me ausgelassen; s. zu I, 6, 2.

2 *

iri nec Metellum fratrem ob dictum capite ac fortunis per te op-
pugnatum iri. Quem si parum pudor ipsius defendebat, debebat
vel familiae nostrae dignitas vel meum studium erga vos remque
publicam satis sublevare. Nunc video illum circumventum, me
2 desertum, a quibus minime conveniebat. Itaque in luctu et
squalore sum, qui provinciae, qui exercitui praesum, qui bellum
gero. Quae quoniam nec ratione nec maiorum nostrorum clementia administrastis, non erit mirandum, si vos paenitebit. Te
tam mobili in me meosque esse animo non sperabam. Me interea
nec domesticus dolor nec cuiusquam iniuria ab re publica ab-
ducet.

EPISTOLA II.

(AD FAM. V, 2.)

M. TULLIUS M. F. CICERO Q. METELLO Q. F. CELERI PROCOS. S. D.

1   Si tu exercitusque valetis, bene est. Scribis ad me te exi-
stimasse 'pro mutuo inter nos animo et pro reconciliata gra-

capite ac fortunis] caput bezeichnet das ganze persönliche Recht (libertas, civitas, familia) im Gegensatz zu dem Vermögen; z. B. capite
deminui und bonis deminui. Es war
aber Metellus Nepos gefährdet, weil
der Senat, als jener den Cicero mit
einer Anklage bedrohte, beschlossen hatte, wer den Cicero oder
einen, der ihm beigestanden hätte,
anklagen würde, solle als Feind der
Republik angesehen werden.

Nunc] oder nunc vero so aber,
zur Einführung des wirklich Statt-
findenden nach einem Nichtwirkli-
chen. Er hätte geschützt sein
sollen, so aber.

2. qui provinciae] der ich für die
Republik mich abmühe und also solche Behandlung am wenigsten ver-
diene. Er führte im Verein mit
C. Antonius Krieg gegen Catilina,
der erst Ende Februar besiegt
wurde.

EPISTOLA II.

Diese Antwort auf den vorigen
Brief ist geschrieben in Rom Ende
Januar oder Anfang Februar 62.

1. Gedankengang: Ich habe gesagt, du hättest deinen Verwandten
zu Liebe die Lobrede auf mich nicht
gehalten, die du hättest halten wollen. Daran könntest du Anstoss
nehmen, einmal weil ich dich damit
einer Hinneigung zu den Uebelge-
sinnten beschuldigt hätte, zweitens
weil über meine Aeusserung gelacht
worden ist. Ich habe aber deine Mitwirkung bei der Wiederherstellung
der Ordnung gebührend anerkannt
und gerade diese als Ursache angegeben, warum deine Verwandten
dich mir abwendig zu machen versucht hätten; also ist der erste Vorwurf unbegründet. Mein Wunsch
aber, von dir gelobt zu werden, hat
Lachen über mich, nicht über dich
erregt; für dich konnte er nur ehrenvoll sein.

tia nunquam te a me ludibrio laesum iri.' Quod cuiusmodi sit
satis intellegere non possum, sed tamen suspicor ad te esse alla-
tum me, in senatu cum disputarem permultos esse, qui rem publicam a me conservatam dolerent, dixisse, a te propinquos tuos,
quibus negare non potuisses, impetrasse, ut ea, quae statuisses
tibi in senatu de mea laude esse dicenda, reticeres. Quod cum
dicerem, illud adiunxi, mihi tecum ita dispertitum officium fuisse
in rei publicae salute retinenda, ut ego urbem a domesticis insidiis et ab intestino scelere, tu Italiam et ab armatis hostibus et
ab occulta coniuratione defenderes, atque hanc nostram tanti et
tam praeclari muneris societatem a tuis propinquis labefactatam,
qui, cum tu a me rebus amplissimis atque honorificentissimis
ornatus esses, timuissent, ne qua mihi pars abs te voluntatis
mutuae tribueretur. Hoc in sermone cum a me exponeretur 2
quae mea exspectatio fuisset orationis tuae quantoque in errore
versatus essem, visa est oratio non iniucunda et mediocris quidam
est risus consecutus, non in te, sed magis in errorem meum et
quod me abs te cupisse laudari aperte atque ingenue confitebar.
Iam hoc non potest in te non honorifice esse dictum, me in claris-
simis meis atque amplissimis rebus tamen aliquod testimonium
tuae vocis habere voluisse.

   Quod autem ita scribis, 'pro mutuo inter nos animo,' 3
quid tu existimes esse in amicitia mutuum nescio; equidem hoc

---

a domesticis insidiis] Die Ver-
schiedenheit liegt nicht in domesticus und intestinus, denn beide Wörter bedeuten einheimisch im Gegensatz zu ausländisch, sondern
in insidiae und scelus, hostes und
coniuratio, die sich wie Anschlag
und Ausführung zu einander verhalten.

   tu Italiam] Sall. Cat. 30: Praetores Q. Pompeius Rufus Capuam,
Q. Metellus Celer in agrum Pice-
num (missi) hisque permissum, uti
pro tempore atque periculo exercitum compararent.

   2. Hoc in sermone] Auctor ad
Herenn. III, 13, 23: sermo est oratio
remissa et finitima quotidianae lo-
cutioni; contentio est oratio acris
et ad confirmandum et ad confu-
tandum accommodata; amplificatio

est oratio, quae aut in iracundiam
inducit aut ad misericordiam trahit
auditoris animum.

   Iam] zur Einführung der zweiten
Praemisse im Schlusse: nun aber.
Hier ist die conclusio; also kann
es dich nicht verletzen, ausgelassen, wie pro Cluent. 16: Illis
Fabriciis semper est usus Oppiani-
cus familiarissime. Iam hoc fere
scitis omnes quantam vim habeat
ad coniungendas amicitias studiorum ac naturae similitudo. S. Seyffert, scholae Lat. I, pag. 188.

   testimonium tuae vocis] wie ep.
ad fam. XV, 6: testimonium sententiae dictae, ein Zeugniss, welches
mir durch deine Rede oder dein
Gutachten gegeben wird; gewöhnlicher ist testimonium alicuius rei,
das Zeugniss für eine Sache.

arbitror, cum par voluntas accipitur et redditur. Ego, si hoc dicam, me tua causa praetermisisse provinciam, tibi ipse levior videar esse; meae enim rationes ita tulerunt atque eius mei consilii maiorem in dies singulos fructum voluptatemque capio. Illud dico, me, ut primum in contione provinciam deposuerim, statim quemadmodum eam tibi traderem cogitare coepisse. Nihil dico de sortitione vestra; tantum te suspicari volo nihil

---

3. *Ego si hoc dicam*] In den Stilgattungen, die der gewöhnlichen Rede fernstehen, setzt man ein persönliches Pronomen, wenn ein Gegensatz zu Andern vorhanden ist, oder wenn die Beschaffenheit der Person hervorgehoben werden soll; z. B. Cic. Phil. II, 21: *et tu* (ein solcher Mann) *apud patres conscriptos contra me dicere ausus es?* oder um die beliebte Nebeneinanderstellung zweier Pronomina zu ermöglichen; z. B. pro Sext. Roscio 1, 1: *credo ego vos, iudices* u. s. w., pro Caec. 13: *reieci ego te armatis hominibus, non deieci;* oder pleonastisch vor quidem; z. B. de fato 2: *oratorias exercitationes non tu quidem reliquisti, sed certe philosophiam illis anteposuisti;* oder in Antworten: *ego vero, tu vero.* In den Briefen ist der Gebrauch ausgedehnter, denn es steht *ego vero* auch im Anfang eines Briefes als Antwort auf eine in dem beantworteten Briefe enthaltene Frage; z. B. ad Att. XVI, 3: *tu vero sapienter,* XI, 9: *ego vero et incaute, ut scribis, et celerius quam oportuit feci;* ferner statt equidem, in der That, freilich, ad Att. IV, 1, 3: *tuarum non tam facultatum, quas ego nostras esse iudico, quam consiliorum indigemus;* ferner sehr häufig am Anfang eines neuen Absatzes, ohne dass ein Gegensatz vorhanden ist, ad Att. VI, 9, 4: *ego tabellarios postero die ad vos eram missurus,* ad fam. II, 15, 4: *ego de provincia decedens quaestorem Caelium praeposui provinciae,* II, 13, 2: *ego Appium valde diligo,* II, 1, 2: *ego te afuisse tam*

diu a nobis dolui. Endlich steht das Pronomen, wenn eine Apposition folgt, oder vor einem Nebensatz, wenn das Pronomen Subiect zu diesem und dem Hauptsatz ist; so hier, ebenso in Cat. I, 12: *his ego sanctissimis rei publicae vocibus et eorum hominum, qui hoc idem sentiunt, mentibus pauca respondebo. Ego si hoc optimum factu iudicarem, patres conscripti, Catilinam morte multari* u. s. w.

praetermisisse provinciam] Die consularischen Provinzen des Jahres 63 waren Macedonien und Gallia cisalpina. Cicero hatte die erstere Provinz erhalten, überliess sie aber seinem Collegen Antonius, um diesen in der Catilinarischen Sache für seine Partei zu gewinnen. Nachher verzichtete er auch auf Gallien und wusste es zu bewirken dass der Praetor Metellus diese Provinz erhielt.

nihil dico de sortitione vestra] Nach einem Gesetz des C. Gracchus wurden jährlich vor den Wahlcomitien vom Senat die Provinzen bestimmt, welche nachher die designirten Consuln und die im Amte befindlichen Prätoren unter sich verloosten. Wahrscheinlich ist die vom Consul zurückgewiesene Provinz Gallia cisalpina nicht den Prätoren mit zur Verloosung gestellt worden, sondern Metellus hat sie, nachdem er irgend eine andre erlost hatte, sine sorte extra ordinem erhalten; denn an einen Betrug bei der Verloosung ist nicht zu denken; auch hätte Cicero nicht nöthig gehabt im Senat für Metellus zu sprechen, wenn

in ea re per collegam meum me insciente esse factum. Recordare cetera, quam cito senatum illo die facta sortitione coegerim, quam multa de te verba fecerim, cum tu ipse mihi dixisti orationem meam non solum in te honorificam, sed etiam in collegas tuos contumeliosam fuisse. Iam illud senatus consultum, quod 4 eo die factum est, ea praescriptione est, ut, dum id exstabit, officium meum in te obscurum esse non possit. Postea vero quam profectus es, velim recordere quae ego de te in senatu egerim, quae in contionibus dixerim, quas ad te litteras miserim. Quae cum omnia collegeris, tu ipse velim iudices satisne videatur his omnibus rebus tuus adventus, cum proxime Romam venisti, mutue respondisse.

Quod scribis de reconciliata nostra gratia, non intellego 5 cur reconciliatam esse dicas, quae nunquam imminuta est. Quod scribis non oportuisse Metellum fratrem tuum ob di- 6 ctum a me oppugnari, primum hoc velim existimes, animum mihi istum tuum vehementer probari et fraternam plenam humanitatis ac pietatis voluntatem; deinde, si qua ego in re fratri tuo rei publicae causa restiterim, ut mihi ignoscas; tam enim sum amicus rei publicae quam qui maxime; si vero meam salutem contra illius impetum in me crudelissimum defenderim, satis habeas nihil me etiam tecum de tui fratris iniuria conqueri. Quem ego

Gallien ihm durchs Loos zugefallen wäre.

4. ea praescriptione est] Die praescriptio senatus consulti enthielt die Namen der Senatoren, die als Redactionsausschuss bei der Abfassung zugegen waren (scribendo adfuerunt). Das sind die auctoritates praescriptae; so Cic. de or. III, 2: *constabat . . . . eundem, id quod in auctoritatibus praescriptis exstat, scribendo adfuisse.* Je gewichtigere Personen ihre Namen einem Ehrenbeschlusse vorsetzen liessen, für um so grösser galt die Ehre; und hierzu für Metellus gewirkt zu haben rühmt sich Cicero.

Postea vero quam] zu construiren: velim recordere quae ego, posteaquam. Der Indicativ profectus es wie Asinius ad fam. X, 31: *minime mirum tibi debet videri nihil me scripsisse de re publica, posteaquam itum est ad arma;* Cic. ad fam. XII,

6: *Qui status rerum fuerit tum, cum has litteras dedi, scire poteris;* ad Att. IX, 9, 2: *illud me praeclare admones, cum illum videro, ne nimis indulgenter loquar;* XIV, 22, 1: *cupio, antequam Romam venio, odorari diligentius quid futurum sit.* S. zu II, 2, 4. II, 6, 2. II, 14, 9.

cum proxime] In den letzten Tagen von Ciceros Consulat, vor dem Angriff des Nepos, ist Metellus in die Nähe von Rom gekommen.

5. *de reconciliata nostra gratia*] Das Zerwürfniss, dessen Ursache wir nicht kennen, muss vor dem Ausbruch der Catilinarischen Verschwörung stattgefunden haben.

6. *si qua ego in re*] Wortstellung wie weiter unten §. 9. *lenis a te et facilis existimari debeo;* ad fam. VII, 33, 2: *tuas mihi litteras longissimas quasque gratissimas fore.* S. zu II, 2, 6.

cum comporissem omnem sui tribunatus conatum in meam per-
niciem parare atque meditari, egi cum Claudia, uxore tua, et cum
vestra sorore Mucia, cuius erga me studium pro Cn. Pompeii necessitudine multis in rebus perspexeram, ut eum ab illa iniuria de-
7 terrerent. Atque ille, quod te audisse credo, pridie Kal. Ia-
nuarias, qua iniuria nemo unquam in minimo magistratu im-
probissimus civis affectus est, ea me consulem affecit, cum rem
publicam conservassem, atque abeuntem magistratu contionis
habendae potestate privavit. Cuius iniuria mihi tamen honori
summo fuit: nam cum ille mihi nihil, nisi ut iurarem, permitteret, magna voce iuravi verissimum pulcherrimumque ius iurandum, quod populus idem magna voce me vere iurasse iuravit.

---

omnem sui tribunatus conatum]
meditor aliquid ich sinne auf etwas
und ich überlege etwas; conatus die
Hinneigung, dann die Bemühung,
Anstrengung, Kraft, endlich der Ver-
such. Also: mit Ueberlegung, plan-
mässig machte er bereit die ganze
Kraft seines Tribunats zu meinem
Verderben.

Claudia] oder Clodia, Schwester
des Appius Claudius und P. Clodius,
Ciceros nachherige Feindin, der sie
oft Quadrantaria und βοῶπις nennt
und sie mit den heftigsten Schmähungen überhäuft.

Mucia] Gemahlin des Pompeius
und Geschwisterkind mit den beiden
Metellern. Wie hier Mucia soror
der Meteller, so werden diese pro
Caelio 24, 60 Brüder des P. Clodius
genannt, weil ihr Vater und Clodius
Mutter Geschwister waren.

pro Cn. Pompeii necessitudine]
zu verbinden mit studium, nicht mit
perspexeram: das bei ihrer Ver-
wandtschaft mit dem mir befreundeten Pompeius so natürliche Wohlwollen gegen mich. Aehnlich de
or. II, 5, 20: *et tot locis sessiones;*
III, 3, 10: *Carbonis eodem illo die
mors;* Phil. VIII, 4, 13: *bonos et
utiles et e re publica cives;* Tusc. II,
3, 7: *lectionem sine ulla delectatione
neglego* (die unerquickliche Lectüre);
I, 22, 51: *qui negant animum sine
corpore se intelligere posse;* Sall.

Iug. 10, 1: *parvum ego te, ... sine
spe, sine opibus in meum regnum
accepi.*

7. *abeuntem magistratu*] Am
letzten Tage ihres Amtes pflegten
die römischen Magistrate dem Volke
von ihrer Amtsführung Rechenschaft
abzulegen und dann den gesetzlichen
Schwur zu leisten, dass sie nichts
gegen die Gesetze gethan hätten.

ius iurandum] in Pis. 3, 6: *ego, cum
in contione abiens magistratu dicere a tribuno pl. prohiberer quae con-
stitueram, cumque is mihi tantummodo ut iurarem permitteret, sine
ulla dubitatione iuravi rem publicam
atque hanc urbem mea unius opera
esse salvam. Mihi populus Romanus universus illa in contione non
unius diei gratulationem, sed aeter-
nitatem immortalitatemque donavit,
cum meum ius iurandum tale ac
tantum iuratus ipse una voce et
consensu approbavit.*

quod populus idem] Verbinde
quod idem: und dass dieser Schwur
Wort für Wort der Wahrheit gemäss sei. Idem kann einem andern
Pronomen beigesetzt werden, wenn
mehr hervorgehoben werden soll,
daß das dadurch bezeichnete ganz
dasselbe ist als etwas vorher er-
wähntes; pro Q. Rosc. 16, 46: *quae
poena ab dis immortalibus periuro,
haec eadem mendaci constituta est;*
Sall. Iug. 14, 21: *utinam illum*

Hac accepta tam insigni iniuria, tamen illo ipso die misi ad Me- 8
tellum communes amicos, qui agerent cum eo, ut de illa mente
desisteret. Quibus ille respondit sibi non esse integrum; etenim
paullo ante in contione dixerat ei, qui in alios animum advertis-
set indicta causa, dicendi ipsi potestatem fieri non oportere.
Hominem gravem et civem egregium! qui, qua poena senatus
consensu bonorum omnium eos affecerat, qui urbem incendere
et magistratus ac senatum trucidare, bellum maximum conflare
voluissent, eadem dignum iudicaret eum, qui curiam caede, urbem incendiis, Italiam bello liberasset. Itaque ego Metello, fratri
tuo, praesenti restiti. Nam in senatu Kal. Ian. sic cum eo de re
publica disputavi, ut sentiret sibi cum viro forti et constanti esse
pugnandum. A. d. tertium Non. Ianuar. cum agere coepisset,
tertio quoque verbo orationis suae me appellabat, mihi minaba-
tur; neque illi quicquam deliberatius fuit quam me, quacunque
ratione posset, non iudicio neque disceptatione, sed vi atque
impressione evertere. Huius ego temeritati si virtute atque animo
non restitissem, quis esset, qui me in consulatu non casu potius
existimaret quam consilio fortem fuisse?

Haec si tu Metellum cogitare de me nescisti, debes exi- 9
stimare te maximis de rebus a fratre esse celatum; sin autem
aliquid impertivit tibi sui consilii, lenis a te et facilis existimari
debeo, qui nihil tecum de his ipsis rebus expostulem. Et si
intellegis non me dicto Metelli, ut scribis, sed consilio eius ani-

---

eadem haec simulantem videam;
de off. I, 32, 116: *Africanus elo-
quentia cumulavit bellicam gloriam,
quod idem fecit Timotheus;* ad fam.
VI, 3, 2: *neo vero quicquam video,
quod non idem te videre certo scio;*
ad Att. I, 19, 3: *hoc idem post me
Pompeio accidit.*

8. *bellum maximum*] und so,
asyndeton summativum. Nach drei
oder mehreren asyndetisch neben-
einander gestellten Begriffen wird
der Gesammtbegriff oder das Resultat durch ein vorgesetztes et kennt-
lich gemacht, nach zwei durch et
verbundenen Begriffen durch das
Asyndeton; z. B. Liv. XXIII, 33,
10: *amicitiam iungit legibus his,
ut Philippus rex quam maxima
classe in Italiam traiiceret et vasta-
ret maritimam oram, bellum pro*

parte sua terra marique gereret;
XXI, 58, 5: *tum vero ingenti sono
caelum strepere et inter horrendos
fragores micare ignes; captis auribus et oculis metu omnes torpere.*

agere coepisset] Metellus Nepos
stellte den Antrag, Pompeius sollte
mit seinem Heere aus Asien zurückgerufen werden, um die zerrüttete
Republik wieder in Ordnung zu
bringen.

non casu potius] nach einem vor-
bedachten Plane, und nicht vielmehr
durch Zufall.

9. *non me dicto*] statt me non dicto. Wenn Pronomina zu zwei durch
non — sed einander entgegengesetz-
ten Satzgliedern gehören, so stehen
sie gewöhnlich hinter der Negation;
z. B. weiter unten §. 10: *non ego repugnavi;* ad Att. VII, 9, 4: *tenuisti*

moque in me inimicissimo esse commotum, cognosce nunc humanitatem meam, si humanitas appellanda est in acerbissima iniuria remissio animi ac dissolutio. Nulla est a me unquam sententia dicta in fratrem tuum; quotienscunque aliquid est actum, sedens his assensi, qui mihi lenissime sentire visi sunt. Addam illud etiam, quod iam ego curare non debui, sed tamen fieri non moleste tuli atque etiam, ut ita fieret, pro mea parte adiuvi, ut senati consulto meus inimicus, quia tuus frater erat, sublevaretur.

10   Quare non ego oppugnavi fratrem tuum, sed fratri tuo repugnavi; nec in te, ut scribis, animo fui mobili, sed ita stabili, ut in mea erga te voluntate etiam desertus ab officiis tuis permanerem. Atque hoc ipso tempore tibi paene minitanti nobis per litteras hoc rescribo atque respondeo: ego dolori tuo non solum ignosco, sed summam etiam laudem tribuo; meus enim me sensus quanta vis fraterni sit amoris admonet. A te peto, ut tu quoque aequum te iudicem dolori meo praebeas: si acerbe,

---

provinciam per decem annos, non tibi a senatu, sed a te ipso per vim et per factionem datos; ad fam. VI, 1, 5: *quo quidem tempore non ego causam nostram, sed consilium improbabam;* de imp. Cn. Pomp. 21, 62: *L. Philippus dixisse dicitur non se illum sua sententia pro consule, sed pro consulibus mittere* (statt se illum non pro consule).

remissio animi ac dissolutio] Wortstellung s. zu II, 1, 7.

sedens his assensi] Wenn im Senat ein Consul, Prätor oder Volkstribun einen Antrag gestellt hatte (referre de aliqua re, relationem facere) und dann die einzelnen Senatoren um ihre Meinung befragte (sententiam aliquem rogare), so gaben diese entweder ein selbstständiges Gutachten ab (stans sententiam dicit) oder sie stimmten einem schon geäusserten Gutachten bei (sedens verbo assentitur). War die Umfrage (perrogatio) beendet, so wurde auf die Aufforderung des Vorsitzenden: qui haec sentitis, in hanc partem, qui alia omnia, in illam partem ite, qua sentitis, durch Auseinandertreten (discessio) über jedes einzelne

Gutachten abgestimmt (pedibus in sententiam ibant).

quod iam ego curare] Man kann construiren: dass, nachdem die Sache soweit gediehen war, ich am wenigsten mich darum zu kümmern gehabt hätte, dass mein Feind milde behandelt würde, dass ich es aber doch gethan habe. Dann ist aber die Stellung der Sätze ungewöhnlich und der Zusatz quia tuus frater erat störend. Besser ist es, wenn wir quod für id quod nehmen; denn parenthetische Sätze mit id quod oder ut stehen gewöhnlich dem Hauptsatz voran; z. B. de orat. I, 44, 195: *si nos, id quod maxime debet, nostra patria delectat;* dass es aber nicht quod senati consulto u. s. w. heisst, erklärt sich dadurch, dass die Fortsetzung des Hauptgedankens häufig einem Zwischensatze angeschlossen wird. S. II, 3, 1.

10. *desertus ab officiis tuis*] auch jetzt, wo ich Gefälligkeiten von dir nicht mehr erwarten kann. So pro Cluent. 40, 110: *locum a tribunicia voce desertum;* Tusc. I, 46, 110: *fama deseret Curium;* Sall. Iug. 48, 4: *planities deserta penuria aquae.*

si crudeliter, si sine causa sum a tuis oppugnatus, ut statuas
mihi non modo non cedendum, sed etiam tuo atque exercitus
tui auxilio in eiusmodi causa utendum fuisse. Ego te mihi semper amicum esse volui; me ut tibi amicissimum esse intellegeres,
laboravi. Maneo in voluntate et, quoad voles tu, permanebo ci-
tiusque amore tui fratrem tuum odisse desinam quam illius odio
quicquam de nostra benevolentia detraham.

EPISTOLA III.
(AD FAM. V, 7.)

M. TULLIUS M. F. CICERO S. D. CN. POMPEIO CN. F. MAGNO IMPERATORI.

S. T. E. Q. V. B. E. Ex litteris tuis, quas publice misisti, 1
cepi una cum omnibus incredibilem voluptatem; tantam enim
spem otii ostendisti, quam ego semper omnibus te uno fretus
pollicebar. Sed hoc scito, tuos veteres hostes, novos amicos,
vehementer litteris perculsos atque ex magna spe deturbatos
iacere. Ad me autem litteras, quas misisti, quamquam exi- 2
guam significationem tuae erga me voluntatis habebant, tamen
mihi scito iucundas fuisse; nulla enim re tam laetari soleo quam
meorum officiorum conscientia, quibus si quando non mutue

EPISTOLA III.

Da die Catilinarier am 5. December
63 bestraft worden sind und Pompeius sich damals in Asien aufhielt,
wohin Briefe von Rom im Winter
gewöhnlich zwei Monate brauchten,
so kann Pompeius Brief nicht vor
dem Februar und Ciceros Antwort
nicht vor dem April 62 geschrieben
sein.

1. *S. T. E. Q. V. B. E.*] si tu
exercitusque valetis, bene est.

ex litteris] litterae wird von officiellen Schreiben und Privatbriefen,
epistola nicht von den ersteren gebraucht.

spem otii ostendisti] durch die
Beendigung des Mithridatischen
Krieges und die Beruhigung Asiens.

quam] nach tantus findet sich zu-

weilen; z. B. Liv. XXXVII, 51, 9:
*litterae non tantum gaudium ...
attulerunt quam averterant famam*; VII, 15, 10: *nec in acie tantum ibi cladis acceptum quam quod
trecentos septem milites Romanos
captos Tarquinienses immolarunt.*

tuos veteres hostes] die Männer
der Volkspartei. Seit seinem Consulat im J. 70 hatte sich Pompeius
dieser Partei angeschlossen und dadurch erst die Führung im Seeräu-
berkriege, dann die im Kriege gegen
Mithridates erhalten. Jetzt näherte
er sich wieder den Optimaten.

2. *exiguam significationem*] Pompeius hatte in seinem Briefe Ciceros Verfahren bei der Unterdrük-
kung der Catilinarischen Verschwörung nicht so unbedingt gebilligt
als dieser es erwartete.

respondetur, apud me plus officii residere facillime patior. Illud
non dubito, quin, si te mea summa erga te studia parum mihi
adiunxerint, res publica nos inter nos conciliatura coniuncturaque
3 sit. Ac ne ignores quid ego in tuis litteris desiderarim,
scribam aperte, sicut et mea natura et nostra amicitia postulat.
Res eas gessi, quarum aliquam in tuis litteris et nostrae necessitudinis et rei publicae causa gratulationem exspectavi; quam ego
abs te praetermissam esse arbitror, quod vererere, ne cuius animum offenderes. Sed scito ea, quae nos pro salute patriae ges-
simus, orbis terrae iudicio ac testimonio comprobari. Quae,
cum veneris, tanto consilio tantaque animi magnitudine a me
gesta esse cognosces, ut tibi multo maiori quam Africanus fuit
me non multo minorem quam Laelium facile et in re publica et
in amicitia adiunctum esse patiare.

summa erga te studia] Cicero
hatte als Prätor für die lex Manilia
geredet und als Consul im Senat
den Antrag gestellt, dass dem Pompeius ein zehntägiges Dankfest bewilligt würde.

3. *exspectavi*] Ein Relativsatz
steht im Indicativ, wenn er dem Be-
ziehungsworte ein in dem vorliegenden Zusammenhange unwesentli-
ches Merkmal hinzufügt, oder wenn
er den ganzen Begriff des Beziehungswortes enthält und dieser
nicht, wie bei sunt qui, ein blos ge-
dachter ist, dessen Existenz erst
ausgesagt wird. Er steht dagegen
im Coniunctiv, wenn er eine in dem
vorliegenden Zusammenhange un-
entbehrliche Ergänzung des Begrif-
fes des Beziehungswortes enthält;
z. B. ad fam. XV, 4, 11: *tu es is,
qui me tuis sententiis saepissime ornasti*; V, 19, 2: *ut, si nos ii simus,
qui esse debemus, id est studio digni
ac litteris nostris*; I, 6, 2: *praesta te
eum, qui mihi a teneris unguiculis
es cognitus*; V, 21, 2: *ego sum, qui
nullius vim plus valere volui quam
honestum otium*; dagegen V, 21, 2:

*ego is sum, qui nihil unquam mea
potius quam meorum civium causa
fecerim.* Im ersten Fall ist das Be-
ziehungswort an sich nichts: der,
welcher gewollt hat, bin ich; im
zweiten ist es etwas: ich bin ein
Mensch, der unter anderen Eigen-
schaften auch die hat, dass er u. s. w.
In unserer Stelle steht res eas für
ea und der Relativsatz enthält den
ganzen Begriff Ruhmwürdiges,
wie de orat. I, 51, 219: *nobis satis
est ea de moribus hominum et scire
et dicere, quae non abhorrent ab
hominum moribus.* Anders ist es
in de nat. deor. I, 42, 117: *quid est
autem, quod deos veneremur propter admirationem eius naturae, in
qua egregium nihil videmus?*

quam Laelium] müsste eigentlich,
wie vorher, quam Laelius fuit heissen; aber wenn das erste Glied der
Vergleichung ein Accusativ ist, kann
dieser Casus im zweiten beibehal-
ten werden, obgleich das Verbum
sich hier nicht ergänzen lässt. Doch
findet sich auch ad Attic. IX, 11 A:
*magis idoneum quam ego sum ad
eam causam profecto reperies neminem.*

EPISTOLA IV.

(AD ATT. I, 16.)

CICERO ATTICO S.

Quaeris ex me quid acciderit de iudicio, quod tam 1
praeter opinionem omnium factum sit, et simul vis scire quomodo ego minus quam soleam proeliatus sim. Respondebo tibi
ὕϛερον πρότερον, Ὁμηρικῶς. Ego enim, quam diu senatus
auctoritas mihi defendenda fuit, sic acriter et vehementer proeliatus sum, ut clamor concursusque maxima cum mea laude fie-
rent. Quod si tibi unquam sum visus in re publica fortis, certe
me in illa causa admiratus esses. Cum enim ille ad contiones

EPISTOLA IV.
Die vornehmen römischen Frauen
feierten jährlich einmal in Gegenwart der Vestalinnen im Hause eines Consuls oder Prätors ein nächt-
liches Fest der Bona Dea, bei welchem kein Mann zugegen sein durfte. Als dieses Fest im Anfang des
December 62 im Hause des Praetor
C. Caesar gefeiert wurde, hatte sich
der designirte Quaestor P. Clodius,
der mit Caesars Gemahlin Pompeia
ein Liebesverständniss hatte, als
Saitenspielerin verkleidet einge-
schlichen und war dabei entdeckt
worden. In Folge davon hatte im
Januar 61 der Senat beschlossen, es
sollte ein ausserordentlicher Gerichtshof, zu welchem der Praetor,
der dem Gericht vorsass, die Richter wählen sollte, niedergesetzt
werden, und die Consuln M. Piso
und M. Messalla sollten das Senatus
consultum vom Volke bestätigen
lassen. Die Rogation war auch in
den letzten Tagen des Januar dem
Volke vorgelegt worden, ihre Annahme aber durch die Lauheit des
Consul Piso und durch die Banden
des Clodius hintertrieben worden.
Hierauf hatte der Tribun Fufius
nach den Idus Febr. einen dem Clodius günstigeren Gesetzentwurf eingebracht, wornach die Richter, wie
gewöhnlich, erloost werden sollten,

und dieses Gesetz war vor den Idus
Mart. angenommen und darnach ein
Gerichtshof niedergesetzt worden.
Was weiter in dieser Sache geschah,
berichtet der Brief, welcher in der
zweiten Hälfte des Mai 61 geschrie-
ben ist unter dem Consulat des M.
Pupius Piso und M. Valerius Messalla.

1. *respundebo tibi* ὕστερον *πρό-*
τερον] also zuerst auf den zweiten
Punkt; Ὁμηρικῶς, weil Homer sowohl in der Ilias wie in der Odys-
see die Erzählung mit dem letzten
Jahre beginnt und das vorher Geschehene in Episoden nachholt.

Ego enim] enim zum Uebergang
von der Disposition zur Auseinandersetzung, wie Cic. de imperio Cn.
Pompei 2: *Primum mihi videtur*
de genere belli, deinde de magnitu-
dine, tum de imperatore deligendo
esse dicendum. Genus est enim bel-
li eiusmodi cet.

ad contiones confugisset] ad Att.
I, 14, 5: *Clodius contiones miseras*
habebat, in quibus Lucullum, Hor-
tensium, C. Pisonem, Messallam
consulem contumeliose laedebat, me
tantum 'comperisse omnia' crimi-
nabatur. Dieses Ausdrucks hatte
sich Cicero bei der Catilinarischen
Verschwörung oft bedient und er
wurde ihm auch von anderen zum
Vorwurf gemacht; ad fam. V, 5, 2:·
nam comperisse me non audeo di-

confugisset in iisque meo nomine ad invidiam uteretur, dii im-
mortales! quas ego pugnas et quantas strages edidi! quos impetus in Pisonem, in Curionem, in totam illam manum feci! quomodo sum insectatus levitatem senum, libidinem iuventutis! Saepe,
ita me dii iuvent! te non solum auctorem consiliorum meorum,
verum etiam spectatorem pugnarum mirificarum desideravi.
2 Postea vero quam Hortensius excogitavit, ut legem de religione
Fufius tribunus plebis ferret, in qua nihil aliud a consulari rogatione differebat nisi iudicum genus — in eo autem erant omnia —
pugnavitque, ut ita fieret, quod et sibi et aliis persuaserat nullis
illum iudicibus effugere posse, contraxi vela perspiciens inopiam
iudicum neque dixi quicquam pro testimonio, nisi quod erat ita
notum atque testatum, ut non possem praeterire.

  Itaque, si causam quaeris absolutionis, ut iam πρὸς τὸ
πρότερον revertar, egestas iudicum fuit et turpitudo. Id autem
ut accideret, commissum est Hortensii consilio, qui, dum veritus
est, ne Fufius ei legi intercederet, quae ex senatus consulto fere-

---

cere, ne forte id ipsum verbum po-
nam, quod abs te aiunt falso in me
solere conferri.

in Pisonem] Der Consul Piso und
der ältere Curio, der Vater des
Volkstribunen vom Jahre 50, nahmen sich der Sache des Clodius an.

levitatem senum, libidinem iuven-
tutis] die schlechte Gesinnung der
Gegner. Zwei Begriffe, die zusammen einen höheren bezeichnen, können asyndetisch neben einander gestellt werden, gleichviel ob sie einander entgegengesetzt sind oder nicht;
z. B. Liv. IX, 3, 3: *armati inermes,*
fortes ignavi, pariter omnes capti
atque victi sumus; XXI, 46, 4: *in-*
cessu tot hominum equorum oriens
pulvis; 28, 2: *clamore vario nauta-*
rum militum; XXII, 61, 3: *cum*
magnis fletibus questibus legatos
prosecuti sunt; Cic. ad fam. XII,
25, 3: *ventis remis in patriam omni*
festinatione properavi; aber natürlich auch wie Tusc. III, 11, 25: *te-*
tra res est, misera, detestabilis,
omni contentione, velis, ut ita dicam,
remisque fugienda.

2. *Hortensius*] Consul im Jahre
69, der Nebenbuhler Ciceros in der

Beredtsamkeit.

nihil aliud] eigentlich ab iis quae
in consulari rogatione scripta erant.
Eine sehr gewöhnliche Abkürzung
der Vergleichung; z. B. de orat. I,
4, 15: *ingenia nostrorum hominum*
multum ceteris hominibus omnium
gentium praestiterunt; Tuscul. I, 1,
2: *illa, quae natura, non litteris as-*
secuti sunt, neque cum Graecia ne-
que ulla cum gente sunt confe-
renda.

inopiam iudicum] Die Armuth
machte die Richter Clodius Beste-
chungen zugänglich.

pro testimonio] Scholia Bobiensia
p. 330 ed. Orelli: *Ita res cecidit, ut*
in eum multi grave testimonium di-
cerent; quorum in numero Marcus
ipse Tullius interrogatus ait ad se
salutatum venisse ipsa die Clodium,
qua se ille contenderat Interamnae
fuisse, milibus passuum LXXXX
ab urbe disiunctam; quo scilicet
videri volebat incesti Romae com-
mittendi facultatem non habuisse.

Id autem ut accideret] nämlich
dass arme und unehrliche Richter
über diese Sache abzuurtheilen hatten.

batur, non vidit illud, satius esse illum in infamia relinqui ac sordibus quam infirmo iudicio committi. Sed ductus odio properavit rem deducere in iudicium, cum illum plumbeo gladio iugulatum iri tamen diceret. Sed iudicium si quaeris quale fuerit, incre- 3 dibili exitu; sic, uti nunc ex eventu ab aliis, a me tamen ex ipso initio consilium Hortensii reprehendatur. Nam ut reiectio facta est clamoribus maximis, cum accusator tamquam censor bonus homines nequissimos reiiceret, reus tamquam clemens· lanista frugalissimum quemque secerneret, ut primum iudices consederunt, valde diffidere boni coeperunt. Non enim unquam turpior in ludo talario consessus fuit. Maculosi senatores, nudi equites, tribuni non tam aerati quam, ut appellantur, aerarii. Pauci tamen boni inerant, quos reiectione fugare ille non potuerat; qui maesti inter sui dissimiles et maerentes sedebant et contagione turpitu-

tamen diceret] d. i. cum diceret illum, quamquam gladius plumbeus esset, tamen iugulatum iri. Der Inhalt des Vordersatzes liegt oft in einem blossen Satzgliede; z. B. de fin. III, 15, 51: *cum uteretur in lingua copiosa factis tamen nominibus ac novis;* Acad. I, 1, 3: *ista quidem iam diu exspectans non audeo tamen flagitare;* oft muss er auch ergänzt werden; z. B. bei tamen am Anfang des Briefs ad fam. IX, 19 aus dem Briefe, der beantwortet wird, und bei Caes. bell. Gall. IV, 28, 3: *quae tamen ancoris iactis cum fluctibus complerentur,* aus dem Zusammenhange (obgleich der Sturm so heftig war).

3. *incredibili exitu*] sc. fuit. Unglaublich war der Ausgang, weil die Richter sich anfangs über Erwarten streng zeigten.

sic, uti nunc] nicht 'so unglaublich', sondern iudicium sic fuit. S. zu I, 1, 1.

ex ipso initio] Der Grund zum Tadeln ist für die anderen der Ausgang, für mich der Beginn selbst.

reiectio] Wenn aus der Zahl der für das Jahr bestimmten Richter, die in dem album iudicum verzeichnet waren, die Richter für einen besonderen Process ausgeloost waren, so

hatten in den meisten Fällen beide Parteien das Recht eine durch das Gesetz bestimmte Anzahl derselben zurückzuweisen (reiectio iudicum), und diese wurden dann meistens durch eine subsortitio ersetzt.

clemens lanista] Die lanistae unterhielten Gladiatorenbanden, um sie an Veranstalter von Spielen zu verkaufen oder zu vermiethen. Natürlich schonten sie gern ihre besten Leute.

tribuni non tam aerati] Nach der lex Aurelia iudiciaria vom Jahre 70 bildeten die Geschworenen 3 Decurien; die erste bestand aus Senatoren, die zweite aus Rittern, die dritte aus tribunis aerariis, einer Bürgerklasse, welche einen dem Rittercensus nahe kommenden Census hatte. Aerarii hiessen in der alten Republik aber auch diejenigen Bürger, welche nicht in den Tribus und Centurien waren und nach einem anderen Ansatze als die übrigen Bürger steuerten; und in diese Klasse wurden von den Censoren zum Schimpf solche Bürger versetzt, deren Sitten anstössig waren. Daher das Wortspiel: Tribunen, die nicht sowohl begütert waren als, wie sie auch genannt werden, aerarii, d. i. die es verdienten unter die Aerarier versetzt zu werden.

4 dinis vehementer permovebantur. Hic, ut quaeque res ad consilium primis postulationibus referebatur, incredibilis erat severitas
nulla varietate sententiarum; nihil impetrabat reus, plus accusatori dabatur quam postulabat, triumphabat — quid quaeris? —
Hortensius se vidisse tantum; nemo erat, qui illum reum ac non
millies condemnatum arbitraretur. Me vero teste producto credo
te ex acclamatione Clodii advocatorum audisse quae consurrectio
iudicum facta sit, ut me circumsteterint, ut aperte iugula sua pro
meo capite P. Clodio ostentarint. Quae mihi res multo honori-
ficentior visa est quam aut illa, cum iurare tui cives Xenocratem
testimonium dicentem prohibuerunt, aut cum tabulas Metelli Numidici, cum eae, ut mos est, circumferrentur, nostri iudices adspi-

---

4. *Hic, ut quaeque res*] hic, hier
vom Ort, da == tunc von der Zeit,
endlich == quae cum ita sint, und
zwar eben sowohl in der Bedeutung
unter diesen Umständen als,
wie hier, trotzdem, und doch;
z. B. ad fam. VII, 13, 1: *Neque alia*.
ulla fuit causa intermissionis epi-
stolarum, nisi quod ubi esses plane
nesciebam. Hic tu me etiam insi-
mulas nec satisfactionem meam ac-
cipis; Phil. VIII, 4, 11: *Antonii*
igitur promissa cruenta . . ., nostra
contra honesta . . . Hic mihi etiam
Q. Fufius . . . pacis commoda com-
memorat.

primis postulationibus] die Forderungen, welche die Parteien während des Processes stellten, um sich
die Beweisführung zu erleichtern,
z. B. dass der oder jener Zeuge
vorgeladen würde u. s. w.

quid quaeris?] Mit diesen Worten
zeigt man an, dass das, was man
über eine Sache sagen will, der andere sich selbst sagen kann: was
könnte ich dir darüber wohl sagen?
s. ad Att. II, 16, 1 (I, 6); oder, wie
hier, dass man, etwas zu beweisen,
genug gesagt zu haben glaubt, und es
folgt denn das zu Beweisende: was
fragst du noch? was willst du mehr?
kurz; z. B. ad Att. II, 1, 4: *Prae-*
clare Metellus impedit et impediet.
Quid quaeris? Est consul φιλόπα-
τρις et, ut semper iudicavi, natura

bonus. ad Q. frat. III, 2, 2: *Hic, o*
dii! nihil unquam honorificentius
nobis accidit, consurrexit senatus
cum clamore ad unum, sic ut ad
corpus eius accederet, pari clamore
atque impetu publicani. Quid quae-
ris? Omnes, tamquam si tu esses,
ita fuerunt.

credo te ex] credo te audisse
quae consurrectio iudicum ex acclamatione u. s. w. Wortstellung wie
bei Liv. VI, 20, 12: *sunt qui per*
duumviros, qui de perduellione an-
quirerent, creatos auctores sint
damnatum.

tui cives] Atticus hatte eine grosse
Vorliebe für Athen und hielt sich
dort viele Jahre auf. Deshalb nennt
ihn Cicero öfter einen Athener.

Xenocratem] ein Schüler des
Plato. Diog. Laert. de vit. et dog-
mat. clar. philos. IV, 7: *Ἦν δὲ καὶ*
ἀξιόπιστος σφόδρα ὥστε, μὴ ἐξὸν
ἀνώμοτον μαρτυρεῖν, τούτῳ μόνῳ
συνεχώρουν Ἀθηναῖοι.

Metelli Numidici] Er war Consul 109 und führte vor Marius den
Krieg gegen Iugurtha. Cic. pro
Balbo 5, 11: *Audivi hoc de parente*
meo puer: cum Q. Metellus, L. F.,
causam de pecuniis repetundis dice-
ret, . . . cum ipsius tabulae circum-
ferrentur inspiciendi nominis cau-
sa, fuisse iudicem ex illis equitibus
Romanis, gravissimis viris, nemi-
nem, quin removeret oculos et se

cere noluerunt; multo haec, inquam, nostra res maior. Itaque 5
iudicum vocibus, cum ego sic ab his, ut salus patriae, defenderer.
fractus reus et una patroni omnes conciderunt. Ad me autem
eadem frequentia postridie convenit, quacum abiens consulatu
sum domum reductus. Clamare praeclari Ariopagitae se non esse
venturos nisi praesidio constituto. Refertur ad consilium: una
sola sententia praesidium non desideravit. Defertur res ad senatum; gravissime ornatissimeque decernitur, laudantur iudices,
datur negotium magistratibus. Responsurum hominem nemo
arbitrabatur. Ἔσπετε νῦν μοι, Μοῦσαι, ὅππως δὴ πρῶτον
πῦρ ἔμπεσε. Nosti Calvum, ex Nanneianis illum, illum lauda-
torem meum, de cuius oratione erga me honorifica ad te scripseram. Biduo per unum servum et eum ex gladiatorio ludo con-
fecit totum negotium; arcessivit ad se, promisit, intercessit, dedit.
Iam vero — o dii boni rem perditam! — etiam noctes certarum
mulierum atque adolescentulorum nobilium introductiones nonnullis iudicibus pro mercedis cumulo fuerunt. Ita summo discessu
bonorum, pleno foro servorum xxv iudices ita fortes tamen fuerunt, ut summo proposito periculo vel perire maluerint quam
perdere omnia. xxxi fuerunt, quos fames magis quam fama commoverit. Quorum Catulus cum vidisset quendam, Quid vos, inquit, praesidium vobis postulabatis? an ne nummi vobis eripe-
rentur timebatis?

totum averteret, ne forte, quod ille in tabulas publicas retulisset, dubitasse quisquam verumne an falsum esset videretur.

5. *refertur ad consilium*] der Gerichtshof, consilium iudicum.

defertur res] deferre ad senatum, etwas dem Senat melden, referre, über etwas den Senat befragen, einen Antrag stellen; deferre in censum sagte man von dem Bürger, der sein Vermögen beim Census angab, referre vom Censor, der die Angabe in die tabulae publicae eintrug. Von den Beamten, welche dem Aerar ihre Rechnungen ablegten oder die Eintragung der Namen der Staatsschuldner oder Staatsgläubiger in die Listen des Aerariums besorgten, sagte man deferre oder referre ad aerarium; von den Bürgern, welche beim Census oder in Folge eines mit dem Staate abgeschlossenen

Rechtsgeschäftes selbst die Eintragung ihrer Namen in die tabulas publicas betrieben, hiess es subsignare oder subscribere apud aerarium.

Ἔσπετε] Il. XVI, 112, 113:
Ἔσπετε νῦν μοι, Μοῦσαι Ὀλύμπια δώματ' ἔχουσαι,
ὅππως δὴ πρῶτον πῦρ ἔμπεσε νηυσὶν Ἀχαιῶν.

Nosti Calvum] Der reiche M. Licinius Crassus wird hier spottweise Calvus genannt. Dass Crassus im Senat den Cicero gelobt hatte, meldet dieser dem Atticus I, 14. Auch hatte Crassus sich bei den Sullanischen Proscriptionen durch Ankauf der Güter der Geächteten bereichert, und dass Nannii unter den Proscribirten waren, wissen wir aus Q. Cicero de petitione consulatus 2, 9.

Catulus] Q. Lutatius Catulus, Consul 78, damals das Haupt der Optimaten, gestorben 60.

6   Habes, ut brevissime potui, genus iudicii et causam absolutionis. Quaeris deinceps qui nunc sit status rerum et qui meus. Rei publicae statum illum, quem tu meo consilio, ego divino confirmatum putabam, qui bonorum omnium coniunctione et auctoritate consulatus mei fixus et fundatus videbatur, nisi quis nos deus respexerit, elapsum scito esse de manibus uno hoc iudicio, si iudicium est triginta homines populi Romani levissimos ac nequissimos nummulis acceptis ius ac fas omne delere et, quod omnes non modo homines verum etiam pecudes factum esse sciant, id Thalnam et Plautum et Spongiam et ceteras huius-

7 modi quisquilias statuere nunquam esse factum. Sed tamen, ut te de re publica consoler, non ita, ut sperarunt mali, tanto imposito rei publicae vulnere alacris exsultat improbitas in victoria. Nam plane ita putaverunt, cum religio, cum pudicitia, cum iudiciorum fides, cum senatus auctoritas concidisset, fore ut aperte victrix nequitia ac libido poenas ab optimo quoque peteret sui doloris, quem improbissimo cuique inusserat severitas consulatus

8 mei. Idem ego ille, non enim mihi videor insolenter gloriari, cum de me apud te loquor, in ea praesertim epistola, quam nolo aliis legi, idem, inquam, ego recreavi afflictos animos bonorum unumquemque confirmans, excitans. Insectandis vero exagitandisque nummariis iudicibus omnem omnibus studiosis ac fautoribus illius victoriae παρρησίαν eripui; Pisonem consulem nulla in re consistere unquam sum passus; desponsam homini iam Sy-

---

6. *Habes, ut brevissime potui*] habere im Sinne von scire oder audivisse, wie ad Att. V, 20, 7: *habes omnia,* du weisst nun alles; V, 21, 10: *habes consilia nostra, nunc cognosce de Bruto;* ad fam. XV, 17: *nos hic Sullam patrem mortuum habebamus; alii a latronibus, alii crudilate dicebant.* Am gewöhnlichsten ist diese Bedeutung in den Formen des Imperativs habeto, sic habeto, tantum habeto. S. zu II, 2, 4. — Bei ut potui ist zu ergänzen exponere.

Thalnam et Plautum et Spongiam] Richter, die den Clodius freigesprochen haben; wahrscheinlich die verächtlichsten unter ihnen.

8. *Idem ego ille*] i. e. cuius severitas poenas inusserat u. s. w.

aliis legi] = aliis recitari, wie

ad Att. XVI, 13 a: *cum autem luceret, ante scripta epistola ex duabus tuis prior mihi legi coepta est.*

confirmans, excitans] Asyndeton bei zwei Begriffen, um anzudeuten, dass man nur zwei erwähnt, aber mehr anführen könnte; hier etwa noch inflammans. Cic. de fin. II, 33, 107: *poema, orationem cum aut scribis aut legis;* ad fam. XIII, 28, 3: *ut ipse iudices homini te gratissimo, iucundissimo benigne fecisse.*

desponsam] nicht decretam. Decretirt war dem Piso zur gesetzmässigen Zeit, d. i. vor den Consularcomitien im vergangenen Jahre, eine andere Provinz; er wünschte aber Syrien zu haben, das inzwischen durch Pompeius frei geworden war, und der Senat hatte ihm dazu Hoffnung gemacht, wahrschein-

riam ademi; senatum ad pristinam suam severitatem revocavi
atque abiectum excitavi; Clodium praesentem fregi in senatu cum
oratione perpetua plenissima gravitatis tum altercatione huiusmodi. Ex qua licet pauca degustes; nam cetera non possunt habere neque vim neque venustatem remoto illo studio contentio-
nis, quem ἀγῶνα vos appellatis.

Nam, ut Idib. Maiis in senatum convenimus, rogatus ego 9
sententiam multa dixi de summa re publica atque ille locus inductus a me est divinitus: ne una plaga accepta patres conscripti
conciderent, ne deficerent; vulnus esse eiusmodi, quod mihi nec
dissimulandum nec pertimescendum videretur, ne aut ignorando
stultissimi aut metuendo ignavissimi iudicaremur; bis absolutum
esse Lentulum, bis Catilinam, hunc tertium iam esse a iudicibus
in rem publicam immissum. Erras, Clodi; non te iudices urbi, sed

lich um seinen Beistand gegen Clodius zu gewinnen. Jetzt bekam er
gar keine Provinz.

huiusmodi] von der Art, wie sie
weiterhin mit Nam ut cet. beschrie-
ben wird. *Ex qua* seqq. parenthe-
tisch: du kannst davon nur weniges
kosten, denn u. s. w.

9. *Nam*] beim Uebergang zur
Auseinandersetzung; s. oben § 1.

de summa re publica] summus,
primus, ultimus, medius und ähnliche Wörter, einem Substantiv beigesetzt, vergleichen nicht blos diesen Gegenstand mit anderen derselben Art, sondern auch einen Theil
mit anderen Theilen desselben Ge-
genstandes. Daher heisst summa
res publica die höchsten Interessen
der Republik, die höchste Staats-
angelegenheit u. s. w. Cic. pro Sex.
Roscio 51: *summa res publica in
huius periculo tentatur;* pro Plancio 22: *denuntiasti, homo adolescens,
quid de summa re publica sentires;*
in Cat. III, 6: *senatum consului de
summa re publica quid fieri placeret.*

bis absolutum esse] P. Cornelius
Lentulus Sura, der unter den Häup-
tern der Catilinarischen Verschwörung hingerichtet wurde, war nach

seiner Quästur 81 wegen Unter-
schlagung öffentlicher Gelder (pe-
culatus), später wegen eines uns
unbekannten Verbrechens angeklagt
worden (Plutarch vit. Cic. 17). L.
Sergius Catilina ist dreimal freigesprochen: das erste Mal 73 war
er angeklagt wegen Incests mit der
Vestalin Fabia, der Schwester von
Ciceros Gemahlin Terentia, das
zweite Mal 66 wegen Erpressungen (repetundarum), welcher Process erst im folgenden Jahre entschieden wurde, das dritte Mal
64 wegen Ermordung von Proscribirten (inter sicarios accusatus).
Cicero erwähnt hier und in Pis. 39
nur zwei Freisprechungen, weil er
nur die unrechtmässigen aufzählen
will und ihm die Fabia für unschul-
dig galt. Cic. in toga candida p. 92
Orelli: *cum ita vixisti, ut non esset
locus tam sanctus, quo non adventus tuus, etiam cum culpa nulla
subesset, crimen afferret;* und dazu
Asconius: *Fabia, virgo Vestalis,
causam incesti dixerat, cum ei Catilina obiiceretur eratque absoluta.
Haec Fabia quia soror erat Terentiae Ciceronis, ideo sic dixit: etiam
si culpa nulla subesset.*

non te] statt non urbi; s. zu I,
2, 9.

carceri reservarunt neque te retinere in civitate, sed exsilio privare voluerunt. Quamobrem, patres conscripti, erigite animos, retinete vestram dignitatem. Manet illa in re publica bonorum consensio, dolor accessit bonis viris, virtus non est imminuta, nihil est damni factum novi, sed, quod erat, inventum est. In unius ho-
10 minis perditi iudicio plures similes reperti sunt. Sed quid ago? paene orationem in epistolam inclusi. Redeo ad altercationem. Surgit pulchellus puer; obiicit mihi me ad Baias fuisse. Falsum; sed tamen quid huic? Simile est, inquam, quasi dicas in operto fuisse. — Quid, inquit, homini Arpinati cum aquis calidis? — Narra, inquam, patrono tuo, qui Arpinatis aquas concupivit; nosti enim marinas. — Quousque, inquit, hunc regem feremus? —

carceri reservarunt] Du wirst ohne Zweifel bald ein so schweres Verbrechen begehen, dass du statt mit dem Exil, mit dem du jetzt davon gekommen sein würdest, mit Gefängniss und mit dem Tode wirst bestraft werden. Die Richter haben dich also nicht der Stadt, sondern dem Gefängniss erhalten, nicht dir dein Bürgerrecht gerettet, sondern dich des Exils beraubt, das eine Wohlthat für dich gewesen sein würde.

quod erat, inventum est] Die Partei der Gutgesinnten hat keinen neuen Verlust erlitten; denn die, welche den Clodius freigesprochen haben, sind nicht jetzt erst schlecht geworden, ihre Schlechtigkeit ist nur jetzt erst an den Tag gekommen.

10. *pulchellus puer*] Clodius sah mädchenhaft aus und das cognomen seiner Familie war Pulcher.

me ad Baias fuisse] Cic. in Clodium et Curionem p. 334 Orelli: *Homo durus ac priscus invectus est in eos, qui mense Aprili apud Baias essent et aquis calidis uterentur. Quid cum hoc homine nobis tam tristi ac severo? Non possunt hi mores ferre hunc tam austerum et tam vehementem magistrum, per quem hominibus maioribus natu ne in suis quidem praediis impune tunc, cum Romae nihil agitur, liceat esse*

valetudinique servire. Baiae war wegen seiner anmuthigen Lage und der warmen Bäder der Sammelplatz der feinen Welt von Rom und etwas verrufen wegen der daselbst herrschenden Freiheit der Sitten. Cicero nennt Baiae ad Att. II, 8 cratera illum delicatum; er hatte in der Nähe eine Villa, das Puteolanum.

Falsum; sed tamen quid huic?] an den Atticus gerichtete Worte: das ist zwar falsch, doch was liegt diesem Menschen daran? Nun erst kommt die Antwort, die Cicero dem Clodius gegeben hat: das ist wohl so viel, wie hinter dem Vorhang (nämlich im Tempel der Bona Dea) gewesen zu sein?

Narra, inquam] C. Curio, des Clodius Vertheidiger, hatte in der Sullanischen Proscription die warmen Bäder, welche Marius an der Küste bei Baiae besessen hatte, gekauft. Cicero in Clodium et Curionem p. 335 Orelli: *nec enim respexit illum ipsum patronum libidinis suae non modo apud Baias esse verum eas ipsas aquas habere, quae gustu tamen Arpinatis fuissent.* Der Sinn von Ciceros Antwort ist also: dein eigner Patron ist in Baiae gewesen, und dem Marius, der auch aus Arpinum war, hat man es nicht zum Vorwurf gemacht, dass er warme Bäder in Bajä besass.

Regem appellas, inquam, cum Rex tui mentionem nullam fecerit?
(ille autem Regis hereditatem spe devorarat.) — Domum, inquit,
emisti. — Putes, inquam, dicere, iudices emisti. — Iuranti, inquit, tibi non crediderunt. — Mihi vero, inquam, xxv iudices
crediderunt, xxxi, quoniam nummos ante acceperunt, tibi nihil
crediderunt. — Magnis clamoribus afflictus conticuit et concidit.

Noster autem status est hic: apud bonos iidem sumus, quos 11
reliquisti, apud sordem urbis et faecem multo melius nunc
quam reliquisti. Nam et illud nobis non obest, videri nostrum
testimonium non valuisse. Missus est sanguis invidiae sine dolore, atque etiam hoc magis, quod omnes illi fautores illius fla-
gitii rem manifestam illam redemptam esse a iudicibus confiten-
tur. Accedit illud, quod illa contionalis hirudo aerarii, misera ac
ieiuna plebecula, me ab hoc Magno unice diligi putat; et hercule
multa et iucunda consuetudine coniuncti inter nos sumus, usque
eo, ut nostri isti comissatores coniurationis, barbatuli iuvenes,
illum in sermonibus Gnaeum Ciceronem appellent. Itaque et lu-

Regem appellas] Du nimmst das
Wort rex in den Mund, obwohl Rex
(d. i. Q. Marcius Rex, der Schwager des Clodius) dich in seinem
Testament übergangen hat?

Domum, inquit, emisti] Cicero hatte
kurz vorher (ad fam. V, 6, 2) von P.
Crassus für 3500000 Sesterzien ein
Haus gekauft, welches auf dem Pa-
latin, im vornehmsten Stadtviertel,
lag. Nach Clodius Meinung schickte
sich das nicht für einen Emporkömmling.

Putes] Man sollte denken, du
wolltest sagen: du hast Richter erkauft; das wäre eher ein Vorwurf.
Der Subjectsaccusativ ausgelassen
wie oben: quasi dicas in operto
fuisse (me).

crediderunt] credere glauben und
creditiren.

11. *melius nunc*] sc. sumus; s.
zu I, 1, 1; quam reliquisti, wie ad
Att. VIII, 1, 1: nec tam laeta erant
quam (ea quae) ad me Philotimus
scripserat.

Nam et illud] Anantapodoton;
dem et entspricht accedit illud. So
de imperio Cn. Pompeii 7, 17 et —
deinde; de off. I, 14, 44: pri-

mum — autem.

Missus est sanguis] Denn dem
Neide, der mich verfolgt, ist Blut
entzogen, er ist geschwächt worden;
sine dolore nicht: ohne dass er es
merkte, sondern wegen des folgenden atque etiam hoc magis: und ich
habe keinen Verlust dabei gehabt,
um so weniger, weil u. s. w. Aehnlich ad Att. VI, 1, 2: provinciae sanguinem mittere; anders Liv. III, 54,
4: dandus invidiae est sanguis, der
Hass soll sein Opfer haben. Vergl.
Quint. VIII, 6, 51: ceterum allego-
ria partis quoque ingeniis et coti-
diano sermoni frequentissime ser-
vit; nam illa in agendis causis iam
detrita, pedem conferre et iugulum
petere et sanguinem mittere, inde
sunt nec offendunt tamen.

contionalis hirudo aerarii] Die
niedere Plebs trieb sich beständig
in den Volksversammlungen herum
und lebte von den Spenden (largi-
tiones), die ihnen von denen, die
ihre Stimmen brauchten, häufig
auch, wie bei den leges frumentariae, auf Staatskosten gemacht wurden.

ab hoc Magno] Pompeius.

dis et gladiatoribus mirandas ἐπισημασίας sine ulla pastoricia
fistula auferebamus.

12   Nunc est exspectatio ingens comitiorum, in quae omnibus invitis trudit noster Magnus Auli filium; atque in eo neque
auctoritate neque gratia pugnat, sed quibus Philippus omnia castella expugnari posse dicebat, in quae modo asellus onustus auro
posset ascendere. Consul autem ille deterioris histrionis similis
suscepisse negotium dicitur et domi divisores habere; quod ego
non credo. Sed senatus consulta duo iam facta sunt odiosa, quod
in consulem facta putantur, Catone et Domitio postulante: unum,
ut apud magistratus inquiri liceret, alterum, qui domi divisores
13 haberent, adversus rem publicam. Lurco autem tribunus plebis, qui magistratum insimulatus lege alia iniit, solutus est et Aelia

ἐπισημασίας sine ulla] Beifall-
klatschen ohne alles Zischen.
    12. Auli filium] L. Afranius, ein
Legat des Pompeius, der auch wirklich im nächsten Jahre Consul war.
Auli filius wird er zum Spott genannt, weil sein Vater ein ganz un-
bekannter Mensch war.
    deterioris histrionis similis] Man
emendirt Doterionis und erklärt
dann entweder: der Consul Piso ist
ähnlich dem Schauspieler Doterion,
der als Meister in diesem Geschäft
berüchtigt war; oder: Piso spielt
dabei die Rolle des Schauspielers,
der die Spenden in der Comödie
auszutheilen hat (δοτηρίων). Ebenso gut lässt sich aber auch die
überlieferte Lesart erklären. Die
Wahl des Afranius wird mit einer
Comödie verglichen, in welcher
Pompeius die Hauptrolle spielt und
Piso als actor secundarum partium
das untergeordnete Geschäft des
Geldaustheilens übernommen hat.
    Catone et Domitio] M. Porcius
Cato, der Stoiker und einflussreiche
Optimat, L. Domitius Ahenobarbus,
sein Schwager, der später in Corfinium gegen Caesar kämpfte.
    unum, ut apud magistratus] Ge-
gen die Wahlumtriebe wurden vom
Senat zwei Decrete erlassen: 1) es
sollte auch in den Häusern der Ma-
gistrate Haussuchung wegen depo-

nirter verdächtiger Gelder gehalten
werden dürfen; 2) der Senat erklärt, dass die Magistrate, die in
ihren Häusern divisores beherberg-
ten, gegen den Staat handelten. Da
Magistrate während ihrer Amtsführung nicht vor Gericht gestellt werden konnten, so konnte der Senat
nichts weiter thun als mit dieser
Formel seine Missbilligung erklären.
S. ad Att. I, 24: fit senatus consultum, ut Vettius, quod confessus esset se cum telo fuisse, in vincula
coniiceretur: qui eum emisisset,
contra rem publicam esse facturum.
    13. insimulatus lege alia] wie
accusatus, postulatus aliqua lege.
Lurco, der bei seinem Amtsantritt
selbst nach einem andern Gesetz
verklagt war und also zum Sitten-
richter sich schlecht eignet, ist dazu
ausersehen worden ein neues Gesetz gegen den ambitus zu geben.
    et Aelia et Fufia] die lex Aelia
et Fufia, zwei im Jahre 156 gegebene Plebisscite verwandten Inhalts.
Die lex Aelia verordnete, dass nicht
blos, wie bisher, die höheren Magistrate sondern auch die Tribunen
das Recht haben sollten den Himmel der Auspicien wegen zu beobachten (servare de caelo) und
durch Ankündigung dieses Vorha-
bens oder erfolgter ungünstiger Zei-
chen (obnuntiatio) die von andern

et Fufia, ut legem de ambitu ferret; quam ille bono auspicio claudus homo promulgavit. Ita comitia in ante diem vi. Kal. Sext. dilata sunt. Novi est in lege hoc, ut, qui nummos in tribus pronuntiarit, si non dederit, impune sit; sin dederit, ut, quoad vivat, singulis tribubus IIS cɔ cɔ cɔ debeat. Dixi hanc legem P. Clodium iam ante servasse; pronuntiare enim solitum esse et non dare. Sed heus tu! videsne consulatum illum nostrum, quem Curio antea ἀποθέωσιν vocabat, si hic factus erit, fabae hilum futurum? Quare, ut opinor, φιλοσοφητέον, id quod tu facis, et istos consulatus non flocci facteon.

Quod ad me scribis te in Asiam statuisse non ire, equidem 14 mallem, ut ires: ac vereor, ne quid in ista re minus commode fiat. Sed tamen non possum reprehendere consilium tuum, praesertim cum egomet in provinciam non sim profectus. Epigram- 15 matis tuis, quae in Amaltheo posuisti, contenti erimus, praeser-

Magistraten berufenen Comitien zu hindern. Die lex Fufia verbot legislative Comitien an dies fasti zu halten. Von der Beobachtung dieser Gesetze ist Lurco vom Senat entbunden worden, damit das neue Gesetz möglichst bald zu Stande käme; es ist aber doch nicht durchgesetzt worden. S. ad Att. I, 18, 3: *facto senatus consulto de ambitu, de iudiciis, nulla lex perlata.*

bono auspicio claudus homo] Nach dem alten strengen Recht durfte der, welcher für den Staat religiöse Handlungen vollzog, nicht körperliche Fehler haben. Plut. quaest. Rom. 73.

consulatum illum nostrum] nicht: mein Consulat, denn dessen Ruhm wurde durch nachfolgende schlechte Consulate erhöht, nicht verringert; sondern: das Consulat, das uns immer als das höchste Ziel des Strebens erschien, das Curio eine Apotheose nannte u. s. w.

fabae hilum] Plaut. Aulul. V, 9: *quid repperisti? — non quod pueri clamitant in faba se repperisse;* d. i. nicht etwas, was Kinder eifrig suchen, was aber für Verständige keinen Werth hat. Die Knaben suchten aber in der Bohne den Keim; Fe-

stus p. 101 ed. Mueller: *hilum putant esse, quod grano fabae adhaeret, ex quo nihil et nihilum.* Also ist der Sinn: das Consulat, das früher für die Besten das Höchste war, kann dann nur noch für Unverständige das Ziel des Ehrgeizes sein. Die Handschriften haben *fabam mimum;* Lambin behält diese Lesart bei und meint, *faba* sei der Titel eines mimus gewesen; Bosius will lesen *fabam imum,* Orelli *famam mimum.*

facteon] scherzweise gebildet nach der Analogie des eben gebrauchten griechischen Wortes φιλοσοφητέον.

14. *te in Asiam*] Q. Cicero, der nach der Prätur Asien als Provinz erhalten hatte, wünschte, dass Atticus, dessen Schwester er geheirathet hatte, ihn als Legat begleiten möchte.

ne quid in ista re] Cicero fürchtete, sein Bruder würde es dem Atticus übel nehmen, und auch wohl, er möchte ohne Atticus sein Amt weniger gut verwalten.

15. *in Amaltheo*] ein Gebäude oder ein Zimmer in Atticus Gute bei Buthrotum in Epirus, welches die Bibliothek und Bildnisse berühmter Römer mit passenden Unterschriften enthielt. Es war genannt nach der

tim cum et Chilius nos reliquerit et Archias nihil de me scripserit; ac vereor, ne, Lucullis quoniam Graecum poema condidit,
16 nunc ad Caecilianam fabulam spectet. Antonio tuo nomine gratias
egi eamque epistolam Manlio dedi. Ad te ideo antea rarius
scripsi, quod non habebam idoneum, cui darem, nec satis scie-
17 bam quo darem. Valde te venditavi. Cincius si quid ad me tui
negotii detulerit, suscipiam; sed nunc magis in suo est occupatus,
in quo ego ei non desum. Tu, si uno in loco es futurus, crebras
18 a nobis litteras exspecta; ast plures etiam ipse mittito. Velim
ad me scribas cuiusmodi sit Ἀμαλθεῖον tuum, quo ornatu, qua
τοποθεσίᾳ, et quae poemata quasque historias de Ἀμαλθείᾳ
habes, ad me mittas. Lubet mihi facere in Arpinati. Ego tibi aliquid de meis scriptis mittam. Nihil erat absoluti.

EPISTOLA V.

(AD ATT. I, 19.)

CICERO ATTICO S.

1 Non modo, si mihi tantum esset otii, quantum est tibi,
verum etiam, si tam breves epistolas vellem mittere, quod tu so-

Ziege Amalthea, die den Juppiter
nährte und deren Horn das Horn
des Ueberflusses war, wahrscheinlich um-anzudeuten, dass die Lectüre jener Bücher die schönste
Nahrung für den Geist sei.

Chilius nos reliquerit] Chilius und
Archias, zwei dem Cicero befreun-
dete griechische Dichter, waren von
ihm gebeten worden seine Thaten
durch Gedichte zu verherrlichen;
aber der erste hatte Rom verlassen
und der andere hatte das gewünschte
Werk wohl angefangen, dann aber
wieder liegen lassen, weil er, nachdem er die Thaten des Lucullus im
Mithridatischen Kriege besungen
hatte, wie Cicero wenigstens glaubte,
mit einem Gedichte zum Lobe seiner
Gönner, der Meteller, beschäftigt
war. Chilius, sonst unbekannt,
heisst im Cod. Med. ad Att. I, 9, 2:
Chiyllus; I, 12, 2: Tbyrlius; hier
Chlylius.

16. *Antonio*] C. Antonius, Ciceros College im Consulat, damals
Proconsul von Macedonien. Er war
dem Atticus beim Eintreiben von
Schuldforderungen behülflich gewesen.

Manlio] ad fam. XIII, 22: *T. Man-
lium, qui negotiatur Thespüs, vehementer diligo.*

valde te venditavi] ich habe dich
sehr ausgeboten, ob nicht jemand
einen Brief an dich mitnehmen wollte; Liv. XXXVIII, 42, 11: *pacem
pretio venditantes.*

17. *Cincius*] ein Geschäftsführer
des Atticus.

18. *Lubet mihi facere*] ein dem
deinigen ähnliches Amaltheum.

EPISTOLA V.
Der Brief ist geschrieben in Rom
am 15. März des Jahres 60 unter
dem Consulat des L. Afranius und
Q. Caecilius Metellus Celer.

tam breves] tam hat gewöhnlich

les facere, te superarem et in scripto multo essem crebrior quam
tu; sed ad summas atque incredibiles occupationes meas accedit, quod nullam a me sine epistolam ad te sine argumento ac
sententia pervenire. Et primum tibi, ut aequum est, civi amanti
patriam, quae sunt in re publica, exponam; deinde, quoniam tibi
amore nos proximi sumus, scribemus etiam de nobis ea, quae
scire te non nolle arbitramur.

Atque in re publica nunc quidem maxime Gallici versantur 2
metus; nam Aedui, fratres nostri, pugnant, Helvetii palam pugna-
runt et sine dubio sunt in armis excursionesque in provinciam
faciunt. Senatus decrevit, ut consules duas Gallias sortirentur,
delectus haberetur, vacationes ne valerent, legati cum auctoritate

ein quam oder ut nach sich; es findet sich jedoch auch, wie im Deut-
schen, ohne diese Beziehung; z. B.
ad Att. XII, 19, 2: *ita ut in ea re
te, cum tam occupatus sis, non multum operae relin ponere.* VII, 2,
3: *Alexidis manum amabam, quod
tam prope accedebat ad similitudi-
nem tuae litterae.* Caenina ad fam.
VI, 7, 1: *quod tibi non tam celeriter liber est redditus, ignosce timori
nostro.*

1. *multo essem crebrior quam
tu*] creber 1) dicht nebeneinan-
der; z. B. Caes. b. Gall. V, 12: *hominum est infinita multitudo cre-
berrimaque aedificia;* auch bei Col-
lectiven: Liv. XXVIII, 37, 7: *gran-
do creberrima;* auch so, dass das,
was in einem Dinge dicht nebenein-
ander ist, im Ablativ steht und dieses Subject wird; z. B. Brut. 7, 29:
*grandes erant verbis, crebri senten-
tiis;* 2) dicht nacheinander; z. B.
ad fam. XII, 25, 2: *crebras vel potius cotidianas compellationes meas
non tulit;* auch von Personen, die
etwas oft und in kurzen Zwischen-
räumen thun; z. B. pro Plancio 34,
83: *sed haec nescio quomodo frequenter in me congessisti saneque
in eo creber fuisti,* du hast das oft
und zwar rasch nach einander gethan. Aehnlich *multus sum in aliqua re. — In scripto* statt *in scribendo,* wie Brut. 56, 207: *his enim*

scriptis etiam ipse interfui.

2. *fratres nostri*] Die Aeduer waren alte Bundesgenossen von Rom.
Schon im J. 121 heissen sie amici
populi Romani. Caesar bell. Gall.
I, 33 sagt *Haeduos fratres consan-
guineosque saepenumero a senatu
appellatos.* Wahrscheinlich fand in
diesem Jahre der von Caesar bell.
Gall. I, 31 erwähnte Kampf zwischen
den Aeduern und den von den Se-
quanern gerufenen Germanen Statt,
der mit der Niederlage der Aeduer
bei Admagetobriga endete.

palam] nicht etwa blos als Räu-
ber oder Söldner.

sortirentur] Da nach der lex Sempronia de provinciis der Senat die
consularischen Provinzen vor der
Wahl der Consuln bestimmen musste, also in diesem Falle vor dem
Quintilis des vorigen Jahres; da ferner gewöhnlich schon die designirten Consuln die bestimmten Provinzen unter sich verloosten, so wird
der hier erwähnte Senatsbeschluss
angeordnet haben, dass die Consuln
die ihnen bereits decretirten Provinzen mit den beiden Gallien vertau-
schen und diese sofort antreten sollten.

*legati cum auctoritate mitteren-
tur*] Legati waren entweder Gehülfen der Statthalter in den Provinzen
oder der Feldherren, oder sie waren
Gesandte; Varro de ling. Lat. V,

mitterentur, qui adirent Galliae civitates darentque operam, ne eae se cum Helvetiis iungerent. Legati sunt Q. Metellus Creticus et L. Flaccus et, τὸ ἐπὶ τῇ φακῇ μύρον, Lentulus, Clodiani
3 filius. Atque hoc loco illud non queo praeterire, quod, cum de consularibus mea prima sors exisset, una voce senatus frequens retinendum me in urbe censuit. Hoc idem post me Pompeio accidit; ut nos duo quasi pignora rei publicae retineri videremur. Quid enim ego aliorum in me ἐπιφωνήματα exspectem, cum haec domi innascantur?
4   Urbanae autem res sic se habent. Agraria lex a Flavio

16: *legati, qui lecti publice, quorum opera uteretur peregre magistratus, quive nuntii senatus et populi essent.* Unter den letzteren kann man wieder unterscheiden solche, die nur Botschaften auszurichten hatten, von denen, die bevollmächtigt waren nach eignem Ermessen zu unterhandeln und Anordnungen zu treffen, wie z. B. die decem legati, die nach Beendigung eines Krieges unter Vorbehalt der Genehmigung des Senats die neuen Verhältnisse zu ordnen hatten; z. B. Liv. XXXIII, 24: *decem legati, quorum ex consilio T. Quinctius imperator leges pacis Philippo daret, decreti.* Legati der ersten Klasse heissen bei Cic. in Vat. 15, 35: *ministri muneris provincialis,* die der zweiten *nuntii pacis ac belli, oratores, interpretes,* die der dritten Klasse *bellici consilii auctores* An diese letzten könnte man bei legati cum auctoritate denken; denn auctoritas legum dandarum bei Cic. in Verr. II, 49 heisst die **Vollmacht Gesetze zu geben.** Indessen auctoritas müsste dann einen Genitiv bei sich haben, um so mehr als auch die blossen Botschafter nicht ohne Vollmacht waren. Besser ist es unter legatus cum auctoritate einen wirklichen legatus publicus populi Romani zu verstehen, im Gegensatz von einem politischen Agenten, der nicht officiell, oratoris modo, unterhandelt, wie z. B. Caesar vom Commius bell. Gall. IV, 27, 3 sagt: *cum ad eos oratoris modo Caesaris*

mandata deferret. Aehnlich wird *ex auctoritate* vom Caesar gebraucht bell. civil. I, 35: *cuius orationem legati domum referunt atque ex auctoritate haec Caesari renuntiant.*

Helvetiis] Die Helvetier brachen zwar erst 58 in Gallien ein, aber schon 61 (Caes. b. Gall. I, 3), und zwar vor der Niederlage der Aeduer, denn über diese herrschte noch Diviciacus (Caes. a. a. O.), der nachher weichen musste, hatten sie den Entschluss dazu gefasst, und das musste in Rom schon lange, bevor dieser Brief geschrieben ist, bekannt gewesen sein.

τὸ ἐπὶ τῇ φακῇ μύρον] Griechisches Sprüchwort: Myrrhenöl zu Linsen, d. i. verdirb nicht Kostbares dadurch, dass du es Schlechtem zumischst. Cicero hielt den Lentulus für unwürdig und spielt nun auf den Namen an, denn lens heisst die Linse.

3. *Quid enim ego aliorum*] Cicero hat das Verfahren des Senats sehr zu seinen Gunsten gedeutet und fährt nun scherzend fort: denn warum soll ich denn andern überlassen, was darin Rühmliches für mich liegt, in's Licht zu setzen, da ich ein anerkannter Meister in Lobreden bin.

4. *lex a Flavio*] Die schon im Januar promulgirte lex Flavia agraria verordnete: 1) es sollte das, was noch vom ager publicus übrig war, an die Bedürftigen vertheilt werden; 2) es sollten ausserdem Ländereien

tribuno plebis vehementer agitabatur auctore Pompeio; quae
nihil populare habebat praeter auctorem. Ex hac ego lege se-
cunda contionis voluntate omnia illa tollebam, quae ad privatorum
incommodum pertinebant; liberabam agrum eum, qui P. Mucio,
L. Calpurnio consulibus publicus fuisset; Sullanorum hominum
possessiones confirmabam; Volaterranos et Arretinos, quorum
agrum Sulla publicarat neque diviserat, in sua possessione reti-
nebam; unam rationem non reiiciebam, ut ager hac adventicia
pecunia emeretur, quae ex novis vectigalibus per quinquennium
reciperetur. Huic toti rationi agrariae senatus adversabatur, su-
spicans Pompeio novam quandam potentiam quaeri. Pompeius
vero ad voluntatem perferendae legis incubuerat. Ego autem
magna cum agrariorum gratia confirmabam omnium privatorum
possessiones; is enim est noster exercitus, hominum, ut tute
scis, locupletium; populo autem et Pompeio, nam id quoque vo-
lebam, satisfaciebam emptione, qua constituta diligenter et senti-
nam urbis exhauriri et Italiae solitudinem frequentari posse arbitrabar. Sed haec tota res interpellata bello refrixerat. Metellus
est consul sane bonus et nos admodum diligit, ille alter ita nihil
est, ut plane quid emerit nesciat. Haec sunt in re publica; nisi 5
etiam illud ad rem publicam putas pertinere, Herennium quendam, tribunum plebis, tribulem tuum, sane hominem nequam

zur Vertheilung angekauft werden
von dem fünfjährigen Ertrage der
neuen Steuern, die Pompeius in
Asien eingerichtet hatte.

auctore Pompeio] Pompeius
wollte auf diese Weise seinen Soldaten die versprochenen Ländereien
verschaffen.

liberabam agrum] Cicero wollte
alle Besitzer von Staatsäckern in
ihrem Besitz erhalten; denn weiter
unten sagt er: confirmabam omnium
privatorum possessiones. Er verlangte also, dass vom Gesetz ausgenommen würden: 1) alle die
Staatsländereien, welche a. 133 unter dem Tribunat des Ti. Gracchus
im Besitz von Privatpersonen gewesen wären; 2) alles Land, was die
Sullaner widerrechtlich in Besitz
genommen hatten, denn das, was ihnen förmlich zugewiesen (assignare)
war, war ohnehin frei; 3) das Land
der Volaterraner und Arretiner, die

sich zu Marius gehalten hatten, welches Land von Sulla zu Staatsäcker
erklärt, aber noch nicht vertheilt
war.

quid emerit] Er hat keine Vor-
stellung davon, was das Consulat
ist; ad Att. I, 20, 5: *Auli filius ita
se gerit, ut eius consulatus non consulatus sit, sed Magni nostri ὑπώ-
πιον.*

5. *Herennium quendam*] Clodius
wünschte in den Plebejerstand über-
zutreten (transire ad plebem), um
Tribun werden und sich an Cicero
für die vielen Schmähungen rächen
zu können. Das konnte nur geschehen, wenn ein Plebejer ihn adop-
tirte; eine Adoption Erwachsener
(arrogatio) aber war nur gültig,
wenn die Curien unter Hinzuziehung
der Pontifices ihre Einwilligung gaben. Da nun eine solche lex curiata
wegen der vielen zu beobachtenden
Förmlichkeiten leicht zu hindern, al-

atque egentem, saepe iam de P. Clodio ad plebem traducendo
agere coepisse. Huic frequenter interceditur. Haec sunt, ut opinor, in re publica.

6   Ego autem, ut semel Nonarum illarum Decembrium iunctam
invidia ac multorum inimicitiis eximiam quandam atque immor-
talem gloriam consecutus sum, non destiti eadem animi magnitudine in re publica versari et illam institutam ac susceptam dignitatem tueri; sed posteaquam primum Clodii absolutione levitatem infirmitatemque iudiciorum perspexi, deinde vidi nostros
publicanos facile a senatu disiungi, quamquam a me ipso non
divellerentur, tum autem beatos homines — hos piscinarios
dico, amicos tuos — non obscure nobis invidere, putavi mihi
7 maiores quasdam opes et firmiora praesidia esse quaerenda. Itaque primum eum, qui nimium diu de rebus nostris tacuerat,
Pompeium, adduxi in eam voluntatem, ut in senatu non semel,
sed saepe multisque verbis huius mihi salutem imperii atque
orbis terrarum adiudicarit. Quod non tam interfuit mea, neque
enim res illae aut ita sunt obscurae, ut testimonium, aut ita du-
biae, ut laudationem desiderent, quam rei publicae; quod erant

so auch sehr schwer zu erlangen war,
so beantragte der Tribun Herennius
in den Tributcomitien ein Gesetz,
wonach über Clodius Sache ausnahmsweise die Centuriatcomitien
entscheiden sollten. Der Vorschlag
ist nicht zur Abstimmung gebracht
worden, aber im folgenden Jahre ist
Clodius in Folge einer vom Consul
Cäsar durchgesetzten lex curiata
von dem kaum 20 Jahr alten P. Fonteius adoptirt und demnächst für das
Jahr 58 zum Tribun erwählt worden.

frequenter interceditur] nicht oft,
sondern von vielen, wie bei Liv.
I, 11, 4: *Romam inde frequenter mi-
gratum est, a parentibus maxime
ac propinquis raptarum.*

6. *Nonarum illarum Decembr.*]
An diesem Tage hatte Cicero die Catilinarier hinrichten lassen.

Clodii absolutione] s. ad Att. I, 16.
(I, 4).

publicanos] Die Steuerpächter,
welche zum Ritterstande gehörten,

waren damals mit dem Senate gespannt, 1) weil am Ende des vorigen
Jahres in Folge der Freisprechung
des Clodius nach einem Senatsbeschluss ein Gesetz beantragt worden
war, *ut de iis, qui ob rem iudican-
dam pecuniam accepissent, quaere-
retur;* 2) weil die Pächter der asiatischen Gefälle ihre Forderung, dass
die Pachtsumme herabgesetzt würde,
im Senat nicht hatten durchsetzen
können.

a me ipso] Cicero hatte bei jenen
Verhandlungen für die publicani geredet.

piscinarios] Das sind Leute, wie
Hortensius und Lucullus, denen ihre
Landhäuser, ihre Teiche mit seltnen
Fischen u. s. w. über alles gingen;
ad Att. I, 18, 6: *ceteros iam nosti;
qui ita sunt stulti, ut amissa re publica piscinas suas fore salvas sperare videantur;* ad Att. II, 1, 7: *nostri
principes digito se caelum putant
attingere, si mulli barbati in pisci-
nis sint, qui ad manum accedant.*

7. *huius — imperii*] s. zu II, 4, 1.

quidam improbi, qui contentionem fore aliquam mihi cum Pompeio ex rerum illarum dissensione arbitrarentur. Cum hoc ego me tanta familiaritate coniunxi, ut uterque nostrum in sua ratione munitior et in re publica firmior hac coniunctione esse possit. Odia autem illa libidinosae et delicatae iuventutis, quae erant in 8 me incitata, sic mitigata sunt comitate quadam mea, me unum ut omnes illi colant. Nihil enim denique a me asperum in quemquam fit, nec tamen quicquam populare ac dissolutum; sed ita temperata tota ratio est, ut rei publicae constantiam praestem, privatis meis rebus propter infirmitatem bonorum, iniquitatem malevolorum, odium in me improborum adhibeam quandam cautionem et diligentiam; atque ita, tametsi eis novis amicitiis implicati sumus, ut crebro mihi vafer ille Siculus insusurret cantilenam illam suam:

Νᾶφε καὶ μέμνασ' ἀπιστεῖν. ἄρθρα ταῦτα τᾶν φρενῶν.

Ac nostrae quidem rationis ac vitae quasi quandam formam, ut opinor, vides.

ex rerum illarum dissensione] Meinungsverschiedenheit über die Behandlung der Catilinarier. S. zu ad fam. V, 7. (I, 3).

in sua ratione munitior] Wir sind nun mehr befestigt in unserer politischen Ansicht (Gesinnung) und haben auch eine mehr gesicherte Stellung im Staate. Ebenso steht ratio ad Att. 1, 20, 2: *a meis consiliis ratio tua non abhorret;* pro Flacco 42, 106: *cui si patrem conservatis, qualis ipse debeat esse civis praescribetis; sin eripitis, ostendetis bonae rationi et constanti et gravi nullum a vobis fructum esse propositum.*

8. *me unum]* heisst nicht: alle jene ehren ausser mir niemanden, auch nicht: ich bin der einzige, der bei allen beliebt ist, sondern: alle jene Leute ehren mich am meisten. Unus bedeutet also hier, was sonst unus in Verbindung mit einem Superlativ; Nep. Milt. 1: *cum modestia unus omnium maxime floreret.* Ebenso ist es ad Q. fr. II, 6, 5: *Racilius, qui unus* (= unus optimus) *est hoc tempore tribunus pl.,* ferner Hor. sat. II, 3, 24: *hortos egregiasque domos mer-*

carier unus cum lucro noram; id. II, 6, 57: *iurantem me scire nihil mirantur, ut unum scilicet egregii mortalem altique silenti.*

nihil enim denique] Cicero zählt die Massregeln auf, wodurch er seine Stellung verbessert hat: Freundschaft des Pompeius, Versöhnung der Feinde, endlich vorsichtiges Betragen gegen Jedermann. Dies letzte aber fügt er als Begründung dem zweiten hinzu; denn, und dies ist das letzte, u. s. w.

tota ratio] Verfahrungsweise, Betragen; ad Att. VI, 1, 2: *dissimilitudo meae rationis offendit hominem.*

atque ita, tametsi] In meinen Privatangelegenheiten beobachte ich eine gewisse Vorsicht, und zwar so, dass, wenn ich auch die wenig zuverlässigen Freundschaften nicht aufgebe, ich mich doch sehr hüte ihnen zu sehr zu trauen.

νᾶφε] νάφω dorisch für νήφω. Cic. de petit. cons. 10: *quamobrem* Ἐπιχαρμείον *illud teneto: nervos atque artus esse sapientiae non temere credere.* Epicharmus war ein Komödiendichter am Hofe des Königs Hiero von Syrakus.

9   De tuo autem negotio saepe ad me scribis; cui mederi nunc non possumus. Est enim illud senatus consultum summa pedariorum voluntate, nullius nostrum auctoritate factum. Nam quod me esse ad scribendum vides, ex ipso senatus consulto intellegere potes aliam rem tum relatam, hoc autem de populis liberis sine causa additum; et ita factum est a P. Servilio filio, qui in postremis sententiam dixit; sed mutari hoc tempore non potest. Itaque conventus, qui initio celebrabantur, iam diu fieri desierunt. Tu si tuis blanditiis tamen a Sicyoniis nummulorum aliquid expresseris, velim me facias certiorem.

10   Commentarium consulatus mei Graece compositum misi ad te; in quo si quid erit, quod homini Attico minus Graecum eruditumque videatur, non dicam, quod tibi, ut opinor, Panormi Lucullus de suis historiis dixerat, se, quo facilius illas probaret

---

9. *De tuo autem negotio*] Atticus hatte von Sicyon, was eine civitas libera war, Geld zu fordern und gedachte dies der Stadt abzupressen mit Hülfe des C. Antonius, dem als Proconsul von Macedonien auch Achaia unterworfen war, und an den ihm Cicero einen Empfehlungsbrief (ad fam. V, 5) mitgegeben hatte. Es wurde aber ein Senatsbeschluss gefasst, *ne proconsulibus de pecuniis creditis ius in liberos populos dicere liceret*, und dieser Senatsbeschluss wurde im folgenden Jahre durch die lex Iulia de pecuniis repetundis bestätigt.

pedariorum] Pedarii sind diejenigen Senatoren, welche keine Aemter bekleidet hatten und bei der Umfrage nicht gefragt wurden, sondern nur an der Abstimmung (discessio) Theil nahmen, indem sie entweder zu den Bejahenden oder Verneinenden traten, also gewissermassen pedibus votirten.

nullius nostrum auctoritate] nämlich der Consularen.

esse ad scribendum] War ein Senatsbeschluss gefasst, so wurden einige von denen, die dafür gewesen waren, beauftragt den Beschluss abzufassen. Von ihnen sagte man: *adfuerunt scribendo* oder auch *fue-*

runt ad scribendum, d. i. sie waren da um abzufassen, nicht: sie waren bei dem Niederschreiben zugegen, wie das aus der Redensart *ponor ad scribendum* ad fam. IX, 15, 4 erhellt und auch aus ad fam. XV, 6, 2: *res ipsa declarat tibi illum honorem nostrum supplicationis iucundum fuisse, quod scribendo adfuisti. Haec enim senatus consulta non ignoro ab amicissimis eius, cuius de honore agitur, scribi solere.* Die Namen dieser Männer wurden dem Senatsbeschluss vorangesetzt (auctoritates praescriptae; s. zu I, 2, 4). Da nun der in Rede stehende Beschluss dem Atticus vorlag, so hat das Praesens esse nichts Auffallendes.

in postremis] P. Servilius war Praetor im J. 54; er stimmte also damals wahrscheinlich noch unter den gewesenen Quaestoren, den quaestoriis, die zuletzt gefragt wurden.

conventus] nämlich derjenigen, welche den Beschluss zurücknehmen haben wollten.

10. *Lucullus*] L. Lucullus, der mit Mithridates kämpfte, hat eine Geschichte des marsischen Krieges in griechischer Sprache geschrieben.

Romani hominis esse, idcirco barbara quaedam et σόλοικα dispersisse. Apud me si quid erit eiusmodi, me imprudente erit et invito. Latinum si perfecero, ad te mittam. Tertium poema exspectato, ne quod genus a me ipso laudis meae praetermittatur. Ilic tu cave dicas, τίς πατέρ᾽ αἰνήσει; si est enim apud homines quicquam, quod potius sit, laudetur, nos vituperemur, qui non potius alia laudemus. Quamquam non ἐγκωμιαστικά sunt haec, sed ἱστορικά, quae scribimus. Quintus frater se purgat mihi per 11 litteras et affirmat nihil a se cuiquam de te secus esse dictum. Verum haec nobis coram summa cura et diligentia sunt agenda; tu modo nos revise aliquando. Cossinius hic, cui dedi litteras, valde mihi bonus homo et non levis et amans tui visus est et talis, qualem esse eum tuae mihi litterae nuntiarant. Idibus Martiis.

--- --- --- ---

EPISTOLA VI.
(AD ATT. II, 16.)
CICERO ATTICO S.

Caenato mihi et iam dormitanti prid. Kal. Mai. epistola est 1

Latinum si perfecero] Den lateinischen commentarius de consulatu suo hat Cicero wahrscheinlich nicht vollendet. S. zu II, 1, 8.

tertium poema] Das Gedicht über sein Consulat hat Cicero in diesem Jahre vollendet, denn ad Att. II, 3, 3 führt er aus dem dritten und letzten Buche einige Verse an.

τίς πατέρ᾽ αἰνήσει] Diogenianus paroemiographus VIII, 46: τίς πατέρ᾽ αἰνήσει, εἰ μὴ κακοδαίμονα τέκνα· ἐπὶ τῶν προγονικὰ ἀνδραγαθήματα ἀπορίᾳ ἰδίᾳ προφερόντων. Da, wie der Zusammenhang lehrt, Cicero des Atticus Tadel fürchtet, nicht weil er den Vater, sondern weil er sich selbst lobt, so kann der Sinn des Sprüchworts hier nur der sein: wer den Vater lobt, verräth Mangel an eignem Verdienst, wer sich selbst lobt, noch mehr.

quod potius sit] Denn, wenn es etwas Ruhmwürdigeres giebt, so mag das gelobt und ich getadelt

werden, dass ich nicht dieses lieber lobe.

11. *Quintus frater*] Q. Cicero, der mit seiner Gemahlin in Unfrieden lebte und glauben mochte, Atticus nähre den Unfrieden, hatte von Thessalonich aus in einer gereizten Stimmung an ihn geschrieben, und man sagte auch, er hätte auf der Reise nicht gut von ihm geredet.

revise aliquando] = tandem aliquando; ad fam. VII, 12, 2: *modo scribe aliquando ad nos quid agas;* ad fam. VII, 17, 1: *te aliquando collaudare possum, quod iam videris certa aliqua in sententia constitisse;* ad Att. I, 4, 1: *putamus enim utile esse te aliquando iam rem transigere.*

EPISTOLA VI.
Der Brief ist geschrieben im Formianischen Landgute in den ersten Tagen des Mai im Jahre 59 im Consulat des Caesar und Bibulus. Um sich der Theilnahme an

illa reddita, in qua de agro Campano scribis. Quid quaeris? Primo ita me pupugit, ut somnum mihi ademerit, sed id cogitatione magis quam molestia. Cogitanti autem haec fere succurrebant: primum ex eo, quod superioribus litteris scripseras, ex familiari te illius audisse prolatum iri aliquid, quod nemo improbaret, maius aliquid timueram; hoc mihi eiusmodi non videbatur. Deinde, ut me ego consoler, omnis exspectatio largitionis agrariae in agrum Campanum videtur esse derivata; qui ager, ut dena iugera sint, non amplius hominum quinque milia potest sustinere; reliqua omnis multitudo ab illis abalienetur necesse est. Praeterea, si ulla res est, quae bonorum animos, quos iam video esse commotos, vehementius possit incendere, haec certe est, et eo magis, quod portoriis Italiae sublatis, agro Campano diviso, quod vectigal superest domesticum praeter vicesimam? quae mihi videtur una contiuncula clamore pedisequorum nostrorum esse peritura. 2 Gnaeus quidem noster iam plane quid cogitet nescio;

den Verhandlungen über Caesars Ackergesetz zu entziehen, lebte Cicero seit dem März auf seinen Landgütern und kehrte erst im Juni nach Rom zurück. Atticus war damals in Rom.

1. *de agro Campano*] Caesar hat in seinem Consulat zwei Ackergesetze gegeben. Nach dem ersten sollte aller ager publicus in Italien mit Ausnahme des ager Campanus an die Plebs vertheilt werden und ausserdem sollten Ländereien zu dem Preise, auf welchen sie im letzten Census abgeschätzt wären, zu demselben Zwecke angekauft werden. Diese lex Iulia agraria wurde im April gegen den heftigen Widerstand der Optimaten mit Gewalt durchgesetzt. Es fanden sich aber nicht Aecker genug, um alle, die Anspruch machten, zu befriedigen. Caesar beantragte also in den letzten Tagen des April ein zweites Gesetz, wonach der ager Campanus, der bisher von den Censoren verpachtet worden war, an solche Leute vertheilt werden sollte, die drei oder mehr Kinder hätten.

illius] Caesaris.

ut dena iugera sint] vorausge-

setzt, dass jeder zehn Jugera erhalten soll.

quinque milia] Caesar hat 20000 Menschen in Campanien angesiedelt. Er hat den campus Stellatis, der zwischen dem Vulturnus und Savo, jenseits des mons Callicula lag, hinzugefügt und wahrscheinlich auch Ländereien, die in Privateigenthum übergegangen waren, zu dem ager publicus hinzugekauft.

illis] Caesar, Pompeius und Crassus.

portoriis sublatis] Die Zölle in Italien waren im Jahre vorher 60 durch ein Gesetz des Prätor Q. Caecilius Metellus abgeschafft worden.

quod vectigal] statt nullum vectigal. Der Nebensatz ist in Frageform fortgesetzt, wie de nat. deor. III, 30, 74: *veniamus in forum. Sessum it praetor; quid ut iudicetur?* Liv. VI, 38, 11: *suffectus est P. Manlius dictator, quem quid creari attinebat ad id certamen, quo M. Furius victus esset?*

domesticum] in Italien erhoben.

vicesimam] nämlich manumissionum, d. i. 5 Procent vom Werthe der freizulassenden Sclaven.

φυσᾷ γὰρ οὐ σμικροῖσιν αὐλίσκοις ἔτι,
ἀλλ᾽ ἀγρίαις φύσαισι φορβειᾶς ἄτερ·

qui quidem etiam istuc adduci potuerit. Nam adhuc haec ἐσοφί-
ζετο: se leges Caesaris probare, actiones ipsum praestare debere;
agrariam legem sibi placuisse, potuerit intercedi necne nihil ad
se pertinere; de rege Alexandrino placuisse sibi aliquando confici,
Bibulus de caelo tum servasset necne sibi quaerendum non
fuisse; de publicanis voluisse illi ordini commodare, quid futurum fuerit, si Bibulus tum in forum descendisset, se divinare non
potuisse. Nunc vero, Sampsicerame, quid dices? vectigal te no-

2. *φυσᾷ γὰρ*] ein Fragment des
Sophocles; *φορβειά*, eine lederne
Binde, die um die Lippen und Bak-
ken des Flötenspielers gelegt wurde, um das Blasen zu mässigen.
Der Sinn ist: was Pompeius sich
dabei denkt, weiss ich ganz und gar
nicht; denn er bläst doch gar zu
sehr auf dem grossen Horn, d. i. er
beachtet weder die Gesetze noch
die öffentliche Meinung, da er sich
sogar zur Billigung des Campanischen Gesetzes hat verleiten lassen. Denn bisher konnte er immer
noch sagen: Cäsars Gesetze sind
heilsam; die Art, wie er sie durchsetzte, hat er zu vertreten. Bei diesem Gesetze aber ist der Inhalt und
die Art, wie es zu Stande gekommen ist, gleich verwerflich.
potuerit intercedi necne] ob mit
Recht oder nicht; s. zu I, 16, 4.
Es hatten der ersten lex Iulia agraria drei Tribunen intercedirt.
de rege Alexandrino] Ptolemaeus
Auletes, ein verächtlicher Mensch,
mit dem die Aegypter höchst unzu-
frieden waren und dessen Recht
auf den Thron streitig war, hatte,
um den Schutz der Römer zu gewinnen, den Pompeius, als er in
Syrien war, mit bedeutenden Summen unterstützt. Jetzt hatte er auf
Cäsars Antrag den Titel Freund
und Bundesgenosse des römischen
Volkes erlangt.
Bibulus de caelo tum servasset]
servare de caelo (παρατηρεῖν τὰ
ἐκ τοῦ οὐρανοῦ γιγνόμενα) bedeu-

Ciceros ausgew. Briefe.

tet: Blitze und ähnliche Erschei-
nungen am Himmel aufsuchen, nicht:
sie wahrnehmen. Da es aber ein
alter Grundsatz der Augurallehre
war, *Iove tonante fulgurante comitia populi habere nefas* (Cic. de div.
II, 18), und da die Erklärung eines
Magistrats, er hätte Blitze gesehen,
genügte, so machte schon seine Ankündigung (obnuntiare), er werde
den Himmel beobachten, den ganzen Tag für Comitien untauglich.
Bei der lex Iulia hatte Bibulus erklärt, er werde an allen noch übrigen Comitialtagen des Jahres den
Himmel beobachten.
de publicanis] s. zu I, 5, 6. Caesar hatte durchgesetzt, dass in An-
betracht der Verluste, die die
Steuerpächter von Asien durch den
Mithridatischen Krieg erlitten hätten, ihnen der dritte Theil der
Pachtsumme erlassen würde. Der
Subjectsaccusativ *se* bei *voluisse*
weggelassen, wie I, 4, 10; ferner ad
Att. XIV, 21, 2: *quam facile perspi-
ceres* (cum) *timere otium*; pro Sestio
7, 15: *hunc Cn. Pompeius devinxe-
rat nihil contra me esse facturum.*
quid. futurum fuerit] Bibulus
war, als über die lex agraria abgestimmt werden sollte, auf dem Forum misshandelt worden.
Sampsicerame] ein kleiner
Fürst von Emesa in Cölesyrien,
den Pompeius besiegt und in seinem
Bericht vielleicht mit zu hochtra-
benden Worten aufgeführt hatte;
daher ein Spottname für ihn.

4

bis in monte Antilibano constituisse, agri Campani abstulisse?
quid, hoc quemadmodum obtinebis? Oppressos vos, inquit, tene-
bo exercitu Caesaris. Non mehercule me tu quidem tam isto
exercitu quam ingratis animis eorum hominum, qui appellantur
boni, qui mihi non modo praemiorum sed ne sermonum quidem
3 unquam fructum ullum aut gratiam retulerunt. Quodsi in eam
me partem incitarem, profecto iam aliquam reperirem resistendi
viam. Nunc prorsus hoc statui, ut, quoniam tanta controversia
est Dicaearcho, familiari tuo, cum Theophrasto, amico meo, ut
ille tuus τὸν πρακτικὸν βίον longe omnibus anteponat, hic autem τὸν θεωρητικόν, utrique a me mos gestus esse videatur.
Puto enim me Dicaearcho affatim satisfecisse; respicio nunc ad
hanc familiam, quae mihi non modo ut requiescam permittit, sed
reprehendit, quia non semper quierim. Quare incumbamus, o
noster Tite, ad illa praeclara studia et eo, unde discedere non
oportuit, aliquando revertamur.

4   Quod de Quinti fratris epistola scribis, ad me quoque fuit
πρόσθε λέων, ὄπιθεν δὲ —. Quid dicam nescio; nam ita de-

Non mehercule me] nämlich op-
pressum tenebis. Cicero wollte durch
Caesars Heer sich nicht vom Wi-
derstande abhalten lassen, wenn er
nur hoffen könnte, dass in dem Han-
del mit Clodius die Optimaten ihn
nicht im Stiche lassen würden.

praemiorum] der Genitivus definitivus, die Frucht, die darin besteht, wie Cic. de senect. 18, 62:
*honeste acta superior aetas fructus
capit auctoritatis extremos*, oder
Caes. bell. civ. III, 72: *parvae causae
vel falsae suspicionis vel terroris re-
pentini*, kleine Ursachen, nämlich u. s. w.; Quint. X, 7, 17: *elo-
quentia maxime praesenti fructu
laudis opinionisque ducatur*.

3. *Quodsi in eam me partem*] wenn
ich mich nach dieser Richtung hin
aufregen, d. i. dazu, ihm entgegen
zu treten, entschliessen wollte. Incitare aliquem gewöhnlich ad aliquid, aber auch mit in; z. B. ad fam.
XII, 16, 2: *studiis, in quae tua co-
hortatione incitatur.* Caes. bell. civ.
II, 14, 3: *alii ex castris sese incitant.*

Dicaearcho] Dicaearchus aus

Messana, Schüler des Aristoteles.
Von einer seiner vielen Schriften,
Βίος τῆς Ἑλλάδος, ist ein Bruchstück in einer späteren Bearbeitung
auf uns gekommen. Theophrastus
aus Eresos auf Lesbos, erst Schüler des Plato, dann des Aristoteles
Nachfolger als Haupt der peripate-
tischen Schule.

ad hanc familiam] Philosophen-
schule, wie de div. II, 1, 3: *magnus
locus philosophiaeque proprius a
Platone, Aristotele, Theophrasto
totaque Peripateticorum familia
tractatus uberrime.*

4. *πρόσθε λέων ὄπιθεν δὲ*] Man
kann nicht übersetzen: vorn ein
Löwe, hinten ich weiss nicht
was; denn Quintus mit seinen Klagen hat nichts gemein mit einem
Löwen. Cicero führt seiner Ge-
wohnheit gemäss nur die Anfangsworte an, meint aber den ganzen
Vers Il. ζ, 181: *πρόσθε λέων, ὄπιθεν δὲ δράκων, μέσση δὲ χίμαιρα.*
Das tertium comparationis ist die
Mannichfaltigkeit, dort der Gestalt, hier der Stimmung. Erst klagt
Quintus, dass es einen Stein erbar-

plorat primis versibus mansionem suam, ut quemvis movere possit; ita rursus remittit, ut me roget, ut annales suos emendem et edam. Illud tamen, quod scribis, animadvertas velim de portorio circumvectionis. Ait se de consilii sententia rem ad senatum reiecisse. Nondum videlicet meas litteras legerat, quibus ad eum re consulta et explorata rescripseram non deberi. Velim, si qui Graeci iam Romani ex Asia de ea causa venerunt, videas et, si tibi videbitur, his demonstres quid ego de ea re sentiam. Si possum discedere, ne causa optima in senatu pereat, ego satisfaciam publicanis; εἰ δὲ μή, — vere tecum loquar — in hac re malo universae Asiae et negotiatoribus; nam eorum quoque vehemen-

---

mea möchte, und gleich darauf wird er wieder so ruhig, dass er sogar an seine Annalen denkt.

mansionem suam] Q. Cicero verwaltete nach der Praetur Asien drei Jahre 61—59; seine Hoffnung, schon nach dem ersten Jahre einen Nachfolger zu erhalten, war durch seinen Bruder vereitelt worden.

quod scribis] d. i. quod te animadvertere scribis. Dieselbe Ellipse ad Att. XIII, 31, 2: *Dicaearchi, quos scribis, libros sane velim mihi mittas;* ib. 4: *aggredere Othonem, ut scribis;* XIII, 23, 3: *mea mandata, ut scribis, explica.*

de portorio circumvectionis] Durchgangszoll wurde in den einzelnen Provinzen gezahlt, ausser wenn ein Schiff an einer Zollstätte die Waaren gar nicht auslud. Strabo XVII, 1, 13: στόλοι μεγάλοι στέλλονται μέχρι τῆς Ἰνδικῆς καὶ τῶν ἄκρων τῶν Αἰθιοπικῶν, ἐξ ὧν ὁ πολυτιμότατος κομίζεται φόρτος εἰς τὴν Αἴγυπτον, κἀντεῦθεν πάλιν εἰς τοὺς ἄλλους ἐκπέμπεται τόπους· ὥστε τὰ τέλη διπλάσια συνάγεται, τὰ μὲν εἰσαγωγικά, τὰ δὲ ἐξαγωγικά. Vgl. Cic. in Verr. II, 75; ferner L. 16, § 8 Dig. de publ. (39, 4): *si propter necessitatem adversae tempestatis expositum onus fuerit, non debere hoc commisso* (Confiscation) *vindicari, divi fratres* (Antoninus Philosophus und Verus) *rescripserunt.* Das portorium cir-

cumvectionis kann also nur von solchen Waaren erhoben sein, die bereits versteuert des Verkaufs wegen innerhalb derselben Provinz aus einer Stadt in die andere gebracht wurden.

de consilii sententia] Consilium, ein aus den Begleitern des Statthalters (cohors praetoria) und den angesehnsten römischen Bürgern eines jeden Gerichtssprengels (conventus) bestehende Versammlung, welche unter dem Vorsitz des Statthalters die Rechtsfälle entschied.

Si possum discedere] Wenn ich zu der Zeit, wo die Sache im Senat verhandelt wird, ohne Anstoss zu geben, mich von Rom entfernen und so der Abstimmung enthalten kann, so will ich es thun und insoweit den Publicanen Genüge leisten, damit nicht die Sache der Optimaten, die wesentlich auf der Eintracht des Senats und der Ritter beruht, im Senat zu Grunde gehe.

malo universae Asiae] alicui velle, wie das noch häufigere alicuius causa velle, einem günstig gesinnt sein, für einen sein; z. B. ad fam. I, 1, 3: *cui qui nolunt, iidem tibi non sunt amici;* ad Q. fr. I, 2, 10: *quid? ego Fundanio non cupio? non amicus sum?*

negotiatoribus] Die negotiatores waren römische Bürger, die den Provincialen Geld zu wucherischen Zinsen vorstreckten und grosse

4 *

ter interest. Hoc ego sentio valde nobis opus esse. Sed tu id
videbis. Quaestores autem, quaeso, num etiam de cistophoro
dubitant? Nam, si aliud nihil erit, cum erimus omnia experti, ego
ne illud quidem contemnam, quod extremum est. Te in Arpinati
videbimus et hospitio agresti accipiemus, quoniam maritimum
hoc contempsisti.

EPISTOLA VII.
(AD ATT. II, 21.)
CICERO ATTICO S.

1   De re publica quid ego tibi subtiliter? Tota periit atque hoc
est miserior quam reliquisti, quod tum videbatur eiusmodi dominatio civitatem oppressisse, quae iucunda esset multitudini, bonis
autem ita molesta, ut tamen sine pernicie, nunc repente tanto in
odio est omnibus, ut quorsus eruptura sit horreamus. Nam iracundiam atque intemperantiam illorum sumus experti, qui Catoni
irati omnia perdiderunt, sed ita lenibus uti videbantur venenis,

Handelsspeculationen unternahmen.
Ihnen lag also auch daran, dass jenes portorium nicht gezahlt zu werden brauchte.

de cistophoro] Cistophorus Lan-
desmünze der Provinz Asien = 2 ¹/₂
Denar; es war darauf die heilige
Kiste des Bellonatempels geprägt.
Zu der ganzen Stelle ist zu vergleichen ad Att. II, 6, 2: *scripsi ad
quaestores urbanos de Quinti fratris negotio. Vide quid narrent, ec-
quae spes sit denarii an cistophoro
Pompeiano iaceamus.* Q. Cicero,
der Propraetor von Asien, wollte die
ihm für das dritte Jahr zustehenden
cibaria (d. i. Entschädigung für die
Kosten seines Unterhalts) lieber in
Rom ausgezahlt erhalten, als, wie
es üblich war, in Asien aus der
Kasse der Publicanen. Sein Bruder
verlangte nun von den quaestores
urbani die volle Summe in Denaren;
diese aber wollten nur Cistophoren
zahlen, d. i. so viel weniger als die
Cistophoren in Rom weniger galten

als in Asien. Cicero hat das Geld
erhalten (ad Q. fr. I, 3, 7), wahrscheinlich mit dem erwähnten Ab-
zug; denn das ist das äusserste Zugeständniss, von dem er hier redet.

maritimum hoc] die Bewirthung
auf dem Formianum.

EPISTOLA VII.
Der Brief ist geschrieben in Rom
am Ende des Quintilis 59 im Consulat des Cäsar und Bibulus. Atticus
befand sich auf seinen Gütern in
Epirus.

1. *subtiliter*] genau, nämlich
scribam; ad Att. I, 13, 4: *sed haec
ad te scribam alias subtilius; nam
neque adhuc mihi satis nota sunt
et huic terrae filio nescio cui committere epistolam tantis de rebus
non audeo.*

Nam iracundiam] denn, wenn wir
auch damals schon kennen lernten
u. s. w. Der Nebengedanke ist coordinirt, wie dies nach nam und itaque nicht selten geschieht. S. II, 2, 8.

Catoni irati] heisst nicht: aus

ut posse videremur sine dolore interire; nunc vero sibilis vulgi, sermonibus honestorum, fremitu Italiae vereor ne exarserint. Equidem sperabam, ut saepe etiam loqui tecum solebam, sic or- 2 bem rei publicae esse conversum, ut vix sonitum audire, vix impressam orbitam videre possemus; et fuisset ita, si homines transitum tempestatis exspectare potuissent, sed cum diu occulte suspirassent, postea iam gemere, ad extremum vero loqui omnes et clamare coeperunt.

Itaque ille amicus noster, insolens infamiae, semper in laude 3

Hass gegen den Cato haben die Triumvirn ihre Gesetze gegeben und damit die Republik umgestürzt; sondern: erbittert über den Widerstand des Cato haben die Triumvirn bei ihren Gesetzen die Intercession und die Auspicien nicht geachtet und dadurch die Verfassung umgestürzt. Vergl. ad Att. II, 9, 1.

2. *orbem rei publicae esse conversum*] Die Alten unterschieden drei Hauptregierungsformen: Monarchie, Aristokratie und Demokratie, und drei Ausartungen derselben (nach Aristot. παρεκβάσεις): Tyrannis, Oligarchie und Ochlokratie. Sie meinten, jede von diesen Regierungsformen ginge früher oder später in ihre Ausartung über (Cic. de rep. I, 28: *nullum est genus illarum rerum publicarum, quod non habeat iter ad finitimum quoddam malum praeceps ac lubricum*) und aus dieser wieder in die nächste verwandte Regierungsform. Polyb. VI, 4, 7: Πρώτη μὲν οὖν ἀκατασκεύως καὶ φυσικῶς συνίσταται μοναρχία· ταύτῃ δ᾽ ἕπεται καὶ ἐκ ταύτης γεννᾶται μετὰ κατασκευῆς καὶ διορθώσεως βασιλεία· μεταβαλλούσης δὲ ταύτης εἰς τὰ συμφυῆ κακὰ, λέγω δ᾽ εἰς τυραννίδα, αὖθις ἐκ τῆς τούτων καταλύσεως ἀριστοκρατία φύεται· καὶ μὴν ταύτης εἰς ὀλιγαρχίαν ἐκτραπείσης κατὰ φύσιν, τοῦ δὲ πλήθους ὀργῇ μετελθόντος τὰς τῶν προεστώτων ἀδικίας, γεννᾶται δῆμος· ἐκ δὲ τούτου πάλιν ὕβρεως καὶ παρανομίας ἀποπληροῦται σὺν χρόνοις

ὀχλοκρατία. Diese ganze Bahn, welche die Staaten zu durchlaufen haben, kann orbis rei publicae genannt werden; es kann aber auch jedes einzelne Stadium in derselben so heissen, denn in jedem einzelnen folgen auf einander Kraft, Ermattung und Untergang. So klagt Perseus bei Liv. XLII, 42: erst billiget ihr mein Verfahren, jetzt greift ihr es an. So macht ihr es immer. Circumagetur hic orbis. Bald wird Eumenes, den ihr jetzt so hoch schätzet, euch verdächtig werden. — Auf ähnliche Weise bedeutet orbis den ganzen Erdkreis und wenigstens bei Dichtern und Späteren auch einen Theil desselben. Ovid. Metam. VIII, 100: Creten, quae meus est orbis. Orbis rei publicae kann also ein Entwicklungsstadium, eine Umwälzung im Staate sein. So ist es in unsrer Stelle und ad Att. II, 9, 1: *minore sonitu quam putaram orbis hic in re publica est conversus;* pro Plancio 38, 93: *stare omnes debemus tamquam in orbe aliquo rei publicae, qui quoniam versatur, eam deligere partem, ad quam nos illius utilitas salusque converterit.* Was aber hier gesagt wird, der Kreis drehe sich, nicht das, was darin sich bewegt, findet sich auch sonst; z. B. in Pis. 10, 22: *cum illum saltatorium orbem versaret, ne tum quidem fortunae rotam pertimescebat;* Liv. III, 10, 8: *ecce, ut idem in singulos annos orbis volveretur, Hernici nuntiant* cet.

3. *amicus noster*] Pompeius.

versatus, circumfluens gloria, deformatus corpore, fractus animo,
quo se conferat nescit; progressum praecipitem, inconstantem
reditum videt; bonos inimicos habet, improbos ipsos non amicos.
Ac vide mollitiem animi. Non tenui lacrimas, cum illum a. d. vııı
Kal. Sext. vidi de edictis Bibuli contionantem. Qui antea solitus
esset iactare se magnificentissime illo in loco, summo cum amore
populi, cunctis faventibus, ut ille tum humilis, ut demissus erat,
4 ut ipse etiam sibi, non iis solum, qui aderant, displicebat! O
spectaculum uni Crasso iucundum, ceteris non item! Nam, quia
deciderat ex astris, lapsus quam progressus potius videbatur; et,
ut Apelles, si Venerem, aut si Protogenes Ialysum illum suum
caeno oblitum videret, magnum credo acciperet dolorem, sic
ego hunc omnibus a me pictum et politum artis coloribus subito deformatum non sine magno dolore vidi. Quamquam nemo
putabat propter Clodianum negotium me illi amicum esse debere, tamen tantus fuit amor, ut exhauriri nulla posset iniuria.
Itaque Archilochia in illum edicta Bibuli populo ita sunt iucunda,
ut eum locum, ubi proponuntur, prae multitudine eorum, qui le-
gunt, transire nequeamus; ipsi ita acerba, ut tabescat dolore; mihi

deformatus corpore] Aufregung
und Kummer machten Pompeius
krank; s. unten §. 4.

inconstantem reditum] Constans
ist das, was sich selbst gleich bleibt;
z. B. oratio, memoria, vultus, rumor.
Also: Pompeius sieht, dass ein Rück-
schreiten zu den Optimaten nothwendig schwankend und unsicher
werden würde.

de edictis Bibuli] Suet. Caes. 20:
*lege agraria promulgata obnuntiam-
tem collegam armis foro expulit*
(Caesar) *ac postero die in senatu
conquestum nec quoquam reperto,
qui super tali consternatione referre
aut censere aliquid auderet, qualia
multa saepe in levioribus turbis de-
creta erant, in eam coegit despera-
tionem, ut, quoad potestate abiret,
domo abditus nihil aliud quam per
edicta obnuntiaret.* Cic. ad Att. II,
19, 5: *edicta Bibuli audio ad te
missa; iis ardet dolore et ira noster
Pompeius;* II, 20, 6: *comitia Bibulus cum Archilochio edicto in a. d.
XV. Kal. Nov. distulit.*

4. *uni Crasso iucundum*] Die alte
Eifersucht zwischen Pompeius und
Crassus wurde durch ihre Verbindung zum Triumvirat nie ganz be-
schwichtigt. Die ceteri sind die
übrigen Vornehmen.

Nam quia deciderat] Denn weil
er von der Höhe des Ruhmes herab-
gestürzt war, schien er mehr durch
einen Fehltritt als absichtlich diese
Stellung eingenommen zu haben.

propter Clodianum negotium]
Pompeius hatte mitgewirkt, dass
Clodius Plebejer und Volkstribun
werden konnte; ad Att. II, 9. 1: *hic
noster Hierosolymarius* (Pompeius,
so genannt, weil er im Mithridatischen Kriege Jerusalem eingenommen hatte) *traductor ad plebem.*

Itaque Archilochia] Itaque passt
nur zu mihi mehercule cet.; die beiden vorhergehenden Gedanken sind
coordinirte Nebengedanken. S. zu
§ 1. Die Gedichte des Archilochus,
des ersten Iambendichters um 688
v. Ch. zeichneten sich durch Schärfe
und Bitterkeit aus.

mehercule molesta, quod et eum, quem semper dileximus, excruciant et timeo, tam vehemens vir tamque acer in ferro et tam insuetus contumeliae ne omni animi impetu dolori et iracundiae pareat.

Bibuli qui sit exitus futurus nescio. Ut nunc res se habet, 5 admirabili gloria est. Qui cum comitia in mensem Octobrem distulisset, quod solet ea res populi voluntatem offendere, putarat Caesar oratione sua posse impelli contionem, ut iret ad Bibulum; multa cum seditiosissime diceret, vocem exprimere non potuit. Quid quaeris? Sentiunt se nullam ullius partis voluntatem tenere. Eo magis vis nobis est timenda. Clodius inimicus est nobis. 6 Pompeius confirmat eum nihil esse facturum contra me. Mihi periculosum est credere; ad resistendum me paro. Studia spero me summa habiturum omnium ordinum. Te cum ego desidero, tum vero res ad tempus illud vocat. Plurimum consilii, animi, praesidii denique mihi, si te ad tempus videro, accesserit. Varro mihi satisfacit. Pompeius loquitur divinitus. Spero nos aut certe cum summa gloria aut etiam sine molestia discessuros. Tu quid agas, quemadmodum te oblectes, quid cum Sicyoniis egeris ut sciam cura.

EPISTOLA VIII.

(AD ATT. III. 1.)

CICERO ATTICO S.

Cum antea maxime nostra interesse arbitrabar te esse nobiscum, tum vero, ut legi rogationem, intellexi ad iter id, quod

---

acer in ferro] Ferrum das Schwert und dann auch der Kampf; wie bei Suet. Nero 12: *exhibuit ad ferrum* (zum Gladiatorenkampf) *etiam quadringentos senatores*. Also: feurig im Kampf, ein ungewöhnlicher Ausdruck.

5. *quod solet ea res*] Das Geld, womit die Stimmen erkauft wurden, blieb dann zu lange aus.

ut iret ad Bibulum] um dem Bibulus das Haus zu stürmen und ihn zur Zurücknahme seines Edicts zu zwingen.

6. *ad tempus illud*] Ich bitte dich, komme zu der Zeit, wo der Angriff

auf mich gemacht wird; ad Att. I, 4, 1: *censeo venias ad id tempus quod scribis*.

aut certe cum summa gloria] Ich hoffe, dass ich entweder, wenn es zum Kampf kommt, sicherlich mit grossem Ruhme davon komme, oder dass es nicht dazu kommt und ich so sogar ohne alle Belästigung bleibe. Cic. in Verr. III, 44, 104: *cum se certe decessurum videret*.

cum Sicyoniis] S. zu I, 5, 9.

EPISTOLA VIII.

Im J. 58 im Consulat des L. Piso und A. Gabinius hat der Volkstribun

constitui, nihil mihi optatius cadere posse quam ut tu me quam
primum consequare, ut, cum ex Italia profecti essemus, sive per
Epirum iter esset faciendum, tuo tuorumque praesidio uteremur,
sive aliud quid agendum esset, certum consilium de tua sententia
capere possemus. Quamobrem te oro des operam, ut me statim
consequare. Facilius potes, quoniam de provincia Macedonia
perlata lex est. Pluribus verbis tecum agerem, nisi pro me apud
te res ipsa loqueretur.

EPISTOLA IX.

(AD ATT. III, 3.)

CICERO ATTICO S.

   Utinam illum diem videam, cum tibi agam gratias, quod
me vivere coegisti! Adhuc equidem valde me paenitet. Sed te

P. Clodius zwei Gesetze gegen Cicero beantragt und durchgesetzt.
Das erste, welches nicht direct gegen
Cicero gerichtet war, verordnete, *ut,
qui civem Romanum indemnatum
interemisset, ei aqua et igni inter-
diceretur.* An demselben Tage, an
welchem dies Gesetz durchging,
zwischen den Nonen und Iden des
März, reiste Cicero von Rom ab.
Er wartete dann auf einem seiner
Landgüter, wahrscheinlich auf dem
zu Arpinum, ob Clodius direct gegen ihn vorgehen würde, und als er
Clodius zweiten Gesetzentwurf, *ut
M. Tullio aqua et igni interdictum
esset*, erhielt, was spätestens a. d.
XIV Kal. Apr. geschehen sein muss,
trat er die mit Atticus für diesen
Fall verabredete Reise nach Brundisium an und setzte ihn mit diesem
Briefe davon in Kenntniss.

sive per Epirum] Sive-sive, jedes
mit einem Verbum und einem Nachsatz, wie Cic. Phil. XIV, 5, 13:
*nam sive in communi gaudio populi
Romani uni gratulabantur, magnum iudicium, sive uni gratias
agebant, eo maius, sive utrumque,
nihil magnificentius cogitari potest,*

und sonst oft.

tuo tuorumque praesidio] Cicero
brauchte Schutz, weil Autronius und
andere Catilinarier sich in Griechenland befanden, und Atticus konnte
Schutz gewähren, weil er grosse
Güter in Epirus besass und viele
Verbindungen in Griechenland hatte.

de provincia Macedonia] Die lex
Clodia de provinciis consularibus
gab dem Piso Macedonien, dem Gabinius Syrien extra ordinem und mit
erweiterten Vollmachten. Atticus
war wegen seiner grossen Geldge-
schäfte in Achaia, was damals zu
Macedonien gehörte, sehr dabei in-
teressirt, wie die Regierung dieses
Landes für die nächsten Jahre geordnet werden würde.

EPISTOLA IX.

Auf dem Wege nach Brundisium
änderte Cicero seinen Reiseplan.
Er beschloss nach Vibo zu gehen,
um dann seinen Wohnsitz in Sicilien oder Malta zu nehmen. Er
bittet nun den Atticus dorthin zu
kommen.

adhuc equidem] Equidem, in der
That, wahrlich, nicht aus ego
quidem, sondern aus quidem und

oro, ut ad me Vibonem statim venias, quo ego multis de causis
converti iter meum. Sed eo si veneris, de toto itinere ac fuga
mea consilium capere potero. Si id non feceris, mirabor, sed
confido te esse facturum.

EPISTOLA X.

(AD ATT. III, 4.)

CICERO ATTICO S.

Miseriae nostrae potius velim quam inconstantiae tribuas,
quod a Vibone, quo te arcessebamus, subito discessimus. Allata
est enim nobis rogatio de pernicie mea, in qua, quod correctum
esse audieramus, erat eiusmodi, ut mihi ultra quadringenta milia
liceret esse. Illo cum pervenire non liceret, statim iter Brundisium versus contuli ante diem rogationis, ne et Sicca, apud quem
eram, periret et quod Melitae esse non licebat. Nunc tu propera,
ut nos consequare, si modo recipiemur. Adhuc invitamur benigne; sed quod superest timemus. Me, mi Pomponi, valde paenitet vivere, qua in re apud me tu plurimum valuisti. Sed haec
coram. Fac modo, ut venias.

dem Praefixum e, wie enim aus
nam. Dass equidem bei Cicero mit
einer andern als der ersten Person
sing. des Verbi vorkommt, wird geläugnet; in den Briefen findet es
sich aber in der mediceischen Handschrift hier und ad Att. XIII, 26, 1:
*sic ages igitur; et equidem id erit
primum, maximum Clodiae.*

EPISTOLA X.

Cicero meldet dem Atticus, dass
er plötzlich wieder von Vibo abgereist sei, um sich, wie es anfangs
bestimmt war, nach Brundisium zu
begeben. Er verliess Vibo wahrscheinlich a. d. IV. Non. Apr.

rogatio de pernicie mea] d. i. das
zweite Gesetz des Clodius, das von
ihm verändert worden war während
der 17 Tage (trinundinum), in welchen es, wie alle Gesetzentwürfe,
vor der Abstimmung promulgirt
war. Nach der ursprünglichen Fas-

sung des Gesetzes war Cicero nur
aus Italien verbannt; durch die
neue wurde ihm der Aufenthalt
innerhalb 400 röm. Meilen von den
Grenzen Italiens an untersagt.

[Illo cum pervenire non liceret]
nämlich auf dem Wege, den Cicero
eingeschlagen hatte; denn Malta
lag innerhalb der 400 Meilen und
weiter nach Afrika wollte er nicht.

ante diem rogationis] vor dem
Tage, an welchem über den Gesetzentwurf abgestimmt werden sollte,
wie ad Att. X, 5: *dies pecuniae*, der
Tag, an welchem das Geld gezahlt werden soll. Sonst heisst es
ad Att. I, 14, 5: *cum dies venisset rogationi ferendae*, und bei Liv. XXII,
25: *dies rogationis ferendae.*

ne et Sicca]. Bei Sicca wohnte Cicero in Vibo; es sollte aber nach
Clodius Gesetz jeder geächtet sein,
der den Cicero beherbergen würde.
Ueber *ne et s.* zu I, 13.

EPISTOLA XI.

(AD ATT. III, 5.)

CICERO ATTICO S.

Terentia tibi et saepe et maximas agit gratias. Id est mihi gratissimum. Ego vivo miserrimus et maximo dolore conficior. Ad te quid scribam nescio. Si enim es Romae, iam me assequi non potes; sin es in via, cum eris me assecutus, coram agemus, quae erunt agenda. Tantum te oro, ut, quoniam me ipsum semper amasti, ut eodem amore sis. Ego enim idem sum. Inimici mei mea mihi, non me ipsum ademerunt. Cura ut valeas. Dat. vii Id. Apr. Thurii.

EPISTOLA XII.

(AD ATT. III, 2.)

CICERO ATTICO S.

Itineris nostri causa fuit, quod non habebam locum, ubi

Der Brief ist geschrieben auf der Reise von Vibo nach Brundisium in Thurii a. d. VII. Id. Apr.

ut eodem] *ut* nach einem eingeschobenen Nebensatz wiederholt, wie Liv. XXII,11,4: *edicto proposito, ut quibus oppida castellaque immunita essent, ut ii commigrarent in loca tuta.* Ebenso V, 21, VIII, 6, XXVIII,9, Cic. ad Q.fr. I,1,38, Acad. II, 45, 139, de fin. III, 13, 43.

Thurii] Thurii wird manchmal auch Thurium genannt. Der Ort, von wo aus ein Brief datirt ist, steht meistens im Ablativ, häufig aber auch im Genitiv; z. B. Thessalonicae ad Att. III, 8, 9, 10, 12, 14, 21; Dyrrhachii III, 22; Brundisii III, 7; in Sinuessano XVI, 10.

EPISTOLA XII.

Der Name des Orts, von wo aus der Brief datirt ist, ist in den codices verderbt. Der Ort muss auf der Strasse von Thurii nach Tarent gelegen haben.

Itineris nostri causa] Cicero sucht es bei Atticus zu rechtfertigen, dass er gegen die Verabredung nach Vibo gegangen ist. Er schreibt: um mit dir noch in Italien zusammen zu treffen, kam es mir darauf an einen Ort zu finden, wo ich möglichst lange, d.i. bis zum dies rogationis, bleiben durfte. Ein solcher Ort wäre Brundisium gewesen, wenn ich ohne dich nach Griechenland hätte übersetzen können. Das schien mir aber wegen der Catilinarier gefährlich zu sein und deine Ankunft war ungewiss. Ich hätte also, da die Jahreszeit jetzt eine weitere Seefahrt verbietet (pro Plancio 40), leicht in den Fall kommen können, Brundisium vor dem Endtermin verlassen zu müssen, um rechtzeitig aus dem verbotenen Landstriche zu kommen. So ging ich nach Vibo; denn einmal konnte ich hier bis zum letzten Augenblicke verweilen, um so mehr, da mir damals noch das nahe Sicilien offen stand, andrerseits war es mir ja auch unbenommen, falls du zur rechten Zeit

pro meo iure diutius esse possem quam in fundo Siccae, praesertim nondum rogatione correcta, et simul intellegebam ex eo loco,
si te haberem, posse me Brundisium referre, sine te autem non
esse nobis illas partes tenendas propter Autronium. Nunc, ut
ad te antea scripsi, si ad nos veneris, consilium totius rei capie-
mus. Iter esse molestum scio, sed tanta calamitas omnes molestias habet. Plura scribere non possum, ita sum animo perculso
et abiecto. Cura ut valeas. Dat. vi Id. Aprilis Naris Luc.

EPISTOLA XIII.

(AD ATT. III, 6.)

CICERO ATTICO S.

Non fuerat mihi dubium, quin te Tarenti aut Brundisii visurus essem, idque ad multa pertinuit; in eis, et ut in Epiro con-
sisteremus et de reliquis rebus tuo consilio uteremur. Quoniam id non contigit, erit hoc quoque in magno numero nostrorum malorum. Nobis iter est in Asiam, maxime Cyzicum. Meos
tibi commendo. Me vix misereque sustento. Dat. xiv Kal. Maias
de Tarentino.

kümest, von hier nach Brundisium
zu reisen.

in fundo] wie ad Att. XIII, 26,2:
*locum habeo nullum, ubi facilius
esse possin quam Asturae.*

illas partes tenendas] Partes die
Gegend, d. i. Brundisium und das
dahinter liegende Achaia. So ad fam.
XII, 7, 2: *omnes quae in istis partibus essent opes* und pro Murena
41, 89 *ad orientis partes.* Tenere
aliquem locum = cursum tenere in
aliquem locum, die Richtung nach
einem Orte einschlagen und beibe-
halten, auch: den Ort erreichen,
ein namentlich von Livius oft ange-
wandter Ausdruck.

propter Autronium] einer der
verbannten Catilinarier, der in
Griechenland sich aufhielt.

EPISTOLA XIII.

Der Brief ist aus Tarent oder
vielmehr aus einem Landgute bei
Tarent datirt, wo sich Cicero mehrere Tage aufhielt, wahrscheinlich

um den Atticus hier zu erwarten.
Von Tarent reiste er a. d. XIV Kal.
Maias ab und machte den Weg nach
Brundisium in einem Tage, was nach
Strabo VI,3,5 sehr wohl thunlich war.

et ut in Epiro] In correlativen
Sätzen mit *et — et, aut — aut* u. s. w.,
werden nicht selten Wörter, die nur
einem der beiden Glieder angehören,
beiden vorangesetzt und umgekehrt
Wörter, die beiden Gliedern angehören, in eins derselben eingefügt.
So steht hier *et ut* statt *ut et*, I, 10
ne et statt *et ne*, ad Att. II,19,5 *ad te
aut* statt *aut ad te*, de fin. I, 5, 15 *si
aut* statt *aut si*, orat. 44, 149 u. Liv.
II,27,2 *ut aut — aut ut.* Vgl. noch
Caes. b. civ. II,27,2: *quae volumus et
credimus libenter et quae sentimus
ipsi, reliquos sentire speramus;*
Liv. XXXI,45,13: *praedae nec erat
quicquam, nec meruerant Graeci
cur diriperentur.* Dagegen ad fam.
VII, 33, 2 *multam salutem et foro
dicam et curiae* und so sehr häufig.

EPISTOLA XIV.

(AD ATT. III, 7.)

CICERO ATTICO S.

1 　　Brundisium veni a. d. xiv Kal. Mai. Eo die pueri tui mihi
a te litteras reddiderunt et alii pueri post diem tertium eius diei
alias litteras attulerunt. Quod me rogas et hortaris, ut apud te
in Epiro sim, voluntas tua mihi valde grata est et minime nova
et consilium mihi quidem optatum, si liceret ibi omne tempus
consumere; odi enim celebritatem, fugio homines, lucem adspi-
cere vix possum. Esset mihi ista solitudo, praesertim tam familiari in loco, non amara; sic, itineris causa ut deverterer, primum est devium, deinde ab Autronio et ceteris quatridui, deinde
sine te. Nam castellum munitum habitanti mihi prodesset, trans-
eunti non est necessarium. Quod si auderem, Athenas peterem.

EPISTOLA XIV.
Der Brief ist geschrieben in
Brundisium, wo sich Cicero 13 Tage
bei einem Freunde M. Laenius
Flaccus aufgehalten hatte, pridie
Kal. Maias bei der Abreise nach
Dyrrhachium.

si liceret ibi] Buthrotum in Epirus, wo Atticus seine Besitzun-
gen hatte, lag noch innerhalb der
400 Meilen.

Esset mihi] Es wäre mir also die
Einsamkeit nicht unangenehm; so
aber, um dort nur einen Rasttag zu
halten, ist es mir zu sehr aus dem
Wege. *Deverterer* steht gegenüber
dem *ibi omne tempus consumere; sic*
dient blos dazu den Inhalt des Nebensatzes zusammenzufassen, so,
unter solchen Umständen;
Tusc. I, 8, 16: *quia ne mors quidem
est malum, ... ita ne moriendum
quidem esse malum est;* Curt. VI,
38, 18: *sic quoque, cum laeserim neminem, inveni, qui mallet perire me
quam incolumem esse;* ad Att. VII,
3, 2: *at sic* (d. i. dass Caesar nach
Entlassung des Heeres Consul
werde) *malo quam cum exercitu.*

primum est devium] wie ad Att.
II, 4, 6: *in Pompeianum venito; id*

et nobis erit periucundum et tibi
non sane devium. Cicero gedachte
von Dyrrhachium nach Thessalonich
und von da nach Asien zu gehen;
für diese Reise lag Buthrotum zu
weit südlich.

quatridui} Nach ad fam. X, 17,
1: *Ventidius bidui spatio abest
ab eo* und XII, 15, 7: *Cassium quatridui iter Laodicea afuisse* ist zu
ergänzen spatio oder iter. Ebenso
ad Att. V, 16, 4: *nos in castra properabamus, quae aberant bidui.*

Nam castellum] Das num in der
occupatio. Sage nicht, du wirst dort
ein Castell haben; denn u. s. w.

Athenas peterem] Die meisten
Erklärer wollen Athenas ändern,
weil Athen nicht oppidum genannt
werde, sondern urbs, und weil es
weiter von Italien entfernt sei
als Thessalonich, wo Cicero nachher
wirklich die Zeit seiner Verbannung
zubrachte. Aber oppidum wird Athen
und selbst Rom an vielen Stellen
genannt (z. B. Nep. Milt. 4, Them. 2,
Alcib. 3, Liv. XLII, 20 u. 36), und dass
Cicero in Thessalonich blieb, geschah
nicht, weil es ohne Frage ausserhalb des verbotenen Bereichs lag,
sondern weil er durch die Freund-

Sane ita cadebat, ut vellem. Nunc et nostri hostes ibi sunt et te non habemus et veremur, ne interpretentur illud quoque oppidum ab Italia non satis abesse, nec scribis quam ad diem te exspectemus. Quod me ad vitam vocas, unum efficis, ut a me 2 manus abstineam; alterum non potes, ut me non nostri consilii vitaeque paeniteat. Quid enim est, quod me retineat, praesertim si spes ea non est, quae nos proficiscentes prosequebatur? Non faciam, ut enumerem miserias omnes, in quas incidi per summam iniuriam et scelus non tam inimicorum meorum quam invidorum, ne et meum maerorem exagitem et te in eundem luctum vocem. Hoc affirmo, neminem unquam tanta calamitate esse affectum, nemini mortem magis optandam fuisse; cuius oppetendae tempus honestissimum praetermissum est. Reliqua tempora sunt non tam ad medicinam quam ad finem doloris.

De re publica video te colligere omnia, quae putes aliquam 3 spem mihi posse afferre mutandarum rerum, quae quamquam exigua sunt, tamen, quoniam placet, exspectemus. Tu nihilo minus, si properaris, nos consequere; nam aut accedemus in Epirum aut tarde per Candaviam ibimus. Dubitationem autem de Epiro non inconstantia nostra afferebat, sed quod de fratre, ubi eum visuri essemus, nesciebamus; quem quidem ego nec quomodo visurus nec ubi dimissurus sim scio. Id est maximum et

schaft des Plancius, des Quaestors von Macedonien, sicher war. Dass Cicero Thessalonich nur als einstweiligen Wohnsitz ansah, zeigen viele Stellen der Briefe, und dass, wer ihn dort beberbergte, gegen das Gesetz handelte, lehrt pro Plancio 41,99: *hic ego nunc de praetore Macedoniae nihil dicam amplius nisi eum et civem optimum semper et mihi amicum fuisse, sed eadem timuisse, quae ceteros; Cn. Plancium fuisse unum, non qui minus timeret, sed, si acciderent ea, quae timerentur, mecum ea subire et perpeti vellet.*

2. *si spes ea non est*] ad Q. fr. I, 4, 4: *haec mihi proficiscenti non proponebantur, sed saepe triduo summa cum gloria dicebar esse rediturus.*

non tam ad medicinam] wie bei Cäsar b. civ. III, 101: *res, quae sunt ad incendia.* Der Tod im offnen Kampfe mit Clodius wäre ruhmvoll gewesen und hätte so nicht nur den Schmerz beendigt, sondern auch Ersatz dafür gewährt. Jetzt war höchstens ein Ende des Schmerzes ohne Entschädigung zu hoffen.

3. *Tu nihilo minus*] obwohl ich mich durch deine günstigen Nachrichten nicht bestimmen lasse Halt zu machen.

per Candaviam] ein Gebirgsland in Illyrien, durch welches die Strasse von Dyrrhachium nach Thessalonich führte.

Dubitationem autem de Epiro] dass ich die Reise nach Epirus immer noch nicht ganz aufgegeben habe.

nec ubi dimissurus sim] ad Q. fr. I, 3, 4: *deinde congressus nostri lamentationem pertimui; digressum vero non tulissem, atque etiam id ipsum, quod tu scribis, metuebam, ne a me distrahi non posses.* Cice-

miserrimum mearum omnium miseriarum. Ego et saepius ad te
et plura scriberem, nisi mihi dolor meus cum omnes partes men-
tis tum maxime huius generis facultatem ademisset. Videre te
cupio. Cura ut valeas. Dedi prid. Kal. Mai. Brundisii proficiscens.

EPISTOLA XV.
(AD FAM. XIV, 4.)
TULLIUS S. D. TERENTIAE ET TULLIAE ET CICERONI SUIS.

1   Ego minus saepe do ad vos litteras quam possum, propterea quod cum omnia mihi tempora sunt misera, tum vero, cum
aut scribo ad vos aut vestras lego, conficior lacrimis sic, ut ferre
non possim. Quod utinam minus vitae cupidi fuissemus! certe
nihil aut non multum in vita mali vidissemus. Quod si nos ad
aliquam alicuius commodi aliquando reciperandi spem fortuna
reservavit, minus est 'erratum a nobis; si haec mala fixa sunt,
ego vero te quam primum, mea vita, cupio videre et in tuo complexu emori, quoniam neque dii, quos tu castissime coluisti, neque homines, quibus ego semper servivi, nobis gratiam retulerunt.
2 Nos Brundisii apud M. Laenium Flaccum dies xiii fuimus, virum
optimum, qui periculum fortunarum et capitis sui prae mea salute neglexit neque legis improbissimae poena deductus est, quominus hospitii et amicitiae ius officiumque praestaret. Huic utinam aliquando gratiam referre possimus! habebimus quidem
3 semper. Brundisio profecti sumus a. d. ii Kalendas Maias; per

ro fürchtete den Schmerz beim Wie-
dersehen und auch dass er den Bruder, dessen Anwesenheit in Rom
nothwendig war, weil man ihn mit
einer Anklage bedrohte, zu weit
mitnehmen möchte.
Dedi prid. Kal.] wie ad Att. XVI,
13, a: *inde postridie mane proficiscens has litteras dedi;* XIV, 5:
*haec scripsi ad te proficiscens
Astura III Idus.* S. zu I, 11.
EPISTOLA XV.
Der Brief ist, wie der vorige, pr.
Kal. Maias bei der Abreise von
Brundisium geschrieben.
1. *Quod utinam*] Quod vor Conjunctionen, den Zusammenhang des
Gedankens mit dem Vorhergehenden
zu bezeichnen, wie quod si, quod
nisi, quod cum, quod quia.
si haec mala] Si im Gegensatz statt
sin, s. II, 2, 5.
2. *qui periculum*] S. zu I, 10.
Vergl. pro Plancio 41, 97: *in hortos
me M. Laenii Flacci contuli, cui cum
omnis metus, publicatio bonorum,
exsilium, mors proponeretur, haec
perpeti, si acciderent, maluit quam
custodiam mei capitis dimittere.*
3. *a. d. II Kal*] Die Lesart des
Mediceus *a. d. V Kal.* stimmt weder
mit dem überein, was Cicero kurz
vorher schreibt, er wäre 13 Tage
beim Flaccus gewesen, noch mit der

Macedoniam Cyzicum petebamus.　O me perditum! o afflictum!
Quid nunc rogem te, ut venias, mulierem aegram et corpore et
animo confectam? Non rogem? Sine te igitur sim? Opinor, sic
agam: si est spes nostri reditus, eam confirmes et rem adiuves;
sin, ut ego metuo, transactum est, quoquo modo potes, ad me
fac venias. Unum hoc scito: si te habebo, non mihi videbor plane
perisse. Sed quid Tulliola mea fiet? Iam id vos videte; mihi deest
consilium. Sed certe, quoquo modo se res habebit, illius misel-
lae et matrimonio et famae serviendum est. Quid Cicero meus,
quid aget? Iste vero sit in sinu semper et complexu meo. Non
queo plura iam scribere; impedit maeror. Tu quid egeris nescio,
utrum aliquid teneas, an, quod metuo, plane sis spoliata. Piso- 4
nem, ut scribis, spero fore semper nostrum. De familia liberata,

Unterschrift des Briefes. Deshalb
nimmt Garatoni zu pro Plancio 40
an, Cicero sei wirklich a. d. V Kal.
von Brundisium abgereist, aber durch
widrige Winde zur Umkehr gezwun-
gen sei er bis pr. Kal. in Brundisium
geblieben. Indessen wenn auch Cicero
wirklich einmal vergeblich versucht
hat nach Dyrrhachium überzufahren,
was Garatoni aus Plutarch. Cic. 32
hätte erweisen können, so kann doch
unsre Stelle nicht darauf bezogen
werden; denn, wenn Cicero seinen
Brief nicht unverständlich machen
wollte, musste er der Terentia ausdrücklich mittheilen, dass er genö-
thigt gewesen wäre die Reise auf-
zuschieben. Besser ist es also, wenn
wir mit den meisten Herausgebern
V Kal. in II Kal. verändern. Dass
Cicero, als er schrieb, noch nicht
abgereist war und doch das Perfectum gebraucht, ist übereinstimmend
mit dem sonstigen Gebrauch der
Tempora im Briefstil; z. B. ad Att.
VIII, 3, 7 reverti Formias, obgleich
Cicero noch nicht nach Formiae
zurückgekehrt ist.

Cyzicum] eine ansehnliche Stadt
auf einer Insel im Marmormeere
(Propontis).

eam confirmes] Spem confirmare,
die Hoffnung, die einer hegt, in ihm
kräftigen, nähren, dadurch dass man
sie der Verwirklichung näher führt.

So div. in Caec. 22, 71: *qui neque
ut ante collectam famam conservet
neque uti reliqui temporis spem con-
firmet laborat.* Ueber die zweite
Person des Conjunctivs statt des
Imperativs s. zu III, 3, 4.

matrimonio] Cicero fürchtete, es
möchten in seiner Abwesenheit dem
Piso, Tullias Gemahl, die noch rück-
ständigen Raten der Mitgift nicht
zur gehörigen Zeit ausgezahlt werden können.

utrum aliquid teneas] ob du noch
etwas von meinem Vermögen gerettet hast.

4. *De familia liberata*] Ueber
seine Sclaven hatte Cicero bei seiner Abreise so verfügt: sie sollten,
wenn sein Vermögen confiscirt
würde, seine Freigelassenen sein,
vorausgesetzt dass diese Verfügung
nicht für nichtig erklärt würde;
wenn sie aber nicht in der Confiscation einbegriffen wären, sollten sie
auch ferner seine Sclaven bleiben.
Terentias Sklaven war nur im Allgemeinen versprochen worden, Terentia würde so mit ihnen verfahren, wie es ein jeder verdient haben
würde. Terentia brauchte also nicht
in Unruhe zu sein; denn ihre Sklaven behielt sie jedenfalls und die
ihres Gemahls wurden nur dann
frei, wenn sie ohnehin verloren
waren.

nihil est, quod te moveat. Primum tuis ita promissum est, te
facturam esse, ut quisque esset meritus. Est autem in officio
adhuc Orpheus; praeterea magnopere nemo. Ceterorum servorum ea causa est, ut, si res a nobis abisset, liberti nostri essent,
si obtinere potuissent; sin ad nos pertinerent, servirent, praeter-
5 quam oppido pauci. Sed haec minora sunt. Tu quod me hortaris, ut animo sim magno et spem habeam reciperandae salutis,
id velim sit eiusmodi, ut recte sperare possimus. Nunc, miser,
quando tuas iam litteras accipiam? quis ad me perferet? quas
ego exspectassem Brundisii, si esset licitum per nautas, qui tempestatem praetermittere noluerunt. Quod reliquum est, sustenta
te, mea Terentia, ut potes honestissime. Viximus, floruimus; non
vitium nostrum, sed virtus nostra nos afflixit; peccatum est nullum, nisi quod non una animam cum ornamentis amisimus. Sed
si hoc fuit liberis nostris gratius, nos vivere, cetera, quamquam
ferenda non sunt, feramus. Atque ego, qui te confirmo, ipse me
6 non possum. Clodium Philhetaerum, quod valetudine oculorum
impediebatur, hominem fidelem, remisi. Sallustius officio vincit
omnes. Pescennius est perbenevolus nobis; quem semper spero
tui fore observantem. Sicca dixerat se mecum fore, sed Brundisio discessit. Cura, quod potes, ut valeas, et sic existimes, me
vehementius tua miseria quam mea commoveri. Mea Terentia,
fidissima atque optima uxor, et mea carissima filiola et spes reliqua nostra, Cicero, valete. Pridie Kalendas Maias Brundisio.

EPISTOLA XVI.
(AD ATT. III, 15.)
CICERO ATTICO S.

1   Accepi Id. Sext. quattuor epistolas a te missas; unam, qua
me obiurgas, ut sim firmior; alteram, qua Crassi libertum ais tibi

magnopere nemo] nicht leicht
einer. Liv. I, 17, 1: *quia nemo
magnopere eminebat in novo populo.*
   6. *quod potes*] Das beschränkende
Relativum, in so weit, findet sich
in Ciceros Briefen oft mit dem Indicativ; z. B. ad Att. I, 5, 7: *quae tibi
mandavi, velim, ut scribis, cures,
quod sine molestia tua facere poteris;* X, 2, 2: *tu tamen, quod pote-*

*ris, ut adhuc fecisti, nos consiliis
iuvabis;* XI, 2, 2: *ut illam miseram
tueare meis opibus, si quae sunt,
tuis, quibus tibi molestum non erit,
facultatibus;* ad fam III, 2, 2: *quod
eius facere potueris;* ad Att. XI, 12,
4: *quod eius facere poteris.*
   EPISTOLA XVI.
   Der Brief ist geschrieben a. d.
XIV Kal. Sept. in Thessalonica in

de mea sollicitudine macieque narrasse; tertiam, qua demonstras
acta in senatu; quartam de eo, quod a Varrone scribis tibi esse
confirmatum de voluntate Pompeii. Ad primam tibi hoc scribo, 2
me ita dolere, ut non modo a mente non deserar, sed id ipsum
doleam, me tam firma mente ubi utar et quibuscum non habere.
Nam si tu me uno non sine maerore cares, quid me censes, qui
et te et omnibus? Et si tu incolumis me requiris, quomodo a me
ipsam incolumitatem desiderari putas? Nolo commemorare quibus rebus sim spoliatus, non solum quia non ignoras, sed etiam
ne scindam ipse dolorem meum. Hoc confirmo, neque tantis
bonis esse privatum quemquam neque in tantas miserias incidisse.
Dies autem non modo non levat luctum hunc, sed etiam auget.
Nam ceteri dolores mitigantur vetustate; hic non potest non et
sensu praesentis miseriae et recordatione praeteritae vitae cotidie augeri. Desidero enim non mea solum neque meos sed me
ipsum. Quid enim sum? Sed non faciam, ut aut tuum animum
angam querellis aut meis vulneribus saepius manus afferam. Nam
quod purgas eos, quos ego mihi scripsi invidisse, et in eis Cato-

Macedonien, wo Cicero seit a. d. X.
Kal. Iunias sich aufhielt.

1. *a Varrone*) M. Terentius Varro,
der gelehrteste Römer seiner Zeit,
welcher an 620 Bücher, die 74 ver-
schiedenen Werken angehörten, geschrieben hat. Wir haben noch 6
Bücher von den 24 Büchern de lingua Latina, 3 Bücher rerum rusti-
carum und viele Fragmente der anderen Schriften.

2. *quid me censes*) nämlich sentire, zu entnehmen aus *sine maerore*.

Et si tu incolumis) Du, der du
sonst keinen Verlust erfahren hast,
beklagst den einen Verlust; wie
muss ich, der ich alles verloren habe, den Zustand vermissen, wo ich
alles besass. Weiter unten: *Desidero non mea solum neque meos
sed me ipsum.*

ne scindam ipse dolorem) dasselbe, was nachher *non faciam, ut meis
vulneribus saepius manus afferam.* Wie man sagt rescindere und
refricare vulnus, eine heilende Wunde wieder aufreissen, so wird man
auch sagen können scindere vulnus,
eine frische Wunde zerreissen und

so verschlimmern; und wie jene
Ausdrücke auf den Schmerz übertragen werden; z. B. ad fam. V, 17,
4: *ne refricem meis litteris desiderium ac dolorem tuum;* so kann
auch scindere dolorem bedeuten:
einen Schmerz auffrischen und ver-
grössern.

ceteri dolores mitigantur) Der
Schmerz über einen erlittenen Verlust wird durch die Zeit gelindert,
weil die stets frische Freude an dem
geretteten oder wohl auch nachher
vermehrten Besitz den Schmerz über
das Verlorene in den Hintergrund
drängt. Wer alles verloren hat und
nichts wieder erhält, dem lindert
die Zeit den Schmerz nicht.

Nam quod purgas eos) Viele Optimaten, darunter besonders Hortensius und Arrius (ad Q. fr. I, 3,
8) hatten dem Cicero gerathen Rom
freiwillig zu verlassen, angeblich
weil, wenn er bliebe, ein Kampf
unter den Bürgern entstehen würde,
in der That aber, weil sie für sich
fürchteten. Cato hatte den Rath
auch gegeben (Dio Cassius XXXVIII,
17), aber er hatte es ehrlich ge-

‘nem, ego vero .tantum illum puto ab isto scelere afuisse, ut maxime doleam plus apud me simulationem aliorum quam istius fidem valuisse. Ceteros quod purgas, debent mihi purgati esse,

3 tibi si sunt. Sed haec sero agimus. Crassi libertum nihil puto sincere locutum. In senatu rem probe scribis actam. Sed quid Curio? an illam orationem non legit? quae unde sit prolata nescio. Sed Axius eiusdem diei scribens ad me acta non ita laudat Curionem. At potest ille aliquid praetermittere; tu, nisi quod erat, profecto non scripsisti. Varronis sermo facit exspectationem Caesaris; atque utinam ipse Varro incumbat in causam! quod profecto cum sua sponte tum te instante faciet.

4   Ego, si me aliquando vestri et patriae compotem fortuna fecerit, certe efficiam, ut maxime laetere unus ex omnibus amicis; meaque officia et studia, quae parum antea luxerunt, — fatendum est enim — sic exsequar, ut me aeque tibi ac fratri et liberis nostris restitutum putes. Si quid in te peccavi, ac potius quoniam peccavi, ignosce; in me enim ipsum peccavi vehementius. Neque haec eo scribo, quo te non meo casu maximo dolore esse affectum

meint und vorher, als es noch Zeit war, den Cicero oft ermahnt den Umtrieben des Clodius entgegen zu treten.

3. *Sed quid Curio?*] Als im Jahre 61 der wegen incestus angeklagte Clodius freigesprochen war, hielt Cicero im Senat eine heftige Schmährede gegen denselben (s. I, 4). Diese Rede hat er später niedergeschrieben und erweitert und darin auch Curio den Vater, einen angesehenen Consularen, der für Clodius sich verwendet hatte, angegriffen. Cicero hatte die Rede sorgfältig verwahrt gehalten; jetzt aber war sie plötzlich ohne sein Zuthun veröffentlicht worden; ad Att. III, 12, 2: *Percussisti autem me etiam de oratione prolata. Cui vulneri, ut scribis, medere, si quid potes. Scripsi equidem olim ei iratus, quod ille prior scripserat; sed ita compresseram, ut nunquam emanaturam putarem. Quomodo exciderit nescio. Sed quia nunquam accidit, ut cum eo verbo uno concertarem, et quia scripta mihi videtur neglegentius quam ceterae, puto posse*

probari non esse meam. Es ist die Rede in Clodium et Curionem, von der Bruchstücke noch vorhanden sind.

exspectationem Caesaris] Der Genitiv bei exspectatio, wie bei spes, bezeichnet 1) den, der erwartet; 2) die Zeit, in der erwartet wird; z. B. ad Att. IX, 1: *angebar singularum horarum exspectatione*, wo gewöhnlich ein Adjectiv steht, wie ad Att. III, 14, 2: *cotidiana exspectatio rerum novarum*; 3) das, was erwartet wird; 4) das, wodurch das Erwartete verwirklicht werden soll. So hier und ad Att. II, 12, 2: *quantam porro mihi exspectationem dedisti convivii istius!* In diesem Falle kann auch *de* stehen: ad Att. II, 14. 1: *quantam* (moves exspectationem) *de illo delicato convivio!* III, 14, 1: *plenus sum exspectatione de Pompeio.*

4. *quo te non*] Wenn zwei Negationen sich aufheben, wie bei nemo non, nemo est qui non und auch bei Conjunctionen, steht *non* gewöhnlich nicht beim Verbum: ad fam. X, 24, 2: *nihil enim me non salutariter*

sciam; sed profecto, si, quantum me amas et amasti, tantum
amare deberes ac debuisses, nunquam esses passus me, quo tu
abundabas, egere consilio nec esses passus mihi persuaderi
utile nobis esse legem de collegiis perferri. Sed tu tantum lacrimas praebuisti dolori meo, quod erat amoris, tamquam ipse ego;
quod meritis meis perfectum potuit, ut dies et noctes quid mihi
faciendum esset cogitares, id abs te meo, non tuo scelere praetermissum est. Quodsi non modo tu, sed quisquam fuisset, qui
me Pompeii minus liberali responso perterritum a turpissimo
consilio revocaret, quod unus tu facere maxime potuisti, aut occubuissem honeste aut victores hodie viveremus. Hic mihi
ignosces; me enim ipsum multo magis accuso, deinde te quasi

cogitare scio; ad Q. fr. I, 1, 45: *illud existimo, nihil esse, quod ad
laudem attineat, quod non tu optime
perspicias*; ad fam. II, 1, 1: *non vere-
or, ne non scribendo te expleam*; ad
Att. III, 7, 2: *alterum non potes efficere, ut me non nostri consilii vitaeque paeniteat*; ad fam. IX, 17,
1: *quasi aut ego quicquam sciam,
... aut non ex isto soleam scire*;
Quintil. IX, 4, 20: *quod non eo
dico, quia non illud quoque solutum
habeat suos quosdam pedes, ... sed
non fluunt.*

tantum amare deberes] Die Zuneigung, die wir einem schenken
ohne sein Verdienst, macht uns geneigt ihm hülfreich zu sein; die Zuneigung, die er sich durch Dienste
erworben hat, verpflichtet uns dazu.
Also hat Cicero, indem er gegen den
Atticus fehlte, noch mehr gegen sich
gefehlt, denn er konnte von Atticus
nicht Beistand fordern, wo er ihn
am nöthigsten brauchte.

legem de collegiis] Collegium ist
eine nicht auf vorübergehende
Zwecke berechnete, sondern über
das Leben der Mitglieder hinaus-
dauernde Genossenschaft. Bei Einführung neuer Culte wurde ihre
Verwaltung einem collegium oder
sodalicium übertragen. Nach diesem
Muster entstanden dann collegia
opificum und artificum. Endlich
wurden viele collegia rein politische

Verbindungen, deren sich die Volks-
führer zur Durchführung ihrer
Zwecke bedienten. Diese collegia
sodalicia, welche der Senat im Jahre
64 verboten hatte, hatte Clodius
Anfang 58 wiederhergestellt, und
Cicero und die ihm befreundeten
Tribunen hatten es geschehen lassen, weil Clodius versprach, wenn
sie ihn hierin gewähren liessen,
würde er seine Pläne gegen Cicero
fallen lassen: Dio Cass. XXXVIII,
14.

perfectum potuit] Potuit, es hätte
können, = es hätte sollen, oportuit; daher esse ausgelassen. Dieselbe Bedeutung hat das Wort ad
Att. II, 9, 1: *citius omnino quam
potuit*; II, 16, 2: *potueritne intercedi necne nihil ad se pertinere.*

Pompeii minus liberali responso]
ad Att. X, 4, 3: *alter* (Pompeius),
*is, qui nos sibi quondam ad pedes
stratos ne sublevabat quidem, qui
'se nihil contra huius* (Caesaris) *voluntatem facere posse'.*

me enim ipsum] Du wirst mir
verzeihen; denn 1) ich klage mich
selbst am meisten an; 2) ich klage
dich nur an als mein zweites Ich;
von einem andern könnte ich einen
solchen Dienst gar nicht erwarten;
3) ich suche einen Genossen für
meine Schuld und das ist bei sol-
chem Unglück verzeihlich; 4) wenn
ich die Rückkehr erlange und so

5*

me alterum, et simul meae culpae socium quaero, ac si restituor, etiam minus videbimur deliquisse abs teque certe, quoniam nullo nostro, tuo ipsius beneficio diligemur.

5 Quod te cum Culleone scribis de privilegio locutum, est aliquid; sed multo est melius abrogari. Si enim nemo impediet, sic est firmius; sin erit, qui ferri non sinat, idem senatus consulto intercedet. Nec quicquam aliud opus est quam abrogari. Nam prior lex nos nihil laedebat, quam si, ut est promulgata, laudare voluissemus aut, ut erat neglegenda, neglegere, nocere omnino nobis non potuisset. Hic mihi primum meum consilium defuit, sed etiam obfuit. Caeci, caeci, inquam, fuimus in vestitu mutando, in populo rogando, quod, nisi nominatim mecum agi coeptum esset, fieri perniciosum fuit. Sed pergo praeterita. Verumtamen

der Schaden ersetzt ist, wird mein Fehler, und somit auch der deinige, geringfügiger erscheinen und ich werde sicherlich dann deine Liebe dankbar anerkennen, da ich sie nur deiner Güte, nicht meinem Verdienste verdanke.

5. *de privilegio*] Privilegien, d. i. gegen einzelne Personen gerichtete Entscheidungen, die zwar in gesetzlicher Form, aber ohne vorgängige rechtliche Untersuchung .erlassen werden, waren verboten durch das Gesetz der XII Tafeln: *privilegia ne irroganto.* Clodius zweites Gesetz gegen Cicero war aber ein solches Privilegium. Es meinte also der Tribun Q. Terentius Culleo später L. Cotta pro Sestio 34, 73: *Ciceronem, qui nulla lege abesset, non restitui lege, sed revocari senatus auctoritate oportere.*

Nec quicquam aliud] Es braucht blos das zweite Gesetz abrogirt, nicht noch ein neues Gesetz gegeben zu werden, was mich gegen das erste schützt. S. zu I, 8.

ut est promulgata] gleich nachdem; ut erat neglegenda, wie; daher das verschiedene Tempus.

sed etiam obfuit] Sed etiam ohne non modo ja sogar, wie ad Att. IV, 16, 10: *amisimus omnem succum et sanguinem, sed etiam colorem et speciem pristinam civi-*

tatis; X, 16, 6: *tu quoniam quartana cares et novum morbum removisti, sed etiam gravedinem;* ad fam. XIII, 64, 2: *hoc in genere si eum adiuveris eo studio, quo ostendisti, apud ipsum praeclarissime posueris, sed mihi etiam gratissimum feceris;* ad Q. fr. I, 1, 44: *in quo cavendum est, ne, si neglegentior fueris, tibi parum consuluisse, sed etiam tuis invidisse videaris.* Ad Att. V, 21, 6 ist aber zu lesen: *Volusium, certum hominem et mirifice abstinentem,* nicht *sed etiam.*

in vestitu mutando] Cicero hatte unbesonnener Weise gleich, nachdem Clodius den Entwurf zu seinem ersten Gesetze bekannt gemacht hatte, Trauerkleider angelegt, als wäre er schon ein Angeklagter.

Sed pergo praeterita] sc. commemorare, wie Cic. Brutus 74, 258: *sed perge, Pomponi, de Caesare.* Pergere nicht: etwas Angefangenes fortsetzen, sondern: etwas mit Beharrlichkeit verfolgen, durchführen, wie Liv. XXII, 53, 9: *pergit ire* (er hatte aber noch nicht angefangen zu gehen) *sequentibus paucis in hospitium Metelli;* Cic. Acad. I, 1, 1: *in Cumano nuper cum mecum Atticus noster esset, nuntiatum est nobis a M. Varrone venisse eum*

ob hanc causam, ut, si quid ageretur, legem illam, in qua popularia multa sunt, ne tangatis. Verum est stultum me praecipere 6 quid agatis aut quomodo. Utinam modo agatur aliquid! Multa occultant tuae litterae, credo, ne vehementius desperatione perturber. Quid enim vides agi posse aut quomodo? Per senatumne? At tute scripsisti ad me quoddam caput legis Clodium in curiae poste fixisse, NE REFERRI NEVE DICI LICERET. Quomodo igitur Domitius se dixit relaturum? Quomodo autem iis, quos tu scribis, et de re dicentibus et ut referretur postulantibus Clodius tacuit? Ac si per populum, poteritne, nisi de omnium tribunorum plebis sententia? Quid de bonis? Quid de domo? Poteritne restitui? Aut si non poterit, egomet quomodo potero? Haec nisi vides expediri, quam in spem me vocas? Sin autem spei nihil est, quae est mihi vita? Itaque exspecto Thessalonicae acta Kal. Sext., ex quibus statuam in tuosne agros confugiam, ut neque videam homines, quos nolim, et te, ut scribis, videam et propius sim, si quid agatur, — idque intellexi cum tibi tum Quinto fratri placere — an abeam Cyzicum.

Nunc, Pomponi, quoniam nihil impertisti tuae prudentiae 7 ad salutem meam, quod aut in me ipso satis esse consilii decreras aut te nihil plus mihi debere quam ut praesto esses, quoniamque ego proditus, inductus, coniectus in fraudem omnia mea praesidia neglexi, totam Italiam iam erectam ad me defendendum destitui et reliqui, me meis tradidi inimicis inspectante et tacente te, qui, si non plus ingenio valebas quam ego, certe timebas mi-

---

Roma pridie vesperi . . . . Itaque confestim ad eum ire perreximus. Also hier: aber ich rede ja immerzu von vergangenen Dingen. Freilich; indessen ich habe es deshalb gethan (ob hanc causam), damit ihr nicht das erste Gesetz angreifen möchtet, wenn meine Sache zur Verhandlung käme. Der Conjunctiv Praesentis nach dem des Imperfecti wie de off. I, 11, 36: *Cato ad Popilium scripsit, ut, si eum pateretur in exercitu remanere, secundo eum obliget militiae sacramento:* Sall. Catil. 34: *ad haec Q. Marcius respondit, si quid ab senatu petere vellent, ab armis discedant.*

6. *ne referri*] Ein Paragraph von Clodius Gesetz schrieb vor, es sollte kein Magistrat über Ciceros Zu-rückberufung einen Antrag an den Senat stellen (referre), und kein Senator seine Meinung darüber abgeben (sententiam dicere).

Domitius se dixit relaturum] L. Domitius Ahenobarbus war in diesem Jahre Prätor; das ius referendi hatten aber die Consuln, Prätoren und Tribunen.

ut referretur postulantibus] Cic. in Pis. 13, 29: *an tum eratis consules* (Piso und Gabinius), *cum, quacunque de re verbum facere coeperatis, cunctus ordo reclamabat ostendebatque nihil esse vos acturos, nisi prius de me retulissetis?*

omnium tribunorum] weil jeder Tribun das ius intercedendi hatte.

7. *certe timebas minus*] und also

nus, si potes, erige afflictos et in eo nos iuva; sin omnia sunt
obstructa, id ipsum fac ut sciamus et nos aliquando aut obiurgare
aut sollerter consolari desine. Ego si tuam fidem accusarem,
non me potissimum tuis tectis crederem; meam amentiam accuso, quod a te tantum amari, quantum ego vellem, putavi. Quod
si fuisset, fidem eandem, curam maiorem adhibuisses, me certe
ad exitium praecipitantem retinuisses, istos labores, quos nunc
8 in naufragiis nostris suscipis, non subisses. Quare fac, ut omnia
ad me perspecta et explorata perscribas meque, ut facis, velis esse
aliquem, quoniam, qui fui et qui esse potui, iam esse non possum, et ut his litteris non te, sed me ipsum a me esse accusa-
tum putes. Si qui erunt, quibus putes opus esse meo nomine
litteras dari, velim conscribas curesque dandas. Dat. xiv Kal. Sept.

EPISTOLA XVII.

(AD FAM. XIV, 2.)

M. TULLIUS S. D. TERENTIAE SUAE ET TULLIOLAE ET CICERONI SUIS.

1   Noli putare me ad quemquam longiores epistolas scribere,
nisi si quis ad me plura scripsit, cui puto rescribi oportere. Nec
enim habeo quid scribam nec hoc tempore quicquam difficilius facio. Ad te vero et ad nostram Tulliolam non queo sine plurimis
lacrimis scribere. Vos enim video esse miserrimas, quas ego bea-
tissimas semper esse volui, idque praestare debui et, nisi tam ti-
2 midi fuissemus, praestitissem. Pisonem nostrum merito eius
amo plurimum. Eum, ut potui, per litteras cohortatus sum gratiasque egi, ut debui. In novis tribunis plebis intellego spem te
habere. Id erit firmum, si Pompeii voluntas erit; sed Crassum

---

mehr Herr über deine Geisteskräfte
warst.

aut obiurgare] und höre nun endlich einmal damit auf, dass du entweder mich ausschiltst oder deine
Erfindungsgabe anstrengst mich zu
trösten.

fidem eandem, curam maiorem]
Atticus hatte den grössten Antheil
genommen an Ciceros Missgeschick
und hatte, um es abzuwenden, alles
gethan, was dieser verlangte; die
schwerere Pflicht aber, selbstständig

für den Freund zu wirken, selbst
gegen dessen Willen, hatte er nach
Ciceros Meinung nicht erfüllt.

istos labores] die Bemühungen
Ciceros Zurückberufung durchzusetzen.

EPISTOLA XVII.

Der Brief ist geschrieben a. d. III.
Non. Oct. 58 in Thessalonich.

2. *Pisonem nostrum*] Ciceros
Schwiegersohn, der noch vor seiner
Rückkehr starb.

voluntas erit] nämlich firma.

tamen metuo. A te quidem omnia fieri fortissime et amantissime video; nec miror, sed maereo casum eiusmodi, ut tantis tuis miseriis meae miseriae subleventur. Nam ad me P. Valerius, homo officiosus, scripsit, id quod ego maximo cum fletu legi, quemadmodum a Vestae ad tabulam Valeriam ducta esses. Hem, mea lux, meum desiderium, unde omnes opem petere solebant, te nunc, mea Terentia, sic vexari, sic iacere in lacrimis et sordibus! idque fieri mea culpa, qui ceteros servavi, ut nos periremus! Quod de 3 domo scribis, hoc est de arca, ego vero tum denique mihi videbor restitutus, si illa nobis erit restituta. Verum haec non sunt in nostra manu. Illud doleo, quae impensa facienda est, in eius partem te miseram et despoliatam venire. Quod si conficitur negotium, omnia consequemur; sin eadem nos fortuna premet, etiamne reliquias tuas misera proiicies? Obsecro te, mea vita, quod ad sumptum attinet, sine alios, qui possunt, si modo volunt, sustinere et valetudinem istam infirmam, si me amas, noli vexare. Nam mihi ante oculos dies noctesque versaris. Omnes labores te excipere video; timeo, ut sustineas. Sed video in te esse omnia. Quare, ut id, quod speras et quod agis, consequamur, servi valetudini. Ego ad quos scribam nescio, nisi ad eos, qui ad me 4 scribunt, aut ad eos, de quibus ad me vos aliquid scribitis. Longius, quoniam ita vobis placet, non discedam; sed velim quam saepissime litteras mittatis, praesertim si quid est firmius, quod speremus. Valete, mea desideria, valete. D. a. d. III Nonas Octobr. Thessalonica.

EPISTOLA XVIII.

(AD ATT. III, 20.)

CICERO ATTICO S.

A. d. v. Kal. Decembr. tres epistolas a te accepi, unam datam 1

---

ad tabulam Valeriam] eine von den Wechslerbuden am Forum (tabernae oder mensae argentariorum). Durch die Vermittelung der argentarii, bei denen man Geld deponirte, wurden die meisten grösseren Zahlungen gemacht, entweder in baarem Gelde oder so, dass der Wechsler in seinen Büchern die Summe dem einen ab-, dem andern zuschrieb (per mensam oder per mensae scripturam solvere, im Gegensatz von ex arca oder de domo solvere). Te-

rentia war von dem Tempel der Vesta, wo sie bei ihrer Schwester Fabia, einer Vestalin, sich aufhielt, zur tabula Valeria geführt, um dort für ihren Gemahl Schulden zu zahlen oder Bürgschaft zu leisten.

3. *quae impensa*] Ciceros Rückberufung durchzusetzen musste man Stimmen erkaufen, Gladiatorenbanden anwerben u. s. w.

EPISTOLA XVIII.

Der Brief ist geschrieben prid. Kal. Decembr. in Dyrrhachium, wo

a. d. viii Kal. Novembr., in qua me hortaris, ut forti animo mensem Ianuarium exspectem, eaque, quae ad spem putas pertinere,
de Lentuli studio, de Metelli voluntate, de tota Pompeii ratione,
perscribis. In altera epistola praeter consuetudinem tuam diem
non adscribis, sed satis significas tempus. Lege enim ab octo
tribunis pl. promulgata scribis te eas litteras eo ipso die dedisse,
id est a. d. iv Kal. Novembr., et quid putes utilitatis eam promul-
gationem attulisse scribis. In quo, si iam haec nostra salus cum
hac lege desperata erit, velim pro tuo in me amore hanc inanem
meam diligentiam miserabilem potius quam ineptam putes; sin est
aliquid spei, des operam, ut maiore diligentia posthac a nostris
2 magistratibus defendamur. Nam ea veterum tribunorum pl. rogatio tria capita habuit; unum de reditu meo scriptum incaute. Nihil enim restituitur praeter civitatem et ordinem; quod mihi pro
meo casu satis est, sed quae cavenda fuerint et quomodo te non fugit. Alterum caput est tralaticium de impunitate: SI QUID CONTRA
ALIAS LEGES EIUS LEGIS ERGO FACTUM SIT. Tertium caput,

Cicero am VI. Kal. Dec. angekommen war, um Italien näher zu sein,
wenn seine Freunde in Rom etwas
für ihn unternehmen würden.

1. ad spem putas pertinere] nicht:
was sich auf meine Hoffnung
bezieht, denn dann könnte es förderlich oder nachtheilig sein, sondern: was dazu dient mir Hoffnung zu machen. Aehnlich ad
Att. XI, 15, 1: *sum enim solus aut
cum altero, cui neque ad illos reditus sit neque ab his ipsis quicquam
ad spem ostendatur*; ad Att. XI, 20,
1: *quod ego magis gauderem, si
ista nobis impetrata quicquam ad
spem explorati haberent.*

de Lentuli studio] P. Cornelius
Lentulus Spinther, Q. Caecilius Metellus Nepos, die consules designati.

Lege enim ab octo] Cic. post red.
in sen. 2, 4: *itaque vestro studio
atque auctoritate perfectum est, ut
ipse ille annus, quem ego mihi quam
patriae malueram esse fatalem, octo
tribunos haberet, qui et promulga-
rent de salute mea et ad vos saepenumero referrent.* Die Rogation
blieb erfolglos, da zwei Tribunen,

Clodius und Aelius Ligus interce-
dirten; pro Sestio 32.

In quo] wie sonst oft = hic, hoc
loco: hier wünschte ich u. s. w.

haec nostra salus] die Wiederherstellung, wie ich sie wünsche
und im Folgenden näher bezeichne.
Ebenso nachher *hanc inanem meam
diligentiam.*

nostris magistratibus] die von den
Magistraten des nächsten Jahres, die
dem Cicero günstig gesinnt waren,
wie weiter unten *octo nostri tribuni.*

2. quae cavenda fuerint] nämlich
die Zurückgabe des Hauses und der
übrigen Güter.

si quid contra] Die Formel findet
sich vollständig in der lex regia de
Vespasiani imperio bei Haubold mo-
numenta legalia p. 223: *si quis
huiusce legis ergo adversus leges,
rogationes plebisve scita senatusve
consulta fecit, fecerit, sive quod eum
ex lege, rogatione plebisve scito senatusve consulto facere oportebit,
non fecerit huius legis ergo, id ei
ne fraudi esto neve quid ob eam
rem populo dare debeto neve cui de
ea re actio neve iudicatio esto neve
quis de ea re apud se agi sinito.*

mi Pomponi, quo consilio et a quo sit inculcatum vide. Scis enim Clodium sanxisse, ut vix aut omnino non posset nec per senatum nec per populum infirmari sua lex. Sed vides nunquam esse observatas sanctiones earum legum, quae abrogarentur; nam si id esset, nulla fere abrogari posset, neque enim ulla est, quae non ipsa se saepiat difficultate abrogationis. Sed, cum lex abrogatur, illud ipsum abrogatur, quomodo eam abrogari oporteat. Hoc, 3 quod re vera ita est, cum semper ita habitum observatumque sit, octo nostri tribuni pl. caput posuerunt hoc: Si QUID IN HAC ROGATIONE SCRIPTUM EST, QUOD PER LEGES PLEBISVE SCITA — hoc est, quod per legem Clodiam — PROMULGARE, ABROGARE, DEROGARE, OBROGARE SINE FRAUDE SUA NON LICEAT, NON LICUERIT, QUODVE EI QUI PROMULGAVIT, ABROGAVIT, DEROGAVIT, OBROGAVIT, OB

quomodo eam abrogari oporteat] In manchen Gesetzen war, um die Aufhebung zu erschweren, ausdrücklich bestimmt, auf welche Weise allein sie aufgehoben werden könnten. Dass auch die lex Clodia nur solche Bestimmungen enthielt, nicht etwa die Aufhebung ganz und gar verbot, ersieht man aus den Worten: *scis Clodium sanxisse, ut vix aut omnino non posset infirmari sua lex.* Cicero meint nun, eine solche Bestimmung könne seine Freunde nicht hindern gegen die lex Clodia vorzugehen; denn, wenn ein Gesetz aufgehoben würde, würde auch die Bestimmung über die Art, wie es aufgehoben werden dürfte, mit aufgehoben. Und darin hat er Recht, wenn er behauptet, dass, wenn auch ein solches Gesetz nach der gewöhnlichen Weise aufgehoben sei, dennoch die Aufhebung rechtsgültig sei; denn dieselbe Behörde, die das Gesetz gegeben hatte, hob es auf; die Machtvollkommenheit war dieselbe. Aber er lässt ausser Acht, dass die Magistrate, die eine solche Aufhebung beantragten, belangt werden konnten, namentlich wenn etwa die Aufhebung nicht durchgesetzt werden konnte.

3. *Hoc, quod revera*] Obwohl nun dies, was in der That auch richtig ist, immer so gehalten worden ist.

Si quid in hac rogatione] Der zweite Paragraph sicherte Straflosigkeit dem zu, der in Ausführung des neuen Gesetzes gegen ein älteres nicht ausdrücklich aufgehobenes handelte. Dieser dritte Paragraph befreite den Antragsteller von der Verantwortlichkeit, wenn er etwa ohne sein Wissen etwas beantragte, was er nach den Gesetzen nicht beantragen durfte.

promulgare] legem, einen Gesetzentwurf öffentlich anschlagen, abrogare, ein Gesetz ganz aufheben, derogare, ein Stück eines Gesetzes aufheben, obrogare, ein Gesetz stillschweigend beseitigen, dadurch dass man Widersprechendes festsetzt.

sine fraude sua] Suus bezieht sich auf das zum Infinitiv hinzu zu denkende Subjekt, wie de off. III, 5, 23: *non licet sui commodi causa nocere alteri.*

non liceat, non licuerit] was nicht erlaubt ist zu der Zeit, wo das Volk zur Abstimmung gerufen wird, nicht erlaubt gewesen ist zu der Zeit, wo der Antrag promulgirt wurde. *Non licuerit* ist hinzugesetzt, weil der Fall eintreten konnte, dass, während ein ungesetzlicher Antrag promulgirt war, die abrogatio gestattet wurde, in welchem Falle die promulgatio immer noch strafbar gewesen sein würde.

4 EAM REM POENAE MULTAEVE SIT, E. H. L. N. R.. Atque hoc in illis
tribunis pl. non laedebat; lege enim collegii sui non teneban-
tur. Quo maior est suspicio malitiae alicuius, cum id, quod ad
ipsos nihil pertinebat, erat autem contra me, scripserunt, ut novi tribuni pl., si essent timidiores, multo magis sibi eo capite
utendum putarent. Neque id a Clodio praetermissum est. Dixit
enim in contione a. d. III Non. Nov. hoc capite designatis tribunis pl. praescriptum esse quid liceret. Tamen in lege nulla
esse eiusmodi caput te non fallit; quo si opus esset omnes in
abrogando uti, mirum ut ceteros fugerit. Investiges velim et quis
attulerit et quare octo tribuni pl. ad senatum de me referre
non dubitarint — scilicet, quod observandum illud caput non pu-
tabant, — iidem in abrogando tam cauti fuerint, ut id metuerent,
soluti cum essent, quod ne iis quidem, qui lege tenentur, est curandum. Id caput sane nolim novos tribunos pl. ferre; sed

e. h. l. n. r.] d. i. eius hac lege
nihil rogatur.

4. *non laedebat*] nämlich den Cicero. Die alten Tribunen konnten,
ohne dass meine Sache dadurch beeinträchtigt wurde, diesen Zusatz
machen; denn da sie durch das Gesetz des Clodius nicht gebunden
sind, war ihr Antrag gesetzmässig.
Wollten aber die neuen Tribunen
diesen Zusatz machen, so würden
sie mit dem einen Paragraphen wi-
derrufen, was sie mit dem vorhergehenden gegeben haben; denn sie
trifft das Gesetz des Clodius.

lege enim collegii sui] Dass das
Gesetz eines Tribunen für die übrigen Tribunen desselben Collegiums
nicht bindend gewesen wäre, ist
sonst nicht überliefert und sehr
unwahrscheinlich. Wahrscheinlich
hatte Clodius in seinem Gesetz ausdrücklich nur die künftigen Tribunen genannt, weil er durch sein In-
tercessionsrecht gegen die Versuche
seiner Collegen hinreichend gesi-
chert war.

erat autem contra me] nicht an
sich, sondern nur, wenn die künftigen Tribunen es nachahmten.

in lege nulla esse] Allerdings
war auch der dritte Paragraph je-

nes Gesetzes ein caput tralaticium.
Aber sonst lautete dieses caput: *si
quid sacri sanctique est, quod ius
non sit rogarier, eius hac lege nihilum rogatur.* Cic. pro Caec. 33, 95:
*At enim Sulla legem tulit. Ut nihil
de illo tempore, nihil de calamitate
rei publicae querar, hoc tibi respondeo, adscripsisse eundem Sullam in
eadem lege: si quid ius non esset rogarier, eius ea lege nihilum rogatum. Quid est quod ius non sit,
quod populus iubere aut vetare non
possit? Ut ne longius abeam, declarat ista adscriptio esse aliquid;
nam, nisi esset, hoc in omnibus legibus non adscriberetur.* Dies caput
erklärte also, es solle nichts, was
gegen die obersten Grundsätze des
Rechts verstiesse, als in dem Gesetz
verordnet angesehen werden. Der
hier vorliegende Paragraph dagegen
bestimmt: was in den Gesetze den
bestehenden Gesetzen widerspricht,
soll als nicht beantragt angesehen
werden.

quare octo tribuni] warum die acht
Tribunen, die doch, indem sie über
meine Zurückberufung referirten, auf
Clodius Gesetz nicht achteten, jetzt
beim Abrogiren so vorsichtig sind.

est curandum] weil nach Ciceros

perferant modo quidlubet, uno capite, quo revocabor, modo res
conficiatur, ero contentus. Iam dudum pudet tam multa scribere;
vereor enim, ne re iam desperata legas, ut haec mea diligentia
miserabilis tibi, aliis irridenda videatur. Sed si est aliquid in spe,
vide legem, quam T. Fadio scripsit Visellius; ea mihi perplacet.
Nam Sestii nostri, quam tu tibi probari scribis, mihi non placet.

Tertia est epistola prid. Id. Novembr. data, in qua exponis 5
prudenter et diligenter quae sint, quae rem distinere videantur,
de Crasso, de Pompeio, de ceteris. Quare oro te, ut, si qua spes
erit posse studiis bonorum, auctoritate, multitudine comparata
rem confici, des operam, ut uno impetu perfringatur, in eam rem
incumbas ceterosque excites. Sin, ut ego perspicio cum tua con-
iectura tum etiam mea, spei nihil est, oro obtestorque te, ut Quintum fratrem ames, quem ego miserum misere perdidi, neve quid
eum patiare gravius consulere de se quam expediat sororis tuae
filio, meum Ciceronem, cui nihil misello relinquo praeter invidiam et ignominiam nominis mei, tueare quoad poteris, Terentiam, unam omnium aerumnosissimam, sustentes tuis officiis.
Ego in Epirum proficiscar, cum primorum dierum nuntios exce-
pero. Tu ad me velim proximis litteris ut se initia dederint perscribas. Dat. prid. Kal. Decembr.

Meinung, cum lex abrogatur, illud
ipsum abrogatur, quomodo eam abrogari oporteat.

T. *Fadio*] T. Fadius Gallus, Ciceros Quästor im Consulat, jetzt
designirter Volkstribun. C. Visellius Varro, der Sohn der Schwester
von Ciceros Mutter und des römischen Ritters C. Aculeo, wahrscheinlich adoptirt von einem Visellius
Varro, ein rechtskundiger Mann,
der nach der Verwaltung der curu-
lischen Aedilität gestorben ist.

Nam Sestii nostri] Sestius war
designirter Volkstribun. Ueber den
Gesetzentwurf, den er einbringen
wollte, schreibt Cic. ad Att. III, 20,
3: *rogatio Sestii neque dignitatis
satis habet nec cautionis; nam et
nominatim ferri oportet et de bonis
diligentius scribi.*

5. *misere perdidi*] Cicero hatte
das seinem Bruder aus der Schatz-
kammer zustehende Geld für seine
Bedürfnisse verwandt, so dass dieser in grosse Geldnoth gekommen
war; ad Q. fr. I, 3, 7. Ausserdem
drohte dem Quintus von seines Bru-
ders Feinden eine Anklage wegen
Erpressungen; ad Att. III, 9.

primorum dierum nuntios] Nachrichten von den ersten Tagen nach
dem Amtsantritt der neuen Tribunen, d. i. nach a. d. IV. Id. Decem-
bres.

ut se initia dederint] wie Liv.
XXVIII, 5, 9: *pollicitus, prout tempus ac res se daret, omnibus latu-
rum se auxilium*; Ter. Hec. III, 3,
20: *ut res dant sese, ita magni atque humiles sumus.*

EPISTOLA XIX.

(AD ATT. IV. 1.)

CICERO ATTICO S.

1   Cum primum Romam veni fuitque, cui recte ad te litteras
darem, nihil prius faciendum mihi putavi quam ut tibi absenti de
reditu nostro gratularer. Cognoram enim, ut vere scribam, te in
consiliis mihi dandis nec fortiorem nec prudentiorem quam me
ipsum, me etiam propter meam in te observantiam nimium in cu-
stodia salutis meae diligentem; eundemque te, qui primis temporibus erroris nostri aut potius furoris particeps et falsi timoris
socius fuisses, acerbissime discidium nostrum tulisse plurimum-
que operae, studii, diligentiae, laboris ad conficiendum reditum
2 meum contulisse. Itaque hoc tibi vere affirmo, in maxima laetitia
et exoptatissima gratulatione unum ad cumulandum gaudium
conspectum aut potius complexum mihi tuum defuisse, quem
semel nactus nunquam dimisero; ac, nisi etiam praetermissos
fructus tuae suavitatis praeteriti temporis omnes exegero, profecto hac restitutione fortunae me ipse non satis dignum iudicabo.

Nos adhuc in nostro statu, quod difficillime recuperari posse 3
arbitrati sumus, splendorem nostrum illum forensem et in senatu
auctoritatem et apud viros bonos gratiam magis quam optamus
consecuti sumus. In re autem familiari, quae quemadmodum
fracta, dissipata, direpta sit non ignoras, valde laboramus tua-
rumque non tam facultatum, quas ego nostras esse iudico, quam
consiliorum ad colligendas et constituendas reliquias nostras indigemus. Nunc, etsi omnia aut scripta esse a tuis arbitror aut 4
etiam nuntiis ac rumore perlata, tamen ea scribam brevi, quae
te puto potissimum ex meis litteris velle cognoscere. Pridie Nonas Sext. Dyrrhachio sum profectus, ipso illo die, quo lex est
lata de nobis. Brundisium veni Nonis Sext. Ibi mihi Tulliola
mea fuit praesto natali suo ipso die, qui casu idem natalis erat
et Brundisinae coloniae et tuae vicinae Salutis, quae res animadversa a multis studio summo Brundisinorum. Ante diem vi Id. Sext.
cognovi litteris Quinti fratris mirifico studio omnium aetatum
atque ordinum, incredibili concursu Italiae legem comitiis centuriatis esse perlatam. Inde a Brundisinis honestissimis ornatus
iter ita feci, ut undique ad me cum gratulatione legati convene-
rint. Ad urbem ita veni, ut nemo ullius ordinis homo nomencla- 5
tori notus fuerit, qui mihi obviam non venerit, praeter eos inimicos, quibus id ipsum, se inimicos esse, non liceret aut dissimulare aut negare. Cum venissem ad portam Capenam, gradus tem-
plorum ab infima plebe completi erant; a qua plausu maximo

nicht belehrt, damals nicht zu schätzen wusste, also durch eigne Schuld
verloren habe.

3. *magis quam optamus*] Eine
solche Stellung konnte ihn leicht
wieder in Conflicte mit den Macht-
habern bringen.

4. *lex est lata de nobis*] wodurch
er zurückgerufen wurde; in Pis. 15,
35: *de me cum omnes magistratus
promulgassent praeter unum praetorem, a quo non fuit postulandum,
fratrem inimici mei* (Appius Claudius) *praeterque duos de lapide
emptos tribunos* (Numerius Quintius
Rufus und Sex. Atilius Serranus), *legem comitiis centuriatis tulit P.
Lentulus consul de collegae Q. Metelli sententia.*

tuae vicinae Salutis] der Tempel
der Salus auf dem Quirinalis nahe

bei dem Hause des Atticus.

a multis studio summo] Die Lesart
ist unsicher; die Handschriften haben *a multitudine summa* und am
Rande der Ausgabe des Cratander
vom J. 1528 ist nach *Brundisinorum*
beigefügt *gratulatione celebrata est.*

honestissimis ornatus] ornare ohne Ablativ wie pro Deiot 1, 2: *regem, quem ornare antea cuncto cum
senatu solebam*, und sonst oft.

5. *nomenclatori*] ein Sklave, der
dem Herrn die Namen der ihm Begeg-
nenden zuflüsterte; denn vornehme
Römer mussten, namentlich bei Be-
werbungen um Ehrenstellen, selbst
die gemeinen Bürger bei Namen zu
nennen und ihnen etwas Verbind-
liches zu sagen wissen.

non liceret] weil ihre Feindschaft
offenkundig war.

cum esset mihi gratulatio significata, similis et frequentia et plau-
sus me usque ad Capitolium celebravit, in foroque et in ipso Ca-
pitolio miranda multitudo fuit. Postridie in senatu, qui fuit dies
6 Non. Septembr., senatui gratias egimus. Eo biduo cum esset annonae summa caritas et homines ad theatrum primo, deinde ad
senatum concurrissent, impulsu Clodii mea opera frumenti inopiam esse clamarent; cum per eos dies senatus de annona haberetur et ad eius procurationem sermone non solum plebis verum
etiam bonorum Pompeius vocaretur idque ipse cuperet multitu-
doque a me nominatim ut id decernerem postularet, feci et ac-

dies *Non.*] i. e. Nonarum; ad fam.
III, 11, 1: *in altera dies erat adscripta Nonarum Aprilium;* jedoch hat
der codex Mediceus ad fam. XVI,
3, 1: *is dies fuit Nonae.*

senatui gratias egimus] Dass die
noch erhaltene oratio cum senatui
gratias egit diese Rede sei, wird von
F. A. Wolf und anderen geläugnet.

6. *Eo biduo*] zwei Tage nachher. Freilich wird dem Ablativ,
wenn er so verstanden werden soll,
in der Regel ein Relativsatz beigefügt, wie ad fam. X, 23, 3: *quem
triduo, cum has dabam litteras, exspectabam;* pro Rosc. Amer. 37,
105: *mors Sex. Roscii quatriduo,
quo is occisus est, Chrysogono nuntiatur.* Indessen findet sich dieser
Ausdruck auch ohne Relativsatz in
dieser Bedeutung: Caes. b. civ. I,
41, 1: *eo biduo Caesar cum equitibus
in castra pervenit;* ib. 87, 4: *parte
circiter tertia exercitus eo biduo
dimissa.*

cum esset annonae] Vergl. de domo 6, 14: *cum de mea dignitate in
templo Iovis Optimi Maximi senatus frequentissimus uno isto dissen-
tiente decrevisset, subito illo ipso
die carissimam annonam necopina-
ta vilitas consecuta est. . . . . .
Quae (annona) quia rursus in meo
reditu facta erat durior, a me, cuius
adventu fore vilitatem boni viri dic-
titabant, annona flagitabatur.*

ad theatrum) Es waren um diese
Zeit die ludi Romani, die vom 4.

bis 19. September gefeiert wurden.

impulsu Clodii] Wie zwei Begriffe, die zusammen einen höheren bilden (s. zu I, 4, 1), so werden auch
zwei Sätze asyndetisch neben einander gestellt, wenn der an der Stelle
erforderliche Gedanke erst aus der
Zusammensetzung beider sich ergiebt. Hier: ein gegen Cicero gerichteter Auflauf. Vergl. ad fam.
XV, 4, 7: *quo ut veni, hostem ab
Antiochea recessisse, Bibulum Antiocheae esse cognovi* (dass meine
Anwesenheit unnöthig war); ad Att.
VIII, 3, 7: *non puto etiam hoc
Gnaeum nostrum commissurum,
etsi Brundisium Scipionem cum cohortibus duabus praemiserat, legionem Fausto conscriptam in Siciliam sibi placere a consule duci
scripserat ad consules;* Caes. bell.
Gall. II, 35, 1: *legati, qui se obsides daturas, imperata facturas pol-
licerentur* (die Unterwerfung). .

per eos dies] Per wird auch gebraucht, um die Zeit einer Begeben-
heit ungefähr anzugeben: im Laufe
jener Tage, um diese Zeit.
Liv. XXX, 38: *per eos dies com-
meatus ex Sicilia Sardiniaque tantam vilitatem annonae effecerunt,
ut cet.*

ut id decernerem] = censerem,
dass ich dafür stimmte. Phil.
XIV, 11: *decerno igitur eorum
trium nomine quinquaginta dierum
supplicationes.* Eigentlich sollte es
heissen *ut id decernendum cense-*

curate sententiam dixi, cum abessent consulares, quod tuto se
negarent posse sententiam dicere, praeter Messallam et Afranium.
Factum est senatus consultum in meam sententiam, ut cum Pompeio ageretur, ut eam rem susciperet lexque ferretur. Quo senatus consulto recitato cum contio more hoc insulso et novo
plausum meo nomine recitando dedisset, habui contionem; omnes magistratus praesentes praeter unum praetorem et duos tribunos pl. dederunt. Postridie senatus frequens et omnes con- 7
sulares nihil Pompeio postulanti negarunt. Ille legatos quinde-
cim cum postularet, me principem nominavit et ad omnia me
alterum se fore dixit. Legem consules conscripserunt, qua Pompeio per quinquennium omnis potestas rei frumentariae toto orbe
terrarum daretur; alteram Messius, qui omnis pecuniae dat potestatem et adiungit classem et exercitum et maius imperium in
provinciis quam sit eorum, qui eas obtineant. Illa nostra lex
consularis nunc modesta videtur, haec Messii non ferenda. Pompeius illam velle se dicit, familiares hanc. Consulares duce Favonio fremunt; nos tacemus et eo magis, quod de domo nostra

rem, wie Phil. IX, 6: *qui sepulcrum
publice decernendum Ser. Sulpicio
censuit, statuam non censuit.*

quod tuto se negarent] Obgleich
der Inhalt des Gesagten, nicht das
Sagen indirect ist, wird doch häufig
das verbum sentiendi oder declaran-
di in solchen Fällen in den Conjunctiv gesetzt.

nomine recitando] Der Ablativ des
Gerundiums oder Gerundivums bezeichnet oft die Umstände, unter
denen, oder die Zeit, während der
etwas geschieht, und vertritt so die
Stelle des fehlenden Part. praes.
pass. Liv. III, 65, 4: *insectandis patribus tribunatum gessit;* V, 43, 7:
*cum diis hominibusque accusandis
senesceret;* Cic. de off. I, 2, 5: *quis
est, qui nullis officii praeceptis tra-
dendis philosophum se audeat dicere?* in Catil. III, 3, 6: *tardissime
autem Lentulus venit, credo quod
litteris dandis praeter consuetudinem proxima nocte vigilarat.*

omnes magistratus] Contio, eine
Volksversammlung, in der nicht abgestimmt wurde, und auch eine Rede, die man vor dem Volke hält. Eine

solche Rede durfte ein Privatmann
nur mit Erlaubniss eines Magistrats
halten. Der Prätor, der die Erlaubniss verweigerte, war Appius Claudius, der Bruder des Clodius, die
beiden Tribunen Numerius Quintius
und Atilius Serranus.

7. *Messius*] ein Volkstribun von
der Partei des Pompeius.

nostra lex consularis] nostra,
weil das Gesetz ex senatus consulto
in Ciceronis sententiam facto, consularis, weil es von den Cousuln
eingebracht wurde. Leges consulares werden die von Consuln, tri-
buniciae die von Tribunen beantragten Gesetze genannt. Liv. III,
56: *implorare leges de provocatione
et consulares et tribunicias.*

duce Favonio] Favonius, der
Nachahmer des Cato, sass damals
noch unter den quaestoriis, d. i. denen, die nur erst die Quästur bekleidet hatten; aber er lärmte so laut
gegen die Machthaber, dass er in
dieser Sache Führer der Consularen
genannt werden konnte.

et eo magis quod] weil also Cicero

nihil adhuc pontifices responderunt. Qui si sustulerint religio-
nem, aream praeclaram habebimus, superficiem consules ex senatus consulto aestimabunt; sin aliter, demolientur, suo nomine
locabunt, rem totam aestimabunt.

8   Ita sunt res nostrae: ut in secundis, fluxae; ut in adversis,
bonae. In re familiari valde sumus, ut scis, perturbati. Praeterea sunt quaedam domestica, quae litteris non committo. Quintum fratrem, insigni pietate, virtute, fide praeditum sic amo, ut
debeo. Te exspecto et oro, ut matures venire eoque animo venias, ut me tuo consilio egere non sinas. Alterius vitae quoddam
initium ordimur. Iam quidam, qui nos absentes defenderunt,
incipiunt praesentibus occulte irasci, aperte invidere. Vehementer te requirimus.

- - - - - -

EPISTOLA XX.
(AD ATT. IV, 2.)
CICERO ATTICO S.

1   Si forte rarius tibi a me quam a ceteris litterae redduntur,
peto a te, ut id non modo neglegentiae meae sed ne occupationi
quidem tribuas; quae etsi summa est, tamen nulla esse potest

es weder mit dem Senat noch mit
dem Pompeius verderben durfte.

Qui si sustulerint] Von dem Platze,
wo Ciceros Haus gestanden hatte,
hatte Clodius einen Theil durch einen gewissen Scato für sich zur Erweiterung seines anstossenden Hauses ankaufen lassen; einen andern
hatte er, um die Rückgabe zu erschweren, zu einem Tempel der Libertas geweiht. Den ersten Theil
erhielt Cicero ohne Schwierigkeit
zurück; über den andern mussten
erst die Pontifices entscheiden. Ho-
ben diese die Weihung auf, so erhielt Cicero eine schöne Baustelle
und ausserdem Ersatz für das Gebäude, was zerstört war (superficies); geschah es nicht, so erhielt
er Ersatz für Baustelle und Gebäude und das von Clodius begonnene
Bauwerk wurde zerstört und ein

anderes Heiligthum von den Consuln
errichtet.

ita sunt — bonae] vielleicht ein
iambischer Oktonar aus einem alten
Dichter. Vgl. im folgenden Briefe
§ 1 und ep. ad Brut. I, 10, 2:
*huius belli fortuna ut in secundis
fluxa, ut in adversis bona.*
EPISTOLA XX.
Der Brief ist wahrscheinlich Mitte October, jedenfalls vor a. d. III
Non. Nov. geschrieben.
1. *non modo neglegentiae*] Non
modo für non modo non wie gewöhnlich bei folgendem sed — ne quidem,
wenn das Verbum gemeinschaftlich
ist und im zweiten Gliede steht.
Das zweite Glied ist, wie es sein
muss, das Bedeutendere; denn die
occupatio würde ein triftigerer Ent-
schuldigungsgrund sein als die ne-
glegentia.

tanta, ut interrumpat iter amoris nostri et officii mei. Nam, ut
veni Romam, iterum nunc sum certior factus esse, cui darem
litteras; itaque has alteras dedi. Prioribus tibi declaravi adventus noster qualis fuisset et quis esset status atque omnes res nostrae quemadmodum essent, ut in secundis, fluxae, ut in adversis, bonae.

- Post illas datas litteras secuta est summa contentio de domo. 2
Diximus apud pontifices pridie Kal. Octobres. Acta res est accurate a nobis et, si unquam in dicendo fuimus aliquid, aut etiam,
si nunquam alias fuimus, tum profecto doloris magnitudo vim
quandam nobis dicendi dedit. Itaque oratio iuventuti nostrae
deberi non potest; quam tibi, etiamsi non desideras, tamen mittam cito. Cum pontifices decresscent ita, SI NEQUE POPULI IUSSU 3
NEQUE PLEBIS SCITO IS, QUI SE DEDICASSE DICERET, NO-
MINATIM EI REI PRAEFECTUS ESSET NEQUE POPULI IUSSU
AUT PLEBIS SCITO ID FACERE IUSSUS ESSET, VIDERI POS-
SE SINE RELIGIONE EAM PARTEM AREAE MI RESTITUI, mihi
facta statim est gratulatio; nemo enim dubitabat, quin domus nobis esset adiudicata; cum subito ille in contionem escendit, quam

amoris nostri] die Liebe, die wir
zu einander haben, und die Verbindlichkeit, die ich gegen dich habe.

2. *Diximus apud pontifices*] Das
ist die noch vorhandene. Rede de domo sua ad pontifices.

deberi non potest] darf nicht
vorenthalten werden. *Debere*
schuldig bleiben, wie Cic. Tusc.
II, 27, 67: *sed tibi hoc video non
posse deberi;* ad fam. VII, 19, 1:
*quod praesenti tibi prope subnega-
ram, non tribueram certe, id absenti debere non potui;* Topica I, 4:
*non potui' igitur tibi saepius hoc
roganti....debere diutius;* de or. III,
5, 18: *an me tam impudentem esse
existimatis, ut vobis hoc praesertim munus putem diutius posse debere?*

3. *si neque — neque*] Clodius musste nicht bloss ausdrücklich damit beauftragt sein, sondern auch bei der
dedicatio ausdrücklich erklären, dass
er auf Befehl des Volkes handle; de
domo 53, 136: *habetis in commen-
tariis vestris, C. Cassium censorem

Ciceros ausgew. Briefe.

*de signo Concordiae dedicando ad
pontificum collegium retulisse ei-
que M. Aemilium pontificem maximum pro collegio respondisse, nisi
eam populus Romanus nominatim
praefecisset atque eius iussu faceret,
non videri eam posse recte dedicari.*

nemo enim dubitabat] Die lex Clodia hatte allerdings verordnet, dass
Ciceros Haus confiscirt würde, dass
Clodius auf der Baustelle ein monumentum errichten sollte und dass
es ihm erlaubt sein sollte seinen
Namen darauf zu setzen; de domo
20. Aber eine Bestimmung, die ihn
bevollmächtigte den Platz den Göttern zu weihen, hatte er vergessen
ins Gesetz aufzunehmen, und gerade
hierauf kam es an, da eine alte lex
Papiria verbot *iniussu plebis aedes,
terram, aram consecrare.* S. de domo 49.

in contionem escendit] Contionem
alicui dare heisst einem die Erlaubniss geben zum Volke zu
reden, *in contionem escendere,*
auf die Rednerbühne steigen,

6

Appius ei dedit. Nuntiat iam populo pontifices secundum se de-
crevisse, me autem vi conari in possessionem venire; hortatur,
ut se et Appium sequantur et suam Libertatem ut defendant. Hic,
cum etiam illi infirmi partim admirarentur, partim irriderent hominis amentiam, ego statueram illuc non accedere, nisi cum consules ex senatus consulto porticum Catuli restituendam locassent.
4 Kal. Octobr. habetur senatus frequens. Adhibentur omnes pontifices, qui erant senatores; a quibus Marcellinus, qui erat cupi-
dissimus mei, sententiam primus rogatus quaesivit quid essent
in decernendo secuti. Tum M. Lucullus de omnium collegarum
sententia respondit religionis iudices pontifices fuisse, legis senatum; se et collegas suos de religione statuisse, in senatu de
lege statuturos. Quisque horum loco sententiam rogatus multa
secundum causam nostram disputavit. Cum ad Clodium ventum
est, cupiit diem consumere, neque ei finis est factus; sed tamen,
cum horas tres fere dixisset, odio et strepitu senatus coactus est
aliquando perorare. Cum fieret senatus consultum in sententiam
Marcellini, omnibus praeter unum assentientibus, Serranus intercessit. De intercessione statim ambo consules referre coeperunt.
Cum sententiae gravissimae dicerentur: senatui placere mihi do-

um eine Rede zu halten. Gel-
lius Noct. Att. XVIII, 7, 5: *misit au-*
tem paulo post Favorino librum,
quem promiserat (Verrii, opinor,
Flacci erat), in quo scripta ad hoc
genus quaestionis pertinentia haec
fuerunt: senatum dici et pro loco
et pro hominibus, civitatem et pro
loco et oppido et pro iure quoque
omnium et pro hominum multitudine,
tribus quoque et decurias dici et
pro loco et pro iure et pro hominibus,
contionem autem tria significare:
locum suggestumque, unde verba fi-
erent . . . . .; item significare coetum
populi adsistentis, item orationem
ipsam, quae ad populum diceretur.

etiam illi infirmi] sogar die dir
wohl bekannten Schwankenden, Un-
zuverlässigen, geschweige denn unsere Freunde. So wird infirmi gebraucht bei Caesar bell. civ. I, 3:
quorum vocibus et concursu terren-
tur infirmiores.

porticum Catuli] Diesen an Ciceros Haus stossenden Porticus hatte

Clodius mit zu seinem Tempel der
Libertas hinzugenommen.

4. sententiam primus rogatus]
Marcellinus war einer der consules
designati, und diese wurden im Senat zuerst gefragt.

de religione statuisse] Die Priester
hatten erklärt, es fände kein reli-
giöses Bedenken Statt, wenn Clodius den Auftrag vom Volke nicht
erhalten hätte; ob dies aber der Fall
war, dies zu entscheiden war Sache
des Senats.

Quisque horum loco] loco statt suo
loco, wie de legg. III, 18, 40: *huic* (se-
natori) *iussa tria sunt: ut adsit, nam*
gravitatem res habet, cum frequens
ordo est; ut loco dicat, id est roga-
tus.

diem consumere] *Diem dicendo*
consumere oder *eximere, diutius di-*
cere war ein gewöhnliches Mittel
eine Beschlussnahme zu hindern,
denn mit Sonnenuntergang musste
die Senatssitzung aufgehoben werden.

mum restitui, porticum Catuli locari, auctoritatem ordinis ab omnibus magistratibus defendi; si quae vis esset facta, senatum existimaturum eius opera factum esse, qui senatus consulto intercessisset; Serranus pertimuit et Cornicinus ad suam veterem fabulam rediit: abiecta toga se ad generi pedes abiecit. Ille noctem sibi postulavit; non concedebant; reminiscebantur enim Kal. Ianuar. Vix tandem illi de mea voluntate concessum est. Postridie senatus consultum factum est id, quod ad te misi. Deinde 5 consules porticum Catuli restituendam locarunt; illam porticum redemptores statim sunt demoliti libentissimis omnibus. Nobis superficiem aedium consules de consilii sententia aestimarunt HS vicies, cetera valde illiberaliter, Tusculanam villam quingentis milibus, Formianum HS ducentis quinquaginta milibus. Quae aestimatio non modo vehementer ab optimo quoque sed etiam a plebe reprehenditur. Dices, quid igitur causae fuit? Dicunt illi quidem pudorem meum, quod neque negarim neque vehemen-

---

Cornicinus] Cn. Oppius Cornicinus (Cic. cum pop. grat. egit. 5, 12), der Schwiegervater des Tribunen Sex. Atilius Serranus Gavianus.

Ille noctem] Ganz ebenso hatten es die beiden gemacht, als am 1. Januar über Ciceros Zurückberufung ohne Erfolg berathschlagt wurde. Vergl. pro Sestio 34, 74: *cum omnes certatim de mea salute dixissent fieretque sine ulla varietate discessio, surrexit, ut scitis, Atilius hic Gavianus, nec ausus est, cum esset emptus, intercedere, noctem sibi ad deliberandum postulavit. Clamor senatus, querellae, preces, socer ad pedes abiectus. Ille se affirmare postero die moram nullam esse facturum. Creditum est, discessum est. Illi interea deliberatori merces longa interposita nocte duplicata est. Consecuti dies pauci omnino Ianuario mense, per quos senatum haberi liceret; sed tamen actum nihil nisi de me.*

Vix tandem] kaum zuletzt, endlich, wo es kaum noch zu erwarten war, wie ad fam. III, 9, 1: *vix tandem legi litteras dignas Appio Claudio.* Uebrigens ist der Text an dieser Stelle nicht sicher; de ha-

rusp. respons. 7 berichtet Cicero, dass der Senatsbeschluss noch an demselben Tage gefasst sei.

5. *senatus consultum*] de har. resp. 7, 13: *postero die frequentissimus senatus te consule designato, Lentulo, sententiae principe, P. Lentulo et Q. Metello consulibus referentibus statuit, cum omnes pontifices, qui erant huius ordinis, adessent cumque alii, qui honoribus populi Romani antecedebant, multa de collegii iudicio verba fecissent omnesque iidem scribendo adessent, domum meam iudicio pontificum religione liberatam videri.*

porticum Catuli] welchen Clodius mit dem von ihm auf Ciceros Grundstück erbauten Porticus zu einem vereinigt und deshalb wenigstens theilweise zerstört hatte.

superficiem aedium] *Superficies* ist alles mit der Oberfläche eines Grundstücks Verbundene, Haus, Bäume u. s. w. *Aedium* der Genitivus definitivus, wie arbor fici. Caes. b. Gall. III, 10: *iniuriae retentorum equitum,* das Unrecht, welches in der Zurückhaltung der Ritter bestand.

6*

tius postularim. Sed non est id; nam hoc quidem etiam profuis-
set. Verum iidem, mi T. Pomponi, iidem, inquam, illi, quos ne
tu quidem ignoras, qui mihi pinnas inciderant, nolunt easdem
renasci. Sed, ut spero, iam renascuntur. Tu modo ad nos veni;
quod vereor ne tardius interventu Varronis tui nostrique facias.

6   Quoniam acta quae sint habes, de reliqua nostra cogitatione
cognosce. Ego me a Pompeio legari ita sum passus, ut nulla re
impedirer. Quod nisi vellem mihi esset integrum, ut, si comitia
censorum proximi consules haberent, peterem, possem votivam
legationem sumpsisse prope omnium fanorum, lucorum; sic enim
nostrae rationes, utilitates meae postulabant. Sed volui meam
potestatem esse vel petendi vel ineunte aestate exeundi, et interea
me esse in oculis civium de me optime meritorum non alienum
7 putavi. Ac forensium quidem rerum haec nostra consilia sunt,
domesticarum autem valde impedita. Domus aedificatur. Scis
quo sumptu, qua molestia reficiatur Formianum, quod ego nec

interventu Varronis] Wahrscheinlich hatte Varro den Atticus in Epirus besucht.

6. *ego me a Pompeio legari*] Die
legati wurden vom Senat ernannt,
aber man nahm dabei auf die Wünsche der Proconsuln Rücksicht, und
manchmal, wenn dem Proconsul
eine ausserordentliche Machtvollkommenheit durch ein Gesetz gegeben wurde, wie dem Cäsar durch
die lex Vatinia und dem Piso durch
die lex Clodia, war darin auch das
Recht inbegriffen die Legaten selbstständig zu ernennen. Daher die Re-
densarten *aliquis aliquem sibi legat*
oder *aliquis alicui legationem defert*, neben pro Lig. 7, 20: *Ligarium
senatus idem legaverat*; ad Att. IV,
15, 9: *eum Caesar legarat Appius
consul.* Ist die Person, welcher
einer als Legat beigegeben wird,
zugleich die, welche ihn erwählt,
so kann sie im Nominativ oder beim
Passiv im Ablativ mit *a* stehen, wie
hier und ad Att. XIV, 13, 4: *cum
consilium cepi legari ab Caesare.*

Quod nisi vellem] *Quod nisi =
nisi.* Wenn ich nicht freie Hand behalten wollte mich um die Censur
zu bewerben, so könnte ich wohl

eine legatio votiva, d. i. eine legatio
libera, um den Göttern die Gelübde
zu erfüllen, übernommen haben,
und zwar beinahe nach jedem belie-
bigen Tempel; denn das war dem
zwischen uns verabredeten Plane
und meiner Lage angemessen. Indessen ich wollte Rom jetzt noch
nicht verlassen und doch auch es
verlassen können, wenn es mir beliebte. Hierfür war Pompeius Antrag sehr bequem. Vergl. ad Att.
II, 18, 3: *a Caesare valde invitor
in legationem illam, sibi ut sim legatus; atque etiam libera legatio
voti causa datur. Sed haec et praesidii apud pudorem Pulchelli non
habet satis et a fratris adventu me
ablegat; illa et munitior est et non
impedit, quominus adsim, cum velim. Possem sumpsisse,* ich könnte
mich jetzt auf der Reise befinden.
Sumere wie ad fam. XVI, 11, 3:
*Italiae regiones descriptae sunt,
quam quisque tueretur. Nos Capuam sumpsimus;* Hor. carm. III, 2, 19:
*nec sumit aut punit secures arbitrio
popularis aurae. Fanorum, lucorum* Asyndeton bei der unterbrochenen Aufzählung. S. zu I, 4, 8.

7. *nec relinquere*] Cicero kann

relinquere possum nec videre. Tusculanum proscripsi; suburbano non facile careo. Amicorum benignitas exhausta est in ea re, quae nihil habuit praeter dedecus, quod sensisti tu absens et praesentes, quorum studiis ego et copiis, si esset per meos defensores licitum, facile essem omnia consecutus. Quo in genere nunc vehementer laboratur. Cetera, quae me sollicitant, μυστικώτερα sunt. Amamur a fratre et a filia. Te exspectamus.

das Gut nicht aufgeben, weil er es zu lieb hat, und es nicht sehen, weil es in so traurigem Zustande ist.

suburbano] obgleich ich dieses bei der Stadt gelegene Landgut nicht gut entbehren kann. Cicero hat auch das Tusculanum bis an seinen Tod behalten.

quod sensisti] Ciceros Rückberufung war nur dadurch durchgesetzt worden, dass der Tribun Milo Gladiatorenbanden den Clodianischen entgegenstellte. Die Kosten trugen Ciceros Freunde und unter ihnen Atticus. S. I, 17, 3. Darauf

bezieht sich, was er hier schreibt: das hast du empfunden, und das haben auch meine hier gegenwärtigen Freunde empfunden, durch welche ich leicht eine günstigere Abschätzung meines Schadens erlangt haben würde, wenn Pompeius und die andern, die meine Beschützer sein wollen, es zugegeben hätten.

μυστικώτερα] wahrscheinlich ein Zerwürfniss mit seiner Gemahlin Terentia. Damals ist das Zerwürfniss beigelegt worden. Im Jahre 46 hat er sich von der Terentia geschieden.

Zweites Buch.

Ciceros Proconsulat.

EPISTOLA I.

(AD FAM. V, 12.)

M. CICERO S. D. L. LUCCEIO Q. F.

Coram me tecum eadem haec agere saepe conantem deter- **1**
ruit pudor quidam paene subrusticus; quae nunc expromam absens audacius, epistola enim non erubescit. Ardeo cupiditate incredibili neque, ut ego arbitror, reprehendenda, nomen ut nostrum
scriptis illustretur et celebretur tuis. Quod etsi mihi saepe osten-
dis te esse facturum, tamen ignoscas velim huic festinationi meae.
Genus enim scriptorum tuorum, etsi erat semper a me vehementer exspectatum, tamen vicit opinionem meam meque ita vel cepit
vel incendit, ut cuperem quam celerrime res nostras monimentis
commendari tuis. Neque enim me solum commemoratio posteri-

EPISTOLA I.

L. Lucceius, ein Freund des Cicero, hatte sich für das Jahr 59
mit Caesar gegen Bibulus erfolglos
um das Consulat beworben; er be-
schäftigte sich dann mit der Abfassung einer Geschichte seiner Zeit
und hatte im März 56, in welcher
Zeit dieser Brief geschrieben ist,
die Geschichte des Marsischen und
des Sullanischen Krieges beinahe
vollendet. Im Bürgerkriege war er
auf Seiten des Pompeius und erhielt
von Caesar Verzeihung. Ciceros
Bitte scheint er nicht erfüllt zu haben. Ueber den Brief schreibt Cicero an den Atticus IV, 6, 4: *epistolam, Lucceio nunc quam misi,
qua meas res ut scribat rogo, fac,
ut ab eo sumas (valde bella est),
eumque ut approperet adhorteris*

*et, quod mihi se ita facturum re-
scripsit, agas gratias.*

1. *tamen ignoscas*] Obgleich mir
dein Versprechen genügen sollte,
so wünschte ich doch; du hättest
Nachsicht mit meiner Ungeduld, d. i.
du befriedigtest sie. Ignoscere =
indulgere, wie Vell. II, 30: *familiare
est hominibus omnia sibi ignoscere,
nihil aliis remittere*; ad. Att. XIII,
33, 4: *te in via confici minime volo.
Quin etiam Dionysio ignosco*; XII,
26, 1: *tuis occupationibus ignosco.*

commemoratio posteritatis] Die
Nachwelt wird meiner erwöhnen,
weil sie dein Buch lesen wird. Gewöhnlich steht bei commemoratio
ein Genit. obiectivus; wie hier pro
Plancio 40, 95: *nihil est, quod minus
mea commemoratione celebratum
sit.*

tatis ac spes quaedam immortalitatis rapit sed etiam illa cupiditas,
ut vel auctoritate testimonii tui vel indicio benevolentiae vel sua-
2 vitate ingenii vivi perfruamur. Neque tamen, haec cum scribebam, eram nescius quantis oneribus premerere susceptarum rerum et iam institutarum; sed quia videbam Italici belli et civilis
historiam iam a te paene esse perfectam, dixeras autem mihi te
reliquas res ordiri, deesse mihi nolui, quin te admonerem, ut cogitares coniunctene malles cum reliquis rebus nostra contexere
an, ut multi Graeci fecerunt, Callisthenes Phocicum bellum, Timaeus Pyrrhi, Polybius Numantinum, qui omnes a perpetuis suis
historiis ea, quae dixi, bella separaverunt, tu quoque item civilem
coniurationem ab hostilibus externisque bellis seiungeres. Equidem ad nostram laudem non multum video interesse; sed ad pro-
perationem meam quiddam interest non te exspectare, dum ad
locum venias, ac statim causam illam totam et tempus arripere.
Et simul, si uno in argumento unaque in persona mens tua tota

2. *ut multi Graeci fecerunt*]
Aus dem allgemeinen Worte *fecerunt* ist für die folgenden Accusa-
tive *Phocicum bellum* u. s. w. das
Verbum *scripserunt* zu entnehmen
und *ut* zu wiederholen.

Callisthenes] der bekannte Be-
gleiter Alexanders des Grossen, der
wegen seiner Freimüthigkeit mit
dem Könige zerfiel und endlich hingerichtet wurde, schrieb Ἑλληνικά,
welche in 10 Büchern die Zeit von
357 bis 357 umfassten, und daneben
eine Schrift περὶ τοῦ ἱεροῦ πολέ-
μου. Die Handschriften haben *Troicum bellum*; aber von einem solchen Werke des Callisthenes wissen wir nichts, auch würde sich davon nicht sagen lassen, er habe diesen Stoff getrennt *a perpetuis historiis* behandelt; deshalb hat Westermann *Phocicum bellum* emendirt.

Timaeus] aus Tauromenium in
Sicilien, gestorben um 256, schrieb
eine Geschichte Siciliens von der
ältesten Zeit bis zum ersten Punischen Krieg und daneben ein besonderes Werk über die Kriegszüge
des Pyrrhus.

Polybius] aus Megalopolis, der
Freund des Scipio Africanus minor,
schrieb eine Universalgeschichte,
eine καθολικὴ καὶ κοινὴ ἱστορία,
in 40 Büchern, von denen wir noch
die 5 ersten Bücher und die übrigen
stückweise besitzen. Sie reicht von
dem ersten Punischen Krieg bis zur
Schlacht bei Pydna. Dass Polybius
ein Werk über den Numantinischen
Krieg geschrieben hat, wissen wir
nur aus dieser Stelle.

a perpetuis] fortlaufend; *perpetua historia*, nicht unterbrochen
durch Lücken, so Ovid. Metam. I, 4:
*ad mea perpetuum deducite tem-
pora carmen; perpetua oratio*, nicht
unterbrochen durch die Worte anderer, entgegengesetzt der *alterca-
tio;* Liv. IV, 6, 1: *res a perpetuis
orationibus in altercationem vertit.*

ad locum] an die gehörige Stelle,
wie *loco* und *in loco; ad fam.* IX,
16, 4: *Oenomao tuo nihil utor, etsi
posuisti loco versus Accianos;* XI,
16, 1: *epistolae offendunt non loco
reddiae.* S. zu I, 20, 4.

ac statim] Einem negativen Satze
wird häufig ein Gegensatz durch ac,
que, et, auch ac potius angefügt,
wo wir sondern, sondern vielmehr sagen.

versabitur, cerno iam animo quanto omnia uberiora atque orna-
tiora futura sint. Neque tamen ignoro quam impudenter faciam,
qui primum tibi tantum oneris imponam, — potest enim mihi de-
negare occupatio tua, — deinde etiam ut ornes me postulem.
Quid, si illa tibi non tanto opere videntur ornanda? Sed tamen, 3
qui semel verecundiae fines transierit, eum bene et naviter oportet esse impudentem. Itaque te plane etiam atque etiam rogo, ut
et ornes ea vehementius etiam quam fortasse sentis et in eo leges historiae neglegas gratiamque illam, de qua suavissime quodam in prooemio scripsisti, a qua te flecti non magis potuisse demonstras quam Herculem Xenophontium illum a voluptate, eam,
si me tibi vehementius commendabit, ne aspernere amorique nostro plusculum etiam quam concedet veritas largiare. Quodsi
te adducemus, ut hoc suscipias, erit, ut mihi persuadeo, mate-
ries digna facultate et copia tua.

A principio enim coniurationis usque ad reditum nostrum 4
videtur mihi modicum quoddam corpus confici posse, in quo et
illa poteris uti civilium commutationum scientia vel in explican-
dis causis rerum novarum vel in remediis incommodorum, cum
et reprehendes ea, quae vituperanda duces, et, quae placebunt, ex-
ponendis rationibus comprobabis, et, si liberius, ut consuesti,
agendum putabis, multorum in nos perfidiam, insidias, prodition-
nem notabis. Multam etiam casus nostri varietatem tibi in scribendo suppeditabunt plenam cuiusdam voluptatis, quae vehementer animos hominum in legendo tuo scripto retinere possit. Nihil est enim aptius ad delectationem lectoris quam temporum va-
rietates fortunaeque vicissitudines. Quae etsi nobis optabiles in
experiendo non fuerunt, in legendo tamen erunt iucundae; habet
enim praeteriti doloris secura recordatio delectationem. Ceteris 5
vero nulla perfunctis propria molestia, casus autem alienos sine
ullo dolore intuentibus etiam ipsa misericordia est iucunda. Quem
enim nostrum ille moriens apud Mantineam Epaminondas non

3. *quam fortasse sentis*] *sentis,
commendabit, concedet* Indicative
in Zwischensätzen der indirecten
Rede, wo in der Regel der Coniunctiv steht.

a qua] *gratia* personificirt, wie
nachher *voluptas.*

Herculem Xenophontium] Hercu-
les am Scheidewege bei Xenoph.
Memor. II, 1, 21. Vgl. Cic. de off.
I, 32.

eam] Epanalepsis, wie ad fam.
XIII, 57, 2: *illud, quod tecum et
coram et per litteras diligentissime
egi, id te nunc etiam atque etiam
rogo;* VII, 26, 2: *lex sumptuaria,
quae videtur λιτότητα attulisse, ea
mihi fraudi fuit;* in Catil. II, 12,
27: *nunc illos, qui in urbe remanse-
runt, ... monitos eos etiam
atque etiam volo.*

5. *ille moriens*] *ille,* der be-

cum quadam miseratione delectat? qui tum denique sibi avelli iubet spiculum, posteaquam ei percontanti dictum est clipeum esse salvum, ut etiam in vulneris dolore aequo animo cum laude moreretur. Cuius studium in legendo non erectum Themistocli fuga redituque tenetur? Etenim ordo ipse annalium mediocriter nos retinet quasi enumeratione fastorum; at viri saepe excellentis ancipites variique casus habent admirationem, exspectationem, laetitiam, molestiam, spem, timorem; si vero exitu notabili concluduntur, expletur animus iucundissima lectionis voluptate.

6   Quo mihi acciderit optatius, si in hac sententia fueris, ut a continentibus tuis scriptis, in quibus perpetuam rerum gestarum historiam complecteris, secernas hanc quasi fabulam rerum eventorumque nostrorum; habet enim varios actus mutationesque et

---

kannte, der berühmte oder berüchtigte.

cum laude] *aequo animo* ablat. absol.; constr. *ut cum laude moreretur, etiam in v. d. aequo animo.*

redituque] Themistocles ist im Exil gestorben, wie einige erzählen, freiwillig, um nicht den Persern zur Unterjochung Griechenlands helfen zu müssen, und ist dann heimlich in Attica begraben worden. Entweder ist hier also *interitu* zu lesen oder *reditu* ist von der Zurückbringung des Leichnams zu verstehen; denn an einen Gedächtnissfehler des Cicero ist nicht zu denken, da er den Tod des Themistocles oft erwähnt: Brut. 11, 43; ad Att. IX, 10, 3; Lael. 12, 42.

Etenim ordo ipse] *etenim* in der Occupatio. Man wende nicht ein, die Erweiterung unserer geschichtlichen Kenntnisse sei das Ergötzende; denn die Folge der Begebenheiten an sich fesselt nur wenig; wohl aber u. s. w. *Ordo annalium,* die Reihenfolge der Begebenheiten in den Annalen, d. i wie die Annalen sie geben, wie Brut. 4, 15: *explicare ordines temporum,* die Begebenheiten chronologisch ordnen, d. i. die Folge der Begebenheiten angeben, wie sie durch die Zeit bedingt ist.

quasi enumeratione fastorum] Der Name *fasti* bezeichnet ursprünglich Spruch- oder Gerichtstage, im Gegensatz von dies nefasti; dann nicht bloss den Kalender, in dem diese Tage verzeichnet waren, sondern auch die Liste der Magistrate, nach denen die Jahre benannt wurden. Diesen Zeittafeln waren kurze historische Notizen beigefügt. Der Sinn unsrer Stelle ist also: die blosse Folge der Begebenheiten in den Annalen kann durch die fastenartige Aufzählung nur wenig fesseln.

viri saepe] Zwei zusammengehörige Satzglieder werden oft durch Einschiebung eines Wortes von einander getrennt, theils um sie hervorzuheben, theils des Rhythmus wegen; z. B. Brut. 2, 8: *cum ipsa oratio iam nostra canesceret;* de orat. II, 48, 199: *etsi omnes molestae semper seditiones fuissent;* ad Att. I, 14, 1: *ut huic vix tantulae epistolae tempus habuerim;* de off. II, 6, 20: *bene meritorum saepe civium expulsiones;* Tac. Ann. IV, 32: *magnarum saepe rerum motus oriuntur.*

6. *mutationesque*] hinzugefügt zur Erläuterung der vorangegangenen Metapher; *consiliorum* entspricht dem *rerum, temporum* dem *eventorum.*

consiliorum et temporum. Ac non vereor, ne assentatiuncula quadam aucupari tuam gratiam videar, cum hoc demonstrem, me a
te potissimum ornari celebrarique velle. Neque enim tu is es,
qui quid sis nescias, et qui non eos magis, qui te non admirentur,
invidos, quam eos, qui laudent, assentatores arbitrere; neque autem ego sum ita demens, ut me sempiternae gloriae per eum
commendari velim, qui non ipse quoque in me commendando
propriam ingenii gloriam consequatur. Neque enim Alexander 7
ille gratiae causa ab Apelle potissimum pingi et a Lysippo fingi
volebat, sed quod illorum artem cum ipsis tum etiam sibi gloriae
fore putabat. Atque illi artifices corporis simulacra ignotis nota
faciebant, quae vel si nulla sint, nihilo sint tamen obscuriores
clari viri. Nec minus est Spartiates Agesilaus ille perhibendus,
qui neque pictam neque fictam imaginem suam passus est esse,

quid sis] Das Neutrum *quid*, wie
ad Att. IV, 2, 2: *si unquam in dicendo fuimus aliquid;* III, 15, 2:
*desidero enim non mea solum ne-
que meos, sed me ipsum. Quid
enim sum?* I, 19, 4: *ille alter ita
nihil est.*

non eos magis] Du kennst deinen
Werth und hältst eher die, welche
dich nicht bewundern, für Neider,
als die, welche dich loben, für
Schmeichler.

neque autem ego] Ich fürch-
te nicht, dass du meine Bitte
so auslegen wirst, als wollte ich
durch eine Schmeichelei deine
Gunst erwerben. Denn einestheils
weisst du recht gut, was du
leistest; mein Wunsch kann dir
also nicht als Schmeichelei erscheinen. Anderntheils kann ich
unmöglich wünschen, dass meine
Thaten der Nachwelt vorgeführt
werden von einem, der dabei nicht
auch sich, Ruhm erwerben würde,
d. i. der nicht die nöthigen Fähig-
keiten dazu hat; mein Wunsch
muss also aufrichtig sein.

7. *ab Apelle*] Apelles, der gröss-
te Maler des Alterthums, Zeitge-
nosse Alexanders, den er überlebte.
Lysippus aus Sicyon, ein berühm-

ter Bildhauer. Vgl. Horat. ep. II,
1, 239:
*Edicto vetuit, ne quis se praeter
Apellen
Pingeret aut alius Lysippo duceret
aera
Fortis Alexandri voltum simulan-
tia.*

ignotis] *Ignotus* wie *notus* haben
zuweilen active Bedeutung, wie umgekehrt *ignarus* zuweilen passive;
z. B. Nep. Ages. 8, 1: *atque ignoti,
faciem eius cum intuerentur, con-
temnebant;* in Verr. I, 7, 19: *putabam non solum notis sed etiam
ignotis probatam meam fidem esse;*
Sall. Iug. 18, 6: *mare magnum et
ignara lingua commercia prohibe-
bant.*

Nec minus est] schliesst sich an
den eben geäusserten Gedanken an:
wie denn Agesilaus nicht weniger zu rühmen ist. *Perhibere* für
sagen, erwähnen, mit der
Nebenbedeutung des Rühmlichen,
kommt fast nur bei Dichtern vor;
bei Cicero ausser an dieser Stelle
noch Tusc. I, 12, 28: *Tyndaridae
fratres victoriae populi Romani
nuntii fuisse perhibentur;* de rep.
II, 2, 4: *Romulus perhibetur et corporis viribus et animi ferocitate
tantum ceteris praestitisse;* in der

quam qui in eo genere laborarunt; unus enim Xenophontis libel-
lus in eo rege laudando facile omnes imagines omnium statuas-
que superavit. Atque hoc praestantius mihi fuerit et ad laetitiam
animi et ad memoriae dignitatem, si in tua scripta pervenero,
quam si in ceterorum, quod non ingenium mihi solum suppedi-
tatum fuerit tuum, sicut Timoleonti a Timaeo aut ab Herodoto
Themistocli, sed etiam auctoritas clarissimi et spectatissimi viri
et in rei publicae maximis gravissimisque causis cogniti atque in
primis probati; ut mihi non solum praeconium, quod, cum in Si-
geum venisset, Alexander ab Homero Achilli tributum esse dixit,
sed etiam grave testimonium impertitum clari hominis magnique
videatur. Placet enim Hector ille mihi Naevianus, qui non tantum
'laudari' se laetatur, sed addit etiam 'a laudato viro.'

8   Quod si a te non impetro, hoc est, si quae te res impedierit,
— neque enim fas esse arbitror quicquam me rogantem abs te
non impetrare, — cogar fortasse facere, quod nonnulli saepe re-
prehendunt: scribam ipse de me, multorum tamen exemplo et

Bedeutung geben, z. B. einen Sach-
walter stellen, ad Att. I, 1, 4.
    qui in eo genere laborarunt] wel-
che es sich angelegen sein liessen
durch Bilder und Statuen gefeiert
zu werden.
    Xenophontis libellus] der noch ·
vorhandene λόγος εἰς Ἀγησίλαον.
    omnium statuasque] Die beiden
einander beigeordneten Satzglieder
sind, wie es zur Hervorhebung derselben oder des Rhythmus wegen
oft geschieht, durch ein Wort geschieden, das ihnen beiden ange-
hört; wie pro Archia 4, 7: data est
civitas Silvani lege et Carbonis; div.
in Caec. 15, 47: usu forensi atque
exercitatione; Cic. de off. I, 5, 17:
ut et societas hominum coniunctio-
que servetur.
    cum in Sigeum] ein Vorgebirge
in Kleinasien. Cic. pro Arch. 10,
24: Alexander, cum in Sigeo ad
Achillis tumulum adstitisset, O
fortunate, inquit, adolescens, qui
tuae virtutis Homerum praeconem
inveneris! Et vere; nam nisi Ilias
illa exstitisset, idem tumulu., qui
corpus eius contexerat, nomen
etiam obruisset.

Hector ille] S. zu II, 20, 1.
    8. scribam ipse de me] Im J. 60
hatte Cicero einen commentarius
consulatus sui Graece compositum
(ad Att. I, 19, 10) vollendet und
auch veröffentlicht (ad Att. II, 1, 2:
curabis, ut et Athenis sit et in ceteris oppidis Graeciae). Ebenso hatte er in diesem Jahre ein Gedicht
über diesen Gegenstand verfasst
und bekannt gemacht. Den lateinischen commentarius aber über
sein Consulat, den er in jenem Jahre auch in Arbeit hatte (ad Att. I,
19, 10), hatte er noch nicht vollendet, und nur darauf kann es sich
beziehen, wenn er jetzt sagt, er
würde selbst seine Thaten be-
schreiben, wenn Lucceius es nicht
thäte. Die Annahme, Cicero meine
hier ein nach allen Regeln der hi-
storischen Kunst gearbeitetes Werk,
nicht blosse Memoiren, ist nicht
zulässig, weil er wenigstens den
griechischen commentarius mit allem rhetorischen Schmuck reichlich
ausgestattet hatte (ad. Att. I. l.).
    multorum tamen exemplo] das
regierende Wort zwischen den re-
gierten. Curt. V, 13, 7: multorum

clarorum virorum. Sed, quod te non fugit, haec sunt in hoc genere vitia: et verecundius ipsi de sese scribant necesse est, si
quid est laudandum, et praetereant, si quid reprehendendum est.
Accedit etiam, ut minor sit fides, minor auctoritas, multi denique
reprehendant et dicant verecundiores esse praecones ludorum
gymnicorum, qui, cum ceteris coronas imposuerint victoribus eo-
rumque nomina magna voce pronuntiarint, cum ipsi ante ludorum
missionem corona donentur, alium praeconem adhibeant, ne sua
voce se ipsi victores esse praedicent. Haec nos vitare cupimus et, 9
si recipis causam nostram, vitabimus; idque ut facias rogamus.
Ac ne forte mirere cur, cum mihi saepe ostenderis te accuratissime nostrorum temporum consilia atque eventus litteris manda-
turum, a te id nunc tanto opere et tam multis verbis petamus,
illa nos cupiditas incendit, de qua initio scripsi, festinationis,
quod alacres animo sumus, ut et ceteri viventibus nobis ex libris
tuis nos cognoscant et nosmet ipsi vivi gloriola nostra perfruamur. His de rebus quid acturus sis, si tibi non est molestum, re- 10
scribas mihi velim. Si enim suscipis causam, conficiam commentarios rerum omnium; sin autem differs me in tempus aliud,
coram tecum loquar. Tu interea non cessabis et ea, quae habes
instituta, perpolies nosque diliges.

———

EPISTOLA II.
(AD FAM. I, 7.)

M. CICERO S. D. P. LENTULO PROCOS.

Legi tuas litteras, quibus ad me scribis gratum tibi esse, 1
quod crebro certior per me fias de omnibus rebus et meam erga

aquas torrentium evolvit; V, 28, 2:
pristinae veneratio fortunae; Cic.
de fin. II, 3, 7: *non suo, sed populorum suffragio omnium.* S. zu §
5 u. 7.
   praecones ludorum] Die Herolde
riefen die Namen der Sieger aus
und hatten auch einen Wettkampf
unter sich.
   9. *illa nos cupiditas*] Nachsatz
nach *ne* mit der oft vorkommenden
Ellipse: so sage ich, so wisse.
   alacres animo] lebhaften Geistes.
   conficiam commentarios] Cicero

will dem Lucceius das Material, die
nöthigen Data, geben.
   10. *Si enim suscipis*] ganz so wie
oben § 9 *si recipis causam nostram.*
Der Unterschied *recipimus rogati,
suscipimus ultro* ist hier, wie auch
sonst, nicht beobachtet.
   non cessabis] du wirst nicht müs-
sig sein; Donatus zu Terent. Eun.
III, 1, 15: *cessat desidiosus, requi-
escit defessus.*
EPISTOLA II.
   P. Cornelius Lentulus Spinther,
der in seinem Consulat 57 für Ci-

te benevolentiam facile perspicias. Quorum alterum mihi, ut te plurimum diligam, facere necesse est, si volo is esse, quem tu me esse voluisti; alterum facio libenter, ut, quoniam intervallo locorum et temporum diiuncti sumus, per litteras tecum quam saepissime colloquar. Quod si rarius fiet quam tu exspectabis, id erit causae, quod non eius generis meae litterae sunt, ut eas audeam temere committere. Quotiens mihi certorum hominum potestas erit, quibus recte dem, non praetermittam.

2   Quod scire vis qua quisque in te fide sit et voluntate, difficile dictu est de singulis. Unum illud audeo, quod antea tibi saepe significavi, nunc quoque re perspecta et cognita scribere, vehementer quosdam homines et eos maxime, qui te et maxime debuerunt et plurimum iuvare potuerunt, invidisse dignitati tuae simillimamque in re dissimili tui temporis nunc et nostri quondam fuisse rationem; ut, quos tu rei publicae causa laeseras, palam te oppugnarent, quorum auctoritatem, dignitatem volunta-

ceros Zurückberufung sich so eifrig bemühte, verwaltete nachher als Proconsul die Provinz Cilicien. Der Brief kann nicht vor Ende Juli 56 geschrieben sein, weil Lentulus dem Cicero bereits zu der am 4. April stattgehabten Verlobung Tullias gratulirt hatte.

1. *quem tu me esse voluisti*] der Mann, den du in mir zu finden dachtest, als du so eifrig meine Zurückberufung betriebst.

intervallo locorum et temporum] da wir fern von einander sind und uns lange nicht gesehen haben.

certorum hominum] *certi homines*, Leute, die der Sprechende nicht näher bezeichnen will; z. B. ad fam. I, 2, 3: *perspicio totam rem istam iam pridem a certis hominibus esse corruptam;* aber auch zuverlässige Leute; z. B. ad Att. V, 21, 6: *Q. Volusium, certum hominem, misi in Cyprum.*

simillimamque] Deine Lage jetzt und meine einstens sind sehr ähnlich, obgleich die Sachen, um die es sich handelte, sehr verschieden sind. In wiefern die Lage ähnlich war, giebt Cicero gleich an mit *ut quos*

u. s. w.; worin die Unähnlichkeit bestand, sagt er weiter unten § 8: *gaudeo tuam dissimilem fuisse fortunam; multum enim interest utrum laus imminuatur an salus deseratur.* Bei sich meint er das Exil, bei Lentulus die Zurückführung des Königs von Aegypten. Es war nämlich Ptolemaeus Auletes von seinem Volke vertrieben worden, und Lentulus hatte als Consul, weil das Geschäft lohnend war, einen Senatsbeschluss ausgewirkt, dass der künftige Statthalter von Cilicien ihn in sein Reich zurückführen sollte. Nachher war aber dieser Senatsbeschluss angefochten worden, weil Pompeius diesen Auftrag zu erhalten wünschte. Man nahm zum Vorwand einen Spruch der sibyllinischen Bücher, wonach Rom Gefahr drohte, wenn ein vertriebener aegyptischer König mit Waffengewalt wieder eingesetzt würde. Nach mancherlei Vorschlägen und Verhandlungen kam es auch wirklich dahin, dass Ptolemaeus nicht durch Lentulus, sondern im folgenden Jahre durch den Proconsul von Syrien, Gabinius, in sein Reich zurückgeführt wurde.

temque defenderas, non tam memores essent virtutis tuae quam
laudis inimici. Quo quidem tempore, ut perscripsi ad te antea,
cognovi Hortensium percupidum tui, studiosum Lucullum, ex
magistratibus autem L. Racilium et fide et animo singulari. Nam
nostra propugnatio ac defensio dignitatis tuae propter magnitu-
dinem beneficii tui fortasse plerisque officii maiorem auctoritatem
habere videatur quam sententiae. Praeterea quidem de consula- 3
ribus nemini possum aut studii erga te aut officii aut amici animi
esse testis. Etenim Pompeium, qui mecum saepissime non solum a me provocatus sed etiam sua sponte de te communicare
solet, scis temporibus illis non saepe in senatu fuisse. Cui quidem litterae tuae, quas proxime miseras, quod facile intellexerim,
periucundae fuerunt. Mihi quidem humanitas tua vel summa
potius sapientia non iucunda solum sed etiam admirabilis visa
est. Virum enim excellentem et tibi tua praestanti in cum liberalitate devinctum, nonnihil suspicantem propter aliquorum
opinionem suae cupiditatis te ab se abalienatum, illa epistola re-

Hortensium] Hortensius, der berühmte Redner; L. Lucullus, der
den Krieg gegen Mithridates geführt hatte und seitdem ein Gegner
des Pompeius war; L. Racilius, ein
Volkstribun dieses Jahres.

Nam nostra] das nam in der occupatio, um dem Einwand zuvorzu-
kommen: warum sprichst du nicht
hiervon? Also: ich spreche nur von
diesen, denn u. s. w.; de imp. Cn.
Pomp. 12, 33: *an vero ignoratis
portum Caietae .... a praedonibus
esse direptum? ex Miseno autem
eius ipsius liberos....a praedonibus
esse sublatos? nam quid ego Osti-
ense incommodum .... querar?* ad
Att. V, 20, 8: *eas* (litteras) *diligentissime Philogenes curavit perferendas. Nam quas Laenii pueris
scribis datas, non acceperam.*

officii maiorem] Meine Reden für
dich haben mehr das Gewicht, was
die gewissenhafte Erfüllung einer
Verbindlichkeit haben kann, als das
Gewicht eines wohlerwogenen und
unparteiischen Gutachtens. Vgl. ad
fam. I, 1, 4: *nos in causa auctoritatem eo minorem habemus, quod
tibi debemus.*

3. *de te communicare*] wie Caes.
bell. civ. III, 18, 3: *quibuscum communicare de maximis rebus Pompeius consueverat.*

summa potius sapientia] Man
glaubte nicht ohne Grund, Pompeius
suchte für sich den Auftrag zu erhalten den Ptolemaeus zurückzu-
führen. Dennoch hatte Lentulus in
einem verbindlichen Schreiben ihn
gebeten seine Sache zu unterstüt-
zen, und so, wie Cicero zu glauben
vorgiebt, sich dessen Wohlwollen
bewahrt.

liberalitate] Durch Unterstützung
des Consuls Lentulus hatte Pompeius im vorigen Jahre die Oberaufsicht über die Getreidezufuhr mit
ausgedehnter Vollmacht erhalten.

*aliquorum opinionem suae cupi-
ditatis*] die Meinung einiger, dass
er selbst den Ptolemaeus zurückzu-
führen wünsche; ad Att. VII, 2, 5:
*de opinione, quam is vir haberet,
integritatis meae;* ad fam. VI, 5. 3:
*significatur nobis tibi hanc ipsam
opinionem ingenii apud illum plurimum profuturam;* ad fam. I, 1, 3:
*quae res auget suspicionem Pom-
peii voluntatis,* dieser Umstand ver-

tinuisti. Qui mihi cum semper tuae laudi favere visus est, etiam ipso suspiciosissimo tempore Caniniano, tum vero lectis tuis litteris perspectus est a me toto animo de te ac de tuis ornamentis 4 et commodis cogitare. Quare ea, quae scribam, sic habeto, me cum illo re saepe communicata de illius ad te sententia atque auctoritate scribere: Quoniam senatus consultum nullum exstat, quo reductio regis Alexandrini tibi adempta sit, eaque, quae de ea scripta est, auctoritas, cui scis intercessum esse, ut ne quis

stärkt den Verdacht, dass Pompeius den Auftrag sich selbst zuwenden will.

suspiciosissimo tempore Caniniano] Der Volkstribun L. Caninius Gallus hatte den Antrag gestellt, Pompeius sollte mit zwei Lictoren den ägyptischen König wieder einsetzen.

perspectus est] mit dem Nominat. cum Infinit., persönlich construirt, trotzdem es ein zusammengesetztes Tempus ist und eine speciellere Art des Meinens und Erkennens bezeichnet; wie ad fam. IX, 21, 3: *Africano vim attulisse existimatus est;* ad Att. I, 13,6: *nos bene emisse iudicati sumus;* pro Sulla 26,73: *cupidior iudicatus est hic fuisse quam ceteri.*

4. *sic habeto*] wie *sic scito,* wisse, sei überzeugt; constr. *sic habeto, me ea* u. s. w., wie pro Cael. 2, 3: *hi sic habeant, quaecunque in equite Romano dignitas esse possit, eam semper in M. Caelio habitam esse summam;* oder wohl auch *ea sic habeto, me* u. s. w. wie ad fam. II, 6, 5: *unum hoc sic habeto: si a te hanc rem impetraro, me paene plus tibi quam ipsi Miloni debiturum.*

auctoritas, cui scis] Auctoritas ist ein senatus consultum, das aus irgend einem Grunde nicht rechtskräftig war. *Cui scis intercessum esse:* der Beschluss war schon in anderer Beziehung anzufechten und es war auch gegen ihn intercedirt worden. Dio Cass. LV,3: εἴ ποτε ἐκ συντυχίας τινὸς μὴ συλλεχθεῖεν, ὅσους ἡ χρεία

ἑκάστοτε ἐκάλει, ἐβουλεύοντο μὲν καὶ ἥ γε γνώμη συνεγράφετο, οὐ μέντοι καὶ τέλος τι ὡς κεκυρωμένη ἐλάμβανεν, ἀλλὰ ἀσυντώριτας ἐγίγνετο, ὅπως φανερὸν τὸ βούλημα αὐτῶν ᾖ. Τοιοῦτον γάρ τι ἡ δύναμις τοῦ ὀνόματος τούτου δηλοῖ· ἑλληνίσαι γὰρ αὐτὸ καθάπαξ ἀδύνατόν ἐστι. Τὸ δ' αὐτὸ τοῦτο, καὶ εἴ ποτε ἐν τόπῳ τινὶ μὴ νενομισμένῳ ἢ ἡμέρᾳ μὴ καθηκούσῃ ἢ καὶ ἔξω νομίμου παραγγέλματος ὑπὸ σπουδῆς ἠθροίσθησαν ἢ καὶ ἐναντιωθέντων τινῶν δημάρχων, τὸ μὲν δόγμα οὐκ ἠδυνήθη γενέσθαι, τὴν δὲ δὴ γνώμην σφῶν οὐχ ὑπέμενον ἀποκρυφθῆναι, ἐνομίζετο, καὶ αὐτῇ μετὰ ταῦτα καὶ ἡ κύρωσις κατὰ τὰ πάτρια ἐπήγετο καὶ ἡ ἐπίκλησις ἡ τοῦ δόγματος ἐπεφέρετο.

Quoniam — exstat] Wahrscheinlich wollte Cicero erst seinen Rath in directer Form mittheilen und fiel dann in die indirecte Rede. Indessen kommen auch Stellen vor, wo Nebensätze der indirecten Rede, auch wenn sie nicht Zusätze des Schreibenden oder Umschreibungen einzelner Begriffe sind, dennoch im Indicativ stehen, um anzudeuten, dass das im Nebensatz Gesagte nicht bloss nach der Ansicht des Redenden sich so verhalte; z. B. Cic. Tusc. I, 42, 101: *dic, hospes, Spartae nos te hic vidisse iacentes, dum sanctis patriae legibus obsequimur;* ad fam. XVI, 24: *scito Balbum tum fuisse Aquini, cum tibi est dictum;* de off. I, 26, 90: *monent, ut, quanto*

omnino regem reduceret, tantam vim habet, ut magis iratorum
hominum studium quam constantis senatus consilium esse videatur, te perspicere posse, qui Ciliciam Cyprumque teneas,
quid efficere et quid consequi possis, et, si res facultatem habi-
tura videatur, ut Alexandream atque Aegyptum tenere possis,
esse et tuae et nostri imperii dignitatis Ptolemaide aut aliquo
propinquo loco rege collocato te cum classe atque exercitu proficisci Alexandream, ut, eam cum pace praesidiisque firmaris,
Ptolemaeus redeat in regnum; ita fore, ut et per te restituatur,
quemadmodum senatus initio censuit, et sine multitudine redu-
catur, quemadmodum homines religiosi Sibyllae placere dixe-
runt. Sed haec sententia sic et illi et nobis probabatur, ut ex 5
evento homines de tuo consilio existimaturos videremus; si ce-
cidisset, ut volumus et optamus, omnes te et sapienter et fortiter, si aliquid esset offensum, eosdem illos et cupide et temere
fecisse dicturos. Quare quid assequi possis, non tam facile est
nobis quam tibi, cuius prope in conspectu Aegyptus est, iudicare.
Nos quidem hoc sentimus, si exploratum tibi sit posse te illius

superiores sumus, tanto nos gera-
mus submissius; Sall. Iug. 38, 9:
Iugurtha postero die cum Aulo in
colloquio verba facit: tametsi ip-
sum cum exercitu fame et ferro
clausum tenet, tamen se memorem
humanarum rerum u. s. w. S. zu
I, 2, 4.

tantam vim] *tantam* beschränkend, nur so viel.

facultatem habitura] nicht: die
Sache, nämlich dass du u. s. w. ist
möglich; sondern: die Sachlage hat
für dich, giebt dir die Möglichkeit
Alexandrien zu behaupten. Aehnlich ad fam. IX, 14, 7: *ut res ipsa*
maturitatem tibi animadvertendi
omnium concessu daret.

Ptolemaide] Wahrscheinlich ist
das heutige St. Jean d'Acre gemeint. An die beiden Städte dieses
Namens in Aegypten kann nicht gedacht werden, weil Ptolemaeus erst
nachkommen sollte, wenn die Expedition gelungen war, und Ptole-
mais in Cyrenaica würde dem Proconsul von Cilicien einen zu grossen
Umweg verursacht haben.

sine multitudine] ohne Heer, weil
der König selbst dann nicht mit dem
Heere kommen würde.

Sibyllae] Schon die Alten hatten die
richtige Ansicht, dass nicht eine oder
die andere Sibylle, denn man zählte
deren viele auf, ein Buch von Ora-
kelsprüchen verfasst habe, sondern
dass man verschiedene Orakel nach-
geschrieben und gesammelt habe.
Die älteste Sammlung ist zu Cyrus
Zeit in Gergis am Ida entstanden;
von dort kam sie nach Erythrae, von
dort nach Cumae in Italien und von
hier aus erhielt sie Tarquinius Su-
perbus. Nach dem Brande des Capi-
tols 83, bei welchem die sibylli-
schen Bücher untergegangen waren,
hatte man Gesandte nach Erythrae
geschickt, und diese hatten ungefähr
1000 Verse mitgebracht, welche
nun als die sibyllinischen Bücher
dienten.

5. *ex evento]* eventum, i, wie ad
Att. III, 8, 4: *existimato me stultitiae*
meae poenam ferre gravius quam
eventi. Gewöhnlicher ist im Singular eventus, us.

regni potiri, non esse cunctandum; si dubium sit, non esse co-
nandum. Illud tibi affirmo, si rem istam ex sententia gesseris,
fore, ut absens a multis, cum redieris, ab omnibus collaudere.
Offensionem esse periculosam propter interpositam auctoritatem
religionemque video. Sed ego te, ut ad certam laudem adhortor,
sic a dimicatione deterreo redeoque ad illud, quod initio scripsi,
totius facti tui iudicium non tam ex consilio tuo quam ex eventu
6 homines esse facturos. Quod si haec ratio rei gerendae periculosa tibi esse videbitur, placebat illud, ut, si rex amicis tuis, qui
per provinciam atque imperium tuum pecunias ei credidissent,
fidem suam praestitisset, et auxiliis eum tuis et copiis adiuvares;
eam esse naturam et regionem provinciae tuae, ut illius reditum
vel adiuvando confirmares vel neglegendo impedires. In hac ratione quid res, quid causa, quid tempus ferat tu facillime optime-
que perspicies; quid nobis placuisset ex me potissimum putavi
te scire optare.

7   Quod mihi de nostro statu, de Milonis familiaritate, de levi-

---

si dubium sit] si statt sin im Gegensatz, wie kurz vorher: si aliquid
esset offensum. S. I, 15, 1.

  Offensionem esse] Offensio Un-
glücksfall, Misslingen; z. B.
de imp. Cn. Pomp. 10, 28: cuius
adolescentia ad scientiam rei mili-
taris non alienis praeceptis, sed suis
imperiis, non offensionibus belli, sed
victoriis, non stipendiis, sed trium-
phis est erudita. Ebenso offen-
do ich er leide Schaden; z. B.
in Verr. V, 50, 131: multi viri fortes in communi incertoque periculo
belli et terra et mari saepe offende-
runt. Aliquid offensum est es ist
in etwas gefehlt worden, es
ist etwas misslungen.

  6. per provinciam atque imperium
tuum] wie ad fam XIII, 55, 2: in
tuo toto imperio atque provincia
nihil est, quod mihi gratius facere
possis. Der zweite minder gefähr-
liche Rath ging dahin, Lentulus
Freunde sollten gegen gehörige
Sicherheit dem Ptolemäus Geld vor-
schiessen; damit sollte dieser eine
Expedition ausrüsten, und diese
sollte unter der Hand von Lentulus
unterstützt werden.

fidem suam praestitisset] Praestare aliquid für etwas Bürgschaft
leisten, fidem für das gegebene
Wort, d. i. für seine Erfüllung, dann
auch: es erfüllen; ad fam. I, 9, 10:
ut officium meum memoremque in
bene meritos animum fidemque
fratris mei praestarem; V, 11, 3:
quamcunque ei fidem dederis, prae-
stabo.

  et auxiliis eum tuis] Wortstellung wie Cic. Brut. 3, 12: Marcelli
ad Nolam proelio populus se Romanus erexit; Liv. VI, 26, 2: precibus
eventum vestris senatus, quem videbitur, dabit. S. zu II, 1, 5 und 7,
und hier § 7: te tuis ut egregium
artificem praeclaris operibus laetari.

  naturam et regionem] Regio Gegend = Lage kommt sonst nicht
vor; am ähnlichsten sind Stellen, wie
Liv. XXXIII, 17, 6: Leucadia pen-
insula erat, occidentis regione artis faucibus cohaerens Acarnaniae;
Curt. VIII, 46, 23: traiicere amnem
cum ceteris copiis in regionem in-
sulae parabat; Caes. b. civ. I, 69,
3: iam primos superare regionem
castrorum animum adverterunt.

tate et imbecillitate Clodii gratularis, minime miramur te tuis ut
egregium artificem praeclaris operibus laetari. Quamquam est
incredibilis hominum perversitas, — graviore enim verbo uti non
libet, — qui nos, quos favendo in communi causa retinere potuerunt, invidendo abalienarunt. Quorum malevolentissimis obtrecta-
tionibus nos scito de vetere illa nostra diuturnaque sententia prope
iam esse depulsos, non nos quidem ut nostrae dignitatis simus ob-
liti, sed ut habeamus rationem aliquando etiam salutis. Poterat
utrumque praeclare, si esset fides, si gravitas in hominibus consularibus; sed tanta est in plerisque levitas, ut eos non tam con-
stantia in re publica nostra delectet quam splendor offendat.
Quod eo liberius ad te scribo, quia non solum temporibus his, 8
quae per te sum adeptus, sed iam olim nascenti prope nostrae
laudi dignitatique favisti, simulque quod video, non, ut antehac
putabam, novitati esse invisum meae; in te enim, homine omnium
nobilissimo, similia invidorum vitia perspexi, quem tamen illi esse in principibus facile sunt passi, evolare altius certe noluerunt.
Gaudeo tuam dissimilem fuisse fortunam; multum enim interest
utrum laus imminuatur an salus deseratur. Me meae tamen ne

7. *te tuis*] Der Consul Lentulus
hatte unterstützt vom Volkstribun
Milo Ciceros Zurückberufung durchgesetzt. So ist es sein Werk, dass
Cicero seine alte Stellung wieder ein-
nimmt, dass er mit Milo gut steht
und dass Clodius ohnmächtig ist.

Quamquam est]indessen so schön,
wie du glaubst, ist meine Stellung
nicht; denn u. s. w.

abalienarunt] Die Missgunst der
Optimaten hatte den Cicero veranlasst sich seiner Sicherheit wegen
den Triumvirn zu nähern.

non nos quidem] *ita* weggelassen
und vor *quidem* wie gewöhnlich ein
Pronomen eingeschaltet; Cic. de fato
2, 3: *oratorias exercitationes non
tu quidem, ut spero, reliquisti, sed
certe philosophiam illis anteposuisti.*

Poterat utrumque] dass ich den
sonst verfochtenen Grundsätzen treu
blieb und doch für meine Sicherheit
nicht zu fürchten hätte. Poterat =
poterat fieri, wie ad fam. I, 2, 4:
*nos in senatu dignitatem nostram,
ut potest in tanta hominum. perfi-*

dia et iniquitate, retinebimus; Tusc.
I, 11, 23: *cuperem equidem utrumque, si posset.* Ebenso ist es in den
Formeln *ut solet, ut assolet.* Vgl.
auch de div. II, 8, 20: *si omnia
fato; quid mihi divinatio prod-
est?*

8. *novitati esse invisum meae*] ich
sehe jetzt, dass ich nicht angefeindet
werde, weil ich ein Emporkömmling
(homo novus) bin; denn auch dich
verfolgt der Neid.

quem tamen] Quamquam homo
omnium nobilissimus es, tamen illi
te, quamquam esse in principibus facile sunt passi, evolare altius certe noluerunt. Ein Nebengedanke ist dem Hauptgedanken coordinirt, wie de off. I, 1, 2: *quamobrem
disces tu quidem a principe huius
aetatis philosophorum . . . . .; sed
tamen nostra legens . . . . . de rebus ipsis utere tuo iudicio, orationem autem Latinam profecto le-
gendis nostris efficies pleniorem.* S.
I, 7, 1; I, 19, 1.

meae] nämlich fortunae.

nimis paeniteret, tua virtute perfectum est; curasti enim, ut plus
additum ad memoriam nominis nostri quam demptum de fortuna
9 videretur. Te vero emoneo cum beneficiis tuis tum amore incitatus meo, ut omnem gloriam, ad quam a pueritia inflammatus
fuisti, omni cura atque industria consequare, magnitudinemque
animi tui, quam ego semper sum admiratus semperque amavi,
ne unquam inflectas cuiusquam iniuria. Magna est hominum
opinio de te, magna commendatio liberalitatis, magna memoria
consulatus tui. Haec profecto vides quanto expressiora quantoque illustriora futura sint, cum aliquantum ex provincia atque ex
imperio laudis accesserit. Quamquam te ita gerere volo, quae per
exercitum atque imperium gerenda sunt, ut haec multo ante me-
ditere, huc te pares, haec cogites, ad haec te exerceas sentiasque
— id quod, quia semper sperasti, non dubito quin adeptus in-
tellegas — te facillime posse obtinere summum atque altissimum
gradum civitatis. Quae quidem mea cohortatio ne tibi inanis aut
sine causa suscepta videatur, illa me ratio movit, ut te ex nostris

curasti enim] Die ehrenvolle Zurückberufung hat dem Cicero mehr
Ruhm gebracht als die Verbannung
ihm Schaden zugefügt hat.

9. *commendatio liberalitatis*] Lentulus hatte als Aedil in Ciceros Consulat dem Volke glänzende Spiele
gegeben.

atque ex imperio] hinzugesetzt,
um hervorzuheben *quae per exercitum atque imperium gerenda sunt,*
wie Cicero gleich darauf sagt.

huc te pares] huc = ad hanc rem
sonst bei den classischen Schriftstellern nur bei Verben, wo die ursprüngliche locale Bedeutung von
huc nicht ganz verwischt ist, wie
huc accedit, huc adde. Celsus V, 19
hat *emplastrum huc aptum est.*

sentiasque — id quod] Sei ja recht
vorsichtig bei deiner Unternehmung
und denke immer, dass du sehr leicht
(auch ohne diese) die erste Stelle
im Staate behaupten kannst. Du hast
das immer gehofft, ehe du sie erstie-
gen hattest; um so weniger zweifle
ich, dass du jetzt, wo du sie inne
hast, davon überzeugt bist.

illa me ratio movit, ut] so wisse:
mich hat dabei die Rücksicht gelei-

tet, dass ich in Folge unserer gemeinsamen schlimmen Erfahrungen
glaubte dich ermahnen zu müssen,
dass du u. s. w; d. i. nichts als die
bösen Erfahrungen, die wir gemacht
haben, haben mich bewegen können
u. s. w. *Illa ratio* ist erklärt durch
ut — putarem, das zweite *ut* hängt
ab von *admonendum.* Dergleichen
erklärende Sätze werden entweder
dem zu erklärenden Worte als Apposition beigesetzt und erhalten dann
die Form, die sie haben würden, wenn
jenes Wort nicht dabei stände; z.
B. Cic. de off. I, 11, 35: *suscipienda
bella sunt ob eam causam, ut sine
iniuria in pace vivatur;* II, 2, 5: *maximis in malis huc tamen boni asse-
cuti videmur, ut ea litteris manda-
remus;* I, 9, 28: *alterum iustitiae
genus assequuntur, inferenda ne cui
noceant iniuria;* in Verr. III, 46, 109;
propter hanc causam, quod; — oder
sie schliessen sich dem zu erklärenden Substantiv an ohne Rücksicht
auf das Verbum, und es steht dann
ut oder ne, wenn darin eine Absicht
oder Forderung enthalten ist; z. B. *ea
conditione, eo consilio;* ad Att. I, 19,
4: *unam rationem* (den einen Punkt

eventis communibus admonendum putarem, ut considerares, in
omni reliqua vita quibus crederes, quos caveres.

Quod scribis te velle scire qui sit rei publicae status, sum- 10
ma dissensio est, sed contentio dispar. Nam qui plus opibus, armis, potentia valent, profecisse tantum mihi videntur stultitia et
inconstantia adversariorum, ut etiam auctoritate iam plus valerent. Itaque perpaucis adversantibus omnia, quae ne per populum quidem sine seditione se assequi arbitrabantur, per senatum
consecuti sunt. Nam et stipendium Caesari decretum est et decem
legati et, ne lege Sempronia succederetur, facile perfectum est.
Quod ego ad te brevius scribo, quia me status hic rei publicae
non delectat; scribo tamen, ut te admoneam, quod ipse litteris
omnibus a pueritia deditus experiendo tamen magis quam di-
scendo cognovi, tu tuis rebus integris discas, neque salutis nostrae rationem habendam nobis esse sine dignitate neque dignitatis sine salute.

Quod mihi de filia et de Crassipede gratularis, agnosco hu- 11
manitatem tuam speroque et opto nobis hanc coniunctionem voluptati fore. Lentulum nostrum, eximia spe, summa virtute adolescentem, cum ceteris artibus, quibus studuisti semper ipse, tum
in primis imitatione tui fac erudias; nulla enim erit hac praestantior disciplina. Quem nos, et quia tuus et quia te dignus est fi-

des Gesetzes) *non reiiciebam, ut ager
emeretur;* — oder quod, wenn der
Satz den ganzen Inhalt des Substan-
tivs angiebt oder wenn das dem zu
erklärenden Substantiv entsprechen-
de Verbum quod bei sich haben würde; z. B. ad fam. VI, 1, 1: *illo dolore…,
quod Romae non sis, animum tuum
libera;* ferner quod statt des acc. c.
inf. Caes. bell. civ. I, 23: *pauca
apud eos loquitur, quod sibi a parte
eorum gratia relata non sit;* quod
statt ut Caes. civ. I, 39, 4: *quo
facto duas res consecutus est, quod
pignore animos centurionum devin-
xit,* cet.; — endlich ut und ut non,
wenn durch Hinzufügung einer Beschaffenheit zu einem weiteren Begriff
der erforderliche engere Begriff bezeichnet wird; z. B. Cic. de off. II, 24,
85: *ab hoc genere largitionis, ut aliis
detur, aliis auferatur, aberunt ii;* de
nat. deor. II, 28, 71: *cultus deorum est
optimus, ut eos semper pura mente*

veneremur; Caes. bell. civ. I, 47, 1:
*haec eius diei praefertur opinio, ut
se utrique superiores discessisse
existimarent.*

10. *Nam qui plus*] die Triumvirn.

Nam et stipendium] In der in den
letzten Tagen des Mai abgehaltenen
Senatssitzung, in welcher Cicero seine für Caesar günstige Rede de provinciis consularibus hielt, wurde Caesar ermächtigt sein Heer um 10 Legionen zu bringen; auch wurde der
Antrag einiger ihm, wie es die lex
Sempronia gestattete, im Voraus
für den 1. März 54 einen Nachfolger zu bestimmen, abgelehnt. Ueber die lex Sempronia s. zu I, 2, 3
und I, 5, 2.

11. *de filia*] Ciceros Tochter
Tullia hatte sich nach dem Tode
ihres ersten Gemahls, Piso, am 4.
April mit dem Furius Crassipes ver-
lobt.

lius et quia nos diligit semperque dilexit, in primis amamus carumque habemus.

EPISTOLA III.

(AD FAM. II, 4.)

M. CICERO S. D. C. CURIONI.

1　　　Epistolarum genera multa esse non ignoras; sed unum illud certissimum, cuius causa inventa res ipsa est, ut certiores faceremus absentes, si quid esset, quod eos scire aut nostra aut ipsorum interesset. At huius generis litteras a me profecto non exspectas; tuarum enim rerum domesticarum habes et scriptores et nuntios, in meis autem rebus nihil est sane novi. Reliqua sunt epistolarum genera duo, quae me magnopere delectant: unum familiare et iocosum, alterum severum et grave. Utro me minus deceat uti non intellego. Iocerne tecum per litteras? Civem mehercule non puto esse, qui temporibus his ridere possit. An gravius aliquid scribam? Quid est, quod possit graviter a Cicerone scribi ad Curionem, nisi de re publica? Atque in hoc genere haec mea causa est, ut neque ea, quae sentio, neque ea, quae

---

EPISTOLA III.

C. Scribonius Curio, vir nobilis, eloquens, audax, suae alienaeque fortunae et pudicitiae prodigus, homo ingeniosissime nequam et facundus malo publico, cuius omnino voluptatibus vel libidinibus neque opes ullae neque cupiditates sufficere possent. Vellei. II, 48, 3. Curio war damals Quästor in Asien, und die Optimaten rechneten auf ihn. In seinem Tribunat aber im J. 50 ging er zu Cäsar über und führte dessen Sache sehr geschickt. Der Brief ist geschrieben in den ersten Monaten des Jahres 53 unter dem Consulat des Cn. Domitius Calvinus und M. Valerius Messalla.

1. *unum illud certissimum*] Man unterscheidet bei den Briefen viele Klassen mit Recht oder mit Unrecht; dies ist aber unzweifelhaft eine. So ist *certus* gebraucht ad Att. XV, 21,

1: *ecquem tu illo certiorem nebulonem?* ad Att. I, 1, 1: *competitores, qui certi esse videantur.* Es sollte folgen *quo certiores faciamus*, aber der Gedanke wird oft fortgesetzt im Anschluss an einen Nebensatz. S. I, 2, 9.

neque ea, quae sentio] fehlt in den Handschriften; man nahm deshalb *nec* für *ne—quidem* und übersetzte: nicht einmal gegen meine Ueberzeugung. Da aber *nec* im Sinne von *ne—quidem* in der Mitte des Satzes erst bei späteren Schriftstellern üblich ist, und die wenigen Stellen, wo es bei Cicero vorzukommen scheint, von Madvig de fin. pag. 816 durch bessere Erklärung oder leichte Emendation beseitigt sind, so scheint es besser hier eine durch das zweimal vorkommende *neque ea, quae* veranlasste Lücke anzunehmen.

non sentio, velim scribere. Quamobrem, quoniam mihi nullum **2**
scribendi argumentum relictum est, utar ea clausula, qua soleo,
teque ad studium summae laudis cohortabor. Est enim tibi gra-
vis adversaria constituta et parata, incredibilis quaedam exspectatio. Quam tu una re facillime vinces, si hoc statueris, quarum
laudum gloriam adamaris, quibus artibus eae laudes comparan-
tur, in his esse laborandum. In hanc sententiam scriberem plura, nisi te tua sponte satis incitatum esse confiderem; et hoc,
quidquid attigi, non feci inflammandi tui causa, sed testificandi
amoris mei.

EPISTOLA IV.

(AD FAM. II, 5.)

M. CICERO S. D. C. CURIONI.

Haec negotia quomodo se habeant ne epistola quidem nar- **1**
rare audeo. Tibi, etsi, ubicunque es, ut scripsi ad te ante, in eadem es navi, tamen, quod abes, gratulor, vel quia non vides ea,

2. *quarum laudum*] Dem Demon-
strativsatz *in his* ist sein Relativsatz
quibus artibus vorangestellt und diesem wieder der seinige *quarum laudum*. Aehnlich de orat. II, 22, 92:
*quem probavit, in eo, quae maxime
excellent, ea diligentissime perse-
quatur.* Diese Stellung ist besonders häufig in der Gesetzessprache,
namentlich mit dem Genit. partit.
des Demonstrativums im zweiten
Relativsatze; z. B. Liv. XXIII, 14,
3: *qui capitalem fraudem ausi quique pecuniae iudicati in vinculis essent, qui eorum apud se milites fie-
rent, eos noxa pecuniaque sese exsol-
vi iussurum.* Tab. Heracl.frg.Brit.lin.
20: *quae viae in urbe Roma propius-
ve urbem Romam passus mille, ubi
continenti habitabitur, sunt, erunt,
cuius ante aedificium earum quae
viae erunt, is eam viam arbitratu
eius aedilis, cui ea pars urbis hac
lege obvenerit, tueatur.*
esse laborandum] Mit Erfolg
sich bemühen heisst gewöhnlich

elaborare; wie hier steht laborare
auch II, 1, 7.
et hoc] ad fam. X, 3, 4: *haec amore magis impulsus scribenda ad te
putavi quam quo te arbitrarer mo-
nitis et praeceptis egere.*

EPISTOLA IV.
Der Brief ist nicht lange nach dem
vorigen geschrieben.
1. *Haec negotia*] = quo in statu
res publica nunc sit. *Hic* von dem,
was dem Redenden nahe liegt; Liv.
VI, 4, 12: *opus vel in hac* (bei der gegenwärtigen) *magnificentia urbis
conspiciendum;* Cic. in Cat. I, 5, 12:
*quod est primum et quod huius impe-
rii disciplinaeque maiorum propri-
um est;* ad Att. X, 11, 3: *sed ea sunt
tolerabilia hac iuventute;* in Cat. IV,
10, 21: *duas urbes huic imperio in-
festissimas.*
in eadem es navi] und also in
gleicher Gefahr; ad fam. XII, 25, 5:
*una navis est iam bonorum omnium,
quam quidem nos damus operam
ut rectam teneamus.*

quae nos, vel quod excelso et illustri loco sita est laus tua in plurimorum et sociorum et civium conspectu, quae ad nos nec ob-
scuro nec vario sermone, sed et clarissima et una omnium voce
2 perfertur. Unum illud nescio, gratulerne tibi an timeam, quod
mirabilis est exspectatio reditus tui, non quo verear, ne tua virtus opinioni hominum non respondeat, sed mehercule, ne, cum
veneris, non habeas iam, quod cures; ita sunt omnia debilitata
ac prope exstincta. Sed haec ipsa nescio rectene sint litteris com-
missa. Quare cetera cognosces ex aliis. Tu tamen, sive habes
aliquam spem de re publica sive desperas, ea para, meditare, cogita, quae esse in eo civi ac viro debent, qui sit rem publicam
afflictam et oppressam miseris temporibus ac perditis moribus in
veterem dignitatem et libertatem vindicaturus.

EPISTOLA V.

(AD FAM. II, 6.)

M. CICERO S. D. C. CURIONI.

1   Nondum erat auditum te ad Italiam adventare, cum Sex. Villi-
um, Milonis mei familiarem, cum his ad te litteris misi. Sed tamen
cum appropinquare tuus adventus putaretur et te iam ex Asia
Romam versus profectum esse constaret, magnitudo rei fecit, ut
non vereremur, ne nimis cito mitteremus, cum has quam primum
ad te perferri litteras magnopere vellemus. Ego, si mea in te essent officia solum, Curio, tanta, quanta magis a te ipso praedi-

---

2. *sed mehercule*] Aus *non quo*
verear ist hier *vereor* zu ergänzen,
wie oft aus einem negativen Ausdruck ein affirmativer; de nat. deor.
I, 7, 17: *nolo existimes me adiuto-*
rem huic venisse, sed auditorem.
rectene sint] ob ich recht daran
gethan habe dies einem Briefe an-
zuvertrauen. *Recte* kann ebenso-
wohl bezeichnen, dass eine Handlung, wie es sich gehört, ausgeführt
ist, also die Art und Weise der
Thätigkeit, als auch, dass sie mit
Recht unternommen ist; z. B. Acad.
pr. II, 30, 98: *si recte conclusi, te-*
neo; sin vitiose, minam Diogenes
reddet; ad fam. I, 9, 23: *quos ipsos*

libros, si quem, cui recte committam,
invenero, curabo ad te perferendos.
    civi ac viro] pro Plancio 40, 96:
quid dicam? C. Vergilio, tali civi et
viro, benevolentiam in me . . . . . .
defuisse?

      EPISTOLA V.
    Der Brief ist geschrieben in dem-
selben Jahre wie der vorige.
    1. *officia solum*] wären nur die
Dienste, die ich dir geleistet habe,
von grosser Bedeutung und nicht
auch die, die du mir geleistet hast;
s. weiterhin *sed quia* u. s. w. Man
erwartet *sola* statt *solum*, aber weder mit *solus* noch mit *primus* wird
es in dieser Beziehung genau ge-

cari quam a me ponderari solent, verecundius a te, si qua magna res mihi petenda esset, contenderem. Grave est enim homini pudenti petere aliquid magnum ab eo, de quo se bene meritum putet, ne id, quod petat, exigere magis quam rogare et in mercedis potius quam beneficii loco numerare videatur. Sed quia 2 tua in me vel nota omnibus vel ipsa novitate meorum temporum clarissima et maxima beneficia exstiterunt estque animi ingenui, cui multum debeas, eidem plurimum velle debere, non dubitavi id a te per litteras petere, quod mihi omnium esset maximum maximeque necessarium. Neque enim sum veritus, ne sustinere tua in me vel innumerabilia non possem, cum praesertim confiderem nullam esse gratiam tuam, quam non vel capere animus meus in accipiendo vel in remunerando cumulandoque illustrare posset.

Ego omnia mea studia, omnem operam, curam, industriam, 3 cogitationem, mentem denique omnem in Milonis consulatu fixi et locavi statuique in eo me non officii solum fructum sed etiam pietatis laudem debere quaerere. Neque vero cuiquam salutem ac fortunas suas tantae curae fuisse unquam puto, quantae mihi

nommen; Cic. de off. I, 7, 22: *non nobis solum nati sumus;* Liv. VI, 11,7: (Manlius) *primum omnium ex patribus popularis factus;* Caes. b. civ. I, 70, 1: *erat in celeritate omne positum certamen, utri prius angustias montesque occuparent.*

2. *novitate meorum temporum*] das Neue, Unerhörte meines Unglücks, der Verbannung; Sall. Cat. 4, 4: *id facinus inprimis ego memorabile existimo sceleris atque periculi novitate.*

estque animi ingenui] Ein Mensch von kleinlicher Sinnesart trägt Bedenken von Jemand viele Gefälligkeiten anzunehmen, weil er die Grösse der Verpflichtung, die er sich dadurch aufladet, ängstlich berechnet.

cum praesertim confiderem] Ich werde unter dem Gewicht deiner Dienste, selbst wenn es unzählige sind, nicht erliegen, weil ich dir ebenso viele erweisen kann, namentlich aber, weil ich sie beim Empfangen gehörig zu würdigen

und, wenn ich sie reichlich vergelte, gebührend ins Licht zu setzen verstehe.

3. *in Milonis consulatu*] Milo, der als Tribun Ciceros Rückberufung aus dem Exil so sehr gefördert hatte, bewarb sich in diesem Jahre um das Consulat, und es lag dem Cicero sehr viel daran, dass er gewählt würde, um so mehr, da Clodius sich um die Prätur bewarb. Clodius wurde am 18. Januar des folgenden Jahres, noch bevor die Comitien gehalten waren, von Milo ermordet und dieser musste ins Exil gehen nach Massilia.

non officii solum fructum] Ich habe hierbei nicht blos den Vortheil im Auge, den mir dieser mein Dienst verschaffen wird, sondern will mir auch den Ruhm der Dankbarkeit erwerben; ad fam. XIII, 22, 2: *confirmo tibi te eum, quem soles fructum a bonorum virorum officiis exspectare, esse capturum;* Cic. Brut. 62, 222: *L. Fufius ex accusatione M'. Aquilii diligentiae fructum ceperat.*

sit honos eius, in quo omnia mea posita esse decrevi. Huic te
unum tanto adiumento esse, si volueris, posse intellego, ut nihil
sit praeterea nobis requirendum. Habemus haec omnia: bonorum studium conciliatum ex tribunatu propter nostram, ut spero te intellegere, causam; vulgi ac multitudinis propter magnificentiam munerum liberalitatemque naturae; iuventutis et gratio-
sorum in suffragiis studia propter ipsius excellentem in eo genere vel gratiam vel diligentiam; nostram suffragationem, si minus
potentem, at probatam tamen et iustam et debitam et propterea
4 fortasse etiam gratiosam. Dux nobis et auctor opus est et eorum
ventorum, quos proposui, moderator quidam et quasi guberna-
tor. Qui si ex omnibus unus optandus esset, quem tecum conferre possemus, non haberemus. Quamobrem, si me memorem, si
gratum, si bonum virum vel ex hoc ipso, quod tam vehementer
de Milone laborem, existimare potes, si dignum denique tuis beneficiis iudicas, hoc a te peto, ut subvenias huic meae sollicitu-
dini et huic meae laudi vel, ut verius dicam, prope saluti tuum
studium dices. De ipso T. Annio tantum tibi polliceor, te maioris animi, gravitatis, constantiae benevolentiaeque erga te, si complecti hominem volueris, habiturum esse neminem. Mihi vero
tantum decoris, tantum dignitatis adiunxeris, ut eundem te facile
5 agnoscam fuisse in laude mea, qui fueris in salute. Ego, ni te
videre scirem, cum ad te haec scriberem, quantum officii susti-
nerem, quantopere mihi esset in hac petitione Milonis omni non
modo contentione sed etiam dimicatione elaborandum, plura
scriberem. Nunc tibi omnem rem atque causam meque totum

magnificentiam munerum] Milo
hatte dem Volke glänzende Spiele
gegeben und dadurch sein Vermögen gänzlich zerrüttet; ad Q. fr. III,
9, 2: *Angit unus Milo. Sed velim
finem afferat consulatus; in quo
enitar non minus quam sum enisus
in nostro, tuque istinc, quod facis,
adiuvabis. De quo cetera, nisi plane vis eripuerit, recte sunt; de re
familiari timeo.* Ὁ δὲ μαίνεται
οὐκ ἔτ' ἀνεκτῶς, qui ludos HS
CCCI comparet.

4. *eorum ventorum*] die angeführten Winde, mit denen Milo se-
gelt, d. i. die angegebenen Mittel,
die er aufzubieten hat. Vgl. ad Att.
II, 1, 6: (Caesaris) *nunc venti valde
sunt secundi.*

Quamobrem si me] Deshalb bitte
ich dich, unterstütze mich in dieser
Sache, wenn anders du, wie ich
nicht zweifle, schon hieraus, dass
ich mich so eifrig für Milo bemühe,
erkennen kannst, dass ich u. s. w.

T. Annio] Milo, der Sohn des C.
Papius Celsus, war von T. Annius,
dem Vater seiner Mutter, adoptirt
worden und hiess deshalb T. Annius
C. F. Milo Papianus.

in laude mea] Du wirst mir behülflich sein den Ruhm der Dankbarkeit zu gewinnen, wie du meine
Rückberufung aus der Verbannung
gefördert hast.

5. *omnem rem atque causam*]
Res, die ganze Angelegenheit, *causa*,
der streitige Punkt darin, die Sa-

commendo atque trado. Unum hoc sic habeto: si a te hanc rem impetraro, me paene plus tibi quam ipsi Miloni debiturum; non enim mihi tam mea salus cara fuit, in qua praecipue sum ab illo adiutus, quam pietas erit in referenda gratia iucunda. Eam autem unius tuo studio me assequi posse confido.

EPISTOLA VI.

(AD FAM. III, 2.)

M. CICERO PROCOS. S. D. APPIO PULCHRO IMP.

Cum et contra voluntatem meam et praeter opinionem acci- 1 disset, ut mihi cum imperio in provinciam proficisci necesse esset, in multis et variis molestiis cogitationibusque meis haec una consolatio occurrebat, quod neque tibi amicior quam ego sum

che, das Recht der einen von den Parteien, die in jener Angelegenheit mit einander streiten; ad fam. I, 5 a, 3: *de Alexandrina re causaque regia;* II, 7, 3: *de sacerdotio tuo quantam curam adhibuerim, quamquam difficili in re atque causa;* pro Caecina 4, 11: *multa enim, quae sunt in re, quia remota sunt a causa, praetermittam.*

EPISTOLA VI.

Appius Claudius Pulcher, der Bruder des P. Clodius, war Prätor 57, in welchem Jahre Cicero aus der Verbannung zurückgerufen wurde. Er wurde Consul 54 und erhielt im nächsten Jahre die Provinz Cilicien, die er bis in die Mitte des Jahres 51 verwaltete, wo Cicero sein Nachfolger wurde. Er hatte sich während der Prätur dem Cicero feindlich gezeigt, später aber sich wieder mit ihm versöhnt. — Der Brief ist geschrieben im April 51 unter dem Consulat des Ser. Sulpicius Rufus und M. Claudius Marcellus.

1. *contra voluntatem*] Weil Cicero von der Kriegskunst nichts verstand, und weil seine Beredtsamkeit nur in Rom glänzen konnte,

hatte er weder nach der Prätur noch nach dem Consulate eine Provinz angenommen und ging auch jetzt ungern nach Cilicien.

praeter opinionem] Bisher gingen die Consuln und Prätoren, nachdem sie ihr Amt in der Stadt verwaltet hatten, in die Provinzen, um diese als Proconsuln und Proprätoren zu verwalten. Im Jahre 52 aber verordnete eine lex Pompeia, dass niemand eine Provinz erhalten sollte, bevor fünf Jahre seit seinem Consulat oder seiner Prätur verflossen sein würden. Da nun in den ersten fünf Jahren niemand da war, der nach dem Gesetze in eine Provinz geschickt werden konnte, so bestimmte ein Senatsconsult, dass diejenigen gewesenen Consuln oder Prätoren, die noch keine Provinz verwaltet hätten, die erledigten Provinzen unter sich verloosen sollten.

quod neque tibi amicior] Der Nachfolger konnte eine Anklage des Vorgängers befördern und auch sonst seinem Ruhme schaden, der Vorgänger konnte die Provinz in Unordnung übergeben und manche schwere Verwickelungen dem Nach-

quisquam posset succedere neque ego ab ullo provinciam accipere, qui mallet eam quam maxime mihi aptam explicatamque tradere. Quod si tu quoque eandem de mea voluntate erga te spem
habes, ea te profecto nunquam fallet. A te maximo opere pro
nostra summa coniunctione tuaque singulari humanitate etiam
atque etiam quaeso et peto, ut, quibuscunque rebus poteris, po-
2 teris autem plurimis, prospicias et consulas rationibus meis. Vides ex senatus consulto provinciam esse habendam. Si eam, quod
eius facere potueris, quam expeditissimam mihi tradideris, faci-
lior erit mihi quasi decursus mei temporis. Quid in eo genere
efficere possis tui consilii est; ego te, quod tibi veniet in mentem mea interesse, valde rogo. Pluribus verbis ad te scriberem,
si aut tua humanitas longiorem orationem exspectaret aut id fieri
nostra amicitia pateretur aut res verba desideraret ac non pro se
ipsa loqueretur. Hoc velim tibi persuadeas, si rationibus meis
provisum a te esse intellexero, magnam te ex eo et perpetuam
voluptatem esse capturum.

EPISTOLA VII.
(AD FAM. III, 3.)
CICERO S. D. AP. PULCHRO.

1   A. d. xi. Kalendas Iunias Brundisium cum venissem, Q. Fabius Vergilianus, legatus tuus, mihi praesto fuit eaque me ex tuis
mandatis monuit, quae non mihi, ad quem pertinebant, sed uni-
verso senatui venerant in mentem, praesidio firmiore opus esse
ad istam provinciam. Censebant enim omnes fere, ut in Italia

folger bereiten. Cic. pro Scauro § 33
p. 186 ed. Beier: *Successori decessor
invidit et voluit eum quam maxime
offensum, quo magis ipsius memoria excelleret; res non modo non
abhorrens a consuetudine sed usi-
tata etiamnum et valde pervagata.*
2. *quod eius*] das beschränkende
quod mit dem Indicativ. S. zu I,
15, 6.
mei temporis] Dem Cicero war
die Provinz auf ein Jahr übertragen.
id fieri] dass ich dich mit mehr
Worten bäte.

intellexero] Ueber den Indicativ s.
zu 1, 2, 4; II, 2, 4; III, 2, 2.
      EPISTOLA VII.
.Der Brief ist geschrieben auf der
Reise nach Cilicien in Brundisium
wahrscheinlich X Kal. Junias 51.
1. *ad istam provinciam*] Opus est
ad mit einem Gerundivum, dann
mit einem Substantivum, das den
Begriff einer Handlung enthält; ad
Att. VI, 9, 2: *dices nummos mihi
opus esse ad apparatum triumphi;*
endlich, wie hier, mit einem Sub-
stant., zu dem ein Gerundivum zu
ergänzen ist; ähnlich Cic. Brut. 28,

supplementum meis et Bibuli legionibus scriberetur. Id cum Sulpicius consul passurum se negaret, multa nos quidem questi sumus, sed tantus consensus senatus fuit, ut mature proficisceremur, parendum ut fuerit; itaque fecimus. Nunc, quod a te petii litteris his, quas Romae tabellariis tuis dedi, velim tibi curae sit, ut, quae successori coniunctissimo et amicissimo commodare potest is, qui provinciam tradit, ut ea pro nostra consociatissima voluntate cura ac diligentia tua complectare, ut omnes intellegant nec me benevolentiori cuiquam succedere nec te amiciori potuisse provinciam tradere.

Ex his litteris, quarum ad me exemplum misisti, quas in **2** senatu recitari voluisti, sic intellexeram, permultos a te milites esse dimissos; sed mihi Fabius idem demonstravit te id cogitasse facere, sed, cum ipse a te discederet, integrum militum numerum fuisse. Id si ita est, pergratum mihi feceris, si istas exiguas copias, quas habuisti, quam minime imminueris. Qua de re senatus consulta, quae facta sunt, ad te missa esse arbitror. Equidem pro eo, quanti te facio, quidquid feceris, approbabo; sed te quoque confido ea facturum, quae mihi intelleges maxime esse accommodata. Ego C. Pomptinium, legatum meum, Brun-

---

108: *Lentulus ad rem publicam dumtaxat quod opus esset satis habuisse eloquentiae dicitur.* Uebrigens hatte Cicero in der Provinz nach Plutarch Cic. 36 12000 Mann zu Fuss und 2600 Reiter. Er selbst sagt ad Att. V, 15, 1: *se nomen habere duarum legionum exilium.* Jedenfalls war seine Kriegsmacht viel zu schwach, um einem von den Parthern drohenden Angriff kräftig zu begegnen.

Bibuli] Bibulus war Consul mit Caesar a. 59. Er hatte damals keine Provinz erhalten und ging nun als Proconsul nach Syrien, wie Cicero, ex lege Pompeia.

tabellariis tuis] Die vornehmen Römer hielten sich zur Beförderung ihrer Briefe eigne Briefträger. Sie schickten aber auch die Briefe mit Gelegenheit, durch die tabellarii ihrer Freunde oder durch die der Steuerpächter in den Provinzen.

pro nostra consociatissima voluntate] ad fam. III, 4, 2: *collegii*

coniunctio non mediocre vinculum mihi quidem attulisse videtur ad voluntates nostras copulandas; ad fam. XI, 27, 2: *ambitio nostra et vitae dissimilitudo non est passa voluntates nostras consuetudine conglutinari.*

2. *pro eo quanti*] gemäss der hohen Achtung, die ich vor dir habe, d. i. wie es sich nicht anders erwarten lässt bei u. s. w.; z. B. Cic. de or. II, 18, 75: *cum Hannibal pro eo, quod eius nomen erat magna apud omnes gloria, invitatus esset.* Oefter heisst *pro eo* mit *ut, ac, quod* oder einem Relativum in Vergleich zu; Cic. in Cat. IV, 2, 3: *debeo sperare deos pro eo mihi ac mereor relaturos esse gratiam.*

approbabo] ich werde alles, was du thust, genehmigen.

C. Pomptinium] Prätor im J. 63 in Ciceros Consulat, wo er diesem besonders bei der Verhaftung der Allobrogischen Gesandten gute Dienste leistete; nach der Prätur Statt-

disii exspectabam, eumque ante Kalendas Iunias Brundisium venturum arbitrabar. Qui cum venerit, quae primum navigandi nobis facultas data erit, utemur.

EPISTOLA VIII.

(AD FAM. VIII, I.)

CAELIUS CICERONI S.

1   Quod tibi decedens pollicitus sum me omnes res urbanas
diligentissime tibi perscripturum, data opera paravi, qui sic omnia
persequeretur, ut verear, ne tibi nimium arguta haec sedulitas
videatur. Tametsi tu scio quam sis curiosus et quam omnibus
peregrinantibus gratum sit minimarum quoque rerum, quae domi
gerantur, fieri certiores; tamen in hoc te deprecor, ne meum hoc

halter im jenseitigen Gallien, wo er
die Allobroger entwaffnete und dafür 54 triumphirte.

EPISTOLA VIII.

M. Caelius Rufus, ein Wüstling,
aber ein sehr begabter Redner. Cic.
Brut. 79: (Caelii) *actionem multum
et splendida et grandis et eadem
inprimis faceta et perurbana com-
mendabat oratio. Graves eius contiones aliquot fuerunt, acres accu-
sationes tres eaeque omnes ex rei
publicae contentione susceptae; de-
fensiones, etsi illa erant in eo me-
liora, quae dixi, non contemnendae
tamen saneque tolerabiles.* Quint.
X, 1, 115: *multum ingenii in Caelio, et praecipue in accusando multa urbanitas, dignusque vir, cui et
mens melior et vita longior conti-
gisset.* Er war Tribun 52, curuli-
scher Aedil 50. Im Bürgerkriege
stand er auf der Seite des Caesar
und wurde 48 Prätor. In diesem
Amte erregte er, weil seine Schulden ihn drückten, Unruhen, musste
aus Rom fliehen und wurde in einem
Alter von 34 Jahren erschlagen. —
Cicero hatte ihn beauftragt ihm,
was in Rom vorginge, genau zu be-
richten, und Caelius schrieb ihm in

Folge dieses Auftrags mehrere Briefe, die wir noch besitzen. Der hier
folgende ist geschrieben zwischen
ix Kal. und Kal. Junias 51.

1. *decedens*] Caelius hatte den Cicero, als dieser nach Cilicien reiste,
eine Strecke begleitet und ihm beim
Scheiden jenes Versprechen gegeben.
So wie hier gebraucht Caelius *decedere* ad fam. VIII, 10, 5: *mei officii est
meminisse qua obtestatione decedens mihi, ne paterer fieri, manda-
ris.* Sonst bedeutet das Wort: einen bisher behaupteten Platz
verlassen: *decedere de praesidio,
de via* oder *alicui via, de iure suo,
de vita*, besonders häufig *de provincia* von abgehenden Statthaltern,
aber auch von Privatpersonen; z. B.
in Verr. III, 41, 96: *negotiatores
inviti Romam raroque decedunt.*

in hoc te deprecor] *Deprecari aliquid* kann heissen: etwas durch
Bitten abzuwenden suchen;
z. B. Liv. XL, 15, 9: *nullam deprecor
poenam;* oder auch: etwas durch
Bitten zu erlangen suchen,
wo es nur ein verstärktes *precari*
ist; ad fam. XII, 24: *nondum legati
redierant, quos senatus non ad pacem deprecandam, sed ad denunti-*

officium arrogantiae condemnes, quod hunc laborem alteri delegavi; non quin mihi suavissimum sit et occupato et ad litteras scribendas, ut tu nosti, pigerrimo tuae memoriae dare operam; sed ipsum volumen, quod tibi misi, facile, ut ego arbitror, me excusat. Nescio cuius otii esset non modo perscribere haec, sed omnino animadvertere; omnia enim sunt ibi senatus consulta, edicta, fabulae, rumores. Quod exemplum si forte minus te delectarit, ne molestiam tibi cum impensa mea exhibeam, fac me certiorem. Si quid in re publica maius actum erit, quod isti operarii minus commode persequi possint, et quemadmodum actum sit et quae existimatio secuta quaeque de eo spes sit diligenter tibi perscribemus.

Ut nunc est, nulla magnopere exspectatio est. Nam et illi rumores de comitiis Transpadanorum Cumarum tenus caluerunt; Romam cum venissem, ne tenuissimam quidem auditionem de ea re accepi. Praeterea Marcellus, quod adhuc nihil retulit de

---

andum bellum miserat. Deprecari aliquem kann heissen: einen losbitten *ab aliquo;* z. B. pro Plancio 42,102: *non ego meis ornatum beneficiis a vobis deprecor, iudices, sed custodem salutis meae;* oder auch: einen bitten; z. B. Liv. XXXIV, 59, 6: *Tum Menippus deprecari et Quinctium et patres institit, ne festinarent decernere.*

meum hoc officium] diese meine Dienstleistung, erklärt durch *quod hunc laborem alteri delegavi.*

non quin mihi] Lege es mir nicht als Anmassung aus, dass ich das Geschäft einem andern übertragen habe. Ich habe es gethan, nicht als ob es mir nicht sehr angenehm wäre dein Andenken zu erneuern; aber das Packet entschuldigt mich ja hinlänglich. Die Angabe des wahren Grundes hinter *non quo* fehlt auch ad Att. VI, 3, 1.

non modo — sed omnino] ich will nicht sagen — sondern auch nur; ad Q. fr. III, 3, 1.

2. *nulla magnopere*] nicht eben gross; ad Att. IV, 17, 2: *Scaurum Triarius reum fecit. Si quaeris, nulla est magno opere commota συμπάθεια;* Liv. III, 26:

nulla magnopere clade accepta castris se pavidus tenebat. S. zu I, 15, 4.

illi rumores de comitiis Transpadanorum] Ueber dieselbe Sache schreibt Cic. ad Att. V, 2, 3: *erat rumor de Transpadanis, eos iussos IIII viros creare.* Es ging das Gerücht, Caesar hätte den Transpadanern das Bürgerrecht gegeben, was er im Jahre 49 wirklich that. Hierdurch wären die Transpadanischen Städte Municipien geworden und hätten die in solchen Städten übliche Obrigkeit, die Quattuorviri, zu wählen gehabt.

Cumarum tenus] Caelius hatte den Cicero begleitet und hatte auf der Rückreise erfahren, dass jenes Gerücht jenseits Cumae nach Rom zu sich immer mehr verlor.

Marcellus] Der Consul M. Marcellus beabsichtigte, beim Senat den Antrag zu stellen, dass dem Caesar vor der gesetzlichen Zeit, d. i. statt am 1 März 49 schon am 1 März 50, ein Nachfolger geschickt würde, weil Gallien beruhigt wäre und weil Caesar nicht als Proconsul sich um das Consulat bewerben dürfte.

successione provinciarum Galliarum et in Kalendas Iunias, ut mihi
ipse dixit, eam distulit relationem, sanequam eos sermones expres-
3 sit, qui de eo tum fuerunt, cum Romae nos essemus. Tu si Pompeium, ut volebas, offendisti, qui tibi visus sit et quam orationem
habuerit tecum quamque ostenderit voluntatem — solet enim
aliud sentire et loqui neque tantum valere ingenio, ut non ap-
4 pareat quid cupiat — fac mihi perscribas. Quod ad Caesarem, crebri et non belli de eo rumores, sed susurratores
dumtaxat veniunt; alius equitem perdidisse, quod, opinor, certe
fictum est; alius septimam legionem vapulasse, ipsum apud Bel-
lovacos circumsederi interclusum ab reliquo exercitu. Neque adhuc certi quicquam est neque haec incerta tamen vulgo iactan-
tur; sed inter paucos, quos tu nosti, palam secreto narrantur;
at Domitius, cum manus ad os apposuit. Te a. d. ix. Kal. Iunias
subrostrani, quod illorum capiti sit, dissiparant perisse; unde

sermones expressit] Er rief durch
sein Benehmen wieder das Gerede
hervor, dass er keine Energie habe;
ad fam. VIII, 10, 3: *Nosti Marcellum,
quam tardus et parum efficax
sit.*

Romae nos] wir beide.

3. *Pompeium*] Pompeius war
damals auf einem Landgute bei Tarent, welche Stadt Cicero auf seiner
Reise berühren musste.

4. *Quod ad Caesarem*] attinet
ausgelassen, wie L. 3. Dig. de acquir.
rer.: *nec interest, quod ad feras
bestias et volucres, utrum in suo
quisque fundo capiat an in alieno.*
Häufiger in Wendungen wie in
Verr. I, 45, 116: *iam quid id ad
praetorem, uter possessor sit?* de
orat. II, 32, 139: *sed hoc nihil ad
me.*

vapulare] in der Bedeutung geschlagen werden von Truppen
kommt sonst nicht vor.

neque haec incerta tamen] Der
Gegensatz zu *tamen* liegt in *incerta:* und auch das ist nicht der Fall,
dass es, wiewohl es unsicher ist,
doch allgemein erzählt wird und in-
sofern ein gewisses Gewicht erhält. S. zu I, 4, 2.

palam secreto] Horat. carm. II,
3, 25:
*Omnes eodem cogimur; omnium
Versatur urna serius ocius
Sors exitura, et nos in aeternum
Exsilium impositura cumbae.*
Zwei einander entgegengesetzte Begriffe, die zu einem höheren zusam-
mengefasst werden sollen, werden
ohne Conjunction neben einander
gestellt. Am häufigsten findet sich
das bei Substantiven und Adjectiven, und oft wird der zusammen-
fassende Begriff dabei gesetzt; z. B.
ad Q. fr. III, 1, 10: *omnia, minima
maxima, ad Caesarem mitti scie-
bam.*

Domitius] Die pauci erzählten die
Sachen ohne ihnen ein sonderliches
Gewicht beizulegen, Domitius immer mit wichtig thuender, geheim-
nissvoller Miene. L. Domitius Ahenobarbus war ein erbitterter Feind
des Caesar. Er verwaltete 54 mit
Appius Claudius das Consulat und
vertheidigte im Anfang des Bürgerkriegs Corfinium gegen Caesar.

subrostrani] die müssigen Leute,
die sich auf dem Forum herumtrie-
ben. Das Wort kommt sonst nicht
vor. Bei Plautus heissen diese Leute
subbasilicani.

urbe ac foro toto maximus rumor fuit te a Q. Pompeio in itinere occisum. Ego, qui scirem Q. Pompeium Baulis ἐμετικὴν facere et usque eo, ut ego misererer eius esuriei, non sum commotus et hoc mendacio, si qua pericula tibi impenderent, ut defungeremur optavi. Plancus quidem tuus Ravennae est et magno congiario donatus a Caesare nec beatus nec bene instructus est. Tui politici libri omnibus vigent.

EPISTOLA IX.
(AD ATT. V, 15.)
CICERO ATTICO S.

Laodiceam veni pridie Kal. Sext. Ex hoc die clavum anni 1

a Q. Pompeio] Q. Pompeius Rufus, Clodius Freund, war Tribun 52 gewesen und hatte das Volk gegen Clodius Mörder, Milo, und gegen den Cicero, Milos Vertheidiger, aufgewiegelt. Nach Ablauf des Tribunats war er de vi angeklagt worden und lebte nun in Bauli im Exil.

ἐμετικήν] sc. τέχνην. Ἐμετικός ist einer, der ein Brechmittel nimmt, um weiter schwelgen zu können.

ut defungeremur] -iis, nämlich periculis: dass wir mit dieser Lüge loskommen könnten. Curt. V, 25, 11: *cum liceat aut reparare, quae amisi, aut honesta morte defungi*, durch einen ehrenvollen Tod das Missgeschick abschliessen; Liv. IV, 52, 4: *defuncta civitate plurimorum morbis, perpaucis funeribus.*

Plancus] T. Munatius Plancus Bursa, College des Pompeius Rufus im Tribunat und aus demselben Grunde verbannt.

politici libri] Die sechs Bücher de re publica, angefangen im Jahre 54, waren nun vollendet.

EPISTOLA IX.
Cicero langte in seiner Provinz in Laodicea an pr. Kal. Sext. 51. Er reiste von dort ins Lager nach Lycaonien III. Non. Sext. (ad Att. V, 15)

und kam im Lager bei Iconium an VII. Kal. Sept. (ad Att. V, 20, 2; ad fam. XV, 4, 3). Ueber die Dauer seines Aufenthalts in den einzelnen Städten weichen die Angaben ad Att. V, 16, V, 20, ad fam. XV, 4 von einander ab, lassen sich aber gut mit einander vereinigen durch die Annahme, dass in der einen Angabe die Dauer der Reise von einer Stadt zur andern zu dem Aufenthalt in einer Stadt zugeschlagen ist, in der andern nicht. Cicero war zwei Tage in Laodicea, am III. Non. Sext. auf der Reise nach Apamea, dann 3 Tage in dieser Stadt, am VII. Id. auf der Reise nach Synnada, dann 3 Tage in dieser Stadt, am III. Id. auf der Reise nach Philomelium, dann 3 Tage in Philomelium, am XVIII. Kal. Sept. auf der Reise nach Iconium, dann 10 Tage bis VIII. Kal. Sept. in Iconium. Der Brief ist geschrieben III. Non. Sext. auf der Reise von Laodicea nach Apamea.

1. *Laodiceam*] Der Provinz Cilicia, zu der ausser dem eigentlichen Cilicien noch Pamphilia, Pisidia, Isauria und die Insel Cyprus gehörte, waren damals, wie Cic. ad fam. XIII, 67 berichtet, noch τρεῖς διοι-

S *

movebis. Nihil exoptatius adventu meo, nihil carius. Sed est incredibile quam me negotii taedeat. Non habeat satis magnum
campum ille tibi non ignotus cursus animi, et industriae meae
praeclara opera cesset? Quippe. Ius Laodiceae me dicere, cum
Romae A. Plotius dicat? et cum exercitum noster amicus habeat
tantum, me nomen habere duarum legionum exilium? Denique
haec non desidero; lucem, forum, urbem, domum, vos desidero.
Sed feram, ut potero; sit modo annuum. Si prorogatur, actum
2 est. Verum perfacile resisti potest; tu modo Romae sis. Quaeris quid hic agam? Ita vivam, ut maximos sumptus facio. Mirifice
delector hoc instituto. Admirabilis abstinentia ex praeceptis tuis,
ut verear, ne illud, quod tecum permutavi, versura mihi solven-

χήσεις Asiaticae zugelegt. Daher
kommt es, dass die phrygischen
Städte Laodicea, Apamea, Synnada
zu Ciceros Provinz gehörten.

ex hoc die — movebis] Man pflegte
auf den Kalendern durch Umstecken
eines Knopfs den jedesmaligen Tag
zu bezeichnen.

Non habeat] es soll also nicht
haben; nachher dasselbe durch den
accus. c. infin. Vgl. ad Q. fr. I, 3, 1:
ego te videre noluerim? ad Att. VII
9, 4: *exercitum tu habeas diutius
quam populus iussit?*

Quippe. Ius] Mit *quippe* erklärt
man, dass das im vorhergehenden
Satze Gesagte sich so verhalte, meistens mit dem Nebenbegriff, dass es
nicht anders sein könne, freilich,
natürlich; auch ironisch, wie hier
nach der verwundernden Frage.
Meistens folgt der Grund gleich
darauf; z. B. ad Att. XV, 21, 3: *nullas a te XI. Kal. Quippe; quid enim
iam novi?* pro Mil. 18, 47: *primum
certe liberatur Milo non eo consilio
profectus esse, ut insidiaretur in via
Clodio. Quippe; si ille obvius ei futurus omnino non erat;* manchmal
auch nicht; z. B. de rep. I, 39, 61:
*animum adverti te familiae valde
interdicere, ut uni dicto audiens esset. Quippe; vilico.*

A. Plotius] in diesem Jahre praetor urbanus.

noster amicus] Caesar; wenig-

stens können Cassius und Bibulus in
Syrien nicht gemeint sein, denn nach
ad fam. XV, 1, 5 war auch das dor-
tige Heer zu schwach.

Denique haec] endlich, wenn ich
auch dies nicht zu sehr vermisse,
vermisse ich doch u. s. w.; der Nebengedanke ist coordinirt; s. zu I,
7, 1; II, 2, 8.

2. *quod tecum permutavi*] Per-
mutare cum altero pecuniam heisst
eigentlich: Geld geben, um andere
Münzsorten dafür zu empfangen;
man sagt es aber auch von dem, der
einem andern Geld giebt oder später zu geben verspricht, damit er
selbst oder ein anderer, dem er Geld
schuldig ist, von diesem eine gewisse Summe zu einer andren Zeit
an demselben oder an einem anderen
Orte in Empfang nehmen könne.
Cic. ad Att. XV, 15, 4: *volim cures, ut
permutetur Athenas, quod sit in annuum sumptum ei* (filio meo). *Scilicet Eros numerabit.* Cicero bittet
den Atticus, er möchte seinem Sohne
einen in Athen zahlbaren Wechsel
schicken; Eros, der dem Cicero Geld
schuldig sei, würde den Betrag ihm
zahlen. Cicero vertauscht also das
Geld, was ihm Eros schuldig ist, mit
dem Gelde, das von Atticus in Athen
gezahlt werden soll, und Atticus
vertauscht baares Geld mit einer
Schuldforderung, die ein anderer in
Athen hat. So hatte Cicero bei sei-

dum sit. Appii vulnera non refrico; sed apparent nec occuli possunt. Iter Laodicea faciebam a. d. III Non. Sext., cum has litte- 3 ras dabam, in castra in Lycaonia; inde ad Taurum cogitabam, ut cum Moeragene signis collatis, si possem, de servo tuo deciderem. Clitellae bovi sunt impositae; plane non est nostrum onus, sed feremus, modo, si me amas, sit annus. Adsis tu ad tempus, ut senatum totum excites. Mirifice sollicitus sum, quod iam diu ignota sunt mihi ista omnia. Quare, ut ad te ante scripsi, cum cetera tum res publica cura ut mihi nota sit. Plura scribebam tarde tibi reddituro, sed dabam familiari homini ac domestico, C. Andronico Puteolano. Tu autem saepe dare tabellariis publicanorum poteris per magistros scripturae et portus nostrarum dioecesium.

EPISTOLA X.
(AD ATT. V, 16.)
CICERO ATTICO S.

Etsi in ipso itinere et via discedebant publicanorum tabel- 1

ner Abreise vom Atticus Wechsel auf Cilicien erhalten, ohne ihm den Betrag dafür gezahlt zu haben.

versura mihi solvendum sit] *Versuram facere*, eine Anleihe machen, *versura solvere*, eine Schuld durch eine neue Anleihe bezahlen.

3. *cum Moeragene*] ein Räuberanführer in den Gebirgen von Cilicien, bei dem ein entlaufener Sclave des Atticus eine Zuflucht gefunden hatte.

si me amas] wie *amabo te*, zur Unterstützung eines Wunsches und einer Bitte, gleich *quaeso; ad Q. fr.* II, 10, 4: *amabo te, advola, ... et adduc, si me amas, Marium. Amare aliquid* oder *aliquem in aliqua re,* bei einer Sache mit etwas oder einem zufrieden sein, etwas dankbar anerkennen, einem sich verpflichtet fühlen; ad fam. IX, 16, 1: *delectarunt me tuae litterae, in quibus primum amari amorem tuum*; XIII, 62, 1: *in Atilii negotio te amari;* ad Att. IV, 16, 10: *dices, tu ergo haec quomodo fers? Belle mehercule et in eo me valde amo.*

sit annus] In vielen Briefen bittet Cicero, seine Freunde möchten alles anwenden, dass ihm die Statthalterschaft nicht über ein Jahr hinaus verlängert würde.

Plura scribebam] ich schreibe zu viel für einen Menschen, der dir den Brief so spät überbringen wird.

per magistros scripturae et portus] Scriptura war die für Benutzung der öffentlichen Weiden (pascua publica) zu entrichtende Abgabe. Mit portus ist der Hafenzoll (portorium) gemeint; der Singular steht wie ad Att. XI, 10, 1: *P. Terentius operas in portu et scriptura Asiae pro magistro dedit.* Die Erhebung der vectigalia war an Kapitalistengesellschaften (societates publicanorum) verpachtet; die Geschäftsführer dieser Gesellschaften hiessen magistri. Die scriptura und das portorium einer Provinz waren oft von einer einzigen Gesellschaft gepachtet.

EPISTOLA X.
Der Brief ist geschrieben am III. Id. Sext. auf der Reise von Synnada nach Philomelium.

1. *in ipso itinere et via*] auf der

larii et eramus in cursu, tamen surripiendum aliquid putavi spatii,
ne me immemorem mandati tui putares. Itaque subsedi in ipsa
via, dum haec, quae longiorem desiderant orationem, summatim
2 tibi perscriberem. Maxima exspectatione in perditam et plane
eversam in perpetuum provinciam nos venisse scito pridie Kal.
Sextiles; moratos triduum Laodiceae, triduum Apameae, totidem
dies Synnade. Audivimus nihil aliud, nisi imperata ἐπικεφάλια
solvere non posse, ὠνὰς omnium venditas, civitatum gemitus,
ploratus, monstra quaedam non hominis, sed ferae nescio cuius
3 immanis. Quid quaeris? Taedet omnino eos vitae. Levantur tamen miserae civitates, quod nullus fit sumptus in nos neque in legatos neque in quaestorem neque in quemquam. Scito non modo nos foenum aut quod de lege Iulia dari solet, non accipere,
sed ne ligna quidem; nec praeter quattuor lectos et tectum quemquam accipere quicquam, multis locis ne tectum quidem, et in
tabernaculo manere plerumque. Itaque incredibilem in modum
concursus fiunt ex agris, ex vicis, ex domibus omnibus. Mehercule etiam adventu nostro reviviscunt iustitia, abstinentia, cle-
4 mentia tui Ciceronis. Itaque opiniones omnium superavit. Appius, ut audivit nos venire, in ultimam provinciam se coniecit

Reise und zwar auf der Landstrasse selbst, nicht in einem Gasthofe.

mandati tui] nämlich dir mit jeder Gelegenheit zu schreiben.

2. ἐπικεφάλια] Es ist hier die Rede von den asiatischen Diöcesen, die der Provinz Cilicien zugelegt waren. Die Provinz Asien zahlte aber als Hauptabgabe den Zehnten (decuma) von den Früchten. Ausserdem hatte Lucullus im Jahre 70, wie Appian Mithrid. 83 berichtet, τέλη ἐπὶ τοῖς θεράπουσι καὶ ταῖς οἰκίαις eingerichtet. Die erste dieser Steuern sind die hier erwähnten ἐπικεφάλια, nämlich eine auf Arme der dienenden Klasse, die unter dem mindesten Census im Vermögen hatten, gelegte feste Kopfsteuer, die in der Kaiserzeit *tributum capitis* oder *capitatio* genannt wurde. Beide Steuern erwähnt Cicero ad fam. III, 8, 5: *illam acerbissimam exactionem capitum atque ostiorum.*

ὠνάς] die dafür zu verkaufenden Grundstücke und sonstigen Sachen.

monstra quaedam] *Monstrum* alles, was unerhört ist; hier das Verfahren des Appius. Vgl. Cic. in Verrem III, 73, 171: *non mihi iam furtum, sed monstrum ac prodigium videbatur civitatum frumentum improbare, suum probare.*

3. *de lege Iulia*] Die lex Iulia repetundarum war gegeben vom Consul C. Julius Caesar im J. 59.

et in tabernaculo] *et* nach dem negativen Satze statt *sed*, wie *que* bei Cic. de off. I, 7, 22: *non solum nati sumus, ortusque nostri partem patria vindicat, partem amici.* Als Subject ist aus *neque quemquam* zu entnehmen der entgegengesetzte affirmative Begriff *unumquemque* oder *omnes*, wie Cic. de orat. III, 14, 52: *nemo extulit eum verbis, qui ita dixisset, ... sed contempsit* (unusquisque) *eum, qui minus id facere potuisset.* S. zu II, 4, 2.

Tarsum usque; ibi forum agit. De Partho silentium est, sed tamen concisos equites nostros a barbaris nuntiabant ii, qui veniebant. Bibulus ne cogitabat quidem etiam nunc in provinciam suam accedere. Id autem facere ob eam causam dicebant, quod tardius vellet decedere. Nos in castra properabamus, quae aberant bidui.

EPISTOLA XI.

(AD FAM. XV, 7.)

M. CICERO PROCOS. S. D. C. MARCELLO COS. DESIG.

Maxima sum laetitia affectus, cum audivi consulem te factum esse, eumque honorem tibi deos fortunare volo atque a te pro tua parentisque tui dignitate administrari. Nam cum te semper amavi dilexique, tum mei amantissimum cognovi in omni varietate re-

4. *forum agit*] Gerichtstag halten, was dem Appius nicht mehr zustand. Darüber schreibt Cicero an den Appius ad fam. III, 6, 4: *ignari meae constantiae conabantur alienare a te voluntatem meam, qui te forum Tarsi agere, statuere multa, decernere, iudicare dicerent, cum posses iam suspicari tibi esse successum, quae ne ab iis quidem fieri solerent, qui brevi tempore sibi succedi putarent.*

Bibulus] Bibulus hatte, wie Cicero, nach der lex Pompeia (s. zu II, 6, 1) seine Provinz Syrien auf ein Jahr erhalten, welches Jahr von dem Tage seiner Ankunft in der Provinz an gerechnet wurde (vgl. II, 9, 1). Syrien aber wurde am meisten von den Parthern bedroht, denen es benachbart war.

bidui] s. zu I, 14, 1.

EPISTOLA XI.

Die Briefe ad fam. XV, 7, 8, 9 und 12, die gleichzeitig sind, sind geschrieben nach III Non. Sept. und vor XII Kal. Oct. 51; denn nach XV, 9 hatte Cicero schon Nachricht

über den Anmarsch der Parther erhalten, aber noch nicht darüber an den Senat berichtet. Er erhielt aber die Nachricht III Non. Sept. (ad fam. XV, 3) und der erste Bericht an den Senat (ad fam. XV, 1) ist geschrieben XII Kal. Oct.

atque a te] Subject *eum honorem*, was im vorigen Satzgliede Object war.

amavi dilexique] Bei dem ersten entspringt die Zuneigung aus dem Gefühl, bei dem zweiten aus Hochachtung; ad fam. IX, 14, 5: *quis erat, qui putaret ad eum amorem, quem erga te habebam, posse aliquid accedere? Tantum accessit, ut mihi nunc denique amare videar, antea dilexisse.* Nonius, de differentiis verborum p. 286 ed. Gerlach: *inter amare et diligere hoc interest, quod amare vim habet maiorem, diligere autem est levius amare.*

Nam cum te] ad fam. VI, 14, 1: *nam cum te semper maxime dilexi, tum fratrum tuorum singularis pietas nullum me patitur officii erga te munus praetermittere.*

rum mearum, tum patris tui pluribus beneficiis vel defensus tristibus temporibus vel ornatus secundis et sum totus vester et esse debeo, cum praesertim matris tuae, gravissimae atque optimae feminae, maiora erga salutem dignitatemque meam studia quam erant a muliere postulanda perspexerim. Quapropter a te peto in maiorem modum, ut me absentem diligas atque defendas.

EPISTOLA XII.
(AD FAM. XV, 12.)
M. CICERO PROCOS. S. D. L. PAULLO COS. DESIG.

1 Etsi mihi nunquam fuit dubium, quin te populus Romanus pro tuis summis in rem publicam meritis et pro amplissima familiae dignitate summo studio cunctis suffragiis consulem facturus esset, tamen incredibili laetitia sum affectus, cum id mihi nuntiatum est, eumque honorem tibi deos fortunare volo a teque 2 ex tua maiorumque tuorum dignitate administrari. Atque utinam praesens illum diem mihi optatissimum videre potuissem proque tuis amplissimis erga me studiis atque beneficiis tibi operam meam studiumque navare! Quam mihi facultatem quoniam hic necopinatus et improvisus provinciae casus eripuit, tamen ut te consulem rem publicam pro tua dignitate gerentem videre possim, magnopere a te peto, ut operam des, efficias, ne quid mihi fiat in-

pluribus beneficiis] noch mehr als ich von dir erhalten habe.

EPISTOLA XII.

1. *ex tua maiorumque*] *Ex*, genau wie *pro* im vorigen Briefe, bezeichnet die Norm, nach der etwas ausgeführt werden soll; ad fam. V, 8, 4: *quantum tuo iudicio tribuendum esse nobis putes, statues ex nostra dignitate*; XVI, 1, 3: *haec pro tuo ingenio considera.*

2. *illum diem*] an welchem Paullus zum Consul erwählt wurde.

provinciae casus] der Genitivus explicativus. Der Vorfall bestand darin, dass er eine Provinz übernehmen musste. Caes. b. civ. I, 58: *naves non eundem usum celeritatis habebant;* II, 16, 3: *tormentorum usum spatio propinquitatis interire*

intellegunt. S. zu I, 20, 5.

tamen ut] statt *ut tamen*. Aehnlich pro Rosc. Am. 24, 66: *videtisne, quos nobis poetae tradiderunt patris ulciscendi causa supplicium de matre sumpsisse, ... tamen ut eos agitent Furiae?* So *quia tamen* statt *tamen quia* bei Tac. Ann. IV, 57, *nisi tamen* statt *tamen nisi* bei Quintil. VII, 3, 26.

operam des, efficias] Nicht bloss zwei entgegengesetzte Begriffe, wie *aequa iniqua, honesta turpia*, werden asyndetisch neben einander gestellt, sondern auch zwei gleichartige zur Erklärung oder Steigerung oder in der Aufzählung. Cic. div. in Caec. 4, 11: *adsunt, queruntur Siculi universi*; pro Sestio 13, 29: *ut ex urbe expulerit, relegarit; ad*

iuriae neve quid temporis ad meum annuum munus accedat.
Quod si feceris, magnus ad tua pristina erga me studia cumulus
accedet.

--- --- --- ·

EPISTOLA XIII.

(AD FAM. XV, 1.)

M. TULLIUS M. F. CICERO PROCOS. S. P. D. COSS. PRAETT.
TRIBB. PL. SENATUI.

' S. V. V. B. E. E. Q. V. Etsi non dubie mihi nuntiabatur 1
Parthos transisse Euphratem cum omnibus fere suis copiis, tamen, quod arbitrabar a M. Bibulo proconsule certiora de his rebus ad vos scribi posse, statuebam mihi non necesse esse publice scribere ea, quae de alterius provincia nuntiarentur. Postea
vero quam certissimis auctoribus, legatis, nuntiis, litteris sum
certior factus, vel quod tanta res erat, vel quod nondum audieramus Bibulum in Syriam venisse, vel quia administratio huius

fam. XIII, 24, 3: *peto, ut eum tuis
officiis, liberalitate complectare;*
III, 8, 2: *me vultu, taciturnitate si-
gnificasse;* XIII, 28, 3: *ut ipse iudices homini te gratissimo, iucundissimo benigne fecisse.*

EPISTOLA XIII.
Der Brief ist geschrieben nicht
vor XIII Kal. Oct. (s. § 2) und nicht
nach XI Kal., an welchem Tage Cicero
in Cybistra ankam. Dass Cicero noch
nicht sich vorgenommen hatte bei
Cybistra ein Beobachtungslager auf-
zuschlagen, zeigen die Worte § 3:
*exercitum ad Taurum instituo du-
cere.* Dass aber Cicero XI Kal. in
Cybistra angekommen ist, ergiebt
sich aus ad Att. V, 18 u. 19; ebenso dass diese Briefe XI u. X Kal. und
der zweite Bericht an den Senat (ad
fam. XV, 2) VI Kal. Oct geschrieben
ist.

1. *S. V. V. B E E. Q. V.*] Si
vos valetis bene est, ego quidem
valeo.

·*non dubie mihi nuntiabatur*] Es
wurde mir für gewiss gemeldet. *Non

dubie* wird gebraucht zur näheren
Bestimmung des Prädikats; z. B. hier
und Sall. lug. 102: *consul haud dubie iam victor;* ferner um zu bezeichnen, dass das Prädicat unzweifelhaft dem Subjecte zukomme;
z. B. Liv. I, 13, 7: *cum haud dubie
aliquanto numerus maior hoc mulierum fuerit. Nuntiatur* bei bestimmten Meldungen wird häufig
unpersönlich mit dem acc. c. inf.
construirt; Cic. in Verr. V, 34, 87:
*nuntiatur piratarum esse naves in
portu;* pro Mil. 18, 48: *quem pridie
hora tertia animam efflantem reliquisset, eum mortuum postridie
hora decima denique ei nuntiabatur?*

a M. Bibulo proconsule] von Syrien, den also die Parther zunächst
bedrohten.

quia administratio] *quia* ist hier
ganz gleich dem *quod,* wie auch pro
Rosc. Amer. 1, 1: *ita fit, ut adsint
propterea, quod officium sequuntur,
taceant autem idcirco, quia periculum vitant.*

belli mihi cum Bibulo paenc est communis, quae ad me delata
2 essent scribenda ad vos putavi. Regis Antiochi Commageni legati primi mihi nuntiarunt Parthorum magnas copias Euphratem
transire coepisse. Quo nuntio allato cum essent nonnulli, qui
ei regi minorem fidem habendam putarent, statui exspectandum
esse, si quid certius afferretur. A. d. xiii Kalendas Octobr. cum
exercitum in Ciliciam ducerem, in finibus Lycaoniae et Cappadociae mihi litterae redditae sunt a Tarcondimoto, qui fidelissimus
socius trans Taurum amicissimusque populi Romani existimatur:
Pacorum, Orodi regis Parthorum filium, cum permagno equitatu
Parthico transisse Euphratem et castra posuisse Tybae magnumque tumultum esse in provincia Syria excitatum. Eodem die ab
Iamblicho, phylarcho Arabum, quem homines opinantur bene
sentire amicumque esse rei publicae nostrae, litterae de iisdem
3 rebus mihi redditae sunt. His rebus allatis etsi intellegebam socios infirme animatos esse et novarum rerum exspectatione suspensos, sperabam tamen eos, ad quos iam accesseram quique
nostram mansuetudinem integritatemque perspexerant, amiciores
populo Romano esse factos, Ciliciam autem firmiorem fore, si
aequitatis nostrae particeps facta esset. Et ob eam causam et

---

2. *Antiochi Commageni*] Comma-
gene, der nordöstlichste Theil von
Syrien; Antiochus, der König dieses
Landstrichs unter Roms Oberhoheit.
Ueber die Meldung vgl. II, 15, 3.

Cappadociae] der östliche Theil
Kleinasiens, südlich von Pontus,
nördlich von Cilicien und Comma-
gene. Es hatte damals einen von
Rom abhängigen König, Ariobarzanes, und wurde im J. 17 nach Chr.
römische Provinz.

Tarcondimoto] ein Fürst der
freien Cilicier im Amanusgebirge.

Iamblicho] König des arabischen
Volksstamms der Emesener in Syrien.

3. *esse factos*] Ein Infinitiv Per-
fecti steht nach *sperare*, wenn die
Hoffnung nicht sowohl auf die bereits geschehene Handlung als auf
die daraus zu erwartenden Folgen
gerichtet ist. So mit Hinzufügung
der Folge ad fam. VII, 32, 1: *equidem sperabam ita notata me reli-*
quisse genera dictorum meorum, ut
cognosci sua sponte possent; ad
Att. II, 21, 2: *equidem sperabam,*
sic orbem rei publicae esse conver-
sum, ut vix sonitum audire, vix im-
pressam orbitam videre possemus;
ohne Hinzufügung der Folge in Va-
tin. II, 28: *quorum gloriam huius*
virtute renovatam non modo spera-
mus, verum etiam iam videmus;
Liv. IV, 15, 6: *Sp. Maelium bilibris*
farris sperasse libertatem se civium
suorum emisse. Ferner steht der
Infinitiv Perf. bei einer Handlung,
von der man erwartet und wünscht,
dass sie sich verwirklicht hat, von
deren Verwirklichung man aber noch
nicht Kenntniss erhalten hat. So ad
Q. fr. II, 4, 2: *de nostra Tullia spero*
cum Crassipede nos confecisse; ad
Att. X, 7, 3: *magnum hoc malum*
est, sed scelus illud, quod timuera-
mus, spero nullum fuisse; ad Att.
VIII, 3, 7: *est quaedam spes Afra-*
nium in Pyrenaeo cum Trebonio
pugnasse.

ut opprimerentur ii, qui ex Cilicum gente in armis essent, et ut
hostis is, qui esset in Syria, sciret exercitum populi Romani non
modo non cedere iis nuntiis allatis, sed etiam propius accedere,
exercitum ad Taurum institui ducere.

Sed, si quid apud vos auctoritas mea ponderis habet, in iis 4
praesertim rebus, quas vos audistis, ego paene cerno, magno
opere vos et hortor et moneo, ut his provinciis serius vos quidem quam decuit, sed aliquando tamen consulatis. Nos quemadmodum instructos et quibus praesidiis munitos ad tanti belli
opinionem miseritis, non estis ignari. Quod ego negotium non
stultitia obcaecatus, sed verecundia deterritus non recusavi. Neque enim unquam ullum periculum tantum putavi, quod subter-
fugere mallem quam vestrae auctoritati obtemperare. Hoc autem 5
tempore res sese sic habet, ut, nisi exercitum tantum, quantum
ad maximum bellum mittere soletis, mature in has provincias
miseritis, summum periculum sit, ne amittendae sint omnes hae
provinciae, quibus vectigalia populi Romani continentur. Quamobrem autem in hoc provinciali dilectu spem habeatis aliquam
causa nulla est. Neque multi sunt et diffugiunt qui sunt metu
oblato. Et quod genus hoc militum sit iudicavit vir fortissimus
M. Bibulus in Asia, qui, cum vos ei permisissetis, dilectum habere noluerit. Nam sociorum auxilia propter acerbitatem atque
iniurias imperii nostri aut ita imbecilla sunt, ut non multum
nos iuvare possint, aut ita alienata a nobis, ut neque exspectandum ab iis neque committendum iis quicquam esse videatur.

ex Cilicum gente] Die Bewoh-
ner des Amanusgebirges wider-
setzten sich beständig der römischen
Herrschaft.

4. *ad tanti belli opinionem*] Dass
etwas geschieht zu der Zeit, wo etwas
anderes geschieht, kann durch *ad* ausgedrückt werden; z.B. Cic. ad fam.
III, 5, 3: *dixit te Laodiceae fore
ad meum adventum*. Daraus ent-
wickelt sich für *ad* causale und selbst
concessive Bedeutung: bei dem Rufe
von einem so grossen Krieg; da,
obgleich ein solcher Krieg in Aus-
sicht stand. Vgl. Liv. XXI, 61, 4:
*raptim ad famam novorum hostium
agmine acto*; IX, 7, 7: *ad famam ob-
sidionis dilectus haberi coeptus erat*.

5. *ne amittendae sint*] es ist zu
fürchten, dass wir sie werden auf-

geben müssen; *amittere* heisst sowohl aufgeben als verlieren.

quibus vectigalia] Cicero meint
die Provinzen in Asien, namentlich
die Provinz Asia selbst; de imp.
Cn. Pomp. 6, 14: *celerarum provinciarum vectigalia tanta sunt, ut
iis ad ipsas provincias tutandas vix
contenti esse possimus; Asia vero
tam opima est ac fertilis, ut et
ubertate agrorum et varietate fruc-
tuum et magnitudine pastionis et
multitudine earum rerum, quae ex-
portuntur, facile omnibus terris
antecellat*.

Bibulus in Asia] Bibulus hatte
die Erlaubniss erhalten auf der
Durchreise durch Asien für sein Heer
in Syrien eine Aushebung zu veran-
stalten.

6 Regis Deiotari et voluntatem et copias, quantaecunque sunt, nostras esse duco. Cappadocia est inanis. Reliqui reges tyranni-
que neque opibus satis firmi nec voluntate sunt. Mihi in hac
paucitate militum animus certe non deerit, spero ne consilium
quidem. Quid casurum sit incertum est. Utinam saluti nostrae
consulere possimus! dignitati certe consulemus.

EPISTOLA XIV.

(AD FAM. VIII, 8.)

CAELIUS CICERONI S.

1   Etsi de re publica quae tibi scribam habeo, tamen nihil, quod
magis gavisurum te putem, habeo quam hoc. Scito C. Sempronium Rufum, Rufum, mel ac delicias tuas, calumniam maximo
plausu tulisse. Qua quaeris in causa? M. Tuccium, accusato-
rem suum, post ludos Romanos reum lege Plotia de vi fecit, hoc
consilio, quod videbat, si extraordinarius reus nemo accessisset,
sibi hoc anno causam esse dicendam. Dubium porro illi non
erat quid futurum esset. Nemini hoc deferre munusculum ma-

6. *Regis Deiotari*] Deiotarus, Te-
trarch in Galatien, dem Theil von
Kleinasien, der zwischen Bithynien,
Pontus, Phrygien und Cappadocien
lag. Da er den Römern in allen ihren Kriegen Beistand geleistet hatte,
war ihm durch Pompeius sein Gebiet
beträchtlich erweitert worden und
später hatte er auch den Königstitel
erhalten.

EPISTOLA XIV.
Caelius (s. II, 8) berichtet dem
Cicero, was sich in Rom von a. d.
IV Non. Sept. (s. ad fam. VIII, 9) bis
Kal. Oct. zugetragen hat.
1. *calumniam — tulisse*] *Calumnia*
die in böswilliger Absicht unternom-
mene falsche Anklage, *iusiurandum
calumniae* der Schwur, dass man
nicht wissentlich eine ungerechte
Sache vor Gericht führe, *calumniam
ferre* wegen calumnia verurtheilt
werden, die im Gesetz für das Ver-
gehen bestimmte Strafe davon tragen.

post ludos Romanos] Sie wurden
gefeiert vom 4 bis 19 September und
hiessen auch *ludi maximi*.
extraordinarius reus] so genannt,
weil die lex Plautia und die lex Luta-
tia de vi, welche letztere wahrscheinlich nur ein processualischer Nach-
trag zu jener ist, bestimmen, dass ein
Process de vi sofort vorgenommen
werde und dass auch diebus festis
ludisque publicis omnibus negotiis
forensibus intermissis unum hoc iudicium exerceatur (pro Caelio 1).
Dass übrigens, während ein solcher
Process schwebte, alle übrigen ruh-
ten, ist nicht glaublich. Wahrscheinlich hatte in einem solchen Process
der Ankläger das Recht einen Prätor zu wählen, vor dem er ihn führen
wollte. Sempronius wählte den Prätor, bei dem er selbst vom Tuccius
wegen einer anderen Sache angeklagt
war, und hoffte so zu bewirken, dass
seine Sache in diesem Jahre nicht
mehr vorgenommen werden könnte.

luit quam suo accusatori. Itaque sine ullo subscriptore descendit et Tuccium reum fecit. At ego, simul atque audivi, invocatus ad subsellia rei occurro; surgo, neque verbum de re facio, totum Sempronium usque eo perago, ut Vestorium quoque interponam et illam fabulam narrem, quemadmodum tibi pro beneficio dederit, si quid iniuriis suum esset, ut Vestorius teneret.

Haec quoque magna nunc contentio forum tenet. M. Ser- **2** vilius, postquam, ut coeperat, omnibus in rebus turbarat nec, quod non venderet, quicquam reliquerat maximaque nobis traditus erat invidia neque Laterensis praetor postulante Pausania nobis patronis, QUO EA PECUNIA PERVENISSET, recipere voluit, Q.

---

sine ullo subscriptore] Seine Anklage war so eilig und so unbegründet, dass er niemanden fand, der sie unterschrieb und ihn dabei unterstützte. Es war aber sehr ungewöhnlich, dass jemand ohne subscriptores eine Klage anhängig machte.

perago] *Peragere causam*, einen Process durchführen, *peragere reum*, einen Angeklagten zur Verurtheilung bringen. Daher hier: den Sempronius heftig und mit Erfolg angreifen.

Vestorium] Sempronius hatte durch Ciceros Vermittelung vom Geldwechsler Vestorius Geld geliehen und zahlte es nicht zurück. Endlich liess er sich zu der Erklärung herbei, er wolle dem Cicero zu Liebe gewisse Güter, worauf sein Recht zweifelhaft war, dem Vestorius überlassen. Caelius will das Anerbieten lächerlich machen und schreibt deshalb: wenn er etwas besässe, worauf er kein Recht hätte. *Iniuriis*, was sonst nicht vorkommt, analog dem *ingratiis*.

2. *maximaque nobis*] wie ad fam. VIII, 6, 1: *non dubito, quin perlatum ad te sit Appium a Dolabella reum factum, sane quam non ea quam existimaveram invidia.*

quo ea pecunia pervenisset] C. Claudius, welcher in den Jahren 55 und 54 nach seiner Prätur Statthalter von Asien mit proconsularischer Gewalt gewesen war und im Jahre

52 kurz nach seinem Bruder Clodius starb, war im J. 53 wegen Erpressungen belangt und verurtheilt worden. Nach der Verurtheilung war, wie dies immer geschah, abgeschätzt worden, wie hoch sich die Erpressungen beliefen (litis aestimatio), und nach der lex Iulia repetundarum war der vierfache Betrag den Beschädigten als Ersatz zuerkannt worden. Hierzu reichte aber das von Claudius hinterlassene Vermögen nicht aus und es stand nun den Beschädigten das Recht zu von denen, die vom Claudius Geld erhalten hatten, dieses einzuklagen. Cic. pro Rabirio Post. 4, 8: *sunt lites aestimatae A. Gabinio nec praedes dati nec ex bonis populo universa pecunia exacta est. Iubet lex Iulia persequi ab iis, ad quos ea pecunia, quam is ceperit, qui damnatus sit, pervenerit.* Die Klage hiess *quo ea pecunia pervenerit*; dies steht also hier statt des sonst bei *postulare* gebräuchlichen Genitivs oder Ablativs mit *de*, wie bei Cic. pro Rab. Post. 4, 9: *contendo neminem unquam quo ea pecunia pervenisset causam dixisse, qui in aestimandis litibus appellatus non esset.* Es verklagte also Pausanias, der Geschäftsführer der Asiaten, den von Caelius vertheidigten Servilius, weil an diesen aus dem Vermögen des Claudius Geld gekommen wäre; der Prätor nahm aber die Klage nicht

Pilius, necessarius Attici nostri, de repetundis eum postulavit.
Magna illico fama surrexit et de damnatione ferventer loqui est
coeptum. Quo vento proiicitur Appius minor, ut indicaret pecuniam ex bonis patris pervenisse ad Servilium praevaricationis-
que causa diceret depositum HS LXXXI. Admiraris amentiam;
immo si actionem stultissimasque de se, nefarias de patre confes-
3 siones audisses. Mittit in consilium eosdem illos, qui lites aesti-
marant, iudices. Cum aequo numero sententiae fuissent, Laterensis
leges ignorans pronuntiavit quid singuli ordines iudicassent et
ad extremum, ut solent, NON REDIGAM. Postquam discessit
et pro absoluto Servilius haberi coeptus est, legis unum et cen-
tesimum caput legit, in quo ita erat: QUOD EORUM IUDICUM MAIOR
PARS IUDICARIT, ID IUS RATUMQUE ESTO; in tabulas absolutum non
retulit, ordinum iudicia perscripsit. Postulante rursus Appio,

---

an (*recipere* oder *nomen recipere*),
wahrscheinlich weil dem Kläger die
nöthigen Beweismittel fehlten.

de repetundis] Dass Servilius,
welcher *nihil quod non venderet
reliquerat*, wegen Erpressungen hat
angeklagt werden können, ist be-
greiflich; denn von der lex Iulia re-
pet. heisst es in den Digesten: *pertinet ad eas pecunias, quas quis in
magistratu, potestate, curatione,
legatione vel quo alio munere mini-
steriove publico cepit vel cum ex
cohorte cuius eorum est.*

loqui est coeptum] *Coeptum est,*
es ist angefangen worden, man hat
angefangen = coeperunt. Sonst
steht es beim Inf. pass. gleichbedeu-
tend mit coepit.

Quo vento proiicitur] C. Claudius
hatte seinem Ankläger, wenn er die
Anklage so führen würde, dass Freisprechung erfolgte, HS LXXXI versprochen und dieses Geld beim Servilius deponirt. Servilius hatte das
Geld dem Ankläger nicht ausgezahlt, weil Claudius verurtheilt worden war; er hatte es aber auch nicht
der Familie des bald nachher verstorbenen Claudius zurückgezahlt. Um
nun das Geld wenigstens dem Servilius zu entziehen, zeigt jetzt der
Sohn des Claudius an, dass aus dem

Vermögen seines Vaters die genannte
Summe an den Servilius gekommen
sei und verlangt, dass dies Geld zur
Befriedigung der beraubten Asiaten
mit verwandt werde.

immo si] wie viel mehr würdest
du es, wenn u. s. w. So häufig bei
den Komikern *immo si scias, si au-
dias.* Ter. Eun. 2, 3, 62: C. *duras
fratris partes praedicas.* P. *Immo
enim, si scias, quod donum huic
dono contra comparet, tum magis
id dicas.*

3. *singuli ordines*] Nach der lex
Aurelia iudiciaria vom J. 70 urthei-
ten drei Richterdecurien von unglei-
cher Stärke, senatores, equites, tribuni aerarii. Zwei davon hatten den
Servilius freigesprochen, im Ganzen
aber war die Hälfte der Richter gegen ihn. In Folge davon that der
Prätor zuerst den Ausspruch: n o n
r e d i g a m, sc. pecuniam; nachher
aber, als er sah, dass nach der lex
Iulia die Stimmen der einzelnen
Richter gezählt werden müssten
und dass zur Freisprechung Stim-
menmehrheit erforderlich wäre,
wurde er schwankend, bis er nach
einer Uebereinkunft mit dem L. Lol-
lius, wahrscheinlich einem der Richter, die verurtheilt hatten, sich zur
definitiven Freisprechung entschloss.

cum cum L. Lollio transegisset, relaturum dixit. Sic nunc neque absolutus neque damnatus Servilius de repetundis saucius Pilio tradetur. Nam de divinatione Appius, cum calumniam iurasset, contendere ausus non est Pilioque cessit, et ipse de pecuniis repetundis a Serviliis est postulatus et praeterea de vi reus a quodam suo emissario Sex. Tettio factus. Recte hoc par habet.

Quod ad rem publicam pertinet, omnino multis diebus exspectatione Galliarum actum nihil est. Aliquando tamen saepe 4 re dilata et graviter acta et plane perspecta Cn. Pompeii voluntate in eam partem, ut eum decedere post Kalendas Martias placeret, senatus consultum, quod tibi misi, factum est auctoritatesque perscriptae.

    Senatus consultum. Auctoritates. Pridie Kal. Octobr. in aede 5

neque absolutus] Dass er nicht auf ordnungsmässigem Wege freigesprochen ist, kann beim zweiten Process ihm bei den Richtern schaden.

de divinatione] Gell. N. A. II, 4: *cum de constituendo accusatore quaeritur iudiciumque super ea re redditur, cuinam potissimum ex duobus pluribusve accusatio subscriptiove in reum permittatur, ea res atque iudicum cognitio divinatio appellatur.* Divinationes heissen auch die Reden, die bei solchen Gelegenheiten gehalten wurden, wie z. B. die bekannte divinatio in Q. Caecilium. Hier steht divinatio geradezu für potestas nominis deferendi.

calumniam iurasset] obgleich er bereits den vorgeschriebenen Eid, dass er nicht aus calumnia klage, geleistet hatte. In Betreff der Construction vgl. ad Att. XII, 13, 2: *perpetuum morbum iurabo,* d. i. ich werde schwören, dass ich fortwährend krank bin; hier dagegen: dass ich nicht calumniator bin.

hoc par] Appius und sein ehemaliger Helfershelfer passen zu einander. *Habet == se habet* s. zu III, 22, 1.

4. *exspectatione Galliarum*] die Erwartung der Beschlüsse über Gallien, wie das Adjectivum ad Att. VIII, 5, 2: *pendeo animi exspectatione Corfiniensi*, ich bin gespannt auf das, was in Corfinium geschehen wird.

post Kal. Martias] ist zu *placeret*, nicht zu *decedere* zu beziehen. Der Consul M. Marcellus hatte beim Senat den Antrag gestellt, dass bei der Consulwahl Caesar, wenn er abwesend wäre, nicht berücksichtigt werden dürfte und dass er deshalb vor der gesetzmässigen Zeit, und zwar am nächsten 1 März, seine Provinz verlassen sollte. Dagegen meinte Pompeius, nach dem Gesetz des Pompeius und Crassus, welches dem Caesar das imperium auf fünf Jahre verlängert hatte, dürfte erst im letzten dieser Jahre, d. h. nach dem 1 März, über Gallien ein Beschluss gefasst werden. Vgl. weiter unten § 9 und ad fam. VIII, 9, 5: *Pompeius hanc sententiam dixit, nullum hoc tempore senatus consultum faciendum.*

auctoritatesque perscriptae] Senatus auctoritas im weiteren Sinne war jeder Beschluss des Senats, im engeren eine solche Willenserklärung desselben, die wegen erfolgter Intercession oder anderer Hindernisse zum gültigen Beschlusse nicht erhoben werden konnte. S. zu II, 2, 4.

5. *Senatus consultum. Auctoritates*] Ankündigung, dass nun ein Senatusconsult und drei auctorita-

Apollinis. Scrib. affuerunt L. Domitius Cn. F. Fab. Ahenobarbus,
Q. Caecilius Q. F. Fab. Metellus Pius Scipio, L. Villius L. F. Pom.
Annalis, C. Septimius T. F. Quirina, C. Lucilius C. F. Pup. Hir-
rus, C. Scribonius C. F. Pop. Curio, L. Ateius L. F. An. Capito,
M. Oppius M. F. Ter. Quod M. Marcellus consul V. F. de pro-
vinciis consularibus D. E. R. I. C., uti L. Paullus, C. Marcellus
coss., cum magistratum inissent, o. d. ex Kal. Mart., quae in suo
magistratu futurae essent, de consularibus provinciis ad senatum
referrent, neve quid prius ex Kal. Mart. ad senatum referrent
neve quid coniunctim, utique eius rei causa per dies comitiales
senatum haberent senatusque consultum facerent, et, cum de ea re
ad senatum referrent, ut a consiliis, qui senatorum in CCC iudici-

tes folgen, wie in den Reden häufig
testimonium, decretum u. s. w.

Scribendo affuerunt] S. zu I, 2, 4.

Cn. F. Fab.] d. i. Gnaei filius, Fabia. Im officiellen Stil wird zwischen nomen und cognomen das
praenomen des Vaters und dann der
Name der tribus im Ablativ eingeschoben. Die hier vorkommenden
Tribusnamen sind Fabia, Pomptina,
Quirina, Pupinia, Popilia, Anniensis,
Teretina (nicht Terentina).

V. F.] verba fecit.

D. E. R. I. C] de ea re ita censuerunt.

L. Paullus, C. Marcellus] die für
das Jahr 50 designirten Consuln.

o: d. ex Kal] Der codex Med. hat
a. d. ex X Kal; da aber gleich nachher
ex Kal Mart. steht und da das Senatusconsultum gewiss in sententiam
Scipionis abgefasst war, worüber
Caelius ad fam. VIII, 9, 5 berichtet:
Scipio hanc sententiam dixit, ut
Kalend. Martiis de provinciis Galliis
neu quid coniunctim referretur, so
wird die X zu streichen sein. *A. d.* vor
ex, was nicht erklärt werden kann,
ist hier verändert in *o. d.* = omnibus diebus. Vielleicht ist auch dieses zu streichen; denn es kann leicht
sein, dass *a. d. X* als Verbesserung
des *ex* übergeschrieben gewesen
und dann in den Text gekommen
ist. *Ex* gewöhnlich von der Ver-

gangenheit seit, hier von der Zukunft von da an; s. III, 3, 3.
Ebenso ad Att. XVI, 14, 4: *scribit se*
ex Nonis aedem Opis explicaturum.

neve quid coniunctim] Was nach
diesen Worten im cod. Med. folgt:
de ea re referrentur a consiliis halte
ich für eingeschoben aus dem Folgenden. Die gewöhnliche Verbesserung *de ea re referretur a consuli-*
bus befriedigt nicht, weil *cum ea re*
stehen müsste und weil der Sub-
jectswechsel anstössig ist.

per dies comitiales] Durch die
zwischen den Jahren 153 und 67 gegebene lex Pupia war verordnet,
dass die Consuln, Prätoren und
Volkstribunen in der Zeit vom XV
Kal. Febr. bis zu Kal. Febr. nur
über gewisse innere Angelegenheiten mit dem Volke und Senate ver-
handeln sollten und dass, wenn bis
dahin diese nicht erledigt wären,
alle Comitialtage von XII Kal. Mart.
an dazu verwendet würden. Durch
unser Senatusconsult wird bestimmt,
nicht dass die Consuln dürften, sondern dass sie müssten an allen Comitialtagen Senatssitzungen wegen
dieser Angelegenheit halten. Nach
der gewöhnlichen Ansicht bestimmte die lex Pupia, dass an allen Comitialtagen der Senat nicht berufen
werden dürfte.

in CCC iudicibus] vielleicht ist

bus essent, eos abducere liceret. Si quid de ea re ad populum ple-
bemve lato opus esset, ut Ser. Sulpicius, M. Marcellus coss., prae-
tores tribunique pl., quibus eorum videretur, ad populum ple-
bemve ferrent; quod ii non tulissent, uti, quicunque deinceps es-
sent, ad populum plebemve ferrent. Cen.

　　Prid. Kal. Octob. in aede Apollinis. Scrib. affuerunt L. Do- 6
mitius Cn. F. Fab. Ahenobarbus, Q. Caecilius Q. F. Fab. Metel-
lus Pius Scipio, L. Villius L. F. Pom. Annalis, C. Septimius T. F.
Quirina, C. Scribonius C. F. Pop. Curio, L. Ateius L. F. An. Ca-
pito, M. Oppius M. F. Ter. Quod M. Marcellus cos. V. F. de
provinciis, D. E. R. I. C., senatum existimare, neminem eorum,
qui potestatem habent intercedendi impediendi, moram afferre
oportere, quominus de R. P. P. R. Q. ad senatum referri senati-
que consultum fieri possit; qui impedierit prohibuerit, eum sena-
tum existimare contra rem publicam fecisse. Si quis huic S. C.
intercesserit, senatui placere auctoritatem perscribi et de ea re ad
senatum populumque referri. Huic S. C. intercessit C. Caelius,
L. Vinicius, P. Cornelius, C. Vibius Pansa.

　　Item senatui placere de militibus, qui in exercitu C. Caesa- 7
ris sunt: qui eorum stipendia emerita aut causas, quibus de cau-
sis missi fieri debeant, habeant, ad hunc ordinem referri, ut eo-
rum ratio habeatur causaeque cognoscantur. Si quis huic S. C.
intercessisset, senatui placere auctoritatem perscribi et de ea re ad
hunc ordinem referri. Huic S. C. intercessit C. Caelius, C. Pan-
sa, tribuni plebis.

　　Itemque senatui placere in Ciliciam provinciam, in octo re- 8

CCCLX zu lesen. Vellei. II, 76: *C.*
Velleius honoratissimo inter illos
trecentos sexaginta iudices loco a
Cn. Pompeio lectus.

　lato opus esset] der Abl. des Part.
perf. pass. bei *opus est;* z. B. Cic.
pro Mil. 19, 49: *erat nihil, cur pro-*
perato opus esset; auch mit beige-
setztem Substantiv, ad Att. X, 4, 11:
opus fuit Hirtio convento; auch mit
dem Nominativ bei *opus est,* Nep.
Eum. 9: *quid opus sit facto;* Cato
de re rust. 2: *quae opus sint locato,*
locentor.

　quicunque deinceps] d. i. die Magistrate des nächsten Jahres; das
ius agendi cum populo hatten nur
die Consuln, Prätoren und Tribunen.

　Cen.] d. i. *censuere.* So am Schluss

Ciceros ausgew. Briefe.

der beiden Senatsconsulte bei Mommsen, Berichte der Sächs. Ges. d. Wis-
senschaften 1852 p. 274: *Censuere.*
In senatu fuerunt CCCLXXXIII.

　6. *de R. P. P. R. Q.*] de re publica populi Romani Quiritium.

　et de ea re] Nach erfolgter Intercession wurde oft wieder über die
Intercession referirt, um die Tribunen zu bewegen das Veto zurück-
zunehmen.

　7. *causaeque cognoscantur*] Es
sollte untersucht werden, ob die
Ansprüche auf Befreiung vom Dienst,
die die einzelnen Soldaten hätten,
gesetzlich begründet wären. Hierdurch hoffte man Caesars Armee zu
schwächen.

　8. *Itemque senatui*] Mit den bei-

*liquas provincias, quas praetorii pro praetore obtinerent, eos, qui
praetores fuerunt neque in provinciam cum imperio fuerunt, quos
eorum ex S. C. cum imperio in provincias pro praetore mitti
oporteret, eos sortito in provincias mitti placere; si ex eo numero, quos ex S. C. in provincias ire oporteret, ad numerum non
essent, qui in eas provincias proficiscerentur, tum uti quodque
collegium primum praetorum fuisset neque in provincias profecti
essent, ita sorte in provinciam proficiscerentur; si ii ad numerum
non essent, tunc deinceps proximi cuiusque collegii, qui praetores fuissent neque in provincias profecti essent, in sortem coi-
cerentur, quoad is numerus effectus esset, quem ad numerum in
provincias mitti oporteret. Si quis huic S. C. intercessisset, auctoritas perscriberetur. Huic S. C. intercessit C. Caelius, C. Pansa, tribuni plebis.*

9   Illa praeterea Cn. Pompeii sunt animadversa, quae maxime
confidentiam attulerunt hominibus, ut diceret se ante Kalend.
Mart. non posse sine iniuria de provinciis Caesaris statuere, post
Kal. Mart. se non dubitaturum. Cum interrogaretur, si qui tum
intercederent, dixit hoc nihil interesse, utrum C. Caesar senatui
dicto audiens futurus non esset an pararet, qui senatum decernere non pateretur. Quid? si, inquit alius, et consul esse et

den ersten Beschlüssen bezweckten
die Optimaten, dass über die beiden
consularischen Provinzen, die alle
Jahre vertheilt zu werden pflegten,
jedenfalls am nächsten 1. März ein
Beschluss gefasst würde; mit diesem dritten wollten sie bewirken,
dass dann Cäsars Provinzen nothwendig zur Vertheilung kommen
müssten; denn wenn 9 Provinzen
gewesenen Prätoren gegeben waren, so konnten zu consularischen nur bestimmt werden ausser
Syrien die beiden Spanien, die damals Pompeius, und die beiden Gallien, die Caesar inne hatte, und
wenn man nur zwischen diesen beiden zu wählen hatte, liess sich hoffen, dass man sich gegen Caesar
entscheiden würde.

in provinciam] Bei *esse, habere*
und anderen Verbis der Ruhe findet
sich oft *in* mit dem Accusativ, auch
bei Cicero; z.B. de imp. Cn. Pomp. 12,
33; in Verr. V, 38: *in potestatem*

alicuius esse; div. in Caec. 20, 66:
*in amicitiam populi Romani dicio-
nemque esse;* ad Att. XV, 4, 2: *ut
certior fieret quo die in Tusculanum essem futurus.* Vgl. Gell. I, 7.
    eos sortito] *eos* Epanalepsis; s. zu I,
11 u. II, 1,3. Ueber d. S. C. s. zu II, 6, 1.
    uti quodque collegium] Um mög-
lichst viele Provinzen neu zu be-
setzen, wurde bestimmt, dass, wenn
die, welche vor 5 Jahren Prätoren
gewesen wären, nicht ausreichten,
nach einander die, welche vor 4, 3,
2 Jahren die Prätur bekleidet hätten, berücksichtigt werden sollten.
    9. *ut diceret*] Aeusserungen von
der Art, dass er sagte, wie de off.
I, 22, 78: *mihi Pompeius hoc tribuit,
ut diceret.* S. zu II, 2, 9.
    et consul esse] Durch ein von den
10 Tribunen mit Bewilligung des
Pompeius im Jahre 52 eingebrach-
tes Gesetz war dem Caesar bewilligt worden, dass er sich abwesend
um das Consulat bewerben dürfte.

exercitum habere volet? At ille quam clementer: Quid? si filius
meus fustem mihi impingere volet? His vocibus, ut existimarent
homines Pompeio cum Caesare esse negotium, effecit. Itaque
iam, ut video, alteram utram ad condicionem descendere vult·
Caesar, ut aut maneat neque hoc anno sua ratio habeatur, aut,
si designari poterit, decedat. Curio se contra eum totum parat. 10
Quid assequi possit nescio. Illud video, bene sentientem, etsi
nihil effecerit, cadere non posse.

Me tractat liberaliter Curio et mihi suo munere negotium
imposuit. Nam si mihi non dedisset eas, quae ad ludos ei ad-
vectae erant Africanae, potuit supersederi. Nunc, quoniam dare
necesse est, velim tibi curae sit, quod a te semper petii, ut aliquid istinc bestiarum habeamus; Sittianamque syngrapham tibi
commendo. Libertum Philonem istuc misi et Diogenem Graecum, quibus mandata et litteras ad te dedi. Eos tibi et rem, de
qua misi, velim curae habeas; nam, quam vehementer ad me per-
tineat, in iis, quas tibi illi reddent, litteris descripsi.

EPISTOLA XV.

(AD FAM. XV, 4.)

M. CICERO IMP. S. D. M. CATONI.

Summa tua auctoritas fecit meumque perpetuum de tua 1
singulari virtute iudicium, ut magni mea interesse putarem et
res eas, quas gessissem, tibi notas esse et non ignorari a te qua

Jetzt wollten die Optimaten durchsetzen, dass er vor der Bewerbung
sein Heer entlassen und nach Rom
kommen müsste.

neque hoc anno] d.i. in dem Jahre, in welchem er nach dem Gesetze
sich bewerben sollte; nach der gewöhnlichen Ansicht 49, wie ich glaube 50, d.i. für die nächsten Comitien,
in dem Jahre, in welchem die Optimaten ihn zurückrufen wollten.
Hofmann de orig. bell. civ. p. 30.

10. *eas*] nämlich *pantheras.* Curio
(s. II, 3) hatte Spiele zu Ehren seines
verstorbenen Vaters gegeben und die
dabei gebrauchten Panther dem
Caelius geschenkt, der im nächsten
Jahre als Aedilis curulis dem Volke
Spiele geben musste. Caelius hätte
allenfalls auch ohne Thiergefechte
auskommen können; nun aber hatte
er keine Entschuldigung mehr.

Sittianamque syngrapham] Cicero
sollte dem Philo und Diogenes behülflich sein das Geld, welches Caelius nach der Schuldverschreibung
eines gewissen Sittius zu fordern
hatte, einzucassiren.

EPISTOLA XV.

Mit diesem Bericht von seinen
Kriegsthaten in der Provinz will
Cicero den unter den Optimaten
sehr einflussreichen M. Porcius Cato bewegen für das Dankfest zu
stimmen, das er vom Senat seiner
Siege wegen angeordnet haben
wollte. Der Brief ist geschrieben
im Februar 50 in Laodicea.

aequitate et continentia tuerer socios provinciamque administrarem. Iis enim a te cognitis arbitrabar facilius me tibi quae vel-
2 lem probaturum. Cum in provinciam pridie Kal. Sext. venissem
et propter anni tempus ad exercitum mihi confestim esse eundum viderem, biduum Laodiceae fui, deinde Apameae quatriduum, triduum Synnadis, totidem dies Philomeli. Quibus in oppidis cum magni conventus fuissent, multas civitates acerbissimis
tributis et gravissimis usuris et falso aere alieno liberavi. Cumque ante adventum meum seditione quadam exercitus esset dissipatus, quinque cohortes sine legato, sine tribuno militum, denique etiam sine centurione ullo apud Philomelium consedissent,
reliquus exercitus esset in Lycaonia, M. Anneio legato imperavi,
ut eas quinque cohortes ad reliquum exercitum duceret coactoque in unum locum exercitu castra in Lycaonia apud Iconium fa-
3 ceret. Quod cum ab illo diligenter esset actum, ego in castra a.
d. VII Kal. Septemb. veni, cum interea superioribus diebus ex se-

---

2. *pridie Kal. Sext.*] Vor Caesars Kalenderreform im Jahre 46,
dem annus confusionis ultimus, welches auf 445 Tage ausgedehnt wurde, war der römische Kalender in
arger Verwirrung. Die hier erwähnten Kal. Sext. fielen auf den
29 Juni, was für den Beginn eines
Feldzugs schon vorgerückte Jahreszeit ist.

biduum Laodiceae] Ueber die
Dauer von Ciceros Aufenthalt in
den einzelnen Städten s. zu II, 9.
Philomeli Genitiv von *Philomelium*.

gravissimis usuris] Der damals
gewöhnliche Zinsfuss war die centesima (sc. pars sortis) d. i. 1 Procent monatlich oder 12 Procent
jährlich. Es wurden aber in den
Provinzen, die wegen der unerschwinglichen Abgaben ganz in den
Händen der römischen Wucherer
waren, viel höhere Zinsen gefordert.
So hatte M. Brutus, der nachmals
den Caesar ermordete, in Ciceros
Provinz sein Geld zu 48 Procent
(quaternae centesimae) untergebracht. Ausserdem wurden noch
die nicht bezahlten jährlichen Zinsen zum Capital geschlagen, was

anatocismus hiess.

falso aere alieno] die Schulden,
die ihnen aus widerrechtlich geforderten Abgaben oder Zinsen erwachsen waren.

eas quinque cohortes] Von Tralles hatte Cicero, ehe er in die Provinz kam, dem Atticus (V. 14) geschrieben, ein Soldatenaufstand sei
von Appius gedämpft worden und
der Sold sei den Soldaten bis zu
den Id. Quintil. ausgezahlt worden.
Von diesem Aufstand her lagerten
5 Cohorten bei Philomelium und
wurden nun durch den M. Anneius
mit dem übrigen Heere bei Iconium
vereinigt. Aber auch jetzt noch
fehlten drei Cohorten. Ueber sie
schreibt Cicero an den Appius ad
fam. III, 6, 5: *Illud, vere dicam, me
movet, in tanta militum paucitate
abesse tres cohortes, quae sint plenissimae, nec me scire ubi sint. . . .
Itaque Antonium, praefectum erocatorum, misi ad te, cui, si tibi videretur, cohortes traderes.*

3. *cum interea*] nicht, wie gewöhnlich, mit dem Indicativ; denn
es dient hier nicht dazu eine gleichzeitige Handlung der Hauptbandlung
anzuknüpfen.

natus consulto et evocatorum firmam manum et equitatum sane
idoneum et populorum liberorum regumque sociorum auxilia
voluntaria comparavissem. Interim cum exercitu lustrato iter in
Ciliciam facere coepissem Kal. Septemb., legati a rege Commageno ad me missi pertumultuose, neque tamen non vere, Parthos in Syriam transisse nuntiaverunt. Quo audito vehementer 4
sum commotus cum de Syria tum de mea provincia, de reliqua
denique Asia. Itaque exercitum mihi ducendum per Cappadociae
regionem eam, quae Ciliciam attingeret, putavi. Nam si me in
Ciliciam demisissem, Ciliciam quidem ipsam propter montis
Amani naturam facile tenuissem; duo sunt enim aditus in Ciliciam ex Syria, quorum uterque parvis praesidiis propter angustias intercludi potest, nec est quicquam Cilicia contra Syriam
munitius. Sed me Cappadocia movebat, quae patet a Syria
regesque habet finitimos, qui etiamsi sunt etiam amici nobis, tamen aperte Parthis inimici esse non audent. Itaque in Cappadocia extrema non longe a Tauro apud oppidum Cybistra castra
feci, ut et Ciliciam tuerer et Cappadociam tenens nova finitimorum consilia impedirem. Interea in hoc tanto motu tantaque ex- 5
spectatione maximi belli rex Deiotarus, cui non sine causa plurimum semper et meo et tuo et senatus iudicio tributum est, vir cum
benevolentia et fide erga populum Romanum singulari tum praesentia, magnitudine et animi et consilii, legatos ad me misit, se

---

evocatorum firmam manum] Evocati sind Leute, die ihre Dienstzeit
vollendet haben und gegen mancherlei Bevorzugungen beim Dienst
und beim Solde freiwillig wieder ins
Heer eingetreten sind, wo sie eine
eigne Abtheilung bilden.

Kal. Sept.] Das Lager bei Iconium wurde pr. Kal. Sept. abgebrochen (ad fam. III, 6, 6); das Heer
trat den Marsch nach Cilicien an
Kal. Sept.; Cicero selbst blieb noch
einige Tage in Iconium zurück und
empfing dort die Meldung der Gesandten des Commageners III Non.
Sept. (ad fam. XV, 3, 1).

4. *etiam amici*] *etiam* noch,
wie in Verr. III, 23, 56: *cum iste
etiam cubaret;* in Cat. I, 1, 1: *quamdiu
etiam furor iste tuus nos eludet!*

5. *cui non sine causa*] Cic. Philip. XI, 13, 33: *Quae de illo viro*

*Sulla, quae Murena, quae Servilius,
quae Lucullus, quam ornate, quam
honorifice, quam graviter saepe in
senatu praedicaverunt! Quid de
Cn. Pompeio loquar? qui unum
Deiotarum in toto orbe terrarum
ex animo amicum vereque benevolum, unum fidelem populo Romano
iudicavit;* pro Deiot. 13, 37: *Ab
omnibus est ornatus, qui, posteaquam in castris esse potuit per ae-
tatem, in Asia, Cappadocia, Ponto,
Cilicia, Syria bella gesserunt. Senatus vero iudicia de illo tam multa
tamque honorifica, quae publicis
populi Romani litteris monumentis-
que consignata sunt, quae unquam
vetustas obruet aut quae tanta de-
lebit oblivio?*

praesentia, magnitudine] Asyndeton in der abgebrochenen Aufzählung; s. zu II, 12, 2.

cum omnibus suis copiis in mea castra esse venturum. Cuius
ego studio officioque commotus egi ei per litteras gratias, idque
6 ut maturaret hortatus sum. Cum autem ad Cybistra propter
rationem belli quinque dies essem moratus, regem Ariobarzanem,
cuius salutem a senatu te auctore commendatam habebam, praesentibus insidiis necopinantem liberavi neque solum ei saluti
fui, sed etiam curavi, ut cum auctoritate regnaret. Metram et
eum, quem tu mihi diligenter commendaras, Athenaeum impor-
tunitate Athenaidis exsilio multatos in maxima apud regem auctoritate gratiaque constitui. Cumque magnum bellum in Cappadocia concitaretur, si sacerdos armis se, quod facturus putabatur,
defenderet, adolescens et equitatu et peditatu et pecunia paratus
et totus iis, qui novari aliquid volebant, perfeci, ut e regno ille

6. *propter rationem belli*] der
Kriegsplan; Cic. de prov. consul. 14, 35: *nec totam Gallici belli
rationem prope iam explicatam
perturbare atque impedire debemus;* in Cat. II, 6, 13: *quemadmodum esset ei ratio totius belli de-
scripta edocui.*

essem moratus] Dass Cicero
während seines fünftägigen Aufenthalts bei Cybistra, nicht nach demselben die Sache des Ariobarzanes
in Ordnung gebracht hat, ersieht
man aus ad fam. XV, 2, 3. Aber
das Befreien ist das Ergebniss seiner Bemühungen, und dies war erst
erreicht nach Ablauf der fünftägigen Frist. Als ich mich fünf Tage
dort aufgehalten und sehr für ihn
bemüht hatte, war er frei.

in maxima] Cic. in Verr. I, 30, 77:
*eum tibi quaestoris in loco consti-
tueras;* Q. Cicero de petit. cons. 9,
37: *ut suos necessarios in hoc munere constituant;* Ovid Metam. V,
319: *falsoque in honore Gigantas
ponit.* Im codex Mediceus fehlt das in.

concitaretur] Für das Plusquamperfectum Coniunctivi zur Bezeich-
nung einer Handlung, die in der
Vergangenheit Statt gefunden haben
könnte, aber nicht Statt gefunden
hat, steht häufig das Imperfect. Coi-
unctivi sowohl im Vorder-, als im
Nachsatze, als auch in beiden Sät-

zen. Cic. in Verr. III, 39, 89: *profecto nunquam iste tam amens
fuisset ...., nisi omnis ea praeda
servi nomine ad istum ipsum per-
veniret.* Liv. IX, 19, 5: *Persas, In-
dos aliasque si Alexander adiun-
xisset gentes, impedimentum maius
quam auxilium traheret.* Cic. in
Verr. III, 56, 129: *non perpeterere
(nicht hättest du geduldet), ut homines iniuriae tuae remedium morte ac suspendio quaererent, nisi ea
res ad quaestum et ad praedam
tuam pertineret.*

sacerdos] Hirtius de bell. Ale-
xand. 66: *Comana, vetustissimum et
sanctissimum in Cappadocia Bello-
nae templum, quod tanta religione
colitur, ut sacerdos eius deae maiestate, imperio, potentia secundus a
rege consensu illius gentis habeatur.* Der damalige Priester hiess
Archelaus.

et totus] zu ergänzen *paratus*, wie
es ad fam. VIII, 8, 10 heisst: *Curio se
contra eum totum parat.* Vielleicht
könnte totus hier im Sinne von *totus
deditus* genommen werden; vgl.
Liv. XXIII, 14, 7: *plebs Hannibalis
tota esse;* Tibull. IV, 6, 3: *tota tibi
est* (puella); ad Att. XIV, 11, 2: *modo
venit Octavianus mihi totus deditus.* Toto, was der cod. Med. hat,
erklärt I. F. Gronov mit *quod summam rem continet;* Victorius will

discederet rexque sine tumultu ac sine armis omni auctoritate aulae communita regnum cum dignitate obtineret. Interea co- 7 gnovi multorum litteris atque nuntiis magnas Parthorum copias et Arabum ad oppidum Antiocheam accessisse magnumque eorum equitatum, qui in Ciliciam transisset, ab equitum meorum turmis et a cohorte praetoria, quae erat Epiphaneae praesidii causa, occidione occisum. Quare, cum viderem a Cappadocia Parthorum copias aversas non longe a finibus esse Ciliciae, quam potui maximis itineribus ad Amanum exercitum duxi. Quo ut veni, hostem ab Antiochea recessisse, Bibulum Antiocheae esse cognovi; Deiotarum confestim iam ad me venientem cum magno et firmo equitatu et peditatu et cum omnibus suis copiis certiorem feci non videri esse causam cur abesset a regno, meque ad eum, si quid novi forte accidisset, statim litteras nuntiosque missurum esse. Cumque eo animo venissem, ut utrique 8 provinciae, si ita tempus ferret, subvenirem, tum id, quod iam ante statueram vehementer interesse utriusque provinciae, pacare Amanum et perpetuum hostem ex eo monte tollere, agere perrexi. Cumque me discedere ab eo monte simulassem et alias partes Ciliciae petere abessemque ab Amano iter unius diei et castra apud Epiphaneam fecissem, a. d. iv Idus Octobres, cum advesperasceret, expedito exercitu ita noctu iter feci, ut a. d. iii Idus Octobres, cum lucisceret, in Amanum ascenderem, distributisque cohortibus et auxiliis, cum aliis Q. frater legatus mecum simul, aliis C. Pomptinius legatus, reliquis M. Anneius et L. Tullius legati praeessent, plerosque necopinantes oppressimus, qui occisi captique sunt interclusi fuga. Eranam autem, quae fuit non vici instar, sed urbis, quod erat Amani caput, itemque Sepyram et Commorim, acriter et diu repugnantibus Pomptinio

lesen *omnino*, Schütz *socius*, Seyffert *iutus*, Nipperdey *et tot iis*, Kempf, der eine Lücke annimmt, *et toto deditus animo iis*.

7. *ad Amanum*] Nach ad fam. III, 8, 10 rückte Cicero von Tarsus aus nach dem Amanus, dem Grenzgebirge zwischen Cilicien und Syrien, Nonis Octobr. vor und war VIII Id. Octobr. in Mopsuhestia, am Fusse dieses Gebirges. Inzwischen hatte C. Cassius, der als Quästor während Bibulus Abwesenheit Syrien vorstand, am 5 oder 6 October die Parther von Antiochea zurückgeschla-

gen.

8. *tum id*] *Tum*, das nach temporalen Vordersätzen sehr häufig steht, um anzuzeigen, dass die Haupthandlung gerade dann beginnt, wenn die Nebenhandlung vollendet ist, ist hier nach dem causalen Vordersatz == nun, wo von den Parthern keine Gefahr mehr drohte.

perrexi] S. zu I, 16, 5.

interclusi fuga] da ihnen die Flucht abgeschnitten war.

acriter et diu repugnantibus] Jene Orte wurden erst genommen,

illam partem Amani tenenti, ex antelucano tempore usque ad horam diei decimam magna multitudine hostium occisa cepimus
9 castellaque vi capta complura incendimus. His rebus ita gestis castra in radicibus Amani habuimus apud Aras Alexandri quatriduum et in reliquiis Amani delendis agrisque vastandis, quae pars eius montis meae provinciae est, id tempus omne consump-
10 simus. Confectis his rebus ad oppidum Eleutherocilicum Pindenissum exercitum adduxi. Quod cum esset altissimo et munitissimo loco ab iisque incoleretur, qui ne regibus quidem unquam paruissent, cum et fugitivos reciperent et Parthorum adventum acerrime exspectarent, ad existimationem imperii pertinere arbitratus sum comprimere eorum audaciam, quo facilius etiam ceterorum animi, qui alieni essent ab imperio nostro, frangerentur. Vallo et fossa circumdedi, sex castellis castrisque maximis saepsi, aggere, vineis, turribus oppugnavi ususque tormentis multis, multis sagittariis, magno labore meo sine ulla molestia sumptuve sociorum septimo quinquagesimo die rem confeci, ut omnibus partibus urbis disturbatis aut incensis compulsi in potestatem meam pervenirent. His erant finitimi pari scelere et audacia Tebarani; ab iis Pindenisso capto obsides accepi. Exercitum in hiberna dimisi; Q. fratrem negotio praeposui, ut in vicis aut captis aut male pacatis exercitus collocaretur.

11   Nunc velim sic tibi persuadeas, si de his rebus ad senatum relatum sit, me existimaturum summam mihi laudem tributam, si tu honorem meum sententia tua comprobaris. Idque, etsi

als Cicero, der die ihm entgegenstehenden Feinde geworfen hatte, dem Pomptinius Hülfe brachte; ad Att. V, 20, 3: *castella munitissima nocturno Pomptini adventu, nostro matutino cepimus, incendimus.* Das Subject des Abl. abs. *iis*, nämlich die Städte, ist zu ergänzen, wie bei Caes. b. G. IV, 12, 1: *impetu facto celeriter nostros perturbaverunt; rursus resistentibus* (nämlich iis) *consuetudine sua ad pedes desiluerunt;* b. civ. I, 30, 3: *Caralitani, simul ad se Valerium mitti audierunt, nondum profecto ex Italia sua sponte Cottam ex oppido eiiciunt.*

9. *apud Aras Alexandri*] ad Att. V, 20, 3: *castra paucos dies habuimus ea ipsa, quae contra Darium*

habuerat apud *Issum Alexander;* Curt. III, 33: *tribus aris in ripa Pinari amnis Iovi atque Herculi Minervaeque sacratis Syriam petit* (Alexander).

quae pars eius] statt eius montis agris, qui — sunt. S. zu III, 6, 3.

10. *Eleutherocilicum*] ein Theil der Cilicier, die immer ihre Unabhängigkeit behauptet hatten.

cum et fugitivos] Anaphora: da sie ferner.

compulsi] in die Enge getrieben. Cic. de prov. cons. 13, 33: *ceteras nationes conterruit, compulit, domuit.*

11. *si tu honorem*] wenn du für die Bewilligung eines Dankfestes stimmst.

talibus de rebus gravissimos homines et rogare solere et rogari
scio, tamen admonendum potius te a me quam rogandum puto.
Tu es enim is, qui me tuis sententiis saepissime ornasti, qui oratione, qui praedicatione, qui summis laudibus in senatu, in contionibus ad caelum extulisti, cuius ego semper tanta esse verborum pondera putavi, ut uno verbo tuo cum mea laude coniuncto
omnia assequi me arbitrarer. Te denique memini, cum cuidam
clarissimo atque optimo viro supplicationem non decerneres,
dicere te decreturum, si referretur ob eas res, quas is consul in
urbe gessisset. Tu idem mihi supplicationem decrevisti togato,
non, ut multis, re publica bene gesta, sed, ut nemini, re publica
conservata. Mitto, quod invidiam, quod pericula, quod omnes 12
meas tempestates et subieris et multo etiam magis, si per me
licuisset, subire paratissimus fueris, quod denique inimicum
meum tuum inimicum putaris, cuius etiam interitum, ut facile
intellegerem mihi quantum tribueres, Milonis causa in senatu

---

te a me] *a* beim Gerundivum, wie
pro Sulla 8, 23: *sed tamen te a me
pro magnis causis nostrae necessitudinis monendum esse etiam atque
etiam puto;* ad fam. XIII, 16, 2:
*eos a se observandos et colendos
putabat.*

cuius ego semper] nicht coordinirt den vorangegangenen Relativ-
sätzen: du, von dem mir ein aner-
kennendes Wort genügt hätte, hast
mir die grössten Lobsprüche ge-
spendet und dadurch deine freund-
schaftliche Gesinnung so gezeigt,
dass ich um eine neue Gefälligkeit
dich nicht zu bitten, sondern nur
daran zu erinnern brauche.

cuidam clarissimo] Wahrscheinlich ist L. Lentulus Spinther gemeint, in dessen Consulat und durch
dessen Bemühung Cicero aus der
Verbannung zurückgerufen wurde
und der nachher für seine Thaten
in Cilicien auf eine supplicatio Anspruch machte. Catos Abstimmung
in Lentulus Sache war also im höchsten Grade ehrenvoll für Cicero.

supplicationem non decerneres]
nicht dafür stimmen. S. zu I, 19, 6.

decrevisti togato] nach der Unterdrückung der Catilinarischen Verschwörung; in Pis. 3, 6: *mihi togato senatus, non, ut multis, bene gesta, sed, ut nemini, conservata re
publica singulari genere supplicationis deorum immortalium templa
patefecit.*

12. *subieris*] Sonst steht in diesem Falle der Indicativ; pro Cluent.
66, 188: *praetereo, quod eam sibi
domum sedemque delegit.* Auch
nach *quod*, was das betrifft,
dass, findet sich zuweilen der Conjunctiv; z. B. de fin. I, 7, 23: *quod
vero securi percusserit filium, pri-
vavisse se etiam videtur multis voluptatibus;* in Pis. 27, 66: *nam
quod vobis iste tantummodo impro-
bus ... esse videatur, esse ... con-
esse luxuriosius;* Liv. XXXV, 49,
13: *nam quod optimum esse dicant,
non interponi vos bello; nihil immo
tam alienum rebus vestris est.*

cuius etiam interitum] Ascon. ad
Mil. p. 53 Or.: *fuerunt, qui crede-
rent M. Catonis sententia eum* (Mi-
lonem) *esse absolutum; nam et bene cum re publica actum esse morte
P. Clodii non dissimulaverat et stu-
debat in petitione consulatus Miloni
et reo affuerat.*

defendenda approbaris. A me autem haec sunt profecta, quae
ego in beneficii loco non pono, sed in veri testimonii atque iudicii, ut praestantissimas tuas virtutes non tacitus admirarer, —
quis enim in te id non facit? — sed in omnibus orationibus, sententiis dicendis, causis agendis, omnibus scriptis, Graecis Latinis,
omni denique varietate litterarum mearum te non modo iis, quos
vidissemus, sed iis, de quibus audissemus, omnibus anteferrem.
13 Quaeres fortasse quid sit, quod ego hoc nescio quid gratulatio-
nis et honoris a senatu tanti aestimem. Agam iam tecum familiariter, ut est et studiis et officiis nostris mutuis et summa amicitia dignum et necessitudine etiam paterna. Si quisquam fuit
unquam remotus et natura et magis etiam, ut mihi quidem sentire videor, ratione atque doctrina ab inani laude et sermonibus
vulgi, ego profecto is sum. Testis est consulatus meus, in quo,
sicut in reliqua vita, fateor ea me studiose secutum, ex quibus
vera gloria nasci posset; ipsam quidem gloriam per se nunquam
putavi expetendam. Itaque et provinciam ornatam et spem non
dubiam triumphi neglexi; sacerdotium denique, cum, quemadmodum te existimare arbitror, non difficillime consequi possem,
non appetivi. Idem post iniuriam acceptam, — quam tu rei publicae calamitatem semper appellas, meam non modo non calamitatem sed etiam gloriam, — studui quam ornatissima senatus

---

non pono] statt *non in beneficii
loco* oder *non ego*; s. zu I, 2, 9 und
I, 4, 9. Wahrscheinlich beabsichtigte Cicero nicht einen Zusatz mit
sed zu machen.
varietate litterarum] in allen meinen so mannigfaltigen wissenschaft-
lichen Leistungen. S. zu III, 6, 1.
13. *honoris*] Zwei Substantiva
können mittelst einer Präposition
mit einander verbunden werden,
wenn das zweite den Ursprung des
ersten angiebt; z. B. Liv. XXVII,
5, 6: *honores omnibus ad exsolven-
dam fidem a consule* (sc. datam)
habiti; II, 51, 6: *ex hac clade atrox
ira maioris cladis causa atque initium fuit.*
provinciam ornatam] Ueber die
Ablehnung der Provinz s. zu II, 6,
1. Ornata ist eine Provinz, wenn
das Heer und das Geld für dieselbe
vom Senat bewilligt ist. Cic. in

Pis. 2, 5: *ego provinciam Galliam
senatus auctoritate exercitu et pecunia instructam et ornatam in
contione deposui.*
sacerdotium] das Augurat. Cicero sagt hier nicht ganz die
Wahrheit. Er wurde zwar Augur
erst nach dem Exil im J. 53, aber
schon vorher hatte er den lebhaften
Wunsch diese Würde zu erlangen.
In dem Briefe ad Att. II, 5, 2 vom
Jahre 59 schreibt er: *de istis rebus
exspecto tuas litteras, ... cuinam auguratus deferatur, quo quidem uno ego ab istis* (den Triumvirn) *capi possum.*
post iniuriam] das Exil. *Idem
gleichfalls* und, wie hier, *gleichwohl*; Nep. Epam. 10: *omnem civilem victoriam funestam putabat.
Idem, postquam apud Cadmeam cum
Lacedaemoniis pugnari coeptum
est, in primis stetit.*

populique Romani de me iudicia intercedere. Itaque et augur postea fieri volui, quod antea neglexeram, et eum honorem, qui a senatu tribui rebus bellicis solet, neglectum a me olim nunc mihi expetendum puto. Huic meae voluntati, in qua inest aliqua 14 vis desiderii ad sanandum vulnus iniuriae, ut faveas adiutorque sis, quod paullo ante me negaram rogaturum, vehementer te rogo; sed ita, si non ieiunum hoc nescio quid, quod ego gessi, et contemnendum videbitur, sed tale atque tantum, ut multi nequaquam paribus rebus honores summos a senatu consecuti sint. Equidem etiam illud mihi animum advertisse videor, — scis enim quam attente te audire soleam — te non tam res gestas quam mores, instituta atque vitam imperatorum spectare solere in habendis aut non habendis honoribus. Quod si in mea causa considerabis, reperies me exercitu imbecillo contra metum maximi belli firmissimum praesidium habuisse aequitatem et continentiam. His ego subsidiis ea sum consecutus, quae nullis legionibus consequi potuissem, ut ex alienissimis sociis amicissimos, ex infidelissimis firmissimos redderem animosque novarum rerum exspectatione suspensos ad veteris imperii benevolentiam traducerem. Sed nimis haec multa de me, praesertim ad te, a quo 15 uno omnium sociorum querellae audiuntur; cognosces ex iis, qui meis institutis se recreatos putant, cumque omnes uno prope consensu de me apud te ea, quae mihi optatissima sunt, praedicabunt, tum duae maximae clientelae tuae, Cyprus insula et Cappadociae regnum, tecum de me loquentur; puto etiam regem Deiotarum, qui uni tibi est maxime necessarius. Quae si etiam

14. *desiderii ad*] Curt. IX, 6: *tantam in illis animalibus ad venandum cupiditatem ingenerasse naturam memoriae proditum est.*

mores, instituta atque vitam] Die Regel, dass bei drei oder mehr neben einander stehenden Wörtern entweder alle mit *et* oder *ac* verbunden werden, oder diese Partikeln überall wegbleiben, es wäre denn, dass zwei der Wörter im Vergleich mit den andern nur einen Begriff bilden, ist in den Briefen Ciceros zuweilen nicht beobachtet; z. B. hier und ad Att. I, 20, 1: *suaviter, diligenter, officiose et humaniter;* ad fam. XVI, 11, 3: *consulibus, praetoribus, tribunis pl. et nobis, qui proconss. sumus.* ·

imperii benevolentiam] der Genit. obiectiv., wie bei *studium* II, 16, 1 und ad Att. XIII, 21, 5: *philosophiae studio flagrare.* Bei *benevolentia* steht sonst *erga.*

15. *Cyprus*] Diese Insel, welche damals zur Provinz Cilicien gehörte, hatte Cato in den Jahren 58 u. 57 zur römischen Provinz gemacht. Er war daher nach römischer Sitte ihr Patron, wie die Marceller die Patrone der Siculer waren und die Scipionen die der Punier. Für Cappadocien interessirte sich Cato, weil sein Neffe Brutus dem Könige Ariobarzanes bedeutende Summen geborgt hatte.

Quae si etiam] *quae,* was jene von ihm rühmen werden; *maiora,* als

maiora sunt et in omnibus seculis pauciores viri reperti sunt,
qui suas cupiditates quam qui hostium copias vincerent, est profecto tuum, cum ad res bellicas haec, quae rariora et difficiliora
sunt, genera virtutis adiunxeris, ipsas etiam illas res gestas iustio-
16 res et maiores putare. Extremum illud est, ut quasi diffidens
rogationi meae philosophiam ad te allegem, qua nec mihi carior
ulla unquam res in vita fuit nec hominum generi maius a deis
munus ullum est datum. Haec igitur, quae mihi tecum communis est, societas studiorum atque artium nostrarum, quibus a
pueritia dediti ac devincti soli propemodum nos philosophiam
veram illam et antiquam, quae quibusdam otii esse ac desidiae
videtur, in forum atque in rem publicam atque in ipsam aciem
paene deduximus, tecum agit de mea laude, cui negari a Catone
fas esse non puto. Quamobrem tibi sic persuadeas velim, si
mihi tua sententia tributus honos ex meis litteris fuerit, me sic
existimaturum, cum auctoritate tua tum benevolentia erga me
mihi, quod maxime cupierim, contigisse.

EPISTOLA XVI.
(AD FAM. XV, 5.)
M. CATO S. D. M. CICERONI IMP.

1   Quod et res publica me et nostra amicitia hortatur, libenter

was er selbst von sich gesagt hat.

iustiores] *Iustum* sagt man von
dem, was mit dem Recht in Einklang
steht, aber auch von dem, was seinem Begriffe entspricht, was so ist,
wie es sich gebührt. So ist *iustum
bellum* ein gerechter Krieg und
auch ein förmlicher, ordentlicher
Krieg; der erste kann sehr klein-
lich, der zweite sehr ungerecht
sein. Liv. IX, 1, 10: *iustum est
bellum, Samnites, quibus necessarium, et pia arma, quibus nulla nisi
in armis relinquitur spes;* XXIX,
31, 10: *inde nocturnis primo ac
furtivis incursionibus, deinde aper-
to latrocinio infesta omnia circa esse . . . . Iamque adeo licenter elu-
debant, ut . . . . plures quam iusto
saepe in bello Carthaginiensium ca-*
derent caperenturque.

16. *in forum*] Cic. Paradoxa pr.
1: *animadverti, Brute, saepe Cato-
nem, avunculum tuum, cum in senatu sententiam diceret, locos graves ex philosophia tractare abhor-
rentes ab hoc usu forensi et publico, sed dicendo consequi tamen, ut
illa etiam populo probabilia vide-
rentur.*

EPISTOLA XVI.
Cato sucht es bei Cicero zu rechtfertigen, dass er für das von diesem gewünschte Dankfest nicht gestimmt hatte. Das Dankfest für
Ciceros Siege auf dem Amanus ist
im April 50 decretirt worden; der
Brief wird nicht lange nachher geschrieben sein.

1. *hortatur*] Die Verba, die eine

facio, ut tuam virtutem, innocentiam, diligentiam cognitam in maximis rebus domi togati, armati foris pari industria administrare gaudeam. Itaque, quod pro meo iudicio facere potui, ut innocentia consilioque tuo defensam provinciam, servatum Ariobarzanis cum ipso rege regnum, sociorum revocatam ad studium imperii nostri voluntatem sententia mea et decreto laudarem, feci. Supplicationem decretam, si tu, qua in re nihil fortuito, 2 sed summa tua ratione et continentia rei publicae provisum est, diis immortalibus gratulari nos quam tibi referre acceptum mavis, gaudeo. Quod si triumphi praerogativam putas supplicationem et idcirco casum potius quam te laudari mavis; neque supplicationem sequitur semper triumphus et triumpho multo clarius est senatum iudicare potius mansuetudine et innocentia imperatoris provinciam quam vi militum aut benignitate deorum retentam atque conservatam esse. Quod ego mea sententia censebam. Atque haec ego idcirco ad te contra consuetudinem 3 meam pluribus scripsi, ut, quod maxime volo, existimes me laborare, ut tibi persuadeam me et voluisse de tua maiestate,

Aufforderung bezeichnen, können neben dem Accusativ der Person noch einen Accusativ der Sache haben, wenn diese durch das Neutrum eines Pronomens oder Adjectivs ausgedrückt ist.

togati, armati] Apposition zu *tuam: tua togati virtus cognita est in maximis rebus domi, tua armati virtus pari industria administravit foris. Administrare* ohne Object: wirken, Hand anlegen; z. B. Caes. b. Gall. IV, 29, 2: *neque ulla nostris facultas aut administrandi aut auxiliandi dabatur. Virtus* handelnd, wie pro C. Rab. 8, 24: *virtus et honestas et pudor cum consulibus esse cogebat.*

pro meo iudicio] meinem Urtheil über diese Sache gemäss, d. i. nach meiner Ueberzeugung; de orat. III, 16, 59: *a re civili animi quodam iudicio abhorrere.*

decreto] Wie man von dem Senator, der bei der Berathung seine Meinung abgab, statt *censuit* auch sagte *decrevit* (s. zu I, 19, 6), so ist hier *decretum* das von Cato bei der

Berathung über das dem Cicero zu bewilligende Dankfest abgegebene Votum.

2. *gratulari*] Dank sagen, wie Quint. VI, prooem. S: *quapropter illi dolori . . . gratulor. — Referre acceptum*, nämlich *id quod provisum est.*

triumphi praerogativam] Praerogativa sc. centuria ist die jedesmal durch das Loos bestimmte Centurie, die in den Centuriatcomitien zuerst ihre Stimme abgiebt. Da ihrer Abstimmung gewöhnlich die übrigen Centurien folgten, so bekam praerogativa auch die Bedeutung Vorwahl; z. B. Liv. III, 51, S: *Icilius ubi audivit tribunos militum in Aventino creatos, ne comitiorum militarium praerogativam urbana comitia iisdem tribunis plebis creandis sequerentur* cet., oder auch Vorzeichen; z. B. Cic. in Verr. act. I, 9, 26: *qui quam isti sit amicus attendite; dedit enim praerogativam suae voluntatis.*

neque supplicationem] Anfang des Nachsatzes mit der gewöhnlichen Ellipse: so sage ich dir.

quod amplissimum sim arbitratus, et, quod tu maluisti, factum
esse gaudere. Vale et nos dilige et instituto itinere severitatem
diligentiamque sociis et rei publicae praesta.

EPISTOLA XVII.
(AD FAM. II, 18.)
M. CICERO IMP. S. D. Q. THERMO PROPRAET.

1   Officium meum erga Rhodonem ceteraque mea studia, quae
tibi ac tuis praestiti, tibi, homini gratissimo, grata esse vehementer gaudeo, mihique scito in dies maiori curae esse dignitatem
tuam, quae quidem a te ipso integritate et clementia tua sic am-
2 plificata est, ut nihil addi posse videatur. Sed mihi magis magisque cotidie de rationibus tuis cogitanti placet illud meum consilium, quod initio Aristoni nostro, ut ad me venit, ostendi, graves
te suscepturum inimicitias, si adolescens potens et nobilis a te
ignominia affectus esset. Et hercule sine dubio erit ignominia;
habes enim neminem honoris gradu superiorem. Ille autem, ut
omittam nobilitatem, hoc ipso vincit viros optimos hominesque
innocentissimos, legatos tuos, quod et quaestor est et quaestor
tuus. Nocere tibi iratum neminem posse perspicio; sed tamen
tres fratres summo loco natos, promptos, non indisertos te nolo

3. *quod amplissimum*] nämlich
dass der Senat erklären sollte, dass
die Erfolge allein Ciceros Tüchtig-
keit, nicht dem Zufall zu danken
seien.
quod tu maluisti] das Dankfest.
EPISTOLA XVII.
Von Laodicea, wo sich Cicero
nach dem Feldzuge aufgehalten hatte, gedachte er Non. Maiis 50 wieder nach Cilicien zu reisen (ad Att.
VI, 2, 6). Um diese Zeit ist der
Brief geschrieben. Q. Minucius
Thermus war Proprätor von Asien.
Er hatte seine Provinz, wie Cicero,
im vorigen Jahre ex lege Pompeia
auf ein Jahr erhalten. Wann er
Prätor gewesen ist, wissen wir
nicht.
1. *Rhodonem*] ein Freund des
Thermus, der Geschäfte in Cilicien
gehabt hatte und von Thermus dem

Cicero empfohlen worden war.
2. *de rationibus tuis*] Dem abgehenden Statthalter stand, wenn der
Nachfolger noch nicht angelangt
war, das Recht zu die interimistische Verwaltung der Provinz irgend
einem zu übertragen. Thermus gedachte sie einem seiner Legaten zu
übertragen, nicht, wie es gewöhnlich war, seinem Quästor.
Aristoni] ein Freund des Thermus, der bei Cicero gewesen war.
superiorem] Der Quästor stand
im Range über den Legaten, weil er
magistratus populi Romani war.
Waren die Legaten, wie das häufig
vorkam, gewesene Aedilen oder
Prätoren, so wurde jener Rangun-
terschied dadurch ausgeglichen; die
Legaten des Thermus hatten aber
auch nur die Quästur verwaltet.
tres fratres] M. Antonius, der

habere iratos, iure praesertim; quos video deinceps tribunos pl.
per triennium fore. Tempora autem rei publicae qualia futura 3
sint quis scit? Mihi quidem turbulenta videntur fore. Cur ego
te velim incidere in terrores tribunicios? praesertim cum sine
cuiusquam reprehensione quaestoriis legatis quaestorem possis
anteferre. Qui si dignum se maioribus suis praebuerit, ut spero
et opto, tua laus ex aliqua parte fuerit. Sin quid offenderit, sibi
totum, nihil tibi offenderit.

Quae mihi veniebant in mentem, quae ad te pertinere arbitrabar, quod in Ciliciam proficiscebar, existimavi me ad te oportere scribere. Tu quod egeris, id velim dii approbent. Sed, si
me audies, vitabis inimicitias et posteritatis otio consules.

EPISTOLA XVIII.

(AD FAM. II, 19.)

M. TULLIUS M. F. M. N. CICERO IMP. S. D.   C. CAELIO L. F. C. N. CALDO QUAEST.

Cum optatissimum nuntium accepissem, te mihi quaestorem 1
obtigisse, eo iucundiorem mihi eam sortem sperabam fore, quo
diutius in provincia mecum fuisses. Magni enim videbatur interesse ad eam necessitudinem, quam nobis sors tribuisset, consuetudinem quoque accedere. Postea, cum mihi nihil neque a te ipso

nachherige Triumvir, C. Antonius,
L. Antonius. Der zweite war der
Quästor des Thermus. M. Antonius
war Tribun 49, L. Antonius 44, C.
Antonius hat das Amt nicht beklei-
det.

3. *offenderit*] s. zu II, 2, 5.

nihil tibi] Dich trifft keine Schuld,
weil du vollkommen gesetzlich verfahren bist.

posteritatis otio] *Posteritas* die
Zukunft, nicht bloss die Zeit nach
unsrem Tode. Cic. in Cat. I, 9, 22:
*tametsi video, si mea voce perter-
ritus ire in exsilium animum indu-
xeris, quanta tempestas invidiae, si
minus in praesens tempus, recenti
memoria scelerum tuorum, at in
posteritatem inpendeat.* Caes. b.
civ. I, 13, 1: *habeat rationem po-*

steritatis et periculi sui.

EPISTOLA XVIII.

Ciceros Quästor in Cilicien war
L. Mescinius Rufus; C. Caelius Cal-
dus, an welchen dieser Brief gerichtet ist, war dessen Nachfolger.
Der Brief ist bald nach X Kal. Quint.
50 geschrieben.

M. F. M. N] Marci filius, Marci
nepos.

1. *ad eam necessitudinem*] Cic. div.
in Caec. 19, 61: *sic enim a maioribus
nostris accepimus, praetorem quae-
stori suo parentis loco esse oportere, nullam neque iustiorem neque
graviorem causam necessitudinis
posse reperiri quam coniunctionem
sortis, quam provinciae, quam officii, quam publici muneris societatem.*

neque ab ullo alio de adventu tuo scriberetur, verebar, ne ita caderet, quod etiam nunc vereor, ne, antequam tu in provinciam venisses, ego de provincia decederem. Accepi autem a te missas litteras in Cilicia, cum essem in castris, a. d. x Kal. Quintiles, scriptas humanissime, quibus facile et officium et ingenium tuum perspici posset. Sed neque unde nec quo die datae essent aut quo tempore te exspectarem significabant, nec is, qui attulerat, a te acceperat, ut ex eo scirem quo ex loco aut quo tempore **2** essent datae. Quae cum essent incerta, existimavi tamen faciundum esse, ut ad te statores meos et lictores cum litteris mitterem; quas si satis opportuno tempore accepisti, gratissimum mihi feceris, si ad me in Ciliciam quam primum veneris. Nam quod ad me Curius, consobrinus tuus, mihi, ut scis, maxime necessarius, quod item C. Virgilius, propinquus tuus, familiarissimus noster, de te accuratissime scripsit, valet id quidem apud me multum, sicuti debet hominum amicissimorum diligens commendatio; sed tuae litterae, de tua praesertim dignitate et de nostra coniunctione, maximi sunt apud me ponderis. Mihi quaestor optatior obtingere nemo potuit. Quamobrem quaecunque a me ornamenta ad te proficiscentur, ut omnes intellegant a me habitam esse rationem tuae maiorumque tuorum dignitatis. Sed id facilius consequar, si ad me in Ciliciam veneris, quod ego et mea et rei publicae et maxime tua interesse arbitror.

·

EPISTOLA XIX.
(AD FAM. III, 11.)
CICERO AP. PULCHRO, UT SPERO, CENSORI S. D.

1 Cum essem in castris ad fluvium Pyramum, redditae mihi sunt uno tempore a te epistolae duae, quas ad me Q. Servilius

---

ne, antequam] schliesst sich an *verebar* an, als stände *ne ita caderet* gar nicht da. S. zu I, 2, 9.

2. *quaecunque a me ornamenta*] *Quicunque*, was bei Cicero ausser in *quacunque ratione* und *quocunque modo* fast immer Relativum ist und so ein Verbum bei sich hat, steht hier wie *quilibet*. Ebenso ad Q. fr. II, 10, 1: *non mehercule quisquam μονοσοπάτακτος libentius sua recentia poemata legit, quam*

ego te audio quacunque de re; ad fam. IV, 8, 2: *si libertatem sequimur, qui locus hoc dominatu vacat? sin qualemcunque locum, quae est domestica sede iucundior?*

EPISTOLA XIX.

Am 5. Juni 50 kam Cicero nach Tarsus. Von dort aus besuchte er das Lager am Flusse Pyramus. Er war im Lager am 22. Juni (ad fam. II, 19) und bereits wieder in Tarsus am 17. Juli. Der Brief wird also

Tarso miserat. Earum in altera dies erat adscripta Nonarum Aprilium; in altera, quae mihi recentior videbatur, dies non erat. Respondebo igitur superiori prius, in qua scribis ad me de abso- lutione maiestatis. De qua etsi permultum ante certior factus eram litteris, nuntiis, fama denique ipsa; — nihil enim fuit cla- rius; non quo quisquam aliter putasset, sed nihil de insignibus ad laudem viris obscure nuntiari solet; — tamen eadem illa lae- tiora fecerunt mihi tuae litterae, non solum quia planius loque- bantur et uberius quam vulgi sermo, sed etiam quia magis vide- bar tibi gratulari, cum de te ex te ipso audiebam. Complexus 2 igitur sum cogitatione te absentem; epistolam vero osculatus etiam ipse mihi gratulatus sum. Quae enim a cuncto populo, a senatu, a iudicibus ingenio, industriae, virtuti tribuuntur, quia mihi ipse adsentior fortasse, cum ea esse in me fingo, mihi quoque ipsi tribui puto. Nec tam gloriosum exitum tui iudicii exstitisse, sed tam pravam inimicorum tuorum mentem fuisse mirabar. De am- bitu vero quid interest, inquies, an de maiestate? Ad rem nihil;

wohl Ende Juni geschrieben sein. Appius (s. II, 6) war in Rom und bewarb sich um die Censur. Er hat dies Amt verwaltet mit L. Calpurnius Piso Caesoninus, Caesars Schwie- gervater.

1. *de absolutione maiestatis*] Gleich nach seiner Rückkehr war Appius von Dolabella, der um die- selbe Zeit Ciceros Tochter heira- thete, de maiestate angeklagt wor- den, weil er ausserhalb seiner Pro- vinz, in Asien, Hoheitsrechte aus- geübt und auch wohl sonst noch seine Vollmachten überschritten hatte.

permultum ante] statt *permulto*, wie bei Liv. III, 15, 2: *quantum iu- niores patrum plebi se magis insi- nuabant.* Vgl. ad Att. VIII, 14, 1: *quae* (loca) *a Brundisio absunt pro- pius quam tu biduum.*

nihil enim fuit clarius] Es wur- de viel besprochen, nicht als ob es anders erwartet worden wäre; aber über berühmte Männer kann nichts gemeldet werden, ohne dass es überall bekannt wird und Aufsehen erregt. (Gegensatz: obscure).

sed etiam quia] Vorher hatte er

Ciceros ausgew. Briefe.

sich gefreut, weil die gerechte Sa- che gesiegt hatte; jetzt wurde er lebhaft daran erinnert, dass dieser Triumph der Gerechtigkeit zugleich auch ein grosses Glück für seinen Freund war.

2. *quia mihi ipse*] Weil es leicht geschehen kann, dass, wenn ich ein- mal denke, ich besässe diese Vor- züge, ich selbst daran glaube.

sed tam pravam] Ich dachte nicht, dass deine Feinde so schlecht sein würden, dich gerade dieses Verbre- chens anzuklagen. Du wirst sagen: aber was ist denn für ein Unter- schied, ob sie mich de ambitu oder de maiestate anklagen? Der Sache nach keiner; denn du bist keines dieser Verbrechen schuldig. Aber das Verbrechen laesae maiestatis hat seit Sulla einen so weiten Um- fang, dass man es ungestraft jedem Schuld geben kann, wogegen beim ambitus Schuld oder Unschuld noth- wendig zu Tage kommen muss. Cic. de inv. II, 17, 53: *maiestatem mi- nuere est de dignitate aut amplitu- dine aut potestate populi aut eo- rum, quibus populus potestatem de- dit, aliquid derogare.*

10

alterum enim non attigisti, alteram auxisti. Verumtamen ea est
maiestas, et sic Sulla voluit, ut in quemvis impune declamari liceret.
Ambitus vero ita apertam vim habet, ut aut accusetur improbe aut
defendatur, quod nec facta nec non facta largitio ignorari potest. Tuorum autem honorum cursus cui suspectus unquam fuit?
3 Me miserum, qui non affuerim! quos ego risus excitassem! Sed
de maiestatis iudicio duo mihi illa ex tuis litteris iucundissima
fuerunt: unum, quod te ab ipsa re publica defensum scribis, quae
quidem etiam in summa bonorum et fortium civium copia tueri
tales viros deberet, nunc vero eo magis, quod tanta penuria est
in omni vel honoris vel aetatis gradu, ut tam orba civitas tales
tutores complecti debeat; alterum, quod Pompeii et Bruti fidem
benevolentiamque mirifice laudas. Laetor virtute et officio cum
tuorum necessariorum, meorum amicissimorum, tum alterius
omnium saeculorum et gentium principis, alterius iam pridem
iuventutis, celeriter, ut spero, civitatis. De mercenariis testibus
a suis civitatibus notandis, nisi iam factum aliquid est per Flaccum, fiet a me, cum per Asiam decedam.
4   Nunc ad alteram epistolam venio. Quod ad me quasi formam communium temporum et totius rei publicae misisti expres-
sam, prudentia litterarum tuarum valde mihi est grata. Video
enim et pericula leviora quam timebam et maiora praesidia, si
quidem, ut scribis, omnes vires civitatis se ad Pompeii ductum
applicaverunt; tuumque simul promptum animum et alacrem

alteram auxisti] Weit entfernt
des crimen minutae maiestatis
schuldig zu sein, hast du vielmehr
durch deine Amtsführung die maiestas des römischen Volkes erhöht.
     ita apertam vim] = *naturam*. Der
ambitus hat, wenn er versucht wird,
etwas so Offenkundiges; nicht: das
Wort ambitus hat eine so klare,
scharf umgränzte Bedeutung; denn
eines noch so scharf definirten Verbrechens kann man recht wohl einen Unschuldigen in gutem Glauben
anklagen.
     3. *Sed de maiestatis*] *Sed* zur
Wiederaufnahme des abgebrochenen Hauptgedankens: aber, um wieder darauf zu kommen.
     deberet] hypothetisch, etiam si
summa copia esset.
     quod tanta penuria] *Eo — quo*

zeigen an, dass das eine in demselben Masse zu- oder abnimmt als
das andere. Steht *quod* oder *quia*
nach *eo*, so heisst *eo* deswegen,
und es wird der Grund angegeben,
warum das eine mehr als sonst gilt.
Wir können in diesem Falle auch
um so sagen.
     cum tuorum necessariorum] nicht
bloss weil sie deine Verwandten
sind, sondern auch weil der eine von
ihnen u. s. w. Von Appius Töchtern
war die eine an Brutus, die andere
an den älteren Sohn des Pompeius
vermählt.
     iuventutis] nämlich *principis*.
     per Flaccum] vielleicht einer aus
Ciceros Begleitung, der von ihm
nach Asien geschickt war, um die
Bestrafung der falschen Zeugen zu
veranlassen.

perspexi ad defendendam rem publicam mirificamque cepi voluptatem ex hac tua diligentia, quod in summis tuis occupationibus
mihi tamen rei publicae statum per te notum esse voluisti. Nam
augurales libros ad commune utriusque nostrum otium serva;
ego enim, a te cum tua promissa per litteras flagitabam, ad urbem
te otiosissimum esse arbitrabar. Nunc tamen, ut ipse polliceris,
pro auguralibus libris orationes tuas confectas omnes exspectabo.
D. Tullius, cui mandata ad me dedisti, non convenerat me, nec 5
erat iam quisquam mecum tuorum praeter omnes meos, qui sunt
omnes tui. Stomachosiores meas litteras quas dicas esse non intellego. Bis ad te scripsi me purgans diligenter, te leviter accusans
in eo, quod de me cito credidisses. Quod genus querellae mihi
quidem videbatur esse amici; sin tibi displicet, non utar eo posthac.
Sed si, ut scribis, eae litterae non fuerunt disertae, scito meas non
fuisse. Ut enim Aristarchus Homeri versum negat, quem non
probat, sic tu, — libet enim mihi iocari — quod disertum non
erit, ne putaris meum. Vale et in censura, si iam es censor, ut
spero, de proavo multum cogitato tuo.

EPISTOLA XX.
(AD FAM. XV, 6.)
M. CICERO S. D. M. CATONI.

Laetus sum laudari me, inquit Hector, opinor apud Naevium, 1
abs te, pater, a laudato viro. Ea est enim profecto iucunda laus,

4. *Nam augurales libros*] Appius
hatte ein Buch über das Augural-
recht angefangen und es Cicero
gewidmet. Der Zusammenhang ist:
ich bin vollkommen zufrieden mit
deinem Schreiben über den Zustand
des Staates; denn das versprochene
Buch kann ich jetzt nicht verlangen.
5. *D. Tullius*] ein sonst unbekann-
ter Vertrauter des Appius, nicht zu
verwechseln mit L. Tullius, dem Legaten Ciceros in Cilicien
Stomachosiores] Appius Benehmen bei der Uebergabe der Provinz
war nicht ganz ordnungsgemäss gewesen. Aber auch er klagte, dass
sein Ruhm durch Ciceros Anordnungen beeinträchtigt wäre.

de proavo] Appius Claudius Caecus, Censor 312 v. Chr., derselbe,
der 279 v. Chr. die berühmte Rede
gegen den Pyrrhus hielt.
EPISTOLA XX.
Wie wenig Cicero mit Catos Benehmen zufrieden war, ersieht man
aus ad Att. VII, 2, 7: *aveo scire
Cato quid agat; qui quidem in me
turpiter fuit malevolus. Dedit integritatis, iustitiae, clementiae, fidei mihi testimonium, quod non
quaerebam; quod postulabam, negavit. Itaque Caesar iis litteris,
quibus mihi gratulatur et omnia
pollicetur, quomodo exsultat Catonis in me ingratissimi iniuria!* In
unserem Briefe an den Cato ver-
birgt Cicero seine Unzufriedenheit,

10 *

quae ab his proficiscitur, qui ipsi in laude vixerunt. Ego vero
vel gratulatione litterarum tuarum vel testimoniis sententiae dictae nihil est quod me non assecutum putem. Idque mihi cum
amplissimum tum gratissimum est, te libenter amicitiae dedisse,
quod liquido veritati dares. Et, si non modo omnes, verum etiam
multi Catones essent in civitate nostra, in qua unum exstitisse
mirabile est, quem ego currum aut quam lauream cum tua lau-
datione conferrem? Nam ad meum sensum et ad illud sincerum
ac subtile iudicium nihil potest esse laudabilius quam ea tua ora-
2 tio, quae est ad me perscripta a meis necessariis. Sed causam
meae voluntatis, non enim dicam cupiditatis, exposui tibi superioribus litteris; quae etiam si parum iusta tibi visa est, hanc
tamen habet rationem, non ut nimis concupiscendus honos, sed

---

giebt ihm aber nicht undeutlich zu
verstehen, dass es ihm sehr lieb
sein würde, wenn Cato für seinen
Triumph stimmen wollte. Die Nachricht von der Bewilligung des Dankfestes erhielt Cicero noch vor seinem Abgang aus Cilicien, welcher
III Non. Sext. Statt fand (ad Att.
VI, 6 und 7; ad fam. III, 12). Der
Brief wird also Anfang Juli geschrieben sein.

1. *Laetus sum*] ein Tetrameter
trochaicus catalecticus aus Naevius
Tragödie, Hector proficiscens. Der
Vers wird auch Tusc. IV, 31, 67 citirt. Cn. Naevius, ein älterer Zeit-
genosse des Plautus, kämpfte mit
im ersten punischen Kriege und
starb in der Verbannung in Utica,
weil er in seinen Gedichten die
Aristokratie beleidigt hatte. Er hat
sich besonders durch seine Komö-
dien berühmt gemacht. Hor. ep. II,
1, 53: *Naevius in manibus non est
et mentibus haeret paene recens.*

Ego vero] *quod ego putem me —,
nihil est;* was mich aber betrifft, so
giebt es nichts u. s. w.

testimoniis sententiae dictae] S.
zu 1, 2, 2.

amicitiae dedisse] *dare* oder *con-
donare aliquid veritati,* etwas ein-
räumen, weil es wahr ist, *amicitiae*
aus Freundschaft. So ad fam. XII,
16, 1: *noli putare me hoc auribus*

tuis dare; Tusc. I, 45, 109: *quantum consuetudini famaeque dandum
sit, id curent vivi.* Also: es ist ehrenvoll und erfreulich für mich,
dass du das, was du mit voller Ueberzeugung sagen konntest, auch
gern gesagt hast; denn die Freundschaft mit einem Cato weiss ich zu
schätzen.

*non modo omnes, verum etiam
multi*] *Non modo — verum etiam,*
wodurch gewöhnlich ein Aufsteigen
zu etwas höherem bezeichnet wird,
ist hier wie *non modo — sed* (ohne
etiam) gebraucht: ich will nicht
sagen — sondern nur. Der Sinn
ist: wer da weiss, was wahre Ehre
ist, dem traut ein Lob von dir höher
als jeder Triumph, wie er jetzt ertheilt wird. Auch ich würde nichts
weiter wünschen, aber nach dem
Schlage, den ich durch das Exil erlitten habe, muss ich dahin streben
meine alte Stellung wieder zu erlangen auch in den Augen der Menge, und diese weiss eben nicht wahre Ehre zu schätzen.

ad illud sincerum] *Illud* wie ad
fam. VIII, 6, 1: *si ad illam summam
veritatem legitimum ius exegeris.*

2. *causam meae voluntatis*] warum ich den Triumph wünsche. S.
II, 15, 13.

hanc tamen habet rationem] Der
Beweggrund, der mich veranlasst,

tamen, si deferatur a senatu, minime aspernandus esse videatur. Spero autem illum ordinem pro meis ob rem publicam susceptis laboribus me non indignum honore, usitato praesertim, existimaturum. Quod si ita erit, tantum ex te peto, quod amicissime scribis, ut, cum tuo iudicio, quod amplissimum esse arbitraris, mihi tribueris, si id, quod maluero, acciderit, gaudeas. Sic enim fecisse te et sensisse et scripsisse video, resque ipsa declarat tibi illum honorem nostrum supplicationis iucundum fuisse, quod scribendo adfuisti. Haec enim senatus consulta non ignoro ab amicissimis eius, cuius de honore agitur, scribi solere. Ego, ut spero, te propediem videbo, atque utinam re publica meliore quam timeo.

einen Triumph zu wünschen, darf mich allerdings nicht bewegen nach dieser Ehre eifrig zu streben; aber er hat doch insoweit seinen vernünftigen Grund, seine Berechtigung, dass es unverständig sein würde, die Ehre zurückzuweisen, wenn sie angeboten würde.

tantum ex te peto] Ich bitte nicht darum, dass du für meinen Triumph stimmst, sondern nur darum, dass du dich freust, wenn er mir bewilligt wird. Ich bitte dich darum, weil ich weiss, dass du ebenso bei meiner supplicatio gehandelt hast.

quod amicissime scribis] nämlich *te facturum esse.* S. zu I, 6, 4.

cum tuo iudicio] Vergleiche zu Att. VII, 1, 7: *de ipso triumpho, quem video, nisi rei publicae tempora impedient, εὐπόριστον. Iudico autem cum ex litteris amicorum tum ex supplicatione, quam qui non decrevit, plus decrevit, quam si omnes decresset triumphos.* Damit stimmt schlecht, was Cicero ad Att. VII, 2, 7 in der oben angeführten Stelle schreibt.

quod scribendo adfuisti] S. zu I, 2, 4.

Drittes Buch.

Der Krieg zwischen Caesar und Pompeius.

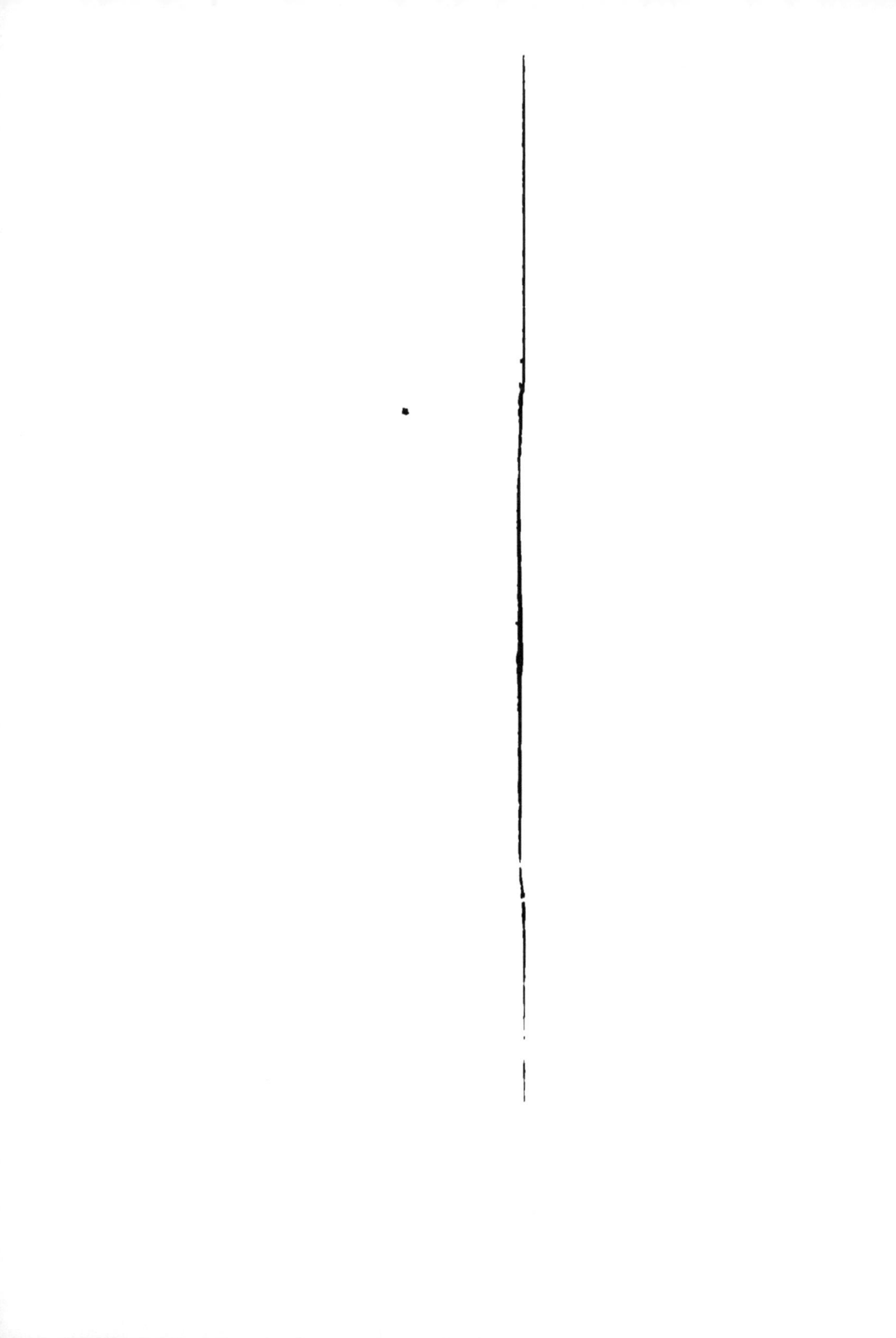

EPISTOLA I.

(AD FAM. XIV, 5.)

TULLIUS S. D. TERENTIAE SUAE.

Si tu et Tullia, lux nostra, valetis, ego et suavissimus Ci- 1
cero valemus. Pridie Idus Octobres Athenas venimus, cum sane
adversis ventis usi essemus tardeque et incommode navigasse-
mus. De nave exeuntibus nobis Acastus cum litteris praesto fuit
uno et vicesimo die, sane strenue. Accepi tuas litteras, quibus
intellexi te vereri, ne superiores mihi redditae non essent. Omnes sunt redditae diligentissimeque a te perscripta sunt omnia;
idque mihi gratissimum fuit. Neque sum admiratus hanc epistolam, quam Acastus attulit, brevem fuisse; iam enim me ipsum
exspectas sive nos ipsos, qui quidem quam primum ad vos venire cupiamus, etsi in quam rem publicam veniamus intellego.
Cognovi enim ex multorum amicorum litteris, quas attulit Acastus, ad arma rem spectare, ut mihi, cum venero, dissimulare
non liceat quid sentiam. Sed, quoniam subeunda fortuna est, eo
citius dabimus operam, ut veniamus, quo facilius de tota re deli-

EPISTOLA I.

Der Brief ist geschrieben am 15.
October 50 in Athen, wohin Cicero
auf der Rückreise von Cilicien mit
seinem Sohne am 14. October gekommen war. Seine Gemahlin Terentia und seine Tochter Tullia
hielten sich damals in Rom auf.

1. *suavissimus Cicero*] Ein Adjectivum bei Eigennamen findet sich
besonders häufig in Anreden, aber
auch wie hier; z. B. ad fam. VI, 18,5:
Lepta suavissimus; ad Att. I, 18,1:
*cum uxore et filiola et mellito Cice-
rone.* Gewöhnlich wird bei Eigennamen die Eigenschaft durch einen
Genit. oder Ablat. qualitatis; z. B.
Liv. XXI, 1, 4: *Hannibal annorum
ferme novem,* — oder durch ein
Adjectivum mit Hinzufügung von
. *homo, puer* und dgl. ausgedrückt.

sane strenue] Ein andermal
brauchte ein Brief, der ungewöhnlich lange unterwegs war, nach
Athen 46 Tage; ad fam. XVI, 21, 1.
cupiamus] *Qui* hat hier die Bedeutung von *cum;* ad Att. II, 16, 2:
*qui quidem etiam istuc adduci po-
tuerit,* da er sogar dahin hat gebracht werden können.

beremus. Tu velim, quod commodo valetudinis tuae fiat, quam longissime poteris, obviam nobis prodeas.

2 De hereditate Preciana, quae quidem mihi magno dolori est, — valde enim illum amavi, — sed hoc velim cures, si auctio ante meum adventum fiet, ut Pomponius, aut, si is minus poterit, Camillus nostrum negotium curet; nos cum salvi venerimus, reliqua per nos agemus. Sin tu iam Roma profecta eris, tamen curabis, ut hoc ita fiat. Nos, si dii adiuvabunt, circiter Idus Novembres in Italia speramus fore. Vos, mea suavissima et optatissima Terentia, si nos amatis, curate ut valeatis. Vale. Athenis a. d. xv Kalendas Novembres.

EPISTOLA II.

(AD FAM. XVI, 1.)

TULLIUS TIRONI SUO S. P. D. CICERO MEUS ET FRATER ET FRATRIS F.

1 Paullo facilius putavi posse me ferre desiderium tui, sed plane non fero; et quamquam magni ad honorem nostrum interest quam primum ad urbem me venire, tamen peccasse mihi videor, qui a te discesserim. Sed quia tua voluntas ea videbatur esse, ut prorsus nisi confirmato corpore nolles navigare, approbavi tuum consilium neque nunc muto, si tu in eadem es sententia. Sin autem, postea quam cibum cepisti, videris tibi posse me consequi, tuum consilium est. Marionem ad te eo misi, ut aut tecum ad me quam primum veniret, aut, si tu morarere,

---

2. *De hereditate Preciana*] Der Rechtsgelehrte Precianus hatte Cicero zum Erben eingesetzt.

sed hoc velim] Ueber *sed* s. II, 19, 3.

Camillus] ad fam. V, 20, 3: *de Volusio quod scribis, non est id rationum; docuerunt enim me periti homines, in his cum omnium peritissimus tum mihi amicissimus C. Camillus, ad Volusium transferri nomen a Valerio non potuisse, praedes Valerianos teneri.*

Vos] Terentia und Tullia.

EPISTOLA II.

M. Tullius Tiro, früher Sklave, dann Freigelassener des Cicero und diesem durch seine Treue und Gelehrsamkeit sehr werth, war in Patrae in Achaia krank zurückgeblieben. Der Brief ist am 3. November 50 geschrieben; am Tage vorher war Cicero aus Patrae abgereist.

1. *ad honorem nostrum*] die Ehre des Triumphs, die Cicero noch vor dem Anfang des Bürgerkriegs zu erlangen hoffte.

neque nunc muto] nämlich *tuum consilium;* ich ändere deinen Entschluss nicht, d. i. ich billige ihn.

cibum cepisti] nicht: du hast etwas Speise zu dir genommen, sondern: dein Magen hat die Speise angenommen.

Marionem] ein Sklave des Ci-

statim ad me rediret. Tu autem hoc tibi persuade, si commodo 2
valetudinis tuae fieri possit, nihil me malle quam te esse mecum;
si autem intelleges opus esse te Patris convalescendi causa paul-
lum commorari, nihil me malle quam te valere. Si statim navi-
gas, nos Leucade consequere; sin te confirmare vis, et comites
et tempestates et navem idoneam ut habeas diligenter videbis.
Unum illud, mi Tiro, videto, si me amas, ne te Marionis adventus et hae litterae moveant. Quod valetudini tuae maxime con-
ducet, si feceris, maxime obtemperaris voluntati meae. Haec 3
pro tuo ingenio considera. Nos ita te desideramus, ut amemus;
amor, ut valentem videamus, hortatur, desiderium, ut quam primum. Illud igitur potius. Cura ergo potissimum, ut valeas; de
tuis innumerabilibus in me officiis erit hoc gratissimum. III Nonas Novembres.

EPISTOLA III.
(AD FAM. XVI, 9.)
TULLIUS ET CICERO TIRONI SUO S. P. D.

Nos a te, ut scis, discessimus a. d. IV Non. Novembr., Leu- 1
cadem venimus a. d. VIII Idus Novembr., a. d. VII Actium. Ibi
propter tempestatem a. d. VI Idus morati sumus. Inde a. d. V
Idus Corcyram bellissime navigavimus. Corcyrae fuimus usque
a. d. XVI Kalend. Decembr. tempestatibus retenti. A. d. XV Kalend. in portum Corcyraeorum ad Cassiopen stadia CXX proces-

cero; ad fam. XVI, 5.

2. *commodo valetudinis*] der ab-
lativus modi; ad fam. I, 1, 3: *tibi
decernit, ut regem reducas, quod
commodo rei publicae facere possis*; IV, 2,4: *tu, quod tuo commodo
fiat, quam primum velim venias.*

si autem intelleges] im Vorder-
satze eines Bedingungssatzes in der
indirecten Rede ausnahmsweise der
Indicativ, wie ad fam. XVI, 2: *tantum scribo, et tibi et mihi maximae
voluptati fore, si te firmum quam
primum videro*; ad Att. VII, 3, 11:
*puto enim, in senatu si quando
praeclare pro re publica dixero, Tartessium istum tuum mihi exeunti
(dicturum esse)*; ad Att. VIII, 12,
C: *nolito commoveri, si audieris me*
*regredi, si forte Caesar ad me ve-
niet*; ad fam. V, 12, 3: *rogo, gratiam, si me tibi vehementius commendabit, ne aspernere.* S. zu I, 2,
4; II, 2, 4.

Leucade] Leucas, eine Stadt in
Akarnanien auf der Leukadischen
Halbinsel.

3. *pro tuo ingenio*] überlege es
reiflich, wie es bei deiner Einsicht
nicht anders zu erwarten ist.

Nos ita te desideramus] ita beschränkend: nur so, nur so weit.

EPISTOLA III.
Der Brief ist in Brundisium wahr-
scheinlich am 28. November 50 ge-
schrieben. In den ersten Tagen des
December reiste Cicero weiter nach
Rom.

simus. Ibi retenti ventis sumus usque a. d. ix Kalendas. Inter-
2 ea, qui cupide profecti sunt, multi naufragia fecerunt. Nos eo
die caenati solvimus. Inde austro lenissimo caelo sereno nocte
illa et die postero in Italiam ad Hydruntem ludibundi perveni-
mus; eodemque vento postridie, — id erat a. d. vii Kalend. Decembr. — hora quarta Brundisium venimus; eodemque tempore
simul nobiscum in oppidum introiit Terentia, quae te facit plu-
rimi. A. d. v Kalend. Decembr. servus Cn. Plancii Brundisii tandem aliquando mihi a te exspectatissimas litteras reddidit datas
Idibus Novembr., quae me molestia valde levarunt. Utinam omnino liberassent! Sed tamen Asclapo medicus plane confirmat
3 propediem te valentem fore. Nunc quid ego te horter, ut omnem diligentiam adhibeas ad convalescendum? Tuam prudentiam,
temperantiam, amorem erga me novi; scio te omnia facturum,
ut nobiscum quam primum sis; sed tamen ita velim, ut ne quid
properes. Symphoniam Lysonis vellem vitasses, ne in quartam
hebdomada incideres. Sed quoniam pudori tuo maluisti obse-
qui quam valetudini, reliqua cura. Curio misi, ut medico honos
haberetur et tibi daret, quod opus esset; me, cui iussisset, cu-
raturum. Equum et mulum Brundisii tibi reliqui. Romae vereor
ne ex Kal. Ian. magni tumultus sint. Nos agemus omnia modice.
4 Reliquum est, ut te hoc rogem et a te petam, ne temere naviges.

2. *postridie, id erat*] *Id erat* ist
hier gebraucht wie *id est.* Gewöhnlich wird gesagt *is erat:* ad Att. IV,
1, 5: *postridie in senatu, qui fuit
dies Non. Sept.;* in Cat. I, 3, 7:
*certo die, qui dies futurus esset a.
d. VI Kal. Nov.;* Caes. bell. Gall.
I, 6: *is dies erat a. d. V Kal. Apr.*
   3. *Nunc quid ego te horter*]
Was soll ich dich unter solchen Umständen noch ermahnen achtsam zu
sein auf deine Gesundheit? Ich kenne
ja deine Klugheit; ich weiss auch u.
s. w. Indessen das wünschte ich doch,
dass du nichts übereiltest. Auch
hätte ich es gern gesehen u. s. w.
   Symphoniam Lysonis] ein musi-
kalisches Gastmahl, wozu Lyso, ein
Gastfreund Ciceros in Patrae, Tiro eingeladen hatte. Auch die Römer hatten bei grossen Gastmählern
Musik und hielten eigens hierzu
Sclaven, die symphoniaci hiessen.
   in quartam hebdomada] Die Rö-

mer hatten nicht siebentägige Wo-
chen. Der Ausdruck *hebdomas*
wurde von Astronomen und Aerz-
ten gebraucht und bezeichnete bei
den letzteren eine Krankheitsperio-
de; denn der siebente Tag galt für
einen kritischen. Censor. de die natali 14: *ut in morbis dies septimi
suspecti sunt ac χρίσιμοι dicuntur,
ita per omnem vitam septimum
quemque annum periculosum et ve-
lut χρίσιμον esse et χλιμαχτηρι-
κὸν vocari.*

   pudori tuo] deinem Zartgefühl.

   Curio misi] *Mittere*, melden; ad
Att. II, 25, 1: *ei te hoc scribere a
me tibi esse missum sane volo;*
XIII, 10, 3: *hodie Spintherem exspecto; misit enim Brutus ad me.*

   ex Kal. Ian.] *ex* gewöhnlich von
der Vergangenheit seit, hier von
der Zukunft von da an. S. zu II,
14, 5.

Solent nautae festinare quaestus sui causa. Cautus sis, mi Tiro.
Mare magnum et difficile tibi restat. Si poteris, cum Mescinio;
caute is solet navigare: si minus, cum honesto aliquo homine,
cuius auctoritate navicularius moveatur. In hoc omnem diligentiam si adhibueris teque nobis incolumem stiteris, omnia a te
habebo. Etiam atque etiam, noster Tiro, vale. Medico, Curio,
Lysoni de te scripsi diligentissime. Vale, salve.

EPISTOLA IV.
(AD ATT. VII, 3.)
CICERO ATTICO S.

A. d. viii Id. Decembr. Aeculanum veni et ibi tuas litteras 1
legi, quas Philotimus mihi reddidit. E quibus hanc primo adspectu voluptatem cepi, quod erant a te ipso scriptae; deinde earum
accuratissima diligentia sum mirum in modum delectatus. Ac
primum illud, in quo te Dicaearcho assentiri negas, etsi cupidis-

---

4. Cautus sis] Gewöhnlich wird die
zweite Person coniunct. praes. nur
dann für den Imperativ gebraucht,
wenn das Subject unbestimmt (man)
ist; aber in den Briefen finden sich
viele Ausnahmen von dieser Regel;
z. B. ad Att. VI, 9, 5: *tu mihi, ut
polliceris, de Tulliola perscribas;*
XII, 29, 2: *cum his communices
quanto opere et quare velim hortos;*
IX, 18, 3: *tu, malum, inquies, actum ne agas;* XIII, 23, 3: *ne existimes eos, qui non debita consectari
soleant, quod debeatur, remissuros.*

cum Mescinio] sc. *naviga.* Q.
Mescinius Rufus war Ciceros Quästor in Cilicien gewesen.

incolumem stiteris] ad Att. X,
16, 6: *tu, quoniam quartana cares,
. . . te vegetum nobis in Graecia
siste. Sistere* in der Gerichtssprache: einen zu einem Termin
stellen: pro Quint. 7, 29: *ita tum
disceditur, ut Idibus Sept. P.
Quinctium sisti Sex. Alfenus promitteret.*

EPISTOLA IV.
Den Brief hat Cicero auf der Rei

se von Brundisium nach Rom geschrieben am 9. December 50 auf
dem Trebulanum, einem Gute seines Freundes Pontius in Samnium.

1. Aeculanum] ein Ort östlich
von Benevent im Lande der Hirpiner an der via Appia. Diese schönste Kunststrasse der Römer war in
der Strecke von Rom nach Capua
vom Censor Appius Claudius Caecus
ums Jahr 312 v. Ch. erbaut worden.
Später wurde sie verlängert erst
nach Benevent und dann über Venusia und Tarent nach Brundisium.
Um diese Zeit war sie schon vollendet; ad Att. VIII, 11,.C: *censeo,
via Appia iter facias et celeriter
Brundisium venias.*

a te ipso scriptae] du also wieder
gesund bist.

Dicaearcho] Dicaearchus, ein
Schüler des Aristoteles, (*peripateticus magnus et copiosus* Cic. de off.
II, 5) hielt es für die Pflicht des
Weisen in öffentlichen Aemtern
dem Staate zu dienen. *Illud,* erklärt durch *ne diutius* cet., das
Fernbleiben von den Staatsgeschäf-

sime expetitum a me sit et approbante te, ne diutius anno in
provincia essem, tamen non est nostra contentione perfectum.
Sic enim scito, verbum in senatu factum esse nunquam de ullo
nostrum, qui provincias obtinuimus, quo in iis diutius quam ex
senatus consulto maneremus; ut iam ne istius quidem rei culpam
sustineam, quod minus diu fuerim in provincia quam fortasse
2 fuerit utile. Sed, QUID SI HOC MELIUS? saepe opportune dici
videtur, ut in hoc ipso. Sive enim ad concordiam res adduci
potest sive ad bonorum victoriam, utriusvis rei me aut adiutorem velim esse aut certe non expertem. Sin vincuntur boni, ubicunque essem, una cum iis victus essem. Quare celeritas nostri
reditus ἀμεταμέλητος debet esse. Quodsi ista nobis cogitatio
de triumpho iniecta non esset, quam tu quoque approbas, nae
tu haud multum requireres illum virum, qui in VI libro infor-
matus est. Quid enim tibi faciam, qui illos libros devorasti?
Quin nunc ipsum non dubitabo rem tantam abiicere, si id erit
rectius. Utrumque vero simul agi non potest, et de triumpho

ten, was Dicaearch missbilligt, Atticus aber mit Epicur billigt.

de ullo nostrum] d. i. von denen,
welche im J. 51 nach der lex Pompeia durch einen Senatsbeschluss
Provinzen auf ein Jahr erhalten hatten. S. II, 6, 1; II, 10, 4.

ne istius quidem rei] Da der Senat mir die Provinz ausdrücklich
auf ein Jahr verliehen und in dieser
Sache seitdem nichts weiter beschlossen hat, so ist es nicht meine
Schuld, dass ich die Provinz nicht
noch ein zweites Jahr verwaltet habe. Selbst darin kann ich nicht getadelt werden, dass ich nicht einmal den Nachfolger abgewartet habe, denn, wenn ich es gethan hätte,
würde ich gegen den Senatsbeschluss gehandelt haben. Früher,
als die lex Cornelia de provinciis
galt, war das anders; denn damals
wurde das imperium ertheilt, *donec
successum esset.*

2. *Quid si hoc melius?*] eine
sprüchwörtliche Redensart; ad fam.
XIII, 47: *illa nostra scilicet cecide-
runt. Utamur igitur vulgari consolatione: Quid si hoc melius?* Wer

weiss, ob es nicht so besser ist,
dass ich die Provinz verlassen habe,
obgleich meine Anwesenheit dort
wegen des drohenden parthischen
Krieges von Nutzen sein konnte.

haud multum requireres] Dann
würde ich selbst ein solcher Mann
sein, wie ich ihn im 6. Buche de re
publica aufgestellt habe; denn ich
würde frei über die Republik reden
können und nicht zu fürchten brauchen bei irgend einem damit anzu-
stossen.

Quid enim tibi faciam] denn warum sollte ich dir es jetzt thun, d. i.
das Bild eines solchen Mannes noch
einmal entwerfen. *Facio* drückt die
Thätigkeit, die vorher durch das ei-
gentliche Wort bezeichnet worden
ist, allgemein aus und nimmt dann
den Casus dieses Wortes zu sich,
wie Cic. de fin. II, 24, 79: *eadem te
ad mortem tyranno dabis pro amico, ut Pythagoreus ille Siculo fecit
tyranno?*

nunc ipsum] = *hoc ipso tempore.*
So ad Att. VIII, 9, 2, XII, 16: *nunc
ipsum;* de fin. II, 20, 65: *tum ipsum,
cum.*

ambitiose et de re publica libere. Sed ne dubitaris, quin, quod honestius, id mihi futurum sit antiquius. Nam quod putas uti- **3** lius esse, vel mihi quod tutius sit, vel etiam ut rei publicae prodesse possim, me esse cum imperio; id coram considerabimus quale sit; habet enim res deliberationem, etsi ex parte magna tibi assentior. De animo autem meo erga rem publicam, bene facis, quod non dubitas; et illud probe iudicas, nequaquam satis pro meis officiis, pro ipsius in alios effusione illum in me liberalem fuisse, eiusque rei causam vere explicas, et eis, quae de Fabio Caninioque acta scribis, valde consentiunt. Quae si secus essent totumque se ille in me profudisset, tamen illa, quam scribis, cu-

de re publica libere] nämlich *loqui.* In den Briefen werden häufig die Verba weggelassen, wenn der Empfänger sie leicht ergänzen kann entweder aus dem Zusammenhange oder aus der Lage der Dinge, von denen die Rede ist; z. B. ad Att. VIII, 9, 2: *sed apertius* (loquor), *quam proposueram;* X, 12, 2: *sed satis lacrimis* (datum est); XI, 4, 1: *cetera Celer* (narrabit); ad fam. IX, 18, 4: *satius est hic cruditate quam istic fame* (perire); ad Att. XIII, 2, 1: *Pisonem sicubi* (poteris, conveni, ut) *de auro* (conficias); XIII, 21, 2: *quid possum de Torquato, nisi aliquid a Dolabella? Quod simulac, continuo scietis;* — oder aus dem Briefe, der beantwortet wird; ad Att. VI, 9, 5: *quo die, ut scribis, Caesar Placentiam legiones quattuor* (adducturus erat); VIII, 9, 2: *siquidem vos duo tales ad quintum miliarium* (Caesari obviam ituri estis), — oder endlich wenn es eine bekannte Redensart ist; z. B. ad Att. XVI, 12: *sed quid tibi dicam? Bonum animum* (habeamus); XVI, 14, 3: *sed, ut aliud ex alio* (mihi occurrit), *mihi non est dubium, quin, quod Graeci* καθῆκον, *nos officium;* XV, 20, 3: *sed acta missa* (faciamus); XIII, 52: *rationes, opinor, cum Balbo* (putavit).

3. *vel mihi*] zu *quod tutius sit* zu ziehen. Es ist sehr gewöhnlich, dass in Nebensätzen mehrere Wörter vor der Conjunction stehen;

z. B. ad fam. II, 16, 5: *in urbe dum fuit;* ad Att. XIII, 18: *in Tusculano cum essem;* XV, 12, 1: *ut non dubitares, essent quin otiosi futuri;* XVI, 15, 5: *cum tanta reliqua sint, ne Terentiae quidem adhuc quod solvam, expeditum est.*

me esse cum imperio] Die Proconsuln verloren das Imperium, sobald sie die Stadt betraten; es stand also bei Cicero, ob er das Imperium noch behalten oder es niederlegen wollte; ad Att. VII, 7, 4: *de honore nostro* (Triumph), *nisi quid occulte Caesar per suos tribunos molitus erit, cetera videntur esse tranquilla. Tranquillissimus autem animus meus, qui totum istuc aequi boni facit, et eo magis, quod iam a multis audio constitutum esse Pompeio et eius consilio in Siciliam me mittere, quod imperium habeam. Id est* Ἀβδηριτικόν. *Nec enim senatus decrevit nec populus iussit me imperium in Sicilia habere. Sin hoc res publica ad Pompeium defert, qui me magis quam privatum aliquem mittat? Itaque, si hoc imperium mihi molestum erit, utar ea porta, quam primam videro.*

illum] Caesarem. Was über dessen Legaten C. Fabius (Caes. bell. Gall. V, 24) und C. Caninius Rebilus (ib. VII, 83) in dieser Zeit verhandelt worden ist, ist unbekannt.

se ille in me profudisset] wenn er sich auch ganz zu meinen Gun-

stos urbis me praeclarae inscriptionis memorem esse cogeret
nec mihi concederet, ut imitarer Volcatium aut Servium, quibus
tu es contentus, sed aliquid nos vellet nobis dignum et sentire
et defendere. Quod quidem agerem, si liceret, alio modo ac
4 nunc agendum est. De sua potentia dimicant homines hoc tempore periculo civitatis. Nam, si res publica defenditur, cur ea
consule isto ipso defensa non est? cur ego, in cuius causa rei
publicae salus consistebat, defensus postero anno non sum? cur
imperium illi aut cur illo modo prorogatum est? cur tantopere
pugnatum est, ut de eius absentis ratione habenda x tr. pl.
ferrent? His ille rebus ita convaluit, ut nunc in uno civi spes
ad resistendum sit, qui mallem tantas ei vires non dedisset,
5 quam nunc tam valenti resisteret. Sed quoniam res eo deducta
est, non quaeram, ut scribis, ποῦ σκάφος τὸ τῶν Ἀτρειδῶν;
Mihi σκάφος unum erit, quod a Pompeio gubernabitur. Illud
ipsum, quod ais, 'Quid fiet, cum erit dictum: DIC M. TULLI'? —

sten verausgabt hätte. Aehnlich de
orat. II, 78, 317: *nihil est in natura
rerum omnium, quod se universum
profundat et quod totum repente
evolet.* Gewöhnlich sagt man *pecuniam profundere in aliquam rem*
und *se profundere* entweder allein in der Bedeutung hervor-
stürzen oder mit *in questus* u.
dgl. in Klagen ausbrechen.

custos urbis] Bei seinem Abgang
in die Verbannung hatte Cicero im
Tempel des Juppiter auf dem Capi-
tol eine kleine Bildsäule der Miner-
va aufgestellt mit der Inschrift *custos urbis*. Die andere Inschrift, der
er jetzt eingedenk sein will, kennen
wir nicht.

Volcatium aut Servium] L. Vol-
catius Tullus cos. 66 und Ser. Sulpicius Rufus cos. 51 hielten sich damals noch zu den Optimaten, erklär-
ten sich aber nicht entschieden gegen Caesar, um für alle Fälle ge-
sichert zu sein.

4. *res publica defenditur*] nämlich von Pompeius. Vergleiche zu
der ganzen Stelle III, 9, 3.

consule isto ipso] in Caesars Consulate, wo der Grund zu allen diesen Verwirrungen gelegt wurde.

Im Jahre nach Caesars Consulat war
Cicero verbannt worden.

illo modo prorogatum est] Durch
ein mit Gewalt durchgebrachtes Gesetz der Consuln Pompeius und Crassus war im Jahre 55 dem Caesar
das imperium, das er im J. 59 durch
die lex Vatinia auf 5 Jahre, d. i. bis
zum ersten März 54, erhalten hatte,
auf weitere 5 Jahre verlängert worden, d. i. bis zum ersten März 49.

ut de eius absentis] Cicero meint
das unter Pompeius Mitwirkung zu
Stande gekommene Gesetz der 10
Tribunen vom J. 52. Suet. Caes. 26:
*cum senatus unum consulem nomi-
natimque Cn. Pompeium fieri cen-
suisset, egit (Caesar) cum tribunis
plebis collegam se Pompeio desti-
nantibus, id potius ad populum
ferrent, ut absenti sibi quandoque
imperii tempus expleri coepisset
petitio secundi consulatus daretur,
ne ea causa maturius et imperfecto
adhuc bello decederet.*

5. *ποῦ σκάφος*] wo ist das
Schiff der Atriden? d. i. der sicher-
ste Platz.

Illud ipsum] als wenn fortgefah-
ren werden sollte: wird keine
Schwierigkeiten haben, denn

Σύντομα, Cn. Pompeio assentior. Ipsum tamen Pompeium separatim ad concordiam hortabor. Sic enim sentio, maximo in periculo rem esse. Vos scilicet plura, qui in urbe estis. Verumtamen hoc video, cum homine audacissimo paratissimoque negotium esse, omnes damnatos, omnes ignominia affectos, omnes damnatione ignominiaque dignos illac facere, omnem fere iuventutem, omnem illam urbanam ac perditam plebem, tribunos valentes addito C. Cassio, omnes, qui aere alieno premantur, quos plures esse intellego quam putaram — causam solum illa causa non habet, ceteris rebus abundat —; hic omnia facere omnes, ne armis decernatur, quorum exitus semper incerti, nunc 'enimvero in alteram partem magis timendi. Bibulus de provincia decessit, Veientonem praefecit, in decedendo erit, ut audio, tardior. Quem cum ornavit Cato, declaravit iis se solis

ich werde sagen. Aber die dazwischen tretende Frage bewirkt, dass Cicero die angefangene Construction fallen lässt. Noch härter ist die Structur Tusc. IV, 36, 77: *ira, quae, quamdiu perturbat animum, dubitationem insaniae non habet, cuius impulsu exsistit etiam inter fratres tale iurgium* cet.; denn hier fehlt nicht nur auch das Prädicat zu *ira*, sondern es folgt auch die Fortsetzung des unterbrochenen Gedankens erst im 3. Paragraph darauf.

illac facere] Wie *stare* und *esse ab aliquo*, kann man auch sagen *facere ab aliquo*, auf Jemandes Seite sein. Da nun *qua, hac, illac* gleich sind *in hac via* oder *parte* und manchmal auch *ab hac parte*, so kann man auch sagen *illac facere*, auf jener Seite sein.

tribunos valentes] namentlich M. Antonius und Q. Cassius Longinus, die nachher in Sklavenkleidern zum Caesar entflohen und ihm so den erwünschten Vorwand zum Bürgerkrieg gaben. Von C. Cassius Longinus, der ebenfalls Tribun war, nahm man auch an, er werde es mit dem Caesar halten, aber er trat auf die Seite des Pompeius.

hic omnia facere omnes] abhängig von *video; hic* auf der Seite der

Pompeianer. Allerdings klagt Cicero oft, die Pompeianer suchten den Krieg; z.B. ad fam. IX, 6, 2: *vidi enim nostros amicos cupere bellum, hunc autem* (Caesarem) *non tam cupere quam non timere;* XVI, 12, 2: *equidem ut veni ad urbem, non destiti omnia et sentire et dicere et facere, quae ad concordiam pertinerent; sed mirus invaserat furor non solum improbis, sed etiam iis, qui boni habentur, ut pugnare cuperent, me clamante nihil esse bello civili miserius;* indessen nicht selten schiebt er auch die Schuld den Krieg gesucht zu haben lediglich auf die Caesarianer; z.B. ad. Att. VII, 6, 2: *de re publica valde timeo nec adhuc fere inveni, qui non concedendum putaret, quod postularet, potius quam depugnandum.*

Veientonem praefecit] Veiento, dem die interimistische Verwaltung Syriens anvertraut wurde, war Legat des Bibulus. Gewöhnlich erhielt dies Geschäft der Quästor; aber der Quästor Sallustius war im Begriff abzugehen, und sein Nachfolger Marius war noch nicht angekommen; s. ad fam. II, 17.

Quem cum ornavit Cato] Cato hatte dafür gestimmt, dass für die Siege des Bibulus ein zwanzigtägiges Dankfest angeordnet würde.

non invidere, quibus nihil aut non multum ad dignitatem posset accedere.

6   Nunc venio ad privata. Fere enim respondi tuis litteris de re publica et iis, quas in suburbano, et iis, quas postea scripsisti. Ad privata venio. Unum etiam de Caelio. Tantum abest, ut meam ille sententiam moveat, ut valde ego ipsi, quod de sua sententia decesserit, paenitendum putem. Sed quid est, quod 7 ei vici Lucceii sint addicti? Hoc te praetermisisse miror. De Philotimo faciam equidem, ut mones. Sed ego mihi ab illo non rationes exspectabam, quas tibi edidit, verum id reliquum, quod ipse in Tusculano me referre in commentarium mea manu voluit quodque idem in Asia mihi sua manu scriptum dedit. Id si praestaret, quantum mihi aeris alieni esse tibi edidit, tantum et plus etiam ipse mihi deberet. Sed in hoc genere, si modo per rem publicam licebit, non accusabimur posthac; neque hercule antea neglegentes fuimus, sed amicorum multitudine occupati. Ergo utemur, ut polliceris, et opera et consilio tuo 8 nec tibi erimus, ut spero, in eo molesti. De serperastris cohortis meae nihil est quod doleas. Ipsi enim se collegerunt admiratione integritatis meae. Sed me moverat nemo magis quam is, quem tu neminem putas. Idem et initio fuerat et nunc est egregius. Sed in ipsa decessione significavit sperasse se aliquid; et id, quod animum induxerat paullisper, non tenuit, sed cito ad se

Bei Cicero hatte er gegen die supplicatio gestimmt, wie Cicero annahm, aus Neid.

non invidere quibus] Cato beneidet nur die nicht, die immer unbedeutend bleiben, auch wenn sie mit Ehren überhäuft werden.

6. *Unum etiam de Caelio*] eins noch; nämlich was sich auf die öffentlichen Angelegenheiten bezieht. Ter. Eun. V, 8, 54: *unum etiam vos oro, ut* cet. Caelius war zum Caesar übergegangen.

vici Lucceii sint addicti] Etwas Näheres darüber ist nicht bekannt.

7. *id reliquum*] *Reliquum*, öfter *reliqua*, der nach dem Abschluss der Rechnung bleibende Bestand, der Ueberschuss; ad Att. XVI, 15, 5: *cum enim tanta reliqua sint, ne Terentiae quidem adhuc quod solvam, expeditum est.* Philotimus, ein Freigelassener der Terentia, dem Cicero die Verwaltung seines Vermögens während seiner Abwesenheit unter der Oberaufsicht des Atticus übertragen hatte, hatte bei Atticus eine viel ungünstigere Rechnung eingereicht, als Cicero nach dem bei seiner Abreise vorhandenen Ueberschusse erwarten konnte. Nach Cicero war dieser so gross, dass die Schulden, welche nach Philotimus Rechnung vorhanden waren, mehr als gedeckt wurden.

8. *De serperastris*] *serperastra, orum* sind Knieschienen zum Geraderichten der krummen Beine bei Kindern. Der Sinn ist: über die scharfen Zügel, die ich meinem Gefolge angelegt habe, (nämlich um ihre Habsucht zu bändigen,) brauchst du dir keine Sorge zu machen; denn die Leute selbst haben sie unnöthig gemacht.

rediit meisque honorificentissimis erga se officiis victus pluris
ea duxit quam omnem pecuniam. Ego a Curio tabulas accepi, 9
quas mecum porto. Hortensii legata cognovi. Nunc aveo scire
quid hominis sit et quarum rerum auctionem instituat. Nescio
enim cur, cum portam Flumentanam Caelius occuparit, ego
Puteolos non meos faciam.

Venio ad *Piraeea*, in quo magis reprehendendus sum, quod 10
homo Romanus *Piraeea* scripserim, non *Piraeum*, — sic enim
omnes nostri locuti sunt, — quam quod *in* addiderim. Non
enim hoc ut oppido praeposui, sed ut loco; et tamen Dionysius
noster, qui est nobiscum, et Nicias Cous non rebatur oppidum
esse Piraeea. Sed de re videro. Nostrum quidem si est peccatum, in eo est, quod non ut de oppido locutus sum, sed ut de
loco, secutusque sum, non dico Caecilium, ·

9. *a Curio tabulas accepi*] ad
Att. VII, 2, 3: *eius* (Curii) *testamen-
tum deporto trium Ciceronum· signis obsignatum cohortisque prae-
toriae; fecit palam te ex libella, me
ex teruncio.*

Hortensii legata] Die Legate, die
Hortensius zu zahlen hat, der Sohn
des berühmten Redners, welcher
Mitte Juni 50 gestorben war.

Puteolos non meos faciam] Cicero wollte zu seinem Puteolanum
das Landgut des Hortensius eben-
daselbst zukaufen. Er meint: wenn
Caelius, der aus Puteoli gebürtig
ist, die porta Flumentana (vielleicht
die oben erwähnten vici Lucceii) in
seinen Besitz bringen kann, warum sollte ich nicht mich Puteolis
bemächtigen.

10. *et tamen*] ich würde sehr zu
tadeln sein, wenn ich den Piraeus
für eine Stadt gehalten und in hinzugefügt hätte; aber ich meinte, es
wäre ein Bezirk, eine Gemeinde
(δῆμος, deren es 174 in Attika gab).
Das mag ein Irrthum sein, indessen
u. s. w. Dionysius ist der Lehrer
von Ciceros Sohn, Nicias Curtius
aus Cos war ein Grammatiker, erst
im Gefolge des Pompeius, nachher
besonders vertraut mit Dolabella,
Ciceros Schwiegersohn.

· *Sed de re videro*] Das Futurum

exactum setzt man in Hauptsätzen,
um anzuzeigen, dass die Handlung
vollendet sein wird vor oder gleichzeitig mit einer anderen zukünftigen
Handlung. Diese andere liegt entweder in einem eignen Satze oder
in einem Satztheile oder kann aus
dem Zusammenhange ergänzt werden; z. B. Cic. ad Att. V, 1, 3: *tu in-
vita mulieres, ego accivero pueros;*
Liv. XXVI, 43, 3: *in una urbe universam ceperitis Hispaniam.* Hier:
ich werde die Sache untersuchen
und, wenn wir wieder einmal davon
reden, werde ich im Reinen damit
sein. Vgl. zu I, 19, 2.

Caecilium] Caecilius Statius, ein
ausgezeichneter Komödiendichter,
gestorben 168 v. Ch. Cic. Brut. 74,
258: *Caecilium et Pacuvium male
locutos videmus;* de opt. gen. ora-
torum 1, 2: *itaque licet dicere et
Ennium summum epicum poetam,
si cui ita videtur, et Pacuvium tra-
gicum et Caecilium fortasse comi-
cum.* P. Terentius Afer, gestorben
159, der bekannte Komödiendichter,
von dem wir noch sechs Stücke besitzen. Bei Terenz lauten die von Cicero aus dem Gedächtniss angeführten
Stellen: Eunuch. III, 4, 1: *heri aliquot adolescentuli coiimus in Pi-
raeo,* und ebenda I, 2, 34 u. 35:
Mercator hoc addebat, e praedoni-

Mane ut ex portu in Piraeum,

— malus enim auctor Latinitatis est, — sed Terentium, cuius
fabellae propter elegantiam sermonis putabantur a C. Laelio
scribi,

Heri aliquot adolescentuli coimus in Piraeum,

et idem,

Mercator hoc addebat, captam e Sunio.

Quod si δῆμοις oppida volumus esse, tam est oppidum Su-
nium quam Piraeus.

Sed, quoniam grammaticus es, si hoc mihi ζήτημα persol-
11 veris, magna me molestia liberaris. Ille mihi litteras blandas
mittit. Facit idem pro eo Balbus. Mihi certum est ab hone-
stissima sententia digitum nusquam. Sed scis illi reliquum
quantum sit. Putasne igitur verendum esse, ne aut obiiciat id
nobis aliquis, si languidius, aut repetat, si fortius? Quid ad haec
reperis? Solvamus, inquis. Age, a Caelio mutuabimur. Hoc tu
tamen consideres velim; puto enim, in senatu si quando praeclare pro re publica dixero, Tartessium istum tuum mihi ex-
12 eunt: iube sodes nummos curare. Quid superest? Etiam. Gener
est suavis mihi, Tulliae, Terentiae; quantum vis vel ingenii vel

---

*bus, unde emerat, se audisse ab-
reptum e Sunio.*

ζήτημα *persolveris*] *Persolvere*
scherzhaft statt *dissolvere*, weil es
eine Geldfrage betraf. Cicero hatte
nämlich von Caesar 800000 Sester-
tien geliehen und fürchtete nun,
dass dieser sie zurückfordern möchte, wenn er gegen ihn spräche.

11. *digitum nusquam*] nämlich
discedere. S. oben § 2.

reliquum quantum sit] wieviel
Caesar noch zu fordern hat.

aut obiiciat] einer von den Optimaten; *repetat,* Caesar.

a Caelio mutuabimur] ein Ban-
quier, der sehr hohe Zinsen nahm.
Zusammenhang: du sagst, wir wollen zahlen. Wir können nicht, denn
wir müssten von Caelius borgen.
Dennoch musst du darauf denken,
wie wir zahlen können; denn es ist
sehr wahrscheinlich, dass das Capital gekündigt werden wird.

dixero] Ueber den Indicativ s. zu
III, 2, 2.

Tartessium istum] L. Cornelius
Balbus, der Freund und Geschäfts-
träger des Caesar, war aus Gades
gebürtig, weshalb er von Cicero
verächtlich der Gaditaner oder der
Tartessier genannt wird.

curare] Der blosse Infinitiv nach
iubere, wie Caes. bell. civ. I, 61, 4:
naves conquirere iubent; II, 25, 6:
Curio pronuntiare iubet; ad Att.
XVI, 15, 5: *desperatis Hippocrates
vetat adhibere medicinam,* u. sonst
oft.

12. *Quid superest? Etiam*] Was
ist nun noch übrig? habe ich nun
noch etwas zu schreiben? Doch.
Etiam in der bejahenden Antwort
so ad Att. II, 6, 2: *aliud quid? etiam;* I, 13, 6: *novi tibi quidnam
scribam? quid? etiam;* ad Q. fr. III,
1, 7: *quid praeterea? quid? etiam.*

Gener] P. Cornelius Dolabella; er
war geistreich und angenehm, zugleich aber liederlich und tief in
Schulden.

est suavis mihi] Der neue

humanitatis, satis est. Reliqua, quae nosti, ferenda. Scis enim
quos appetierimus; qui omnes praeter eum, de quo per te egi-
mûs, reum me facerent; ipsis enim expensum nemo ferret. Sed
haec coram; nam multi sermonis sunt. Tironis reficiendi spes
est in M'. Curio, cui ego scripsi tibi eum gratissimum facturum.
Dat. v Id. Decembr. a Pontio ex Trebulano.

EPISTOLA V.
(AD ATT. VII, 9.)
CICERO ATTICO S.

Cotidiene, inquis, a te accipiendae litterae sunt? Si ha- 1
bebo, cui dem, cotidie. At iam ipse ades. Tum igitur, cum
venero, desinam. Unas video mihi a te non esse redditas, quas
L. Quintius, familiaris meus, cum ferret, ad bustum Basili vulne-
ratus et spoliatus est. Videbis igitur numquid fuerit in his, 2
quod me scire opus sit, et simul tu hoc διευκρινήσεις πρό-
βλημα sane πολιτικόν: cum sit necesse aut haberi Caesaris

Schwiegersohn gefällt mir, seiner
Frau und seiner Schwiegermutter.
Was man von Geist und Liebens-
würdigkeit verlangen mag, hat er in
vollem Masse. Die Höhe der Mitgift, zu der ich mich habe entschliessen müssen, muss man sich gefallen lassen. Du weisst, welchen
Freiern ich nachgetrachtet habe;
sie würden alle mit Ausnahme dessen, über den du die Unterhandlung
geführt hast (ad Att. VI, 1, 10),
sich wegen des Geldes an mich halten; denn ihnen selbst hätte Niemand etwas geborgt. Also ist Dolabella in dieser Beziehung so gut
wie ein Anderer. — Dass *reum facere* recht eigentlich bloss von der
finanziellen Verpflichtung (*reus de-
bendi*) gesagt wird, ist bekannt. Th.
Mommsen.

EPISTOLA V.
Der Brief ist in den letzten Ta-
gen des Jahres 50 geschrieben im
Formianum. Cicero kam dahin VI
Kal. Ian.; er gedachte von dort pri-
die Kal. nach Terracina zu reisen,
dann IV Non. Ian. im Albanum des
Pompeius und III Non., an seinem
Geburtstage, vor Rom zu sein;
nachher verschob er aber diese
Termine um einen Tag, so dass er
pridie Non. vor Rom anlangte.

1. *Cotidiene*] und *at iam ipse
ades*, Worte des Atticus.
ad bustum Basili] Asconius zur
Miloniana p. 50 Or.: *via Appia est
prope urbem monumentum Basili,
qui locus latrociniis fuit perinfa-
mis.*

2. *cum sit necesse*] Der Nachsatz folgt erst bei *quod horum malorum* cet. Nach Cicero sind fünf
verschiedene Fälle möglich, und der
fünfte, der Bürgerkrieg, kann sich
verschieden gestalten, je nach der
Zeit, wo Caesar die Waffen ergreift,
und dem Rechtsgrund, den er für
sich geltend macht, und dem Kriegsplan, den die Optimaten verfolgen.
Weil dieses mögliche Modificatio-
nen des fünften Falles sind, heisst
es *illum autem initium facere,*
dass dann aber jener; weil fer-

rationem illo exercitum vel per senatum vel per tribunos plebis obtinente, — aut persuaderi Caesari, ut tradat provinciam atque exercitum et ita consul fiat, — aut, si id ei non persuadeatur, haberi comitia sine illius ratione illo patiente atque obtinente provinciam, — aut, si per tribunos plebis non patiatur, tamen quiescat, rem adduci ad interregnum, — aut, si ob eam causam, quod ratio eius non habeatur, exercitum adducat, armis cum eo contendere, — illum autem initium facere armorum aut statim nobis minus paratis, aut tum, cum comitiis amicis eius postulantibus, ut e lege ratio habeatur, impetratum non sit, — ire autem ad arma aut hanc unam ob causam, quod ratio non habeatur, aut addita causa, si forte tribunus plebis senatum impediens aut populum incitans notatus aut senatus consulto circumscriptus aut sublatus aut expulsus sit dicensve se expulsum ad illum

ner *illum autem initium facere* — *et ire ad arma* — *et suscepto bello* wegen der Länge der einzelnen Sätze undeutlich sein würde, wird jeder einzelne Satz unmittelbar mit *autem* an den fünften Fall angeschlossen. Dass endlich *tenenda sit* unmittelbar an *cum* angeschlossen und so *necesse sit* in Vergessenheit gekommen ist, ist bei der übergrossen Länge des Satzes nicht auffallend.

haberi Caesaris rationem] Caesars Imperium endete am 1. März 49, und die Consulwahl fand gewöhnlich am Ende des Quintilis Statt. Mit Beibehaltung des Heeres konnte Caesar also nur dann zum Consul gewählt werden, wenn entweder der Senat ihm keinen Nachfolger schickte oder die Tribunen durch ein besonderes Gesetz ihm das Imperium verlängerten.

illo patiente] Ablativi absoluti, obgleich das Subject im Hauptsatz vorkommt, um den Inhalt des Participialsatzes schärfer vom Hauptsatz zu sondern. Dergleichen Abl. absol. finden sich namentlich bei Caesar sehr häufig, aber auch bei Cicero nicht selten; z. B. pro Rosc. Amer. 2, 6: *sese hoc incolumi non arbitratur huius innocentis patrimonium posse obtinere;* pro Deiot. 5, 13: *te*

Alexandrinum bellum gerente utilitatibus tuis paruit; pro Sest. 24, 54: *spirante etiam re publica ad eius spolia detrahenda advolaverunt;* pro Cael. 4, 10: *fuit assiduus mecum praetore me.*

per tribunos plebis non patiatur] Die Tribunen konnten vermöge ihres ius intercedendi die Abhaltung der Wahlcomitien verhindern.

e lege] S. zu III, 4, 4.

notatus] *notare* = *reprehendere* oder *ignominia notare;* es geschah, wenn der Senat erklärte, *ea quae facta essent, contra rem publicam facta esse. Circumscribere,* einen in der Ausübung seiner Amtsgewalt beschränken; es geschah, wenn der Senat im Voraus erklärte, *si quis aliter fecisset, eum contra rem publicam facturum* oder *in hostium numero esse habendum. Sublatus* und *expulsus* wurde ein Tribun durch das Decret *videant consules* cet. Vgl. Phil. II, 21, 52: *tum contra te* (Antonium) *dedit arma hic ordo consulibus reliquisque imperiis et potestatibus, quae non effugisses, nisi te ad arma Caesaris contulisses,* und vorher *in te id decrevit senatus, quod in hostem togatum decerni est solitum more maiorum.*

confugerit, — suscepto autem bello aut tenenda sit urbs aut ea
relicta ille commeatu et reliquis copiis intercludendus: — quod
horum malorum, quorum aliquod certe subeundum est, minimum putes. Dices profecto persuaderi illi, ut tradat exercitum 3
et ita consul fiat. Est omnino id ciusmodi, ut, si ille eo descen-
dat, contra dici nihil possit; idque eum, si non obtinet, ut ratio
habeatur retinentis exercitum, non facere miror. Nobis autem,
ut quidam putant, nihil est timendum magis quam ille consul.
At sic malo, inquies, quam cum exercitu. Certe; sed istud ipsum,
dico, magnum malum putat aliquis neque ei remedium est ullum. Cedendum est, si id volet. Vide consulem illum iterum,
quem vidisti consulatu priore. At tum imbecillus plus, inquit,
valuit quam tota res publica. Quid nunc putas? Et eo consule
Pompeio certum est esse in Hispania. O rem miseram! si quidem id ipsum deterrimum est, quod recusari non potest, et quod
ille si faciat, iam iam a bonis omnibus summam ineat gratiam.
Tollamus igitur hoc, quo illum posse adduci negant; de reliquis 4
quid est deterrimum? Concedere illi, quod, ut idem dicit, impudentissime postulat. Nam quid impudentius? Tenuisti provin-

---

3. *si non obtinet*] S. zu III, 2, 2.

ipsum, dico] *Dico* eingeschoben,
wie *inquam*, kommt öfter vor; z. B.
ad Att. VI, 1, 3: *quem etiam amare
coeperam, sed, dico, revocavi me;*
XIII, 25, 3: *id facile patior teneri;
sed, etiam atque etiam dico, tuo
periculo fiet.*

putat aliquis] wie nachher bei *inquit* und *ut idem dicit*, Pompeius.

Vide consulem] Lass dir Caesars
zweites Consulat gefallen, sieh es
mit an. Der Einwand des Atticus
cedendum est bis *priore* wird wi-
derlegt mit den Worten *at tum* bis
gratiam. Die Widerlegung beginnt
mit einem Ausspruch des Pompeius.

quid nunc putas?] nämlich *eum
valiturum esse. Nunc* im zweiten
Consulat.

Pompeio certum est] Caesar wird
als Consul übermächtig sein, und
Pompeius ist entschlossen dann in
seine Provinz zu gehen. Das würde
aber die Gutgesinnten dem Caesar
gegenüber ganz wehrlos machen.

quod ille si faciat] wofür er,

wenn er es thun sollte. Das
Relativum ist dem dem Relativsatze
untergeordneten Nebensatz eingefügt, wie ad fam. VI, 6, 5: (ea sua-
si Pompeio), *quibus ille si paruisset,
.... (Caesar) tantas opes ... non
haberet,* und sonst oft. *Iam* und
iam iam bei Handlungen in der
Zukunft: bald, sogleich, im
nächsten Augenblick; ad Att.
XII, 5, 4: *cum Romae essem et te
iam iamque visurum me putarem;*
XIV, 22, 1: *ipse iam iamque
adero;* XVI, 9: *iam iamque video
bellum.*

4. *impudentissime postulat*] nämlich Verlängerung des Imperiums.

Tenuisti provinciam] Caesars Imperium reichte bis zum ersten März
49, und es war vorauszusehen, dass
der Senat in den ersten Tagen des
Januar ihm für diesen Termin einen
Nachfolger designiren und Caesar
diesem Beschluss seine Anerkennung versagen würde. Diesen Fall
nimmt Cicero als eingetreten an
und sagt *decernitur,* obgleich noch

ciam per decem annos, non tibi a senatu, sed a te ipso per vim
et per factionem datos; praeteriit tempus non legis, sed libidinis
tuae, fac tamen legis; ut succedatur decernitur; — impedis et ais:
Habe meam rationem. Habe nostrum. Exercitum tu habeas
diutius, quam populus iussit, invito senatu? Depugnes oportet,
nisi concedis. Cum bona quidem spe, ut ait idem, vel vincendi
vel in libertate moriendi. Iam si pugnandum est, quo tempore,
in casu, quo consilio, in temporibus situm est. Itaque te in ea
quaestione non exerceo. Ad ea, quae dixi, affer, si quid habes;
equidem dies noctesque torqueor.

˙ EPISTOLA VI.

(AD FAM. XVI, 11.)

TULLIUS ET CICERO, TERENTIA, TULLIA, Q. Q. TIRONI
S. PLUR. DIC.

1   Etsi opportunitatem operae tuae omnibus locis desidero,
tamen non tam mea quam tua causa doleo te non valere. ˙Sed

nichts beschlossen war, und *tenuisti
provinciam per decem annos*, obgleich dies erst am 1. März der Fall
war.

non tibi a senatu] S. zu 1, 2, 9.

Habe meam rationem] Caesar
konnte sagen: mir ist zwar das Imperium durch die lex Pompeii et
Crassi nur bis zum 1. März 49 gegeben; da mir aber durch die lex
decem tribunorum das Recht gegeben ist mich abwesend um das Consulat zu bewerben, und da ich gehindert worden bin dies Recht in den
letzten Comitien geltend zu machen,
so fordert es die Billigkeit, dass ihr
mir bis zur Consulwahl das Imperium
verlängert. Ueber *meam* s. III, 8, 3.

nostrum] nicht partitiv, wie ad
Att. VII, 13 A, 3: *splendor vestrum;*
in Cat. III, 12, 29: *custodem huius
urbis ac vestrum.*

EPISTOLA VI.

Der Brief ist geschrieben am 12.
Januar 49, in welcher Zeit Cicero
als Proconsul vor der Stadt um den
Triumph sich bewarb. Q. Q. in der
Ueberschrift bedeutet Q. frater, Q.
filius. Am 1. Januar war ein Schreiben Caesars im Senat verlesen
worden, worin er sich erbot sein
Heer zu entlassen und sich in Person um das Consulat zu bewerben,
wenn Pompeius und die Optimaten
auch entwaffnen würden. Hierauf
hatte der Senat beschlossen, Caesar
sollte vor einem bestimmten Tage
(1. März 49) sein Heer entlassen,
widrigenfalls er für einen Feind der
Republik angesehen werden würde.
Am 2. Januar war über den Ein-
spruch, den die Tribunen M. Antonius und Q. Cassius gegen den Beschluss eingelegt hatten, verhandelt
worden, und man hatte beschlossen,
es sollte mit den Tribunen über die
Zurücknahme der Intercession unterhandelt werden. Den 3. und 4.
Januar hatte Pompeius zur Vorbe-
reitung entscheidender Massregeln
verwendet. Am 5. und 6. Januar
waren die entscheidenden Verhandlungen gewesen; man hatte das Decret gegen Caesar bestätigt, die

quoniam in quartanam conversa vis est morbi, sic enim scribit Curius, spero te diligentia adhibita etiam firmiorem fore. Modo fac. id quod est humanitatis tuae, ne quid aliud cures hoc tempore, nisi ut 'quam commodissime convalescas. Non ignoro quantum ex desiderio labores, sed erunt omnia facilia, si valebis. Festinare te nolo, ne nauseae molestiam suscipias aeger et periculose hieme naviges.

Ego ad urbem accessi pridie Nonas Ianuar. Obviam mihi 2 sic est proditum, ut nihil possit fieri ornatius. Sed incidi in ipsam flammam civilis discordiae vel potius belli; cui cum cuperem mederi et, ut arbitror, possem, cupiditates certorum hominum — nam ex utraque parte sunt, qui pugnare cupiant — impedimento mihi fuerunt omnino. Et ipse Caesar, amicus noster, minaces ad senatum et acerbas litteras miserat et erat adhuc impudens, qui exercitum et provinciam invito senatu teneret, et Curio meus illum incitabat. Antonius quidem noster et Q. Cassius nulla vi expulsi ad Caesarem cum Curione profecti erant,

beiden Tribunen für Feinde des Staats erklärt und den Magistraten unbeschränkte Vollmacht gegeben alles zu thun, was sie zur Rettung des Staats für erforderlich halten würden. In Folge hiervon waren Antonius und Cassius am 7. Januar zu Caesar entflohen.

1. *opportunitatem operae*] Cicero vermisst nicht die ihm günstige Beschaffenheit der Dienste, sondern die Dienste selbst, die ihm so förderlich sind, also *opportunam operam*. S. II, 15, 12. Aber im Lateinischen stehen oft Substantiva für Adiectiva, wenn das dabei stehende Substantivum ohne diese Eigenschaft seine Stelle im Satze entweder gar nicht oder doch nicht so gut behaupten kann. Cic. de divin. II, 72, 148: *superstitio .... hominum imbecillitatem occupavit;* Phil. X, 8, 16: *horum alter nondum ex longinquitate gravissimi morbi recreatus.*

2. *ad urbem*] Da das Imperium der Proconsuln erlosch, sobald sie in die Thore Roms eintraten, und da sie ohne Imperium nicht triumphiren konnten, so verweilten die, welche sich um einen Triumph bewarben,

vor der Stadt, *ad urbem.*

ex utraque parte sunt] Weil das, was wir sehen, gewissermassen von dem Orte ausgeht, wo wir es sehen, so wird in gewissen Verbindungen *unde* und *inde* für *ubi, a* und *ex* für *in* gesetzt; z. B. Liv. VII, 3, 5: *fixa fuit* (lex vetusta) *dextro lateri aedis Iovis optimi maximi, ex qua parte Minervae templum est;* XLIV, 40, 5: *duae cohortes a parte Romanorum erant.*

adhuc impudens] nicht: bis dahin, wo Cicero schrieb, sondern = *eatenus,* insoweit, dass er. Aehnlich Caelius ad fam. VIII, 11, 3: *in unam causam omnis contentio coniecta est, de provinciis; in quam adhuc incubuisse cum senatu Pompeius videtur, ut Caesar Id. Novembr. decedat.*

Antonius quidem] *Quidem* zur Hervorhebung des voranstehenden Wortes: was unseren Antonius betrifft.

nulla vi expulsi] setzt Cicero hinzu, weil es im Interesse der Optimaten lag, dass Caesar nicht, wie er es nachher wirklich that, die widerrechtliche Vertreibung der Tri-

posteaquam senatus consulibus, praetoribus, tribunis plebis et
nobis, qui proconsules sumus, negotium dederat, ut curaremus,
3 ne quid res publica detrimenti caperet. Nunquam maiore in periculo civitas fuit; nunquam improbi cives habuerunt paratiorem
ducem. Omnino ex hac quoque parte diligentissime comparatur.
Id fit auctoritate et studio Pompeii nostri, qui Caesarem sero
coepit timere.

Nobis inter has turbas senatus tamen frequens flagitavit triumphum; sed Lentulus consul, quo maius suum beneficium faceret, simul atque expedisset, quae essent necessaria de re publica, dixit se relaturum. Nos agimus nihil cupide, eoque est nostra pluris auctoritas. Italiae regiones descriptae sunt, quam
quisque partem tueretur. Nos Capuam sumpsimus. Haec te scire

bunen als Rechtsgrund für seine
Empörung anführen könnte.

posteaquam senatus] *posteaquam*
mit dem Plusquamperfectum, obgleich eine unmittelbare Folge und
nicht eine nach Verlauf einiger Zeit
eingetretene Handlung bezeichnet
wird, wegen des Plusquamperfec-
tums im Hauptsatze; auch ohne
diesen Grund Cic. in Verr. IV, 24,
54: *posteaquam tantam multitudinem collegerat emblematum, ut ne
unum quidem cuiquam reliquisset*,
und Caelius ad fam. VIII, 8, 5 (II,
14). Zur Sache vgl. Caes. bell. civ.
I, 5: *decurritur ad illud extremum
atque ultimum senatusconsultum,
quo, nisi paene in ipso urbis incendio atque in desperatione omnium
salutis, latorum audacia nunquam
ante descensum est: dent operam
consules, praetores, tribuni plebis
quique pro consulibus sint ad urbem,
ne quid res publica detrimenti capiat.*

et nobis] Ueber *et* s. zu II, 15, 14.

3. *Omnino*] zur Bekräftigung der
Aussage: gewiss wird auch von unserer Seite eifrig gerüstet. Auch
ironisch; z. B. in Verr. II, 61, 149:
*omnino praeclare te habes, cum is
ordo atque id genus hominum, quod
optimum atque honestissimum est,
tibi est inimicissimum;* auch bei einem Zugeständniss, allerdings;

z. B. Acad. II, 26, 84: *pugnas omnino, sed cum adversario facili.*

flagitavit triumphum] Die Senatoren hatten nicht das Recht einen
Antrag zu stellen, konnten aber von
den Magistraten, welchen das ius
referendi zustand, d. i. von den Consuln, Prätoren und Volkstribunen,
verlangen, dass einer von ihnen eine
Sache zum Vortrag brächte.

*quo maius suum beneficium fa-
ceret*] um nachher einen desto glän-
zenderen Triumph dem Cicero zu
gewähren.

quam quisque partem] Das Be-
ziehungswort kann im Relativsatz
wiederholt oder durch ein anderes
Wort ersetzt werden; z. B. Caes.
b. Gall. I, 6: *erant omnino itinera
duo, quibus itineribus domo exire
possent;* Liv. XXIX, 12, 1: *Philippus Aetolos desertos ab Romanis,
cui uni fidebant auxilio, subegit;*
Cic. ad fam. XV, 4, 9: *in agris vastandis, quae pars eius montis
meae provinciae est, id tempus omne consumpsimus.*

Nos Capuam sumpsimus] ad Att.
VII, 11, 5: *ego negotio praesum non
turbulento. Vult enim me Pompeius
esse, quem tota haec Campania et
maritima ora habeat ἐπίσκοπον,
ad quem dilectus et summa negotii
referatur.*

volui. Tu etiam atque etiam cura, ut valeas litterasque ad me mittas, quotienscunque habebis, cui des. Etiam atque etiam vale. D. pridie Idus Ian.

EPISTOLA VII.

(AD ATT. VII, 10.)

CICERO ATTICO S.

Subito consilium cepi, ut, antequam luceret, exirem, ne qui conspectus fieret aut sermo lictoribus praesertim laureatis. De reliquo neque hercule quid agam nec quid acturus sim scio; ita sum perturbatus temeritate nostri amentissimi consilii. Tibi vero quid suadeam, cuius ipse consilium exspecto? Gnaeus noster quid consilii ceperit capiatve nescio; adhuc in oppidis coartatus et stupens. Omnes, si in Italia consistat, erimus una; sin cedet, consilii res est. Adhuc certe, nisi ego insanio, stulte omnia et incaute. Tu, quaeso, crebro ad me scribe vel quod in buccam venerit.

EPISTOLA VII.
Am 8. und 9. Januar hatte der Senat die zur Kriegführung erforderlichen Beschlüsse gefasst, die theilweise im vorigen Briefe erwähnt sind. Es war den Consuln und dem Pompeius Vollmacht gegeben worden in Italien bis auf 130000 Mann auszuheben; es war ferner ihnen der Staatsschatz zur Verfügung gestellt und das Recht gegeben worden Kriegssteuern auszuschreiben und Anleihen zu contrahiren, bis zu welcher Höhe ihnen gut scheinen würde; es waren endlich die Provinzen nach der lex Pompeia neu vertheilt worden an Leute, auf welche die Optimatenpartei sich verlassen konnte. Auf die Kunde von diesen Beschlüssen hatte Caesar am 13. Januar den Rubico überschritten und in den nächsten Tagen Ariminum, Pisaurum, Ancona und Arretium besetzt. Diese Massregeln Caesars erregten solchen Schrecken in Rom, dass am 19. Januar die Pompeianer die Stadt verliessen. Am Morgen dieses Tages ist der Brief geschrieben; Atticus befand sich auf einem seiner Landgüter.

lictoribus praesertim laureatis] Cicero machte Anspruch auf einen Triumph; deshalb hatten seine Lictoren mit Lorbeer umwundene Fasces.

amentissimi consilii] der Entschluss der Pompeianer Rom zu verlassen.

coartatus] von der Menge der Pompeianer, die sich in den Städten Campaniens zusammendrängten.

EPISTOLA VIII.

(AD FAM. XVI, 12.)

TULLIUS S. D. TIRONI S.

1   Quo in discrimine versetur salus mea et bonorum omnium atque universae rei publicae ex eo scire potes, quod domos nostras et patriam ipsam vel diripiendam vel inflammandam reliquimus. In eum locum res deducta est, ut, nisi qui deus vel ca-
2 sus aliquis subvenerit, salvi esse nequeamus. Equidem ut veni ad urbem, non destiti omnia et sentire et dicere et facere, quae ad concordiam pertinerent; sed mirus invaserat furor non solum improbis, sed etiam iis, qui boni habentur, ut pugnare cuperent, me clamante nihil esse bello civili miserius. Itaque cum Caesar amentia quadam raperetur et oblitus nominis atque honorum suorum Ariminum, Pisaurum, Anconam, Arretium occupavisset, urbem reliquimus; quam sapienter aut quam fortiter nihil atti-
3 net disputari. Quo quidem in casu simus vides. Feruntur omnino conditiones ab illo, ut Pompeius eat in Hispaniam; dilectus, qui sunt habiti, et praesidia nostra dimittantur; se ulteriorem Galliam Domitio, citeriorem Considio Noniano — his enim obtigerunt — traditurum; ad consulatus petitionem se venturum neque se iam velle absente se rationem haberi suam, se praesen-

EPISTOLA VIII.

Der Brief ist geschrieben am 29. Januar in Capua. Cicero hielt sich nach der Flucht aus Rom meistens auf seinem Formianum auf. Jetzt war er nach Capua gegangen, um Theil zu nehmen an der Berathung, die dort über Caesars neueste Vergleichsvorschläge abgehalten wurde.

3. *Feruntur omnino conditiones*] Am 17. oder 18. Januar waren L. Caesar und der Prätor Roscius zum Caesar geschickt worden, um ihm die Senatsbeschlüsse zu notificiren und ihm vertraulich mitzutheilen, dass Pompeius geneigt wäre auf Unterhandlungen einzugehen. Am 25. war L. Caesar mit Caesars Vergleichsvorschlägen auf der Rückreise von Ariminum in Minturnae angelangt. Die Vorschläge sind uns auch von Caesar selbst bell. civ. I, 9, 5 überliefert: *proficiscatur Pom-*

peius in suas provincias, ipsi (die Consuln und übrigen Magistrate) *exercitus dimittant, discedant in Italia omnes ab armis, metus e civitate tollatur, libera comitia atque omnis res publica senatui populoque Romano permittatur.* Am 1. Januar hatte Caesar gefordert, alle, Pompeius nicht ausgenommen, sollten ihre Heere entlassen; jetzt ist er damit zufrieden, wenn dies nur mit den Truppen in Italien geschieht, und wenn Pompeius in seine Provinz geht.

absente se] S. III, 5, 2.

rationem haberi suam] Das Pronomen possessivum und andere Adjectiva stehen zuweilen auch für den Genitivus objectivus; z. B. Cic. off. I, 39, 139: *habenda ratio non sua solum, sed etiam aliorum;* in Verr. I, 48, 126: *debere eum aiebat suam quoque rationem ducere;* ad Att. VIII, 11 D, 7: *duxi meam rationem;* pro

tem trinum nundinum petiturum. Accepimus conditiones, sed ita,
ut removeat praesidia ex his locis, quae occupavit, ut sine metu
de his ipsis conditionibus Romae senatus haberi possit. Id ille 4
si fecerit, spes est pacis, non honestae — leges enim imponun-
tur —; sed quidvis est melius quam sic esse, ut sumus. Sin
autem ille suis conditionibus stare noluerit, bellum paratum est,
eiusmodi tamen, quod sustinere ille non possit, praesertim cum
a suis conditionibus ipse fugerit; tantummodo ut eum interclu-
damus, ne ad urbem possit accedere, quod sperabamus fieri posse.
Dilectus enim magnos habebamus putabamusque illum metuere,
si ad urbem ire coepisset, ne Gallias amitteret, quas ambas habet

Cluentio 28, 77: *invidia senatoria,*
der Hass gegen den Senat; *ad fam.*
V, 12, 3: *amor noster,* die Liebe zu
uns.

trinum nundinum] ursprünglich
ein Genitivus pluralis, nachher ein
Substantivum neutrius generis und
auch *trinundinum* geschrieben, bezeichnet die Zeit zwischen drei
Markttagen (*nundinae*), also, da die
römische Woche 8 Tage hatte, eine
Zeit von 17 Tagen. Alles, was mit
dem Volke verhandelt werden sollte, sowohl Wahlen, als Gesetze, als
Processe, musste ein trinundinum
vorher angekündigt werden (*promulgare*).

Accepimus conditiones] Am 27.
Januar wurde eine Versammlung
der Führer der Pompeianischen Partei, jedoch ohne Pompeius, in Capua
abgehalten, und hier wurden alle
Forderungen Caesars bereitwilligst
zugestanden, jedoch mit einer Bedin-
gung, die das Zugeständniss nichtig
machte, nämlich dass Caesar, noch
bevor die Forderungen erfüllt würden, aus den eroberten Städten die
Besatzungen zurückziehen sollte.
Caes. bell. civ. I, 10 u. 11: *manda-
torum haec erat summa: Caesar in
Galliam reverteretur, Arimino excederet, exercitus dimitteret; quae
si fecisset. Pompeium in Hispaniam
iturum. Interea, quoad fides esset
data, Caesarem facturum, quae polliceretur, non intermissuros consu-*

*les Pompeiumque dilectus. Erat
iniqua conditio postulare, ut Caesar
Arimino excederet atque in provinciam reverteretur, ipsum et provincias et legiones alienas tenere; exercitum Caesaris velle dimitti, dilectus habere; polliceri se in provinciam iturum neque, ante quem diem
iturus sit, definire, ut, si peracto
consulatu Caesaris non profectus
esset, nulla tamen mendacii religione obstrictus videretur.* Deshalb verwarf Caesar den Antrag
und schon am 5. Februar war dies
in Capua allgemein bekannt.

4. *eiusmodi tamen*] Wenn Caesar das thut, haben wir Frieden;
wenn er es nicht thut, haben wir
zu unserm Leidwesen Krieg, einen
solchen jedoch u. s. w.

tantummodo ut] nicht: er wird
besiegt werden, wenn wir ihn nur
von der Stadt fern halten können;
sondern: er wird sicherlich besiegt
werden. Gebe nur Gott, dass wir
ihn von der Stadt fern halten können. Ebenso ad Att. IX, 10, 4: *deinde* viii *Kal. Febr.* (scribis): *Tantummodo Gnaeus noster ne, ut urbem* ἀλογίστως, *reliquit, sic Italiam
relinquat,* und hier weiter unten
modo ut. Beide Partikeln stehen hier
nicht, wie sonst oft für *dummodo,*
sondern *ut* steht für *utinam,* und
modo ist das *modo,* das oft dem Imperativ und auffordernden Coniunctiv beigesetzt wird; z. B. Hor. sat.

inimicissimas praeter Transpadanos, ex Hispaniaque sex legiones et magna auxilia Afranio et Petreio ducibus habet a tergo.
Videtur, si insaniet, posse opprimi, modo ut urbe salva. Maxi-
mam autem plagam accepit, quod is, qui summam auctoritatem
in illius exercitu habebat, T. Labienus, socius sceleris esse no-
luit; reliquit illum et nobiscum est multique idem facturi esse
5 dicuntur. Ego adhuc orae maritimae praesum a Formiis. Nullum maius negotium suscipere volui, quo plus apud illum meae
litterae cohortationesque ad pacem valerent. Sin autem erit bellum, video me castris et certis legionibus praefuturum. Habeo
etiam illam molestiam, quod Dolabella noster apud Caesarem est.
Haec tibi nota esse volui; quae cave ne te perturbent et impe-
6 diant valetudinem tuam. Ego A. Varroni, quem cum amantissimum mei cognovi tum etiam valde tui studiosum, diligentissime
te commendavi, ut et valetudinis tuae rationem haberet et navi-
gationis et totum te susciperet ac tueretur. Quem omnia facturum confido; recepit enim et mecum locutus est suavissime. Tu
quoniam eo tempore mecum esse non potuisti, quo ego maxime
operam et fidelitatem desideravi tuam, cave festines aut commit-
tas, ut aut aeger aut hieme naviges. Nunquam sero te venisse
putabo, si salvus veneris. Adhuc neminem videram, qui te postea
vidisset quam M. Volusius, a quo tuas litteras accepi. Quod non
mirabar; neque enim meas puto ad te litteras tanta hieme perferri. Sed da operam, ut valeas, et, si valebis, cum recte navi-
gari poterit, tum naviges. Cicero meus in Formiano erat, Terentia et Tullia Romae. Cura, ut valeas. IV Kalendas Febr. Capua.

I, 9, 54: *velis tantummodo; quae
tua virtus, expugnabis.*

Transpadanos] Die Cispadaner
hatten das Bürgerrecht schon vor
Sullas Dictatur erhalten; den Transpadanern hatte es Caesar versprochen, und sie erhielten es, als er
Dictator geworden war.

sex legiones] Cicero meint hier
das ganze Pompeianische Heer, das
unter den Legaten Afranius und Petreius und Varro in Spanien stand.
Es bestand aus 7 Legionen (Caes.
bell. civ. I, 38), aber die 7. Legion
war erst in Spanien ausgehoben
(Caes.a.a.O.I, 85). Varro wird hier
nicht erwähnt, weil er die Provinz
hüten sollte, während die anderen

beiden Legaten mit Caesar kämpf-
ten.

Videtur, si] Dieser Satz zeigt,
dass oben *dilectus enim magnos habebamus* cet. nicht auf *quod sperabamus fieri posse*, sondern auf *eiusmodi tamen quod sustinere ille non
possit* zu beziehen ist.

T. Labienus] der bedeutendste
unter den Legaten Caesars im Gal-
lischen Kriege.

6. *A. Varroni*] A. Terentius
Varro, ein Freund des Cicero, der
sich damals wahrscheinlich in Griechenland aufhielt. Cicero wird ihn
auf der Reise gesprochen haben.
Er wird noch erwähnt ad fam. XIII,
22 und Caes. bell. civ. III, 19.

EPISTOLA IX.

(AD ATT. VIII, 3.)

CICERO ATTICO S.

'Maximis et miserrimis rebus perturbatus sum. Coram te cum 1
mihi potestas deliberandi non esset, uti tamen tuo consilio volui.
Deliberatio autem omnis haec est, si Pompeius Italia excedat,
quod eum facturum esse suspicor, quid mihi agendum putes. Et
quo facilius consilium dare possis, quid in utramque partem
mihi in mentem veniat explicabo brevi. Cum merita Pompeii 2
summa erga salutem meam familiaritasque, quae mihi cum eo
est, tum ipsa rei publicae causa me adducit, ut mihi vel consilium meum cum illius consilio vel fortuna cum fortuna coniun-
genda esse videatur. Accedit illud: si maneo et illum comi-
tatum optimorum et clarissimorum civium desero, cadendum
est in unius potestatem, qui etsi multis rebus significat se nobis
esse amicum — et ut esset, a me est, tute scis, propter suspicionem huius impendentis tempestatis multo ante provisum —,
tamen utrumque considerandum est, et quanta fides ei sit habenda et, si maxime exploratum sit eum nobis amicum fore, sit-
ne viri fortis et boni civis esse in ea urbe, in qua cum summis
honoribus imperiisque usus sit, res maximas gesserit, sacerdotio
sit amplissimo praeditus, non futurus sit idem idemque pericu-

EPISTOLA IX.

Cicero hatte von Pompeius die
Aufforderung erhalten (ad Att. VIII,
11, C) zu ihm nach Apulien zu
kommen und war am 17. Februar
dahin abgereist. Weil aber der
Weg durch Caesars Truppen unsicher gemacht wurde, kehrte er wieder nach Formiae um und schrieb
diesen Brief unterwegs im Gebiete
von Cales, einer campanischen Stadt,
vor dem 22. Februar, an welchem
Tage er bereits wieder in Formiae
war.

2. *vel consilium meum*] Ich will
meine Einsicht mit Pompeius Einsicht, oder, wenn du meinst, das
Glück regiere die menschlichen
Dinge, mein Glück mit dem seinigen
vereinigen für die Sache der Republik. Die Wörter *cum fortuna* fehlen in allen Handschriften.

sacerdotio] Im Jahre 53 war Cicero an Crassus Stelle zum Augur
erwählt worden.

non futurus sit idem] Die Stelle
ist, wie es scheint, unheilbar verderbt. Sie lautet in allen Handschriften *non futurus subeundumque periculum sit cum aliquo
fore docere;* nur in dem Einen
weicht die erste Hand im Mediceus
ab, dass sie *sub eundemque* bietet
für *subeundumque.* Die Editio princeps Jensoniana vom Jahre 1470
schiebt nach *non futurus* ein *sit sui
iuris* und verändert *fore* in *forte;*
Lambin will für dieses *fortasse* lesen und Jacob Gronov statt der
ersten Aenderung *nomen futurus
subeundumque* cet. Die oben in den
Text aufgenommene Lesart giebt
den an dieser Stelle erforderlichen
Sinn, ohne darauf Anspruch zu

lum sit cum maiore dedecore, si quando Pompeius rem pu-
3 blicam recuperarit. In hac parte haec sunt. Vide nunc quae
sint in altera. Nihil actum est a Pompeio nostro sapienter, nihil
fortiter; addo etiam, nihil nisi contra consilium auctoritatemque
meam. Omitto illa vetera, quod istum in rem publicam ille aluit,
auxit, armavit; ille legibus per vim et contra auspicia ferendis auctor; ille Galliae ulterioris adiunctor; ille gener; ille in adoptando
P. Clodio augur; ille restituendi mei quam retinendi studiosior;
ille provinciae propagator; ille absentis in omnibus adiutor. Idem
etiam tertio consulatu, postquam esse defensor rei publicae coepit, contendit, ut decem tribuni plebis ferrent, ut absentis ratio
haberetur, quod idem ipse sanxit lege quadam sua; Marcoque
Marcello consuli l(n)ivienti provincias Gallias Kalendarum Martiarum die restitit. Sed, ut haec omittam, quid foedius, quid per-

machen eine Herstellung von Ciceros
Worten zu sein. Sie hätte auch
lauten können *nihil* oder *nullus futurus subeundumque periculum sit
cum maiore dedecore.*

3. *ille legibus per vim*] Apposition zu *ille aluit, auxit, armavit*, indem er war u. s. w. Die Gesetze, welche Caesar in seinem Consulat auf
ungesetzlichem Wege durchsetzte,
wurden von Pompeius eifrig befür-
wortet. *Auctorem esse* heisst nicht
bloss **rathen**, sondern zugleich
auch: vermöge überlegener Einsicht
oder Macht **einstehen für den
Erfolg**. Gewöhnlich sagt man: *auctor alicui sum alicuius rei* oder
alicuius rei suscipiendae oder *ut;*
aber man setzt auch den Dativ des
Zweckes hinzu, wie hier, oder *ad*,
wie ad Att. IX, 11 A, 2: *ceteris auctor (fui) ad te adiuvandum.*

Galliae ulterioris adiunctor] Durch
die lex Vatinia hatte Caesar nur Gallia citerior erhalten; Gallia ulterior
wurde vom Senat hinzugefügt durch
den Einfluss des Pompeius.

in adoptando P. Clodio augur]
Um Tribun werden zu können, hatte
sich der Patricier Clodius im J. 59
von den Plebejer P. Fonteius adopti-
ren lassen. Es konnte aber die
Adoption von Bürgern, die schon

sui iuris waren, (arrogatio) nur in
Curiatcomitien vorgenommen werden, und diese konnten nur auspicato
gehalten werden.

quod idem ipse] Das mit Zustimmung des Consuls Pompeius im Jahre
52 dem Caesar gegebene Privilegium,
sich abwesend um das Consulat bewerben zu dürfen, wurde nichtig
durch eine nachher in demselben
Jahre erlassene lex Pompeia de iure
magistratuum, wodurch die Bewerbung Abwesender ohne Ausnahme
verboten wurde; denn, quod postre-
mum populus iusserat, id ius erat
ratumque. Aber auf die Klage der
Caesarianer verstand sich Pompeius
dazu in das bereits angenommene
Gesetz die Clausel einzufügen, dass
das Gesetz auf Caesar keine An-
wendung haben sollte. Freilich
konnten, da er nicht befugt war
eigenmächtig ein Gesetz zu ändern,
die Pompeianer immer noch behaupten, dem Caesar sei sein Privilegium
wieder entzogen worden.

Marcoque Marcello] Der Consul
M. Marcellus beantragte im Jahre 51
im Senat, dass dem Caesar am
1. März 50 ein Nachfolger geschickt
werden sollte; Pompeius stimmte
dagegen, weil er noch nicht zum
Kriege gerüstet war und weil er

turbatius hoc ab urbe discessu sive potius turpissima nequissima fuga? Quae conditio non accipienda fuit potius quam relinquenda patria? Malae conditiones erant, fateor; sed numquid hoc peius? At recuperabit rem publicam. Quando? aut quid 4 ad eam spem est parati? Non ager Picenus amissus? non patefactum iter ad urbem? non pecunia omnis et publica et privata adversario tradita? Denique nulla causa, nullae vires, nulla sedes, quo concurrant, qui rem publicam defensam velint. Apulia delecta est, inanissima pars Italiae et ab impetu huius belli remotissima; fuga et maritima opportunitas visa quaeri desperatione. Non recepi Capuam, non quo munus illud defugerem, sed sane causam, in qua nullus esset ordinum, nullus apertus privatorum dolor, bonorum autem esset aliquis, sed hebes, ut solet, et, ut ipse sensi, esset multitudo et infimus quisque propensus in alteram partem, multi mutationis rerum cupidi. Dixi ipsi me nihil 5 suscepturum sine praesidio et sine pecunia. Itaque habui nihil omnino negotii, quod ab initio vidi nihil quaeri praeter fugam.

Caesar nicht einen gerechten Grund zur Klage geben wollte. *Finire*, wie bei Liv. I, 17, 6: *quinum dierum spatio finiebatur imperium.*

turpissima nequissima] Cic. Tusc. III, 17, 36: *quid est nequius aut turpius effeminato viro.* Ueber das Asyndeton s. zu II, 12, 2.

numquid hoc peius] als das Aufgeben Italiens.

4. *nulla causa*] wie ad Att. VII, 3, 5 auch von Caesars Partei gesagt wird: *causam solum illa causa non habet.* Das Programm der Pompeianer war nicht der Art, dass die Freunde des Vaterlandes sich dafür begeistern konnten. Ad Att. VIII, 11, 2: *dominatio quaesita ab utroque est, non id actum, beata et honesta civitas ut esset. Nec vero ille urbem reliquit, quod eam tueri non posset, nec Italiam, quod ea pelleretur; sed hoc a primo cogitavit, omnes terras, omnia maria movere, reges barbaros incitare, gentes feras armatas in Italiam adducere, exercitus conficere maximos. Genus illud Sullani regni iam pridem appetitur, multis, qui una sunt, cupientibus. An censes nihil inter eos convenire,*

nullam pactionem fieri potuisse? Hodie potest. Sed neutri σκοπός est ille, ut nos beati simus, uterque regnare vult.

Non recepi Capuam] Anfangs hatte Cicero nur die Aufsicht über die campanische Küste; ad fam. XVI, 12, 5: *ego adhuc orae maritimae praesum a Formiis;* ad Att. VIII, 11, B: *si teneri posse putas Tarracinam et oram maritimam, in ea manebo.* Nachher sollte er auch die Aushebung in Capua selbst leiten, wies aber diesen Auftrag zurück; ad Att. VII, 11, D, 5: *a me Capuam reiiciebam, quod feci non vitandi oneris causa, sed quod videbam teneri illam urbem sine exercitu non posse.*

sed sane causam] d. i. *quia defugi causam.* Aehnlich ad fam. II, 5, 2: *non quo verear, ne tua virtus opinioni hominum non respondeat, sed, mehercule, (quia vereor) ne, cum veneris, non habeas iam, quod cures.* Ich wollte mich nicht entschieden mit einer Partei einlassen, in welcher weder die Stände noch die Privatpersonen lebhafte Theilnahme zeigen.

Eam si nunc sequor, quonam? Cum illo non; ad quem cum essem profectus, cognovi in his locis esse Caesarem, ut tuto Luceriam venire non possem. Infero mari nobis incerto cursu hieme maxima navigandum est. Age iam, cum fratre an sine eo cum filio? an quomodo? In utraque enim re summa difficultas erit, summus animi dolor. Qui autem impetus illius erit in nos absentes fortunasque nostras? Acrior quam in ceterorum, quod putabit fortasse in nobis violandis aliquid se habere populare. Age iam, has compedes, fasces inquam hos laureatos, efferre ex Italia quam molestum est! Qui autem locus erit nobis tutus, — ut iam placatis utamur fluctibus — antequam ad illum vene-
6 rimus? Qua autem aut quo, nihil sciemus. At si restitero et fuerit nobis in hac parte locus, idem fecero, quod in Cinnae dominatione Philippus, quod L. Flaccus, quod Q. Mucius, quoquo modo ea res huic quidem cecidit, qui tamen ita dicere solebat, se id fore videre, quod factum est, sed malle quam armatum ad patriae moenia accedere. Aliter Thrasybulus, et fortasse melius. Sed est certa quaedam illa Mucii ratio atque sententia; est illa etiam Philippi, et, cum sit necesse, servire tempori et non amittere tempus, cum sit datum. Sed in hoc ipso habent tamen eidem fasces molestiam. Sit enim nobis amicus, quod incertum

---

5. *cum essem profectus*] Cicero hatte bloss die Reise angetreten. So am Schluss *reverti Formias*, ich habe die Rückreise nach Formiae angetreten.

cum fratre an] Soll ich mit dem Bruder reisen oder ohne ihn bloss mit meinem Sohne? Oder wie soll ich es machen? Denn beides fällt mir sehr schwer: den Bruder hier zu lassen, weil ich mich nicht gern von ihm trenne; ihn mitzunehmen, weil ihm Caesar heftiger als anderen zürnen wird, da er sein Legat gewesen ist und von ihm Wohlthaten empfangen hat. Ad Att. IX, I, 4: *fratrem socium huius fortunae esse non erat aequum, cui magis etiam Caesar irascetur.*

se habere populare] Von der Catilinarischen Verschwörung her war Cicero unpopulär. Ad Att. VIII, 11, D, 7: *ut mea persona semper ad improborum civium impetus aliquid videretur habere populare.*

fasces inquam] Cicero konnte, wenn er wollte, die Lictoren entlassen; ad Att. IX, 1, 3: *inde ad mare superum remotis sive omnino missis lictoribus;* aber er hoffte noch immer den Triumph zu erlangen.

6. *Philippus*] Die drei ausgezeichneten Consularen blieben, als Cinna und Marius sich der Stadt bemächtigten, in Rom, und Q. Mucius Scaevola büsste dies mit dem Tode.

certa quaedam] Prädicat: **vollkommen begründet.** *Quidam* bei einem Adjectivum zeigt an, das dasselbe in seinem ganzen und vollen Sinne zu nehmen ist. Nägelsbach Stilistik, § 82, 3.

est illa etiam Philippi] Mucius blieb in Rom, weil er lieber sterben als gegen das Vaterland kämpfen wollte, Philippus, um in Sicherheit eine bessere Gelegenheit abzuwarten. Es ebenso wie dieser zu machen wurde dem Cicero durch die Lictoren erschwert.

est; sed sit; deferet triumphum. Non accipere, ne periculosum
sit, invidiosum ad bonos? O rem, inquis, difficilem et inexplica-
bilem! Atqui explicanda est. Quid enim fieri potest? Ac ne me
existimaris ad manendum esse propensiorem, quod plura in eam
partem verba fecerim; potest fieri, quod fit in multis quaestio-
nibus, ut res verbosior haec fuerit, illa verior. Quamobrem ut
maxima de re aequo animo deliberanti, ita mihi des consilium
velim. Navis et in Caieta est parata nobis et Brundisii. Sed ecce 7
nuntii scribente me haec ipsa noctu in Caleno, ecce litterae, Caesarem ad Corfinium, Domitium Corfinii cum firmo exercitu et
pugnare cupiente. Non puto etiam hoc Gnaeum nostrum commissurum, ut Domitium relinquat, etsi Brundisium Scipionem
cum cohortibus duabus praemiserat, legionem Fausto conscriptam in Siciliam sibi placere a consulibus duci scripserat ad consules. Sed turpe Domitium deserere erit implorantem eius auxilium. Est quaedam spes, mihi quidem non magna, sed in his
locis firma, Afranium in Pyrenaeo cum Trebonio pugnasse, pul-
sum Trebonium, etiam Fabium tuum transisse cum cohortibus;
summa autem, Afranium cum magnis copiis adventare. Id si
est, in Italia fortasse manebitur. Ego autem, cum esset incer-

---

Non accipere] *Non* = *nonne*, wie
ad fam. IX, 17: *non tu homo ridicu-*
lus es, qui cet.? Ne gesetzt dass
nicht, wie Tuscol. II,5,14: *quare ne*
sit sane summum malum dolor, ma-
lum certe est. Vielleicht ist es besser
hier eine Lücke anzunehmen und sie,
wie Kempf will, so zu ergänzen: *non*
accipere periculosum, accipere, ne cet.

Quid enim fieri potest] Denn was
kann geschehen, was mich dieser
Nothwendigkeit überhöbe?

in Caieta] *in*, weil die Villa des
Cicero bei Caieta, dem heutigen
Gaeta, gemeint ist, die auch ad Att.
I, 4, 3, *Caieta* nicht *Caietanum* genannt wird: *quae mihi antea signa*
misisti, ea nondum vidi. In For-
miano sunt, quo ego nunc proficisci
cogitabam. Illa omnia in Tuscula-
num deportabo. Caietam, si quando
abundare coepero, ornabo.

7. *Domitium Corfinii*] Der Pompeianer L. Domitius Ahenobarbus,
der zum Nachfolger Caesars in
Gallia transalpina bestimmt war,

hielt in Corfinium, der Hauptstadt
der Peligner, 7 Tage lang dem Caesar Stand, vom 14. bis 21. Februar.

Domitium relinquat] Domitius
wurde doch im Stich gelassen und
es bestätigte sich auch nicht, dass
Caesars Legaten Trebonius und Fabius eine Schlappe erlitten hatten.

Fausto conscriptam] Bei Cicero
kann der Dativ bei Passivis statt *a*
mit dem Ablativ fast überall mit dem
Dativus commodi erklärt werden,
z. B. ad Att. VI, 2, 6: *annuae mihi*
operae .... emerentur, was dasselbe bedeutet, wie VI, 5, 3: *an-*
nuum tempus emeritum habebamus.
Es kommen jedoch ausser unserer
Stelle noch einige vor, wo das nicht
angeht; z. B. ad Att. I, 16, 8: *in ea*
epistola, quam nolo aliis legi; VIII,
12, D: *qui ex delectibus conscripti*
sunt consulibus; ad fam. XII, 13, 4:
te volo bene sperare et rem publi-
cam, ut vos istic expedistis, ita pro
nostra parte celeriter nobis expediri
posse confidere.

12*

tum iter Caesaris, quod vel ad Capuam vel ad Luceriam iturus putabatur, Leptam ad Pompeium misi et litteras; ipse, ne quo inciderem, reverti Formias. Haec te scire volui scripsique sedatiore animo, quam proxime scripseram, nullum meum iudicium interponens sed exquirens tuum.

EPISTOLA X.

(AD ATT. VIII, 12, C.)

CN. MAGNUS PROCOS. S. D. L. DOMITIO PROCOS.

1   Litteras abs te M. Callenius ad me attulit a. d. xiiii Kal. Mart., in quibus litteris scribis tibi in animo esse observare Caesarem, et, si secundum mare ad me ire coepisset, confestim in Samnium ad me venturum, sin autem ille circum istaec loca commoraretur, te ei, si propius accessisset, resistere velle. Te animo magno et forti istam rem agere existimo; sed diligentius nobis est videndum, ne distracti pares esse adversario non possimus, cum ille magnas copias habeat et maiores brevi habiturus sit. Non enim pro tua prudentia debes illud solum animadvertere, quot in praesentia cohortes contra te habeat Caesar, sed quantas brevi tempore equitum et peditum copias contracturus sit. Cui rei testimonio sunt litterae, quas Bussenius ad me misit, in quibus scribit, id quod ab aliis quoque mihi scribitur, praesidia Curionem, quae in Umbria et Tuscis erant, contrahere et ad Caesarem iter facere. Quae si copiae in unum locum fuerint coactae, ut pars exercitus ad Albam mittatur, pars ad te accedat; ut non pugnet, sed locis suis repugnet, haerebis neque solus cum ista copia tantam multitudinem sustinere poteris, ut frumen-
2 tatum eas. Quamobrem te magnopere hortor, ut quam primum cum omni copia huc venias. Consules constituerunt

Leptam] Q. Lepta war praefectus fabrum bei Cicero in Cilicien gewesen und blieb auch nachher mit ihm in freundschaftlichen Beziehungen.

EPISTOLA X.

Der Brief ist am 16. Februar von Cn. Pompeius in Luceria geschrieben an L. Domitius Ahenobarbus, als dieser Corfinium vertheidigte.

1. *Cui rei*] nämlich dass er bald grössere Streitkräfte zusammenziehen wird.

ad Albam] Caesar kam von Nor-

den; bei Alba, das westwärts von Corfinium lag, war wahrscheinlich Curios Lager; auch der Stadt Sulmo, die im Süden lag, bemächtigten sich die Caesarianer.

ut non pugnet] gesetzt, dass er nicht angreift. *Ut non* concessiv, wie III, 9, 6 *ne*; Tusc. I, 8, 16: *ut enim non efficias, quod vis, tamen* cet.

ut frumentatum] *ita sustinere poteris, ut.*

2. *cum omni copia*] Auch von

idem facere. Ego M. Tuscilio ad te mandata dedi, providendum esse, ne duae legiones sine Picentinis cohortibus in conspectum Caesaris committerentur. Quamobrem nolito commoveri, si audieris me regredi, si forte Caesar ad me veniet; cavendum enim puto esse, ne implicatus haeream. Nam neque castra
propter anni tempus et militum animos facere possum neque ex
omnibus oppidis contrahere copias expedit, ne receptum amit-
tam. Itaque non amplius xiiii cohortes Luceriam coegi. Consu- 3
les praesidia omnia deducturi sunt aut in Siciliam ituri. Nam
aut exercitum firmum habere oportet, quo confidamus perrum-
pere nos posse, aut regiones eiusmodi obtinere, e quibus repu-
gnemus; id quod neutrum nobis hoc tempore contigit, quod et
magnam partem Italiae Caesar occupavit et nos non habemus
exercitum tam amplum neque tam magnum quam ille. Itaque
nobis providendum est, ut summae rei publicae rationem habeamus. Etiam atque etiam te hortor, ut cum omni copia quam
primum ad me venias. Possumus etiam nunc rem publicam eri-
gere, si communi consilio negotium administrabimus; si distra-
hemur, infirmi erimus. Mihi hoc constitutum est. His litteris 4
scriptis Sicca a te mihi litteras attulit et mandata. Quod me
hortare, ut istuc veniam, id me facere non arbitror posse, quod
non magnopere his legionibus confido.

Cicero wird *copia* in dieser Bedeutung im Singular gebraucht; z. B. ad
Att. XIII, 52, 2: *omnis armatorum
copia;* pro Murena 37, 78: *non usque eo L. Catilina rem publicam
despexit atque contempsit, ut ea copia, quam secum eduxit, se hanc civitatem oppressurum arbitraretur.*
ne duae legiones] die beiden Legionen, die man im vorigen Jahre
Caesar entzogen hatte, angeblich
um sie gegen die Parther zu ge-
brauchen. Die Picentinischen Cohorten, die von L. Vibullius Rufus und
C. Lucilius Hirrus für Pompeius zu-
sammengebracht waren, wurden
von Domitius in Corfinium zurückgehalten. Nach Pompeius Angabe
ad Att. VIII, 12, A waren es 19,
nach Caesar b. civ. I, 15 13 Cohorten.
ad me veniet] Ueber den Indicativ
s. zu III, 2, 2. *Ad* in der Bedeutung
gegen, wie oben § 1: *si secun-*

dum mare ad me ire coepisset;
Caes. b. Gall. VII, 70, 6: *veniri ad se
confestim existimantes ad arma
conclamant.*
3. *id quod neutrum*] statt quo-
rum neutrum, wie Caes. b. G. II,
16: *his utrisque persuaserant;* Sall.
Catil. 5, 7: *agitabatur animus ferox
inopia rei familiaris et conscientia
scelerum, quae utraque* (statt quarum utramque) *his artibus auxerat;*
und wie Caesar das Pronomen possessivum partitiven Adjectiven oder
Zahlwörtern in gleichem Casus bei-
zufügen pflegt; z. B. b. Gall. I, 52, 5:
*reperti sunt complures nostri mili-
tes, qui in phalangas insilirent.*
Sicca] Der Name ist in den Handschriften corrumpirt. Nach der Aenderung wäre es der Freund Ciceros,
der sich ihm in der Verbannung
hülfreich erwies. S. ad Att. III, 2
u. 4. (I, 12 und 10).

EPISTOLA XI.

(AD ATT. IX, 6, A.)

CAESAR IMP. S. D. CICERONI IMP.

Cum Furnium nostrum tantum vidissem neque loqui neque audire meo commodo potuissem,, properarem atque essem in itinere praemissis iam legionibus; praeterire tamen non potui, quin et scriberem ad te et illum mitterem gratiasque agerem, etsi hoc et feci saepe et saepius mihi facturus videor, ita de me mereris. In primis a te peto, quoniam confido me celeriter ad urbem venturum, ut te ibi videam, ut tuo consilio, gratia, dignitate, ope omnium rerum uti possim. Ad propositum revertar; festinationi meae brevitatique litterarum ignosces. Reliqua ex Furnio cognosces.

EPISTOLA XII.

(AD ATT. IX, 11, A.)

CICERO IMP. S. D. CAESARI IMP.

1   Ut legi tuas litteras, quas a Furnio nostro acceperam, quibus mecum agebas, ut ad urbem essem, te velle uti consilio et dignitate mea, minus sum admiratus; de gratia et de ope quid significares mecum ipse quaerebam, spe tamen deducebar ad eam cogitationem, ut te pro tua admirabili ac singulari sapientia de otio, de pace, de concordia civium agi velle arbitrarer, et ad eam rationem existimabam satis aptam esse et naturam et per-
2   sonam meam. Quod si ita est et si qua de Pompeio nostro tuendo et tibi ac rei publicae reconciliando cura te attingit, magis idoneum, quam ego sum, ad eam causam profecto reperies ne-

---

EPISTOLA XI.
Der Brief ist geschrieben vor dem 9. März, an welchem Tage die Belagerung von Brundisium begann. Cicero hat den Brief am 11. oder 12. März empfangen.

Furnium] C. Furnius, ein Freund von Cicero, war im vorigen Jahre Tribun gewesen und hatte sich schon da Caesars Sache günstig gezeigt; ad fam. VIII, 10, 3.

meo commodo] nach meiner Bequemlichkeit. S. zu III, 2, 2.

ad urbem] S. zu III, 6, 2.

Ad propositum revertar] Ich werde jetzt zu meinem Vorhaben, zu meinem Geschäft zurückkehren, d. i. ich werde jetzt schliessen.

EPISTOLA XII.
Diese Antwort auf Caesars Brief hat Cicero am 18. März in seinem Formianum geschrieben.

1. *spe tamen*] Caesar wünschte die verfassungswidrigen Massregeln, die er in Rom zu treffen gedachte, durch Ciceros Ansehen zu decken.

minem; qui et illi semper et senatui, cum primum potui, pacis
auctor fui nec sumptis armis belli ullam partem attigi iudicavi-
que eo bello te violari, contra cuius honorem populi Romani beneficio concessum inimici atque invidi niterentur. Sed ut eo tempore non modo ipse adiutor dignitatis tuae fui, verum etiam ceteris auctor ad te adiuvandum, sic me nunc Pompeii dignitas vehementer movet. Aliquot enim sunt anni, cum vos duo delegi,
quos praecipue colerem et quibus essem, sicut sum, amicissimus.
Quamobrem a te peto vel potius omnibus te precibus oro et ob- 3
testor, ut in tuis maximis curis aliquid impertias temporis huic
quoque cogitationi, ut tuo beneficio bonus vir, gratus, pius denique esse in maximi beneficii memoria possim. Quae si tantum
ad me ipsum pertinerent, sperarem me a te tamen impetraturum;
sed, ut arbitror, et ad tuam fidem et ad rem publicam pertinet,
me e paucis et ad utriusque vestrum et ad civium concordiam
per te quam accommodatissimum conservari. Ego, cum antea
tibi de Lentulo gratias egissem, cum ei saluti, qui mihi fuerat,
fuisses, tamen lectis eius litteris, quas ad me gratissimo animo
de tua liberalitate beneficioque misit, eandem me salutem a te
accepisse putavi quam ille. In quem si me intellegis esse gratum,
cura, obsecro, ut etiam in Pompeium esse possim.

Cicero weicht geschickt aus.

2. *cum primum potui*] nach der
Rückkehr aus Cilicien.

populi Romani beneficio] das Gesetz der 10 Tribunen, wonach sich
Caesar abwesend um das Consulat
bewerben durfte. S. zu III, 4, 4.

adiutor] wie pro Flacco 1, 1: *sperabam, iudices, honoris potius L.
Flacci me adiutorem futurum quam
miseriarum deprecatorem*. Der cod.
Med. hat *auctor*.

3. *beneficii memoria*] Ohne Pompeius Zustimmung wäre Ciceros
Zurückberufung aus der Verbun-
nung nicht durchzusetzen gewesen.

ad tuam fidem] Caesar hatte oft
erklärt, dass er den Frieden wollte,
seine Gegner ihn aber zum Kriege
zwängen.

conservari] Aehnlich in Cat. III,

10, 25: *ita me gessi, ut salvi omnes
conservaremini*, und weiter hin: *et
urbem et cives integros incolumes-
que servavi*. Wurde Cicero genö-
thigt im Senat gegen Pompeius zu
stimmen, so wurde er diesem verhasst. Den Frieden vermitteln
konnte aber nur einer, der zu beiden Parteien in freundschaftlichen
Beziehungen stand.

de Lentulo] Lentulus Spinther,
dem Cicero seine Zurückberufung
aus dem Exil am meisten zu danken
hatte, war von Caesar in Corfinium
gefangen genommen und entlassen
worden.

tamen lectis] Obgleich ich dir für
Lentulus Begnadigung schon vorher
sehr dankbar war, hat sich meine
Dankbarkeit doch noch gesteigert,
seitdem ich seinen Brief gelesen habe.

EPISTOLA XIII.

(AD ATT. IX, 13, A.)

BALBUS CICERONI IMP. SALUT. DIC.

1   Caesar nobis litteras perbreves misit, quarum exemplum subscripsi. Brevitate epistolae scire poteris eum valde esse distentum, qui tanta de re tam breviter scripserit. Si quid praeterea novi fuerit, statim tibi scribam.

CAESAR OPPIO, CORNELIO S.

A. d. vii Id. Mart. Brundisium veni; ad murum castra posui. Pompeius est Brundisii; misit ad me N. Magium de pace. Quae visa sunt, respondi. Hoc vos statim scire volui. Cum in spem venero de compositione aliquid me conficere, statim vos certiores faciam.

2   Quomodo me nunc putas, mi Cicero, torqueri, postquam rursus in spem pacis veni, ne qua res eorum compositionem im-

---

EPISTOLA XIII.

Diesen Brief des L. Cornelius Balbus, des Vertrauten von Caesar, hat Cicero am 24. März dem Atticus übersandt.

1. *nobis*] nämlich dem L. Cornelius Balbus und C. Oppius, einem anderen Freunde des Caesar.

A. d. VII Id. Mart.] Am 13. Januar überschritt Caesar den Rubico, vom 15. bis 21. Februar belagerte er Corfinium, vom 9. bis 17. März Brundisium und noch vor dem 1. April war er wieder in Rom.

N. Magium] N. Magius, ein praefectus fabrum des Pompeius, war bei Corfinium von Caesar gefangen genommen und von ihm mit Friedensvorschlägen an Pompeius abgesandt worden. Nach Caesar b. civ. I, 26 schickte Pompeius den Magius nicht zurück und wies auch neue Vorschläge des Caesar kurz ab. Als Vorname des Magins wird hier im cod. Med. und bei Caes. b. civ. I, 24 in den codices *Cn.* angegeben; ad Att. IX, 13, 8 steht im cod. Med. von erster Hand *nostrum magnum*,

von zweiter *Cn. Magium;* ad Att. IX, 7, C. 2 hat der cod. Med. *N. Magnum Pompeium* und nachher corrigirt *Pompei;* nach Plut. vit. Pomp. 63 war der Vorname *Numerius.*

aliquid me conficere] Wenn ich hoffen darf, dass meine bereits begonnenen Friedensunterhandlungen guten Erfolg haben. Der Inf. praes. steht nach *sperare,* wenn man hofft, dass eine Handlung, von der man noch nicht Kenntniss hat, bereits begonnen hat und noch währt; z. B. ad Att. V, 21, 1: *non spero te istic iucunde hiemare;* ad fam. I, 6, 2: *ut sperem te mihi ignoscere;* V, 1, 2: *te tam mobili in me meosque esse animo non sperabam;* IX, 1, 1: *in spem venio appropinquare tuum adventum.* Bei Caes. b. civ. III, 8, 3: *magnitudine poenae reliquos terreri sperans* ist das Zweifelhafte das, ob die Strafe schreckeneinflössend ist; bei *territum iri* würde zweifelhaft sein, ob die Strafe, die allerdings sonst Schrecken einflösst, auch diesmal diese Eigenschaft bewähren werde. Ueber den Inf. perf. nach *spero* s. zu II, 13, 3.

pediat? Namque, quod absens facere possum, opto. Quod si una essem, aliquid fortasse proficere possem videri. Nunc exspectatione crucior.

EPISTOLA XIV.

(AD ATT. IX, 15, A.)

MATIUS ET TREBATIUS CICERONI IMP. S.

Cum Capua exissemus, in itinere audivimus Pompeium Brundisio a. d. xvi Kalend. April. cum omnibus copiis, quas habuit, profectum esse, Caesarem postero die in oppidum introisse, contionatum esse, inde Romam contendisse; velle ante Kalend. esse ad urbem et pauculos dies ibi commorari, deinde in Hispanias proficisci. Nobis non alienum visum est, quoniam de adventu Caesaris pro certo habebamus, pueros ad te remittere, ut id tu quam primum scires. Mandata tua nobis curae sunt eaque, ut tempus postularit, agemus. Trebatius Scaevola facit, ut antecedat. Epistola conscripta nuntiatum est nobis Caesarem a. d. viii Kal. Capuae, a. d. vi Sinuessae. Hoc pro certo putamus.

EPISTOLA XIV.
Cicero empfing diesen Brief am 25. März. C. Matius war ein römischer Ritter von feiner Bildung und edlem Charakter, ein treuer und uneigennütziger Freund des Caesar. C. Trebatius Testa war ein junger Rechtsgelehrter, der in Folge von Ciceros Empfehlung in Gallien unter Caesar gedient hatte und seitdem der Gunst desselben sich erfreute. Später war Trebatius ein Freund des Horaz; vgl. Sat. II, 1, 78.

Cum Capua exissemus] Die beiden Freunde des Caesar reisten ihm entgegen. Matius war am 19. März bei Cicero in Formiae, am 20. in Minturnae und wahrscheinlich am 22. in Capua.

pueros ad te remittere] Cicero hatte Sklaven mitgeschickt, die ihm die Neuigkeiten möglichst bald überbringen sollten.

Scaevola] Die Familie der Mucii Scaevolae war durch ihre Rechtskenntniss berühmt; daher gab Matius zum Scherz dem Trebatius diesen Beinamen.

ut antecedat] er eilt dem Matius voraus dem Caesar entgegen.

Sinuessae] zu ergänzen *futurum esse*. Aehnlich ad Att. XI, 19, 2: *Philotimus dicitur Id. Sext.* (affuturus esse); X, 8, 10: *Tullia te non putabat hoc tempore ex Italia;* XIII, 21, 6: *de Caesaris adventu scripsit ad me Balbus, non ante Kal. Sextiles;* XIII, 51: *narro tibi,* (*Quintus cras;* XIII, 52, 2: *ego paullisper hic, deinde in Tusculanum.* Cratander schiebt nach a. d. *VIII Kal.* ein: *April. Beneventi mansurum, a. d. VII.*

EPISTOLA XV.

(AD ATT. IX, 16.)
CICERO ATTICO S.

1   Cum quod scriberem ad te nihil·haberem, tamen, ne quem diem intermitterem, has dedi litteras. A. d. vi Kal. Caesarem Sinuessae mansurum nuntiabant. Ab eo mihi litterae redditae sunt a. d. vii Kalend., quibus iam opes meas, non, ut superioribus litteris, opem exspectat. Cum eius clementiam Corfiniensem illam per litteras collaudavissem, rescripsit hoc exemplo:

CAESAR IMP. CICERONI IMP. S. D.

2   Recte auguraris de me, bene enim tibi cognitus sum, nihil a me abesse longius crudelitate. Atque ego cum ex ipsa re magnam capio voluptatem, tum meum factum probari abs te triumpho gaudio. Neque illud me movet, quod ii, qui a me dimissi sunt, discessisse dicuntur, ut mihi rursus bellum inferrent; ni-
3 hil enim malo quam et me mei similem esse et illos sui. Tu velim mihi ad urbem praesto sis, ut tuis consiliis atque opibus, ut consuevi, in omnibus rebus utar. Dolabella tuo nihil scito mihi esse iucundius. Hanc adeo habebo gratiam illi; neque enim aliter facere poterit; tanta eius humanitas, is sensus, ea in me est benevolentia.

EPISTOLA XV.

Der Brief ist am 26. März in Formiae geschrieben.

1. *quod scriberem*] *non habeo* = *nescio* hat *quid* nach sich, *non habeo* = *mihi deest* hat *quod*.

opes meas] Caesar hatte geschrieben ad Att. IX, 6, A: *in primis a te peto, quoniam confido me celeriter ad urbem venturum, ut te ibi videam, ut tuo consilio, gratia, dignitate, ope omnium rerum uti possim.* Caesar wünscht beide Male Ciceros Unterstützung; da aber der Plural auch das Vermögen bedeutet, so nimmt Cicero zum Scherz an, Caesar beanspruche schon sein Vermögen.

hoc exemplo] *Exemplum litterarum* ist das Concept eines Briefes; z. B. ad fam. IX, 26, 1: *accubueram hora nona, cum ad te harum exemplum in codicillis exaravi*, oder auch eine Abschrift; z. B. ad

fam. VI, 8, 3: *earum litterarum exemplum infra scriptum est. Litterae hoc exemplo*, ein Brief dieses Inhalts, von diesem Wortlaut; z. B. ad Att. IX, 6, 3: *Litterae sunt allatae hoc exemplo. Binae litterae eodem exemplo*, zwei Briefe desselben Inhalts, denen dasselbe Concept zu Grunde liegt; z. B. ad fam. IV, 4, 1: *accipio excusationem tuam, qua usus es, cur saepius ad me litteras uno exemplo dedisses*; ad fam. X, 5, 1: *binas a te accepi litteras eodem exemplo.*

2. *triumpho gaudio*] wie pro Cluent. 5, 14: *palam exsultare laetitia, triumphare gaudio coepit.*

3. *Dolabella*] Ciceros Schwiegersohn.

Hanc adeo] sogar dies, dass du nach Rom kommst, werde ich jenem zu danken haben. So de fin. II, 20, 66 *hic dolor* statt *huius rei dolor.* Vielleicht ist jedoch *debebo* hier zu lesen.

EPISTOLA XVI.

(AD ATT. IX, 18.)

CICERO ATTICO S.

Utrumque ex tuo consilio; nam et oratio fuit ea nostra, ut 1
bene potius ille de nobis existimaret quam gratias ageret, et in
eo mansimus, ne ad urbem. Illa fefellerunt, facilem quod puta-
ramus. Nihil vidi minus. Damnari se nostro iudicio, tardiores
fore reliquos, si nos non venerimus, dicere. Ego dissimilem illorum esse causam. Cum multa: Veni igitur et age de pace.
Meone, inquam, arbitratu? An tibi, inquit, ego praescribam?
Sic, inquam, agam, senatui non placere in Hispanias iri nec exercitus in Graeciam transportari; multaque, inquam, de Gnaeo
deplorabo. Tum ille: Ego vero ista dici nolo. Ita putabam, inquam; sed ego eo nolo adesse, quod aut sic mihi dicendum est
multaque, quae nullo modo possem silere, si adessem, aut non
veniendum. Summa fuit, ut ille, quasi exitum quaerens: ut de-
liberarem. Non fuit negandum. Ita discessimus. Credo igitur
hunc me non amare. At ego me amavi, quod mihi iam pridem
usu non venit. Reliqua, o dii! qui comitatus! quae, ut tu soles 2

dicere, *νεκυία*! in qua erat area sceleris! O rem perditam! o
copias desperatas! Quid quod Servii filius, quod Tulli in his
castris fuerunt, quibus Pompeius circumsederetur! Sex legiones.
Multum vigilat, audet. Nullum video῀ finem mali. Nunc certe
3 promenda tibi sunt consilia. Hoc fuerat extremum. Illa tamen
κατακλεὶς illius est odiosa, quam paene praeterii: si sibi consiliis nostris uti non liceret, usurum, quorum posset, ad omnia-
que esse descensurum. Vidisti igitur virum, ut scripseras. In-
gemuisti? Certe. Cedo reliqua. Quid? Continuo ipse in Pedanum, ego Arpinum. Inde exspecto equidem *πλαταγεῦσαν* illam
tuám. Tu, malum, inquies, actum ne agas. Etiam illum ipsum,

νεκυία] das Todtenreich, lau-
ter durch Schwelgerei und Schulden
zu Grunde gerichtete Menschen.
Atticus Worte finden sich ad Att.
IX, 10, 7: *si M'. Lepidus et L. Vol-
catius remanent, manendum puto,
ita ut, si salvus sit Pompeius et
constiterit alicubi, hanc νεκυίαν re-
linquas et te in certamine vinci cum
illo facilius patiaris, quam cum hoc
in ea, quae perspicitur futura, col-
luvie regnare.*

area sceleris!] Tummelplatz des
Verbrechens; es findet sich jedoch
keine Stelle, wo das Wort in dieser
Bedeutung gebraucht wäre.

Servii filius] ad Att. X, 3, A, 2: *facile patior, quod scribit (Caesar), secum Tullum et Servium questos
esse, quia non idem sibi, quod mihi,
remisisset. Homines ridiculos! qui
cum filios misissent ad Cn. Pompeium circumsidendum, ipsi in senatum venire dubitarent;* ad Att. IX,
9, 1: *Titinii filius apud Caesarem
est.*

Sex legiones] nämlich *sunt cum
Caesare.*

3. *κατακλεὶς*] Clausel in der Me-
trik; hier der Schluss von Caesars
Rede. •

Vidisti igitur] und was folgt, *cedo
reliqua*, Worte des Atticus: da hast
es also doch wahr gemacht, was du
mir schriebst; du bist einer Unterredung nicht ausgewichen.

Pedanum] Pedum, eine frühzeitig

verfallene latinische Stadt an der
via Lavicana. Wahrscheinlich hatte
Caesar im ager Pedanus ein Landgut.

Inde exspecto] *Inde* für *ibi*, wie
Liv. VIII, 6, 13: *comparant inter se,
ut ab utra parte cedere Romanus
exercitus coepisset, inde se consul
devoveret pro populo Romano Qui-
ritibusque.* S. zu III, 6, 2.

πλαταγεῦσαν] Der cod. Med. hat
hier *ΛΛΑΤΕΑCΑΝ* und ad Att.
X, 2, wo das Wort noch einmal vorkommt, *ΜΜΤΕΥCΑ*. Bosius liest
λαλαγεῦσαν und versteht das von
der Schwalbe, die den Frühling ver-
kündet, die Zeit, wo Cicero seine
Seereise antreten kann. *Πλατα-
γεῦσα* (epistola) könnte ein Brief
sein, der von Cicero als ein Orakel
für sein Verhalten betrachtet wird;
die Blume *πλαταγώνιον* diente als
Liebesorakel; vergl. Theocr. III, 29.
So nennt Cicero ad Att. IX, 10, 5
einen Brief des Atticus *χρησμός*.
Auch *παταγεῦσαν* könnte man
schreiben; denn nach dem Sprüchwort *καλὰ δὴ παταγεῖς*, du triffst
ins Schwarze, könnte *παταγεῦσα*
(epistola) ein entscheidender, den
Ausschlag gebender Brief sein. Indessen es ist unmöglich hier etwas
Sicheres zu finden, da Cicero auf
etwas anspielen kann, was vielleicht
schon damals nur ihm und dem Atticus bekannt war.

actum ne agas] Sprüchwort: Ge-
thanes thun, zu spät kommen; Cic.

quem sequimur, multa fefellerunt. Sed ego tuas litteras exspec- 4
to. Nihil est enim iam, ut antea: videamus hoc quorsum eva-
dat. Extremum fuit de congressu nostro; quo quidem non dubito, quin istum offenderim. Eo maturius agendum est. Amabo te, epistolam et πολιτικήν. Valde tuas litteras nunc exspecto.

EPISTOLA XVII.

(AD ATT. X, 9, A., AD FAM. VIII, 16.)

CAELIUS CICERONI S.

Exanimatus tuis litteris, quibus te nihil nisi triste cogitare 1
ostendisti neque id quid esset perscripsisti neque non tamen
quale esset, quod cogitares, aperuisti, has ad te ilico litteras scripsi. Per fortunas tuas, Cicero, per liberos te oro et obsecro, ne
quid gravius de salute et incolumitate tua consulas. Nam deos
hominesque amicitiamque nostram testificor, me tibi praedixisse
neque temere monuisse, sed, postquam Caesarem convenerim
sententiamque eius, qualis futura esset parta victoria, cognorim,
te certiorem fecisse. Si existimas eandem rationem fore Caesaris in dimittendis adversariis et conditionibus ferendis, erras.
Nihil nisi atrox et saevum cogitat atque etiam loquitur; iratus senatui exiit; his intercessionibus plane incitatus est. Non

Lael. 22, 85: *praeposteris utimur
consiliis et acta agimus, quod retta-
mur retere proverbio.* Du wirst sagen: es ist nun zu spät; du hast es
einmal mit deinem Zögern beim
Pompeius verdorben; Keineswegs;
auch Pompeius hat sich oft geirrt
und wird mir deshalb meinen Fehler
nicht so hoch anrechnen. Aber, wie
gesagt, ich erwarte deinen Brief.

EPISTOLA XVII.

Cäsar hatte nach seiner Rückkehr
vom 1. April an drei Tage lang
fruchtlos mit dem Senate verhandelt und reiste dann wenige Tage
später nach Spanien. Caelius beglei-
tete ihn und schrieb diesen Brief
wahrscheinlich, gleich nachdem er
Rom verlassen hatte, also in den
ersten Tagen des April. Ueber Caelius s. zu II, 8.

1. *id quid esset*] Das Subject des
Nebensatzes ist in den Hauptsatz
gezogen, ein griechischer Sprachge-
brauch, den Caelius auch weiter unten *sententiamque eius, qualis* cet.
und ad fam. VIII, 10,3: *nosti Marcellum, quam tardus sit,* anwendet. Auch
bei Caes. b. Gall. I, 39, 6 findet er
sich: *rem frumentariam, ut satis
commode supportari posset, timere
dicebant.* Cic. ad fam. IV, 1, 2
schreibt dagegen: *res vides quomodo se habeat.*

parta victoria] Ablativ.

eandem rationem fore] Caesar
wird fernerhin bei der Entlassung
der Gegner und bei den Friedensunterhandlungen sich nicht mehr so
mild und gemässigt zeigen, wie bisher.

iratus senatui exiit] nämlich aus

2 mehercule erit deprecationi locus. Quare, si tibi tu, si filius
unicus, si domus, si spes tuae reliquae tibi carae sunt; si
aliquid apud te nos, si vir optimus, gener tuus, valemus;
eorum fortunam non debes velle conturbare, ut eam ,causam,
in cuius victoria salus nostra est, odisse aut relinquere cogamur
aut impiam cupiditatem contra salutem tuam habeamus. Denique illud cogita, quod offensae fuerit in ista cunctatione, te
subisse. Nunc te contra victorem Caesarem facere, quem
dubiis rebus laedere noluisti, et ad eos fugatos accedere,
quos resistentes sequi nolueris, summae stultitiae est. Vide,
ne, dum pudet te parum optimatem esse, parum diligenter quid
3 optimum sit eligas. Quod si totum tibi persuadere non possum,
saltem, dum quid de Hispaniis agamus scitur, exspecta; quas tibi
nuntio adventu Caesaris fore nostras. Quam isti spem habeant
amissis Hispaniis nescio. Quod porro tuum consilium sit ad de-

Rom. So kommt *exire* häufig vor;
z. B. ad fam. VII, 5, 1: *C. Treba-*
tium cogitaram, quocunque exirem,
mecum ducere; Caes. bell. civ. 1,
6, 6: *paludati votis nuncupatis ex-*
eunt. Zur ganzen Stelle vergleiche
Caes. b. civ. I, 33, 3: *sic triduum*
disputationibus excusationibusque
extrahitur. Subiicitur etiam L. Me-
tellus, tribunus plebis, ab inimicis
Caesaris, qui hanc rem distrahat
reliquasque res, quascunque agere
instituerit, impediat. Cuius cognito
consilio Caesar frustra diebus ali-
quot consumptis, ne reliquum tem-
pus amittat, infectis iis, quae agere
destinaverat, ab urbe proficiscitur
atque in ulteriorem Galliam per-
venit.

2. *valemus*] Das Verbum im Plural nach zwei Subjecten, die mit
Wiederholung der Conjunction oder
eines anderen Wortes (Anaphora)
neben einander gestellt sind, ist selten, findet sich aber auch ad Att.
II, 17, 1: *Quid ista repentina affi-*
nitatis coniunctio, quid ager Cam-
panus, quid effusio pecuniae signi-
ficant? und de fin. II, 22, 73: *si pu-*
dor, si modestia, si pudicitia, si
uno verbo temperantia poenae aut
infamiae metu coercebuntur, in

welcher Stelle der Plural auffallen-
der ist, weil die ersten Subjecte
zuletzt in einen Begriff vereinigt
sind.

quod offensae] Den Anstoss, den
du überhaupt dem Pompeius geben
kannst, hast du ihm schon gegeben,
dadurch dass du bis jetzt gezögert
hast zu ihm zu gehen.

Nunc te] Der accus. c. inf. nach
summae stultitiae est, wie ad fam.
I, 7, 4: *est et tuae et nostri imperii*
dignitatis te cum classe atque ex-
ercitu proficisci Alexandream.

3. *Quod si totum*] dass du dich
entschliessest überhaupt nicht zum
Pompeius zu gehen.

quid de Hispaniis] was wir in Betreff Spaniens ausrichten.

Quod porro] wie beschaffen dein
Entschluss ist, d. i. welche Ueberlegung ihm zu Grunde liegt; z. B. Phil.
I, 1, 1: *exponam vobis breviter con-*
silium et profectionis et reversionis
meae; ad Q. fr. III, 8, 1: *te rogo,*
ut recordere consilium nostrum
quod fuerit profectionis tuae. Ad
desperatos accedere Apposition zu
tuum consilium; de nat. deor. III,
24, 63: *magnam molestiam suscepit*
Zeno, commenticiarum fabularum
redderet rationem; Liv. III, 4, 9: *ut al-*

speratos accedere non medius fidius reperio. Hoc, quod tu non 4
dicendo mihi significasti, Caesar audierat ac simul atque, have,
mihi dixit, statim quid de te audisset exposuit. Negavi me scire;
sed tamen ab eo petivi, ut ad te litteras mitteret, quibus maxime
ad remanendum commoveri posses. Me secum in Hispaniam
ducit. Nam, nisi ita faceret, ego, priusquam ad urbem accede-
rem, ubicunque esses, ad te percucurrissem et hoc a te praesens
contendissem atque omni vi te retinuissem. Etiam atque etiam, 5
Cicero, cogita, ne te tuosque omnes funditus evertas, ne te sciens
prudensque eo demittas, unde exitum vides nullum esse. Quod
si te aut voces optimatium commovent aut nonnullorum hominum insolentiam et iactationem ferre non potes, eligas, censeo,
aliquod oppidum vacuum a bello, dum haec decernuntur, quae
iam erunt confecta. Id si feceris, et ego te sapienter fecisse iudicabo et Caesarem non offendes.

EPISTOLA XVIII.
(AD FAM. II, 16.)
M. CICERO IMP. S. D. M. CAELIO.

Magno dolore me affecissent tuae litterae, nisi iam et ratio 1
ipsa depulisset omnes molestias et diuturna desperatione rerum
obduruisset animus ad dolorem novum. Sed tamen quare acciderit, ut ex meis superioribus litteris id suspicarere, quod scri-

---

teri consulum negotium daretur videre, ne quid res publica detrimenti
caperet. S. zu II, 2, 9.

4. *Hoc, quod tu*] hoc, dass du
zu Pompeius gehen willst. *Non
dicendo aliquid significare*, der
Ablativ des Gerundiums zur Be-
zeichnung der Art und Weise: etwas zu verstehen geben, ohne es
auszusprechen. S. oben *neque non
tamen quale esset, quod cogitares,
aperuisti*. Vgl. I, 19, 6.

5. *iam erunt*] iam, bald, sogleich. Cic. Brut. 46, 171: *id tu,
Brute, iam intelleges, cum in Galliam veneris*; ad Att. IV, 2, 3: *nuntiat iam populo*; in Verr. II, 23, 57:
attendite, iam intellegetis.

EPISTOLA XVIII.
Diese Antwort Ciceros auf den

vorigen Brief ist wahrscheinlich
kurz nach dem Empfang desselben
geschrieben worden, um den Caelius
noch zu erreichen, der nach Spanien reiste.

1. *ratio ipsa*] das Nachdenken;
ad fam. VI, 1, 4: *simus igitur ea
mente, quam ratio et veritas prae-
scribit, ut nihil in vita nobis prae-
standum praeter culpam putemus,
eaque cum careamus, omnia huma-
na placate et moderate feramus.*

obduruisset] ad fam. IV, 5, 2: *in
illis rebus exercitatus animus cal-
lere iam debet*; IX, 2, 3: *consuetu-
do diuturna callum iam obduxit
stomacho meo*; ad Att. XIII, 2, 1:
*sed iam ad ista obduruimus et hu-
manitatem omnem exuimus.*

bis, nescio. Quid enim in illis fuit praeter querellam temporum, quae non meum animum magis sollicitum habent quam tuum? Nam non eam cognovi aciem ingenii tui, quod ipse videam, te id ut non putem videre. Illud miror, adduci potuisse te, qui me penitus nosse deberes, ut existimares aut me tam improvidum, qui ab excitata fortuna ad inclinatam et prope iacentem desciscerem, aut tam inconstantem, ut collectam gratiam florentissimi hominis effunderem a meque ipse delicerem et, quod initio sem
2 perque fugi, civili bello interessem. Quod est igitur meum triste consilium? Ut discederem fortasse in aliquas solitudines. Nosti enim non modo stomachi mei, cuius tu similem quondam habebas, sed etiam oculorum in hominum insolentium indignitate fastidium. Accedit etiam molesta haec pompa lictorum meorum nomenque imperii, quo appellor. Eo si onere carerem, quamvis parvis Italiae latebris contentus essem. Sed incurrit haec

sollicitum habent] S. zu III, 21, 1.
non eam cognovi] constr. *ut non putem te id videre, quod ipse videam.*
.2. *Ut discederem*] Wenn ein Substantivum, das in die Vergangenheit gehört, wie hier *meum consilium*, durch einen Satz mit dass explicirt oder umschrieben wird und ein für die Gegenwart gültiges Prädicat erhält, so steht in jenem Satze mit dass das Imperfectum, da dieser Satz von dem Verbum im Präsens nicht abhängig ist. Cic. pro Rosc. Amer. 33, 92: *video igitur causas esse permultas, quae istum impellerent*, Beweggründe, die jenen damals bestimmen konnten, lassen sich viele denken; ad fam. XIV, 4, 4: *ceterorum servorum ea causa est, ut; si res a nobis abisset, liberti nostri essent*, die gegenwärtige Lage der übrigen Sclaven ist noch die alte, dass sie u. s. w.; pro Sulla 20, 57: *iam vero illud quam incredibile, quam absurdum, qui Romae caedem facere, qui hanc urbem inflammare vellet, eum familiarissimum suum dimittere.* Auch so, dass ein Substantivum zu ergänzen ist; pro Sest. 14, 32: *parumne est, Piso, ut neglegeres auctoritatem senatus?*

Nosti enim] Worin besteht denn also der beklagenswerthe Entschluss, den ich zu erkennen gegeben haben soll? Höchstens doch darin, dass ich, wenn die Verhältnisse sich so gestalten sollten, entschlossen war, nach irgend welchem einsamen Orte mich zurückzuziehen; und das kannst du mir nicht verdenken, denn du kennst ja u. s. w.
quondam] als Caelius noch auf der Seite der Optimaten stand. Cic. Brut. 79, 273: *Caelius quamdiu auctoritati meae paruit, talis tribunus plebis fuit, ut nemo contra civium perditorum popularem turbulentamque dementiam a senatu et a bonorum causa steterit constantius.*
haec pompa lictorum] S. zu III, 9, 5. Cicero hätte seine Lictoren, die mit Lorbeer umwundene Fasces führten, entlassen und auf den Triumph verzichten können; aber er hielt dies jetzt für schimpflich, da er sich einmal um den Triumph beworben hatte und da er das Imperium nicht mehr ordnungsmässig, d. i. durch seinen Einzug in die Stadt niederlegen konnte.
nomenque imperii] Cicero war von seinen Soldaten als Imperator begrüsst worden.

nostra laurus non solum in oculos, sed iam etiam in voculas
malevolorum. Quod cum ita esset, nil tamen unquam de profectione
nisi vobis approbantibus cogitavi. Sed mea praediola tibi
nota sunt. In his mihi necesse est esse, ne amicis molestus sim.
Quod autem in maritimis facillime sum, moveo nonnullis suspicionem,
velle me navigare; quod tamen fortasse non nollem, si
possem ad otium. Nam ad bellum quidem qui convenit? praesertim
contra eum, cui spero me satisfecisse, ab eo, cui iam
satisfieri nullo modo potest? Deinde sententiam meam tu facil- 3
lime perspicere potuisti iam ab illo tempore, cum in Cumanum
mihi obviam venisti. Non enim te celavi sermonem T. Ampii.

in voculas] *Vocula* Deminutivum
von *vox*, wie *specula* von *spes*; s.
weiter unten §. 5. *Voculae* in der
Bedeutung das Gerede kommt
sonst nicht vor, wohl aber *voces*;
z. B. Caes. b. Gall. I, 39, 1: *ex percontatione
nostrorum vocibusque
Gallorum tantus subito timor omnem
exercitum occupavit.*

de profectione nisi] *Nisi vobis
approbantibus* gehört zu *profectio*,
nicht zu *cogitavi*: an eine Abreise
ohne eure Bewilligung habe ich
nicht gedacht. Wie Casus von Substantiven
mit oder ohne Präposition
häufig die Stelle von Attributen
vertreten; z. B. Cic. Tusc. II, 3, 7:
lectionem sine ulla delectatione neglego;
de or. II, 5, 20: *et tot locis
sessiones;* so geschieht dies hier
durch Ablativi absoluti. Ebenso
Sall. Iug. 10, 1: *parvum ego, Iugurtha,
te amisso patre, sine spe,
sine opibus in meum regnum accepi;*
Caes. b. civ. II, 14, 6: *reliquos
infecta re in oppidum repulerunt.*

facillime sum] am liebsten; ad
Att. XII, 34, 1: *ego hic vel sine
Sicca facillime possem esse, ut in
malis;* XIII, 26, 2: *locum habeo
nullum, ubi facilius esse possim
quam Asturae;* de off. II, 19, 66:
*diserti hominis et facile laborantis
beneficia et patrocinia late patent.*

quod tamen] In *moveo suspicionem*
cet. liegt: ich will nicht reisen.
Also: obgleich ich nicht reisen
sehen will, könnte ich mich vielleicht
doch dazu entschliessen, wenn u. s.
w. Die Gedanken sind lose aneinandergefügt;
man erwartet: was
ich, wenn ich es auch vielleicht
wollte, wenn es zum Frieden führte,
dennoch niemals thun werde,
um am Kriege theilzunehmen. Vielleicht
sollte *fortasse non nollem*
cet. als Parenthese eingeschoben
werden und dies veranlasste dann,
dass die mit *quod tamen* angefangene
Construction nicht fortgesetzt
wurde.

ab eo] auf der Seite des Pompeius,
der ihm sein Zögern niemals
vergeben würde. *Ab aliquo* auf
der Seite eines, zu Gunsten eines;
de inv. I, 3, 4: *a mendacio contra
verum stare;* pro Cluent. 34, 93:
*non modo dicendi ab reo sed ne
surgendi quidem potestas erat.* So
hier: *ad bellum gerendum contra
Caesarem a Pompeio,* in welcher
Verbindung allerdings *a* in dieser
Bedeutung nicht vorkommt.

3. obviam venisti] als Cicero aus
Cilicien zurückkehrte.

Non enim te celavi] Du kennst
meine Ansicht; denn erstens habe
ich dir die Unterredung mit Ampius
nicht verschwiegen; zweitens hast
du gesehen, wie sehr ich dagegen war,
dass die Stadt verlassen würde, als
ich davon hörte; drittens habe ich
dir oft versichert, ich würde nicht
aus Italien gehen. — T. Ampius

Vidisti quam abhorrerem ab urbe relinquenda, cum audissem. Nonne tibi affirmavi quidvis me potius perpessurum, quam ex Italia ad bellum civile exiturum? Quid ergo accidit, cur consilium mutarem? Nonne omnia potius, ut in sententia permanerem? Credas hoc mihi velim, quod puto te existimare, me ex his miseriis nihil aliud quaerere, nisi ut homines aliquando intellegant me nihil maluisse quam pacem, ea desperata nihil tam fugisse quam arma civilia. Huius me constantiae puto fore ut nunquam paeniteat. Etenim memini in hoc genere gloriari solitum esse familiarem nostrum, Q. Hortensium, quod nunquam bello civili interfuisset. Hoc nostra laus erit illustrior, quod illi tribuebatur 4 ignaviae, de nobis id existimari posse non arbitror. Nec me ista terrent, quae mihi a te ad timorem fidissime atque amantissime proponuntur. Nulla est enim acerbitas, quae non omnibus hac orbis terrarum perturbatione impendere videatur; quam quidem ego a re publica meis privatis et domesticis incommodis libentissime vel istis ipsis, quae tu me mones ut caveam, rede-

---

Balbus, tr. pl. 63 (Vell. II, 40), vor Lentulus Spinther (s. zu II, 2) Proprätor von Cilicien (ad fam. I, 3, 2), war jetzt eifriger Pompeianer; ad Att. VIII, 11, B, 2: *vidi T. Ampium dilectum habere diligentissime.* Nach dem Siege Caesars wurde er auf die Verwendung Ciceros begnadigt (ad fam. VI, 12).

quidvis me potius] Madvig de fin. IV, 8, 20 lehrt, nach *potius quam* stehe immer der Conjunctiv; man könne in der directen Rede nicht sagen *potius pugnabo quam abibo*, sondern müsse sagen *abeam*, und deshalb heisse es in der indirecten auch nicht *dixit se potius pugnaturum quam abiturum*, sondern *quam abiret.* Etwas anderes sei es mit *prius quam*; z. B. bei Caes. b. civ. III, 49: *prius se ... victuros quam ... dimissuros.* Denn bei *prius* ständen wenigstens scheinbar zwei zukünftige Handlungen so neben einander, dass die eine nur eher wäre; bei *potius* dagegen würde eine wirklich eintretende Handlung von einer andern geschieden, die gar nicht wirklich würde. Von dieser Regel weicht unsere Stelle ab.

Vgl. Brut. 91, 314: *quodvis potius periculum mihi adeundum quam a sperata dicendi gloria discedendum putavi;* de nat. deorum I, 30, 84: *quam bellum erat, Vellei, confiteri potius nescire, quod nescires, quam ista effutientem nauseare;* ad Att. VIII, 3, 3: *quae conditio non accipienda fuit potius quam relinquenda patria?* wo schwerlich etwas anderes ergänzt werden kann als *fuit.*

Quid ergo accidit] Ich habe dir bestimmt erklärt, ich würde Italien nicht verlassen. Also müsste, wenn das Gerede begründet sein sollte, etwas vorgefallen sein, was mich bestimmen könnte meinen Entschluss zu ändern. Was ist denn das?

nihil aliud quaerere] Das einzige Gute, was diese Uebel für mich haben, ist das, dass ich zeigen kann u. s. w.

Q. Hortensium] Ciceros Nebenbuhler in der Beredtsamkeit. Er war das Jahr vorher gestorben.

illi tribuebatur ignaviae] wie Nepos Timoleon 4: *neque hoc illi quisquam tribuebat superbiae.*

4. *redemissem*] Redimere los-

missem. Filio meo, quem tibi carum esse gaudeo, si erit ulla 5
res publica, satis amplum patrimonium relinquam in memoria
nominis mei; sin autem nulla erit, nihil accidet ei separatim a
reliquis civibus. Nam quod rogas, ut respiciam generum meum,
adolescentem optimum mihique carissimum; an dubitas, cum
scias quanti cum illum tum vero Tulliam meam faciam, quin
ea me cura vehementissime sollicitet? et eo magis, quod in communibus miseriis hac tamen oblectabar specula, Dolabellam meum
vel potius nostrum fore ab his molestiis, quas liberalitate sua
contraxerat, liberum. Velim quaeras quos ille dies sustinuerit,
in urbe dum fuit, quam acerbos sibi, quam mihimet ipsi socero
non honestos. Itaque neque ego hunc Hispaniensem casum ex- 6
specto, de quo mihi exploratum est ita esse, ut tu scribis, neque

kaufen, entweder mit dem Accusativ dessen, was man von einem ihm drohenden Uebel befreit; z. B. pro Mil. 32, 87: *pecunia se a iudicibus palam redemerat;* Plancus ad fam. X, 8, 1: *non enim praeteritam culpam videri volo redemisse;* Sall. Cat. 14, 3: *alienum aes grande conflaverat, quo flagitium aut facinus redimeret;* — oder mit dem Accusativ des Uebels, das beseitigt wird, und dem Ablativ mit *a* von dem, was befreit wird, wie hier und in Verr. V, 44, 117: *metum virgarum pretio redemit.* Uebrigens heisst *redimere* auch kaufen; z. B. Caes. bell. Gall. I, 44, 12: *quorum omnium gratiam atque amicitiam eius morte redimere posset.*

5. *in memoria*] wie Liv. XXVI, 43, 3: *in una urbe universam ceperitis Hispaniam.* Derselbe Gedanke de domo 58, 147: *liberis nostris satis amplum patrimonium paterni nominis ac memoriae nostrae relinquemus;* de off. I, 33, 121: *optima hereditas a patribus traditur liberis omnique patrimonio praestantior gloria virtutis rerumque gesturum.*

Nam quod rogas] *Nam* in der Occupatio: ich habe bisher nur von mir und meinem Sohne gesprochen, denn was den Dolabella betrifft u. s. w. Cicero will dem Einwurf begegnen: warum sprichst du nicht von

Dolabella? Vgl. Tusc. IV, 26, 57: *nam quod aiunt nimia resecari oportere, naturalia relinqui; quid tandem potest esse naturale, quod idem nimium esse possit?*

an dubitas] Vor *an* ist zu ergänzen *respicio*, wie *nos ita non dicimus* zu ergänzen ist Tusc. I, 36, 87: *sed hoc ipsum concedatur, bonis rebus homines morte privari; ergo etiam carere mortuos vitae commodis idque esse miserum? Certe ita dicant necesse est. An potest is, qui non est, re ulla carere?*

hac tamen] Das *etsi* zu *tamen* liegt in *in communibus miseriis.* Ebenso weiter unten §. 7 *tamen in stomacho.*

specula] Das Deminutivum von *spes* ist gebraucht, nicht als ob die Hoffnung schwach gewesen wäre, dass Dolabella von seinen Schulden befreit werden würde, denn das liess sich von Caesars Freundschaft für Dolabella mit Sicherheit hoffen; sondern weil dieser Vortheil in Ciceros Augen sehr gering war im Vergleich zu dem Unglück der Republik, durch welches seine Erlangung möglich wurde.

6. *neque quicquam astute*] Ich warte nicht auf den Ausfall des Feldzugs in Spanien, um darnach mein Betragen einzurichten und

13*

quicquam astute cogito. Si quando erit civitas, erit profecto nobis locus; sin autem non erit, in easdem solitudines tu ipse, ut
arbitror, venies, in quibus nos consedisse audies. Sed ego fortasse vaticinor et haec omnia meliores habebunt exitus. Recor-
dor enim desperationes eorum, qui senes erant adolescente me.
Eos ego fortasse nunc imitor et utor aetatis vitio. Velim ita sit.
7 Sed tamen! Togam praetextam texi Oppio puto te audisse.
Nam Curtius noster dibaphum cogitat; sed cum infector mora-
tur. Hoc aspersi, ut scires me tamen in stomacho solere ridere.
Dolabellae, quod scripsi, suadeo videas, tamquam si tua res agatur. Extremum illud erit: nos nihil turbulenter, nihil temere fa-
ciemus. Te tamen oramus, quibuscunque erimus in terris, ut
nos liberosque nostros ita tueare, ut amicitia nostra et tua fides
postulabit.

EPISTOLA XIX.

(AD FAM. IV, 2.)

M. CICERO S. D. SER. SULPICIO.

1   A. d. III Kal. Maias cum essem in Cumano, accepi tuas
litteras; quibus lectis cognovi non satis prudenter fecisse Philo-

denke überhaupt nicht auf etwas
Hinterlistiges. Ueber das Adverbium s. zu III, 19, 3.

vaticinor] = *hallucinor*, wie pro
Sest. 10, 23: *eos autem, qui dicerent dignitati esse serviendum, ...
vaticinari atque insanire dicebat.*

Sed tamen!] Aber ich habe einmal
meine Besorgniss. Sehr gewöhli-
che Aposiopese, namentlich bei *verumtamen*; z. B. ad Att. XII, 17:
*quamquam quid ad me? Verumta-
men*; XIV, 12, 1: *multa illis Caesar,
neque me invito, etsi Latinitas erat
non ferenda. Verumtamen*; ad fam.
XVI, 23, 1: *tu vero confice professio-
nem, si potes, etsi haec pecunia ex
eo genere est, ut professione non
egeat. Verumtamen.*

7. *Togam praetextam*] C. Oppius
(s. III, 12) und Curtius (ad Att. IX,
2, A, 3: *Postumus Curtius venit
nihil nisi classes loquens et exercitus; eripiebat Hispanias* cet.; XII, 49,

1: *o tempora! fore, cum dubitet
Curtius consulatum petere*), zwei
Freunde des Caesar, die in gewöhnlichen Zeiten schwerlich zu
Ehrenstellen gelangt sein würden,
jetzt aber auf die höchsten sich
Rechnung machten. Oppius wünschte ein Staatsamt, Curtius das Augurat. *Nam* in der Occupatio: den
Curtius nenne ich nicht als einen,
der ein Staatsamt erhalten wird,
denn u. s. w.

dibaphum] ein doppelt gefärbtes
Purpurkleid, das Amtskleid der Au-
guru; ad Att. II, 9, 2: *Vatinii stru-
mam sacerdotii διβάφῳ vestiant.*
Vgl. Servius zu Verg. Aen. IV, 262.

suadeo videas] *videre* = *provi-
dere, curare*; ad Att. V, 1, 3: *ante-
cesserat Statius, ut prandium nobis
videret.*

EPISTOLA XIX.

Servius Sulpicius Rufus, ein berühmter Rechtsgelehrter, Consul 51

timum, qui, cum abs te mandata haberet, ut scribis, de omnibus
rebus, ipse ad me non venisset, litteras tuas misisset, quas intellexi breviores fuisse, quod eum perlaturum putasses. Sed tamen, postquam tuas litteras legi, Postumia tua me convenit et
Servius noster. His placuit, ut tu in Cumanum venires, quod
etiam mecum ut ad te scriberem egerunt.

Quod meum consilium exquiris, id est tale, ut capere faci- 2
lius ipse possim quam alteri dare. Quid enim est, quod audeam
suadere tibi, homini summa auctoritate summaque prudentia?
Si quid rectissimum sit quaerimus, perspicuum est, si quid maxime expediat, obscurum; sin ii sumus, qui profecto esse debemus, ut nihil arbitremur expedire, nisi quod rectum honestum-
que sit, non potest esse dubium quid faciendum nobis sit.

Quod existimas meam causam coniunctam esse cum tua, 3
certe similis in utroque nostrum, cum optime sentiremus, error

---

mit M. Marcellus. Im Consulat trat
er seinem zum Kriege drängen-
den Collegen entgegen; nach dem
Ausbruch des Krieges suchte er
sich möglichst neutral zu halten;
später trat er entschieden auf Caesars Seite und wurde Proconsul
von Achaia. Er starb 43 auf einer
Gesandtschaftsreise zum Antonius
nach Mutina. Der Brief ist im Cumanum in den letzten Tagen des
April geschrieben.

Philotimum] ein Freigelassener
des Cicero.

venisset, litteras] Asyndeton ad-
versativum.

Sed tamen] beschränkend und be-
richtigend, wie unser indessen,
im Sinne von: indessen das hat nichts
zu sagen, denn u. s. w. Ebenso ad
fam. XVI, 4, 1: *ius enim dandum tibi
non fuit, cum* χαχοστόμαχος *esses; sed tamen et ad illum scripsi
accurate et ad Lysonem.*

Postumia] Servius Gemahlin;
Servius noster sein Sohn.

2. *si quid maxime*] *sin* ist nicht
nöthig, denn in kurzen Gegensätzen
steht oft *si — si;* s. II, 2, 5. Es
würde sogar stören, weil der dritte
Satz den Gegensatz bildet zu den
beiden ersten. Wenn wir das Gute

und das Nützliche sondern, ist die
Sache zweifelhaft; wenn wir nur
das Gute für nützlich halten, ist sie
klar. Vgl. ad fam. V, 19, 2: *quid
rectum sit apparet, quid expediat
obscurum est, ita tamen, ut, si nos
ii sumus, qui esse debemus, id est
studio digni ac litteris nostris, dubitare non possimus, quin ea maxime conducant, quae sunt rectis-
sima.*

3. *cum optime sentiremus*] als
wir das Beste wollten, die beste
Gesinnung hatten. So heisst *bene
narrare* nicht bloss gut erzählen,
sondern auch eine gute Nachricht bringen; z. B. ad Att. XIII,
33, 2: *Othonem quod speras posse
vinci, sane bene narras;* — ferner
sperare bene Gutes hoffen; z. B.
ad fam. IV, 13, 7: *sperabis omnia
optime;* — ferner *benigne polliceri*
auf eine zuvorkommende Weise
versprechen; z. B. Liv. VI, 6, 16:
*cunctis in partes muneris sui beni-
gne pollicentibus operam;* und auch
Freundliches versprechen; z. B. in
Verr. II, 4, 12: *aliis, si laudarent,
benignissime polliceri.* Natürlich
kann auch das Adjectivum stehen;
z. B. in Cat. III, 2, 5: *qui omnia de
re publica praeclara atque egregia*

fuit. Nam omnia utriusque consilia ad concordiam spectaverunt; qua cum ipsi Caesari nihil esset utilius, gratiam quoque nos inire ab eo defendenda pace arbitrabamur. Quantum nos fefellerit et quem in locum res deducta sit vides. Neque solum ea perspicis, quae geruntur quaeque iam gesta sunt, sed etiam, qui cursus rerum, qui exitus futurus sit. Ergo aut probare oportet ea, quae fiunt, aut interesse, etiam si non probes; quarum altera 4 mihi turpis, altera etiam periculosa ratio videtur. Restat, ut discedendum putem. In quo reliqua videtur esse deliberatio, quod consilium in discessu, quae loca sequamur. Omnino cum miserior res nunquam accidit, tum ne deliberatio quidem difficilior; nihil enim constitui potest, quod non incurrat in magnam aliquam difficultatem.' Tu, si videbitur, ita censeo facias, ut, si habes iam statutum quid tibi agendum putes, in quo non sit coniunctum consilium tuum cum meo, supersedeas hoc labore itineris; sin autem est, quod mecum communicare velis, ego te exspectabo. Tu, quod tuo commodo fiat, quam primum velim venias, sicut intellexi et Servio et Postumiae placere. Vale.

EPISTOLA XX.
(AD ATT. X, 8.)
CICERO ATTICO S.

1　　　Et res ipsa monebat et tu ostenderas et ego videbam, de iis rebus, quas intercipi periculosum esset, finem inter nos scribendi fieri tempus esse. Sed, cum ad me saepe mea Tullia scribat orans, ut quid in Hispania geratur exspectem, et semper adscribat idem videri tibi, idque ipse etiam ex tuis litteris intel‑ lexerim, non puto esse alienum me ad te quid de ea re sentiam 2 scribere. Consilium istud tunc esset prudens, ut mihi videtur,

sentirent.

Quantum nos fefellerit] impersonell wie ad Att. XIV, 12, 2: *sed nos, nisi me fallit, iacebimus;* de off. II, 7, 25: *nec eum fefellit.*

Ergo aut probare] nämlich wenn wir in Italien bleiben. Das Subject *nos* ist ausgelassen; s. zu I, 6, 2.

EPISTOLA XX.

Nach der Zusammenkunft mit Caesar in Formiae ging Cicero nach seinem Arpinum und blieb dort bis zum

3. April. Nachher reiste er nach seinem Cumanum und verweilte hier, bis er Italien verliess. Im Cumanum ist dieser Brief am 2. Mai geschrieben.

2. *tunc esset prudens*] Weil durch einen bedingenden Satz sehr oft nicht bloss der Eintritt einer anderen Handlung, sondern auch die Zeit des Eintritts bedingt wird, so steht im Nachsatz statt *ita, ita demum* auch bei Cicero häufig *tum, tum denique, tum demum,* selbst wenn

si nostras rationes ad Hispaniensem casum accommodaturi essemus; quod nolim. Necesse est enim aut, id quod maxime velim, pelli istum ab Hispania aut trahi id bellum aut istum, ut confidere videtur, apprehendere Hispanias. Si pelletur, quam gratus aut quam honestus tum erit ad Pompeium noster adventus, cum ipsum Curionem ad eum transiturum putem? Sin trahitur bellum, quid exspectem aut quam diu? Relinquitur, ut, si vincimur in Hispania, quiescamus. Id ego contra puto; istum enim victorem magis relinquendum puto quam victum et dubitantem magis quam fidentem suis rebus. Nam caedem video, si vicerit, et impetum in privatorum pecunias et exulum reditum et tabulas novas et turpissimorum honores et regnum non modo Romano homini, sed ne Persae quidem cuiquam tolerabile. Tacita 3

eine Zeitbedingung nicht vorliegt; z. B. de fin. I, 19, 64: *quidquid porro animo cernimus, id omne oritur a sensibus; qui si omnes veri erunt, ut Epicuri ratio docet, tum denique poterit aliquid cognosci et perspici;* pro Mil. 2, 6: *si illius insidiae clariores hac luce fuerint, tum denique obsecrabo obtestaborque vos;* ad fam. VI, 11, 2: *quae ipsa tum esset iucundior, si ulla res esset publica. Tunc* in diesem Sinne kommt sonst nur bei nicht classischen Schriftstellern vor.

quod nolim] Der cod. Med. hat von der ersten Hand *quod fieri nec est enim,* von der zweiten *quod fieri necesse est* (*enim* weggelassen). Eine genügende Verbesserung ist noch nicht gefunden.

pelli istum] nämlich Caesar, der damals in Spanien gegen Pompeius Legaten, Afranius und Petreius, Krieg führte.

Id ego contra puto] *Contra* adverbiell anders, gerade umgekehrt; z. B. ad fam. XII, 18, 2: *utrumque contra accidit. Contra est* es ist ganz anders, es findet das Gegentheil Statt; z. B. pro Cluentio 31, 84: *in stultitia contra est.* Auch mit Auslassung von *esse* de off. II, 2, 7: *alia probabilia, contra alia dicimus,* und hier: ich glaube, dass dies gerade umgekehrt ist; ich glau-

be, dass wir nicht ruhen müssen. Dasselbe bedeuten die Formeln *id secus est, quod est longe aliter;* z. B. ad Att. XI, 12, 3: *quod utinam ita esset! sed longe aliter esse intellego.*

et dubitantem magis] nicht coordinirt dem vorangehenden *victorem magis,* sondern mit *victum* zu verbinden: *quam cum victus sit magisque dubitet quam fidat suis rebus.* — *Magis* bei *relinquendum* hat die Bedeutung von *potius,* denn es wird das eine vorgezogen und das andere verworfen. Ebenso Liv. III, 53, 7: *irae vestrae magis ignoscendum quam indulgendum est;* XXI, 5, 3: *ea gens in parte magis quam in dicione Carthaginiensium erat.*

tabulas novas] Χρεῶν ἀποχοπαί, gänzliche oder theilweise Aufhebung der bestehenden Schuldverträge, so genannt, weil dann die Hausbücher, die jeder wohlhabende Römer führte, geändert werden mussten. In diesen codices accepti et expensi wurde jede geliehene und ausgeliehene Summe eingetragen; die nicht eingetragenen unbedeutenden hiessen *pecuniae extraordinariae.* Zum besseren Beweis wurde die Schuld noch in den Büchern der argentarii, mensularii (s. zu I, 17, 2) bemerkt; dies hiess *per alterius tabulas pecuniam expensam ferre.*

esse poterit indignitas nostra? pati poterunt oculi me cum Gabinio sententiam dicere? et quidem illum rogari prius? praesto
esse clientem tuum Clodium? Cateli Plaguleium? ceteros? Sed
cur inimicos colligo? qui meos necessarios a me defensos nec
videre in curia sine dolore nec versari inter eos sine dedecore
potero. Quid? si ne id quidem est exploratum, fore, ut mihi
liceat; — scribunt enim ad me amici eius me illi nullo modo satisfecisse, quod in senatum non venerim; — tamenne dubitemus an ei nos etiam cum periculo venditemus, quicum con-
4 iuncti ne cum praemio quidem volumus esse? Deinde hoc vide,
non esse iudicium de tota contentione in Hispaniis; nisi forte
iis amissis arma Pompeium abiecturum putas. Cuius omne consilium Themistocleum est; existimat enim, qui mare teneat,
eum necesse esse rerum potiri. Itaque quoniam nunquam id
egit, ut Hispaniae per se tenerentur, navalis apparatus ei semper
antiquissima cura fuit. Navigabit igitur, cum erit tempus, maximis classibus et ad Italiam accedet. In qua nos sedentes quid
erimus? Nam medios esse iam non licebit. Classibus adversa-

3. *indignitas*] = *indignatio*, wie
häufig bei Livius; z. B. V, 45, 5:
*inde primum miseratio sui, deinde
indignitas atque ex ea ira animos
cepit.*

cum Gabinio] Cicero fürchtet, dass
die Verbannten von Caesar zurückgerufen werden möchten und führt
nun einige an, die ihm besonders
verhasst waren. Gabinius hatte in
seinem Consulate 58 viel dazu bei-
getragen, dass Cicero verbannt wurde, und war nach seinem Proconsu-
lat in Syrien 54 wegen Erpressungen verurtheilt worden. Sextus
Clodius war eins der thätigsten
Werkzeuge des Clodius gewesen;
52 war er de vi belangt und verurtheilt worden. Der sonst unbekann-
te Plaguleius wird de domo 33, 89
als Helfershelfer des P. Clodius erwähnt. In wie fern Sextus Clodius
Client des Atticus genannt werden
konnte, wissen wir nicht; indessen
wird auch P. Clodius ad Att. II, 9, 3
tuus sodalis genannt. Wer der Patron des Plaguleius gewesen ist, ist
ebenfalls unbekannt; der Name
scheint corrumpirt zu sein.

rogari prius] Es war eine Ehre
im Senat unter den Ersten gefragt
zu werden; ad Att. I, 13, 2: *primum
igitur scito primum me non esse
rogatum sententiam praepositum-
que esse nobis pacificatorem Allo-
brogum . . . . . . Tertius est Catulus,
quartus, si etiam hoc quaeris, Hortensius.* Waren consules designati
da, so wurden diese immer zuerst
gefragt.

sine dolore] weil die Zurückberufung der Verbannten auf ungesetzlichem Wege durchgesetzt werden
sollte; *sine dedecore*, weil Cicero
durch seine Anwesenheit diese Un-
gesetzlichkeit gewissermassen sanc-
tionirte.

tamenne dubitemus an] *Dubito
an* ich zweifle ob nicht mit Hinneigung zur Bejahung. Soll ich denn,
obgleich das so ist, immer noch ungewiss sein, ob ich mich nicht lieber
verkaufe?

4. *Classibus adversabimur*] Soll
ich denn gegen die Flotten des Pompeius kämpfen? Was könnte ver-
brecherischer oder auch nur so ver-
brecherisch sein? was ehrloser? *Aut*

bimur igitur? Quod maius scelus aut tantum denique? quid
turpius? An invadentis in absentes solus tuli scelus; ciusdem
cum Pompeio et cum reliquis principibus non feram? Quod si 5
iam misso officio periculi ratio habenda est; ab illis est periculum, si peccaro, ab hoc, si recte fecero, nec ullum in his malis
consilium periculo vacuum inveniri potest; ut non sit dubium,
quin turpiter facere cum periculo fugiamus, quod fugeremus
etiam cum salute. Non simul cum Pompeio mare transiimus.
Omnino non potuimus; exstat ratio dierum. Sed tamen — fa-
teamur enim, quod est, — ne contendimus quidem, ut possemus. Fefellit ea me res, quae fortasse non debuit, sed fefellit: pacem putavi fore. Quae si esset, iratum mihi Caesarem esse, cum
idem amicus esset Pompeio, nolui; senseram enim quam iidem

denique = aut omnino; z. B. Livius
VIII, 21, 6: an credi posse ullum populum aut hominem denique in ea
conditione, cuius eum paeniteat,
diutius quam necesse sit mansurum?
Ueber turpe neben scelus vergl. Cic.
de off. II, 22, 77: habere enim quae-
stui rem publicam non modo turpe
est, sed sceleratum etiam et nefa-
rium. — Der cod. Med. hat hier
quod malus scilicet tantum denique.

An invadentis] Cicero hatte es
gewagt dem Caesar zu widersprechen
oder wenigstens ihm seine Mitwirkung zu verweigern, als dieser nach
der Rückkehr von Brundisium An-
träge gegen die abwesenden Pompeianer durchzusetzen gedachte. S.
III, 16. Hierauf bezieht sich diese
Stelle. Caesars Zorn habe ich Stand
gehalten, als ich allein war; wie ich
sollte ich es nicht können, wenn
Pompeius und die übrigen Häupter
des Staats mit mir sind? Ferre aus-
halten wie bei Caes. b. Gall. III,
19, 3: ut ne unum quidem nostrorum impetum ferrent. An im Argumentum ex contrario mit coordinir-
tem ersten Gliede, wie Tusc. V, 32,
90: An Scythes Anacharsis potuit
pro nihilo pecuniam ducere; no-
strates philosophi facere non poterunt? Oder sollten wir unsere Philoso-
phen nicht, da doch der Scythe u. s.
w. — Der cod. Med. hat aninval de-

hic in absentis solus tuli scelus und
von der zweiten Hand an invalde und
sonst ebenso.

5. ut non sit dubium, quin] so
dass ich gar nicht ungewiss darüber
bin, wie ich das nicht vermeiden
sollte, nämlich das turpiter facere
cum periculo. Auch sonst kommt
non dubito ich trage kein Bedenken mit quin vor; z. B. Cic. de
Imp. Cn. Pompei 23, 68: nolite dubitare, quin huic uni credatis omnia; pro Mil. 23, 63: arbitrabantur
non dubitaturum fortem virum, quin
cederet aequo animo legibus; Caes.
b. civ. III, 37, 2: Domitius sibi dubi-
tandum non putavit, quin productis
legionibus proelio decertaret.

Non simul] ein Einwand, den sich
Cicero macht, um den Vorwurf zu
beseitigen, den man ihm machen
konnte, dass er bisher nicht nach
dem ausgesprochenen Grundsatze
gehandelt hätte.

exstat ratio dierum] Cic. ad Att.
IX, 2 A, 2: quod negas te dubitare,
quin magna in offensa sim apud
Pompeium hoc tempore, non video
causam, cur ita sit, hoc quidem tempore. Qui enim misso Corfinio denique certiorem me sui consilii fecit, is queretur Brundisium me non
venisse, cum inter me et Brundisium Caesar esset?

quam iidem essent] Cicero hatte

essent. Hoc verens in hanc tarditatem incidi. Sed assequor
6 omnia, si propero; si cunctor, amitto. Et tamen, mi Attice, au-
guria quoque me incitant quadam spe non dubia, nec haec collegii nostri ab Attio, sed illa Platonis de tyrannis. Nullo enim
modo posse video stare istum diutius, quin ipse per se etiam
languentibus nobis concidat; quippe qui florentissimus ac novus
vi, vii diebus ipsi illi egenti ac perditae multitudini in odium acer-
bissimum venerit, qui duarum rerum simulationem tam cito ami-
serit, mansuetudinis in Metello, divitiarum in aerario. Iam, quibus utatur vel sociis vel ministris, si ii provincias, si ii rem publicam regent, quorum nemo duo menses potuit patrimonium suum
7 gubernare? Non sunt omnia colligenda, quae tu acutissime perspicis; sed tamen ea pone ante oculos; iam intelleges id regnum
vix semestre esse posse. Quod si me fefellerit, feram, sicut multi
clarissimi homines in re publica excellentes tulerunt; nisi forte

es empfunden, wie sehr sie eines
Sinnes waren, als er auf Anstiften
Caesars mit Zustimmung des Pom-
peius verbannt wurde.

6. *ab Attio*] Attius Navius, der
berühmte Seher, den Tarquinius
Priscus auf die Probe stellte (Liv.
I, 36), und den Manche, wenn auch
mit Unrecht, für den Urheber der
Auguralwissenschaft bei den Römern hielten. Cic. de div. II, 38, 80:
*Etrusci habent exaratum puerum
auctorem disciplinae suae. Nos
quem? Attiumne Navium? At aliquot annis antiquior Romulus et
Remus, ambo augures, ut accepimus.*

VI, VII diebus] in den wenigen
Tagen, die Caesar vor seiner Abreise nach Spanien in Rom zubrachte.
Vergl. Hor. epist. I, 1, 57: *sed qua-
dringentis sex septem milia desint,
plebs eris.*

duarum rerum] Der Tribun L.
Metellus hatte nicht zugeben wollen,
dass Caesar sich des Staatsschatzes
bemächtigte und war deshalb von
ihm mit dem Tode bedroht worden.

7. *Quod si me fefellerit*] Caesars
Herrschaft wird nicht von Dauer
sein. Sollte ich mich irren, so werde ich die Folgen meines Irrthums,

nämlich eine längere Verbannung,
zu ertragen wissen, *feram* (s. oben
§ 4). Du wirst mir das zutrauen;
du müsstest mich denn für einen
Weichling halten. Indessen ich irre
mich gewiss nicht. — Genau genommen müsste es heissen *nisi forte
malo* ohne *censueris*. Mit *nisi forte*
wird etwas beigebracht, das, wenn
es richtig wäre, die vorangehende
Behauptung umstossen würde, das
aber durch *nisi forte* negirt wird
und so jene Behauptung stützt. Es
wird aber Ciceros Behauptung *feram*
nicht umgestürzt, wenn Atticus ihn
für einen Weichling hält, sondern
wenn er einer ist. Indessen dergleichen Ungenauigkeiten kommen nicht
selten vor; z. B. Cic. de senect. 6,
17: *non viribus aut velocitatibus
aut celeritate corporum res magnae
geruntur, sed consilio, auctoritate,
sententia, quibus non modo non or-
bari, sed etiam augeri senectus solet; nisi forte ego vobis ..... cessare nunc videor, cum bella non
gero.*

multi clarissimi] *multi* ohne *et*,
weil *clarissimi homines* zusammen
einen Begriff bilden. Ebenso ad fam.
V, 17, 3: *multis fortissimis atque
optimis viris*; IV, 9, 3: *patriam*

me Sardanapali vicem in suo lectulo mori malle censueris quam
exilio Themistocleo. Qui cum fuisset, ut ait Thucydides, τῶν
μὲν παρόντων δι᾽ ἐλαχίστης βουλῆς κράτιστος γνώμων, τῶν
δὲ μελλόντων ἐπὶ πλεῖστον τοῦ γενησομένου ἄριστος εἰκαστής,
tamen incidit in eos casus, quos vitasset, si eum nihil fefellisset.
Etsi is erat, ut ait idem, qui τὸ ἄμεινον καὶ τὸ χεῖρον ἐν τῷ
ἀφανεῖ ἔτι προεώρα μάλιστα, tamen non vidit nec quomodo
Lacedaemoniorum nec quomodo suorum civium invidiam effu-
geret nec quid Artaxerxi polliceretur. Non fuisset illa nox tam
acerba Africano, sapientissimo viro, non tam dirus ille dies Sul-
lanus callidissimo viro C. Mario, si nihil utrumque eorum fefellisset. Nos tamen hoc confirmamus illo augurio, quo diximus,
nec nos fallit nec aliter accidet. Corruat iste necesse est aut per 8
adversarios aut ipse per se, qui quidem sibi est adversarius unus
acerrimus. Id spero vivis nobis fore, quamquam tempus est nos
de illa perpetua iam, non de hac exigua vita cogitare. Sin quid
acciderit maturius, haud sane mea multum interfuerit utrum
factum videam an futurum esse multo ante viderim. Quae cum
ita sint, non est committendum, ut iis pareant, quos contra me
senatus, ne quid res publica detrimenti acciperet, armavit.

---

multis claris viris orbatam.

Sardanapali vicem] Ueber diesen
durch Weichlichkeit und Ueppig-
keit berüchtigten assyrischen König
weichen die Angaben der Alten sehr
von einander ab. Nach den meisten
verbrannte er sich selbst mit seinen
Weibern und Schätzen, als ein Aufstand ausgebrochen war; nach einigen starb er im Alter eines natür-
lichen Todes. — *Sardanapali vicem
in suo lectulo mori* ist zusammen
Object zu *malle*, das Sterben im ei-
genen Bett nach Art des Sardanapal.
Man kann sagen *turpe est in suo
lectulo mori*, ebenfalls *turpe puto*
cet.; warum sollte dafür nicht auch
nolo stehen können. Vgl. Cic. de
nat. deor. I, 30, 84: *quam bellum
erat, Vellei, confiteri potius nescire
quod nescires, quam ista effutientem
nauseare atque ipsum sibi displi-
cere?*

τῶν μὲν παρόντων] Bei Thucydides I, 138 steht dafür τῶν τε πα-
ραχρῆμα und καὶ τῶν μελλόντων

für τῶν δὲ μελλόντων. Zu construiren εἰκαστὴς τοῦ γενησομένου τῶν μελλόντων. Nepos Them.
1 übersetzt die Stelle so: *quod et
de instantibus, ut ait Thucydides,
verissime iudicabat et de futuris
callidissime coniiciebat.* In der folgenden Stelle steht bei Thucydides
τό τε ἄμεινον ἢ χεῖρον.

quid Artaxerxi] Themistokles
soll dem Artaxerxes versprochen
haben ihm Griechenland zu unterwerfen.

illa nox] in welcher der jüngere
Scipio Africanus ermordet wurde;
ille dies, an welchem Marius vor
Sulla aus Rom flüchten musste.

8. *Sin quid acciderit*] Ich hoffe
Caesars Sturz zu erleben, obgleich
ich nicht mehr lange zu leben habe.
Stösst mir aber früher etwas zu, so
kömmt es auf eins heraus, ob ich
dies wirklich eintreten sehe oder ob
ich mit Sicherheit lange vorausge-
sehen habe, dass es eintreten wird.

quos contra me senatus] = con-

9   Tibi sunt omnia commendata; quae commendationis meae
pro tuo in nos amore non indigent. Nec hercule ego quidem
reperio quid scribam; sedeo enim πλουδοκῶν. Etsi nihil unquam tam fuit scribendum quam nihil mihi unquam ex plurimis
tuis iucunditatibus gratius accidisse, quam quod meam Tulliam
suavissime diligentissimeque coluisti. Valde eo ipsa delectata est,
ego autem non minus. Cuius quidem virtus mirifica. Quomodo
illa fert publicam cladem! quomodo domesticas tricas! quantus autem animus in discessu nostro! Est στοργή, est summa
10 σύντηξις, tamen nos recte facere et bene audire vult. Sed hac
super re nimis, ne meam ipse συμπάθειαν iam evocem. Tu,
si quid de Hispaniis certius et si quid aliud, dum adsumus, scri-
bes, et ego fortasse discedens dabo ad te aliquid, eo etiam magis,
quod Tullia te non putabat hoc tempore ex Italia. Cum Antonio
item est agendum, ut cum Curione, Melitae me velle esse, huic
bello nolle interesse. Eo velim tam facili uti possem et tam
bono in me quam Curione. Is ad Misenum vi Nonas venturus

tra quos, wie pro Mur. 4, 9: *quem
contra veneris.* Zur Sache vgl. ad
fam. XVI, 11, 3: *senatus consulibus, praetoribus, tribunis plebis et
nobis, qui proconsules sumus, negotium dederat, ut curaremus, ne
quid res publica detrimenti caperet.*
9. πλουδοκῶν] wartend auf gutes Wetter zur Einschiffung.

Etsi nihil] Etsi wird in Ciceros
Briefen nicht selten gebraucht, wie
quamquam, für unser d o c h, indessen; z. B. ad Att. IX, 19, 1:
*ego meo Ciceroni Arpini potissi-
mum togam puram dedi, idque mu-
nicipibus nostris fuit gratum. Etsi
omnes et illos et, qua iter feci, mae-
stos afflictosque vidi;* IX, 19, 2:
*etiam equidem senatus consulta
facta quaedam iam puto; utinam
in Volcatii sententiam! Sed quid re-
fert? est enim una sententia omnium. Sed erit immitissimus Servius, qui filium misit ad effligen-
dum Cn. Pompeium aut certe ca-
piendum cum Pontio Titiniano. Etsi
hic quidem timoris causa; ille vero?*
— IX, 7, 5: *noli putare tolerabiles
horum insanias nec unius modi fore.
Etsi quid te horum fugit?* und wei-

terhin: *abeamus igitur inde quali-
bet navigatione. Etsi id quidem, ut
tibi videbitur. Sed certe abeamus.*

Cuius quidem] Zuweilen kommt
es vor, dass das Relativum sich nicht
auf das zunächst stehende Substantivum bezieht; z. B. Cic. Tusc. I, 1,
3: *Livius fabulam dedit . . . . anno
ante natum Ennium, qui* (Livius)
*fuit maior natu quam Plautus et
Naevius;* Liv. XXI, 26, 2: *C. Atili-
um.... auxilium ferre Manlio iubent, qui* (Atilius) *sine ullo certamine Tannetum pervenit.* Aehnlich
unten § 10: *is ad Misenum* cet.

domesticas tricas] Dolabella, ihr
Gemahl, war in Schulden gerathen
und verlangte nun von Cicero die
Auszahlung der Mitgift.

10. *Sed hac super re] Super* mit
dem Ablativ in der Bedeutung von
de findet sich bei Cicero nur in den
Briefen und auch hier nur selten;
z. B. ad Att. XIV, 22, 2: *scribas ad
me velim simulque cogites quid
agendum nobis sit super legatione
votiva.*

si quid] zu ergänzen *audieris.*

ex Italia] zu ergänzen *profectu-
rum esse.* S. zu III, 14.

dicebatur, id est hodie; sed praemisit mihi odiosas litteras hoc exemplo:

A.

ANTONIUS TRIB. PL. PRO PR. CICERONI IMP. S.

Nisi te valde amarem et multo quidem plus quam tu putas, 1 non extimuissem rumorem, qui de te prolatus est, cum praesertim falsum esse existimarem. Sed quia te nimio plus diligo, non possum dissimulare mihi famam quoque, quamvis sit falsa, magni esse. Trans mare credere non possum, cum tanti facias Dolabellam, Tulliam tuam, feminam lectissimam, tantique ab omnibus nobis fias; quibus mehercule dignitas amplitudoque tua paene carior est quam tibi ipsi. Sed tamen non sum arbitratus esse amici non commoveri etiam improborum sermone, atque eo feci studiosius, quod iudicabam duriores partes mihi impositas esse ab offensione nostra, quae magis a ζηλοτυπία mea quam ab iniuria tua nata est. Sic enim volo te tibi persuadere, mihi neminem esse cariorem te excepto Caesare, Caesarem maxime in suis M. Ciceronem reponere. Quare, mi Cicero, te 2 rogo, ut tibi omnia integra serves, eius fidem improbes, qui tibi, ut beneficium daret, prius iniuriam fecit, contra ne profugias, qui te, etsi non amabit, quod accidere non potest, tamen salvum

---

A.

trib. pl. pro pr.] Bei seiner Abreise nach Spanien hatte Caesar dem Volkstribun M. Antonius den Oberbefehl in Italien mit dem Titel eines Propraetor übertragen.

1. *Trans mare*] zu ergänzen *te iturum.* Vgl. ad fam. XVI, 7: *nec mirabamur nihil a te litterarum,* und noch härtere Ellipsen ad Att. XIII, 21, 2: *Quid possum de Torquato, nisi aliquid a Dolabella? Quod simulac, continuo scietis;* XIII, 2, 1: *Pisonem sicubi, de auro,* sobald du den Piso triffst, rede mit ihm wegen des Goldes.

Tulliam] Asyndeton in der unterbrochenen Aufzählung; s. zu I, 4, 8; II, 12, 2.

feci studiosius] Ich muss die Pflicht der Freundschaft um so eifriger erfüllen, weil unsere Beziehungen, seitdem ich mich mit dir

um das Augurat beworben habe, sich etwas gelockert haben und so aus jeder Nachlässigkeit von meiner Seite leicht der Verdacht entstehen kann, mir läge die Freundschaft mit dir nicht so am Herzen, als es in der That der Fall ist.

2. *prius iniuriam fecit*] Deine Verbannung war Pompeius Werk, deine Rückberufung auch; er hat also nur wieder gut gemacht, was er dir früher geschadet hat und du schuldest ihm keinen Dank.

etsi te non amabit] auch wenn er dich nicht lieben wird, was aber niemals eintreten kann. *Etsi = etiamsi,* wie ad Att. VII, 3, 1: *ac primum illud, etsi cupidissime expetitum a me sit, tamen non est nostra contentione perfectum;* Liv. XXI, 19, 4: *quamquam, etsi priore foedere staretur, satis cautum erat Saguntinis.*

amplissimumque esse cupiet. Dedita opera ad te Calpurnium,
familiarissimum meum, misi, ut mihi magnae curae tuam vitam
ac dignitatem esse scires.

Eodem die a Caesare Philotimus attulit hoc exemplo:

B.

CAESAR IMP. CICERONI IMP. SAL. D.

1   Etsi te nihil temere, nihil imprudenter facturum iudicaram;
tamen permotus hominum fama scribendum ad te existimavi et
pro nostra benevolentia petendum, ne quo progredereris procli-
nata iam re, quo integra etiam progrediendum tibi non existi-
masses. Namque et amicitiae graviorem iniuriam feceris et tibi
minus commode consulueris, si non fortunae obsecutus vide-
beris, — omnia enim secundissima nobis, adversissima illis accidisse videntur — nec causam secutus, — eadem enim tum fuit,
cum ab eorum consiliis abesse iudicasti — sed meum aliquod
factum condemnavisse, quo mihi gravius abs te nil accidere pot-
2 est. Quod ne facias, pro iure nostrae amicitiae a te peto. Po-
stremo quid viro bono et quieto et bono civi magis convenit
quam abesse a civilibus controversiis? Quod nonnulli cum pro-
barent, periculi causa sequi non potuerunt. Tu explorato et vitae meae testimonio et amicitiae iudicio neque tutius neque honestius reperies quicquam quam ab omni contentione abesse.
xv Kal. Maias ex itinere.

EPISTOLA XXI.
(AD FAM. XIV, 7.)
TULLIUS TERENTIAE SUAE S. P.

1   Omnes molestias et sollicitudines, quibus et te miserrimam
habui, id quod mihi molestissimum est, et Tulliolam, quae no-

hoc exemplo] S. zu III, 15, 1. Zu
ergänzen *litteras.*

B.

1. *abesse iudicasti*] iudicare =
decernere mit dem blossen Infinitiv,
wie ad fam. VII, 33, 2: *mihi iudi-
catum est deponere illam iam per-
sonam.*

2. *Quod nonnulli*] In anderen Bür-
gerkriegen konnten es manche nicht,
weil der Führer der Gegenpartei

grausam war und sie ihm verhasst;
du kannst es, weil ich mild bin und
dein Freund.

testimonio] das Zeugniss, das
mein bisheriges Leben mir giebt,
und das Urtheil, das die Freundschaft fällt.

EPISTOLA XXI.
Der Brief ist geschrieben am
7. Juni 49 in Cajeta an Bord des
Schiffes, das den Cicero zu Pom-

bis nostra vita dulcior est, deposui et eieci. Quid causae autem
fuerit postridie intellexi quam a vobis discessi. Χολὴν ἄκρα-
τον noctu eieci. Statim ita sum levatus, ut mihi deus aliquis medicinam fecisse videatur. Cui quidem tu deo, quemadmodum soles, pie et caste satisfacies [id est Apollini et Aesculapio]. Na- 2
vem spero nos valde bonam habere; in eam simulatque conscen-
di, haec scripsi. Deinde conscribam ad nostros familiares multas epistolas, quibus te et Tulliolam nostram diligentissime com-
mendabo. Cohortarer vos, quo animo fortiores essetis, nisi vos
fortiores cognossem quam quemquam virum. Et tamen eiusmodi
modi spero negotia esse, ut et vos istic commodissime sperem
esse et me aliquando cum similibus nostri rem publicam defensuros. Tu primum valetudinem tuam velim cures; deinde, si ti- 3
bi videbitur, villis iis utere, quae longissime aberunt a militibus.
Fundo Arpinati bene poteris uti cum familia urbana, si annona
carior fuerit. Cicero bellissimus tibi salutem plurimam dicit.
Etiam atque etiam vale. D. vii Id. Iun.

peius nach Griechenland führte.

1. *miserrimam habui*] wodurch
ich dich so lange unglücklich gemacht habe. *Habere* mit dem Partic.
Perf. Pass. oder mit einem Adjectivum legt dem Object einen bleiben-
den Zustand bei, der durch das
Subject herbeigeführt ist oder wenigstens ihm nicht gleichgültig ist;
z. B. ad fam. VII, 3, 1: *sollicitum te
habebat cogitatio;* XV, 4, 6: *Ariobarzanes, cuius salutem a senatu te
auctore commendatam habebam* (er
ist empfohlen worden und ich re-
spectire die Empfehlung); Liv.
XXIX, 23, 7: *dum accensum recenti amore Numidam habet;* Tac.
Ann. II, 65: *nihil aeque Tiberium
anxium habebat.*

id est Apollini et Aesculapio]
wahrscheinlich die Randbemerkung
eines Lesers, die nachher in den
Text gekommen ist. .

2. *Et tamen*] obgleich ich also
unsere Lage für nicht unbedenklich
halte, denke ich doch u. s. w.

defensuros] und dass ich einst
mit den Gleichgesinnten die Republik retten werde. *Defendere*,
mit Erfolg vertheidigen, wie
Sall. Iug. 54, 8: *qui sua loca defendere nequiverat, in alienis bellum
gerere;* Liv. XXVI, 27, 4: *aedes
Vestae vix defensa est;* Caes. b.
Gall. VII, 23, 5: *ab incendio lapis et
ab ariete materia defendit, quae neque perrumpi neque distrahi potest.*

EPISTOLA XXII.

(AD FAM. IX, 9.)

DOLABELLA S. D. CICERONI.

1   S. V. G. V. et Tullia nostra recte V.   Terentia minus belle
habuit; sed certum scio iam convaluisse eam.   Praeterea rectis-
sime sunt apud te omnia.   Etsi nullo tempore in suspicionem
tibi debui venire partium causa potius quam tua tibi suadere,
ut te aut cum Caesare nobiscumque coniungeres aut certe in
otium referres, praecipue nunc, iam inclinata victoria, ne possum quidem in ullam aliam incidere opinionem, nisi in eam, in

EPISTOLA XXII.

Der Brief ist geschrieben, als
Pompeius in Dyrrhachium einge-
schlossen war, nach Caes. b. civ. III,
49: *iam frumenta maturescere inci-
piebant*, also etwa Ende Mai 48.
Cicero befand sich im Lager des
Pompeius, und dass Dolabella, Ciceros Schwiegersohn, damals im Lager
des Caesar war, ergiebt sich aus den
Worten unseres Briefs *pulsus his
quoque locis.*
 1. *S. V. G. V.*] si vales, gaudeo.
Valeo.
 Tullia nostra] Dolabella theilt dies
dem Cicero mit, weil es sehr leicht
sein konnte, dass seine Nachrichten
aus Rom von späterem Datum waren, als die, welche Cicero hatte.
 minus belle habuit] *se* ausgelassen, wie Cic. pro Mur. 6, 14: *bene
habet: iacta sunt fundamenta de-
fensionis*; Liv. VI, 35, 8: *bene habet, inquit Sestius: quandoquidem
tantum intercessionem pollere placet, isto ipso telo tutabimur plebem.*
 certum scio] Dass *certum* in den
oft vorkommenden *certum scio* und
certum nescio Adverbium ist, ersieht
man aus Cic. pro Scauro § 34 ed.
Beier: *qui sive patricius sive ple-
beius esset, nondum enim certum
constituerat*; Hor. serm. II, 6, 27:
*postmodo, quod mi obsit, clare cer-
tumque locuto*; II, 5, 100 *certum vi-
gilans* ganz wachend.
 Etsi nullo tempore] Wenn du

schon sonst nicht argwöhnen durf-
test, ich riethe dir aus Parteirück-
sichten, du möchtest dich mit Caesar verbinden, so ist es jetzt, wo
der Sieg sich zu uns neigt, nicht
einmal möglich, dass man eine andere
Meinung von mir hat, als u. s. w.
Etsi bezeichnet hier dasselbe, was
sonst durch *cum — tum* oder das
einfache *si* ausgedrückt wird; z. B.
ad Att. III, 8, 2: *itaque cum meus
me maeror cotidianus lacerat et
conficit, tum vero haec addita cura
vix mihi vitam reliquam facit.*
 inclinata victoria] da der Sieg
den Pompeianern schon halb verloren ist. *Inclinari* oder *se inclinare*
heisst sich zum Untergang nei-
gen, wenn das, wohin sich etwas
neigt, nicht hinzugesetzt ist; z. B.
ad fam. II, 16, 1: *ab excitata fortuna ad inclinatam et prope iacentem desciscere*; I, 1, 3: *inclinata res
est*, die Sache ist halb verloren.
 in ullam aliam] *Incidere in opinionem* kann heissen auf die Ansicht
kommen, nach Cic. Acad. pr. II,
45, 138: *vos autem mihi veremini,
ne labar ad opinionem et aliquid ad-
sciscam et comprobem incognitum*;
und in den Ruf kommen, wie
ad fam. VIII, 10, 2: *in eam opinionem
Cassius veniebat finxisse bellum.*
Bei beiden Erklärungen ist das folgende *in qua scilicet* auffallend. Die
Handschriften haben *in qua scilicet
te tibi.*

qua scilicet tibi suadere videar, quod pie tacere non possim. Tu
autem, mi Cicero‾, sic haec accipies, ut, sive probabuntur tibi sive non probabuntur, ab optimo certe animo ac deditissimo tibi
et cogitata et scripta esse iudices. Animadvertis Cn. Pompeium 2
nec nominis sui nec rerum gestarum gloria neque etiam regum
ac nationum clientelis, quas ostentare crebro solebat, esse tutum;
et hoc etiam, quod infimo cuique contigit, illi non posse contin-
gere, ut honeste effugere possit, pulso Italia, amissis Hispaniis,
capto exercitu veterano, circumvallato nunc denique; quod nescio an nulli unquam nostro acciderit imperatori. Quamobrem
quid aut ille sperare possit aut tu animum adverte pro tua prudentia; sic enim facillime, quod tibi utilissimum erit consilii, ca-
pies. Illud autem te peto, ut, si iam ille evitaverit hoc periculum
et se abdiderit in classem, tu tuis rebus consulas et aliquando
tibi potius quam cuivis sis amicus. Satisfactum est iam a te vel
officio vel familiaritati; satisfactum etiam partibus et ei rei publicae, quam tu probabas. Reliquum est, ubi nunc est res publi- 3
ca, ibi simus potius quam, dum illam veterem sequamur, simus
in nulla. Quare velim, mi iucundissime Cicero, si forte Pompeius pulsus his quoque locis rursus alias regiones petere cogatur,
ut tu te vel Athenas vel in quamvis quietam recipias civitatem.
Quod si eris facturus, velim mihi scribas, ut ego, si ullo modo
potero, ad te advolem. Quaecunque de tua dignitate ab imperatore erunt impetranda, qua est humanitate Caesar, facillimum
erit ab eo tibi ipsi impetrare; et meas tamen preces apud eum

---

pie] ohne die Verwandtenpflicht
zu verletzen.

2. *nulli unquam nostro*] Das Pronomen possessivum mit oder ohne
Substantivum wird partitiven Adjectiven oder Zahlwörtern statt im
Genitiv oder mit einer Präposition
oft im gleichen Casus beigefügt, besonders häufig von Caesar; z. B. b.
Gall. I, 52, 5: *reperti sunt complures nostri milites;* b. civ. III, 96, 4:
paucos suos ex fuga nactus; I, 46,
4: *nostri circiter septuaginta ceci-
derunt.*

te peto] ungewöhnliche Construction für *a te peto.*

ei rei publicae] derjenigen Verfassung der Republik.

3. *Reliquum est*] *Ut* ist häufig
ausgelassen nach den Verben e r-
Ciceros ausgew. Briefe.

mahnen und fordern und nach
fac und *volo*, seltner nach *permitto;*
z. B. Liv. XXIV, 16, 17: *Gracchus
ita permisit, in publico epularentur
omnes;* nach *reliquum est* hier und
ad fam. XV, 21, 5: *reliquum est, tuam profectionem amore prosequar.*

(*Quod si eris facturus*) *quod si
facies* würde heissen: schreib es
mir, wenn du es thust.

tibi ipsi] zu *facillimum erit* zu
ziehen, nicht zu *impetrare.*

et meas tamen] indessen glaube
ich, dass auch meine Bitten u. s. w.
Sonst wird *tamen etiam* gebraucht,
wenn das im Vordersatz Gesagte
im höheren oder auch im höchsten
Grade gilt und daneben doch auch
das im Nachsatz Gesagte als gültig
erscheinen soll; z. B. Cic. de off. II,

14

non minimum auctoritatis habituras puto. Erit tuae quoque fidei et humanitatis curare, ut is tabellarius, quem ad te misi, reverti possit ad me et a te mihi litteras referat.

EPISTOLA XXIII.
(AD ATT. XI, 5.)
CICERO ATTICO S.

1   Quae me causae moverint, quam acerbae, quam graves, quam novae, coegerintque impetu magis quodam animi uti quam cogitatione, non possum ad te sine maximo dolore scribere; fuerunt quidem tantae, ut id, quod vides, effecerint. Itaque nec quid ad te scribam de meis rebus nec quid a te petam reperio. Item et summam negotii vides. Equidem ex tuis litteris intellexi, et his, quas communiter cum aliis scripsisti, et his, quas tuo nomine, quod etiam mea sponte videbam, te subdebilitatum no-
2 vas rationes tuendi mei quaerere. Quod scribis placere, ut propius accedam iterque per oppida noctu faciam; non sane video quemadmodum id fieri possit. Neque enim ita apta habeo de-

---

14, 49: *iudiciorum ratio duplex est. Nam ex accusatione et defensione constat; quarum etsi laudabilior est defensio, tamen etiam accusatio probata persaepe est*; ad Q. fr. II, 6, 7: *quamquam te ipsum scilicet maxime, tamen etiam litteras tuas ante exspecto.*

reverti possit] Der Bote konnte leicht in Pompeius Lager zurückgehalten werden.

EPISTOLA XXIII.

Als nach der Aufhebung der Belagerung von Dyrrhachium im Juni 48 Pompeius mit seinem Heere nach Thessalien zog, blieb Cicero in Dyrrhachium zurück. Nach der am 9. August erfolgten Schlacht bei Pharsalus, ging er mit andern Pompeianern nach Corcyra. Hier wurde ihm als dem Höchsten im Range der Oberbefehl über die Pompeianischen Streitkräfte angeboten; aber er wollte nicht weiter sich an dem Kriege betheiligen und ging nach Brundisium, um seinen Frieden mit

Caesar zu machen. In Brundisium ist er Ende October angekommen und gleich nach der Ankunft hat er diesen Brief geschrieben.

1. Quae me causae moverint] nämlich die Partei der Optimaten zu verlassen.

tantae ut] Cicero war ohne Caesars Erlaubniss nach Brundisium gekommen und befand sich in einer sehr schlimmen Lage. Er konnte nicht mit Sicherheit auf Caesars Verzeihung rechnen und hatte das Schlimmste zu befürchten, wenn die Pompeianer doch noch die Oberhand behielten. Auf jeden Fall aber hatte er das Gerede der Menschen über seinen Kleinmuth zu fürchten.

2. iterque per oppida] Cicero sollte versuchen sich Rom zu nähern, ohne dass es die Caesarianer erführen. Dies schien möglich zu sein, wenn er durch die Städte immer des Nachts reiste.

ita apta] Die Absteigequartiere, die Cicero zu Gebote standen, wa-

versoria, ut tota tempora diurna in his possim consumere; neque ad id, quod quaeris, multum interest, utrum me homines in oppido videant an in via. Sed tamen hoc ipsum, sicut alia, considerabo, quemadmodum commodissime fieri posse videatur.

Ego propter incredibilem et animi et corporis molestiam 3 conficere plures litteras non potui; his tantum rescripsi, a quibus acceperam. Tu velim et Basilo et quibus praeterea videbitur, etiam Servilio, conscribas, ut tibi videbitur, meo nomine. Quod tanto intervallo nihil omnino ad vos scripsi, his litteris profecto intellegis rem mihi deesse, de qua scribam, non voluntatem. Quod de Vatinio quaeris; neque illius neque cuiusquam 4 mihi praeterea officium deesset, si reperire possent qua in re me iuvarent. Quintus aversissimo a me animo Patris fuit. Eodem Corcyra filius venit. Inde profectos eos una cum ceteris arbitror.

EPISTOLA XXIV.
(AD ATT. XI, 6.)
CICERO ATTICO S. DICIT.

Sollicitum esse te cum de tuis communibusque fortunis, 1

ren nicht so beschaffen, dass er da ganze Tage hätte zubringen können, und das wäre doch nöthig gewesen, wenn er die Städte hätte des Nachts passiren wollen.

3. *corporis molestiam*] Cicero konnte das Klima von Brundisium nicht vertragen; ad Att. XI, 22, 2: *iam enim corpore vix sustineo gravitatem huius caeli, quae mihi laborem affert in dolore.*

Basilo] L. Minutius Basilus, ein gewesener Praetor, damals ein eifriger Anhänger des Caesar, nachher einer von seinen Mördern.

Servilio] P. Servilius Vatia Isauricus war in diesem Jahre Consul mit Caesar.

his litteris] gewöhnlicher *ex his litteris.* Ebenso ad Att. IV, 1, 4: *cognovi litteris Quinti fratris;* ad fam. XV, 4, 7: *interea cognovi multorum litteris.*

4. *de Vatinio*] P. Vatinius hatte

als Volkstribun 59 das Gesetz beantragt, wodurch Caesar die Provinz Gallia cisalpina erhielt; 56 war er in dem Process des Sestius als Belastungszeuge aufgetreten und von Cicero mit der noch vorhandenen interrogatio in Vatinium heftig angegriffen worden; 54 war er von Licinius Macer angeklagt und auf Caesars Verwendung von Cicero vertheidigt worden. Jetzt war er Caesars Legat und befehligte in Brundisium.

Quintus] Cicero hatte geäussert, die Seinen hätten ihn veranlasst zu Pompeius zu geben, und Caesar glaubte, Quintus wäre der Anstifter gewesen. Deswegen war Quintus gegen seinen Bruder aufgebracht.

profectos] nämlich nach Asien zu Caesar, um ihn um Verzeihung zu bitten.

Der Brief ist am 28. November

14 *

tum maxime de me ac de dolore meo sentio; qui quidem meus
dolor non modo non minuitur, cum socium sibi adiungit dolorem tuum, sed etiam augetur. Omnino pro tua prudentia sentis
qua consolatione levari maxime possim; probas enim meum consilium negasque mihi quicquam tali tempore potius faciendum
fuisse. Addis etiam — quod, etsi mihi levius est quam tuum
iudicium, tamen non est leve — ceteris quoque, id est, qui pon-
dus habeant, factum nostrum probari. Id si ita putarem, levius
2 dolerem. Crede, inquis, mihi. Credo equidem; sed scio quam
cupias minui dolorem meum. Me discessisse ab armis nunquam
paenituit; tanta erat in illis crudelitas, tanta cum barbaris genti-
bus coniunctio, ut non nominatim, sed generatim proscriptio
esset informata, ut iam omnium iudicio constitutum esset omnium vestrum bona praedam esse illius victoriae. Vestrum, plane
dico; nunquam enim de te ipso nisi crudelissime cogitatum
est. Quare voluntatis me meae nunquam paenitebit; consilii
paenitet. In oppido aliquo mallem resedisse, quoad accerserer.
Minus sermonis subissem, minus accepissem doloris, ipsum hoc
me non augeret. Brundisii iacere in omnes partes est molestum; propius accedere, ut suades, quomodo sine lictoribus,
quos populus dedit, possum, qui mihi incolumi adimi non possunt? Quos ego nunc paullisper cum bacillis in turbam conieci
3 ad oppidum accedens, ne quis impetus militum fieret. Reliquo

---

48 zu Brundisium geschrieben.

2. *in illis*] die Pompeianer.

omnium vestrum] *nostrum* und
vestrum nicht partitiv bei *omnium*.

plane dico] *dico* eingeschoben wie
inquam; s. zu III, 5, 3.

Quare voluntatis] *Voluntas* der
Entschluss, der nur das Ziel ins
Auge fasst; *consilium* der wohl-
durchdachte Plan, der auch die Mittel das Ziel zu erreichen nicht un-
berücksichtigt lässt. Also ist der
Sinn: nicht der Entschluss, aber
wohl die Art der Ausführung. Vergl.
ad fam. VI, 1, 5: *quo quidem tem-*
pore non ego causam nostram, sed
consilium improbabam.

In oppido aliquo] nämlich ausserhalb Italiens, fern von dem Kriegs-
schauplatz und den Umtrieben der
Parteien.

ipsum hoc] was mich jetzt quält;

nämlich der Gedanke, dass ich einen
falschen Weg eingeschlagen habe
(consilii paenitet).

mihi incolumi] so lange mir das
Imperium nicht abrogirt ist. Ueber
die Lictoren s. zu III, 9, 5.

cum bacillis] Um Aufsehn zu vermeiden, gab Cicero seinen Lictoren
statt der Fasces Stecken, wie sie
die Lictoren der Municipalbeamten
trugen. Cic. de lege agr. II, 34, 93:
anteibant (duumviris Capuae) *licto-*
res, non cum bacillis, sed, ut hic
praetoribus anteeunt, cum fascibus
duobus.

3. *Reliquo tempore*] Die Handschriften sind an dieser Stelle sehr
verderbt; der cod. Med. hat *recipio*
tempore me domo te nunc ad oppi-
dum et quoniam his placeret modo
propius accedere ut hac de re con-
siderarent. Lambin streicht *recipio*

tempore me domi tenui ad oppidum, eo quoniam displiceret modo propius accedere, ut hac de re considerarent. Credo fore auctores. Sic enim recipiunt Caesari non modo de conservanda, sed etiam de augenda mea dignitate curae fore, meque hortantur, ut magno animo sim, ut omnia summa sperem; ea spondent, confirmant, quae quidem mihi exploratiora essent, si remansissem. Sed ingero praeterita. Vide, quaeso, igitur ea, quae restant, et explora cum istis et, si putabis opus esse et si istis pla-

tempore me domo als Glosse und liest dann: *tu nunc ad Balbum et Oppium, quoniam iis placeret me propius accedere* cet.; Bosius schlägt vor: *Recipio tempore me domo. Ἁρμόϑεν nunc ad Oppium, Cornelium: iis* cet. ; Th. Mommsen will lesen: *Recipio tempore meo modoque. Nunc ad Oppium et Balbum, quonam his placeret modo propius accedere, ut hac de re considerarent.* Die oben versuchte Aenderung giebt wenigstens einen dem Zusammenhange angemessenen Sinn. Nach Rom gehen will ich nicht ohne meine Lictoren. Ich habe sie verstecken müssen, als ich nach Brundisium kam. Jetzt halte ich mich zu Hause, damit Caesars Vertraute, da es mir missfällt auf diese Weise, nämlich ohne Lictoren, mich der Stadt zu nähern, auch diese Sache in Ueberlegung nehmen. Ich glaube, sie werden meinen Entschluss billigen. — Die Stellung von *eo modo*, wie bei Caesar b. civ. I, 80, 1: *tali dum pugnatur modo.* Bei *considerarent, fore auctores, recipiunt* und weiter unten bei *explora cum istis* ist an Oppius und Balbus, Caesars Freunde, zu denken, welche ebenfalls nicht näher bezeichnet sind ad Att. XI, 7, 1: *fac tu igitur, ut scribis istis placere*, XI, 16, 3: *si recipior ab iis*; XII, 51, 2: *sed scis ita nobis esse visum, ut isti ante legerent*; XIII, 1, 3: *exspecto quid istis placeat de epistola ad Caesarem* und an anderen Stellen. — Vielleicht könnte man auch lesen: *ut, cum cum his placeret modo propius accedere,*

ut hac de re considerarem. Jetzt halte ich mich zu Hause, um, da ich nur mit ihnen mich der Stadt nähern will, darüber zu Rathe zu gehen. Ich glaube, man wird es mir gestatten. Ueber das zweimal gesetzte *ut* s. zu I, 11.

de conservanda] de was betrifft; z. B. ad Att. XII, 49, 2: *de Tirone mihi curae est;* ad fam. X, 1, 1: *itaque mihi maximae curae est, non de mea quidem vita;* ad Q. fr. II, 13, 4: *me magis de Dionysio delectat.*

ea spondent, confirmant] Asyndeton, s. zu II, 12, 2.

Vide, quaeso] *Vide, videris aliquid* oder *de aliqua re* besorge, überlege etwas. So hier. Auch mit dem Nebengedanken: ich will nichts darüber bestimmen; z. B. ad Att. XIII, 23, 2: *de quibus libris scis me dubitasse; sed tu videris;* — ich kann doch nichts dazu thun; z. B. ad Att. VI, 4, 1: *sed haec fortuna viderit, quoniam consilio non multum uti licet;* — ich mag es nicht verantworten; z. B. Acad. II, 7, 19: *Epicurus hoc viderit et multa alia;* — mich trifft es nicht; z. B. ad fam. IX, 6, 4: *at in perturbata re publica vivimus. Quis negat? Sed hoc viderint ii, qui* cet.

quae restant] Aber die hochgespannten Hoffnungen wollen wir fallen lassen; sorge nur für das, was jetzt noch erreichbar ist. Jenes ist der Triumph und eine einflussreiche Stellung; dieses Rückkehr nach Rom ohne Gefahr und Schande.

cebit, quo magis factum nostrum Caesar probet quasi de suorum sententia factum, adhibeantur Trebonius, Pansa, si qui alii, scribantque ad Caesarem me, quidquid fecerim, de sua sententia fecisse.

4   Tulliae meae morbus et imbecillitas corporis me exanimat, quam tibi intellego magnae curae esse, quod est mihi gratissi-

5 mum. De Pompeii exitu mihi dubium nunquam fuit; tanta enim desperatio rerum eius omnium regum et populorum animos occuparat, ut, quocunque venisset, hoc putarem futurum. Non possum eius casum non dolere. Hominem enim integrum et

6 castum et gravem cognovi. De Fannio consoler te? Perniciosa loquebatur de mansione tua. L. vero Lentulus Hortensii domum sibi et Caesaris hortos et Baias desponderat. Omnino haec eodem modo ex hac parte fiunt, nisi quod illud erat infinitum. Omnes enim, qui in Italia manserant, hostium numero habeban-

7 tur. Sed velim haec aliquando solutiore animo. Quintum fratrem audio profectum in Asiam, ut deprecaretur. De filio nihil audivi. Sed quaere ex Diochare, Caesaris liberto, quem ego non vidi, qui istas Alexandreas litteras attulit. Is dicitur vidisse euntem, an iam in Asia. Tuas litteras, prout res postulat, exspecto, quas velim cures quam primum ad me perferendas. IIII Kal. Decembr.

Trebonius, Pansa] Vertraute des Caesar, welcher damals in Alexandria war. C. Trebonius tr. pl. 55, nachher Caesars Legat in Gallien, später Theilnehmer an der Verschwörung gegen Caesar. C. Vibius Pansa, tr. pl. 51, führte später als Consul mit A. Hirtius den mutinensischen Krieg gegen Antonius.

5. *De Pompeii exitu*] Pompeius ist in Aegypten ermordet worden am 28. September 48.

ut, quocunque] dass ich vorhersah, es würde dies eintreten, wohin er auch immer sich wenden würde.

6. *De Fannio*] C. Fannius war Pompeianischer Propraetor von Asien; über seinen Tod ist sonst nichts weiter überliefert. L. Cornelius Lentulus Crus, Consul 49, wurde mit Pompeius in Aegypten getödtet; Caes. b. civ. III, 104.

nisi quod illud] *illud*, das Ver-

fahren, welches die Pompeianer in dieser Beziehung beobachten wollten, wenn sie gesiegt haben würden.

7. *Alexandreas*] statt *Alexandrinas*, das Schreiben Caesars von Alexandria.

euntem, an iam] Einer unbedingt aufgestellten Behauptung kann mit *an*, oder vielleicht, nachträglich ein Zweifel angehängt werden, wo dann *an* wenig unterschieden ist von *aut*; z. B. ad Att. I, 3, 2: *nos hic te ad mensem Ianuarium exspectamus ex quodam rumore, an ex litteris tuis ad alios missis;* ad fam. XIII, 29, 4: *neque possum negare affuisse, sed non plus duobus, an tribus mensibus;* Brut. 23, 89: *paucis antequam mortuus est diebus, an mensibus.* Uebrigens haben die Handschriften in dieser letzten Stelle und in der unsrigen ein doppeltes *an: an diebus an mensibus* und *an euntem an iam in Asia.*

EPISTOLA XXV.

(AD FAM. XV, 15.)

M. CICERO S. D. C. CASSIO.

Etsi uterque nostrum spe pacis et odio civilis sanguinis 1
abesse a belli necessaria pertinacia voluit, tamen, quoniam eius
consilii princeps ego fuisse videor, plus fortasse tibi praestare
ipse debeo quam a te exspectare. Etsi, ut saepe soleo mecum re-
cordari, sermo familiaris meus tecum et item mecum tuus ad-
duxit utrumque nostrum ad id consilium, ut uno proelio putare-
mus, si non totam causam, at certe nostrum iudicium definiri
convenire. Neque quisquam hanc nostram sententiam vere unquam reprehendit praeter eos, qui arbitrantur melius esse deleri
omnino rem publicam quam imminutam et debilitatam manere.
Ego autem ex interitu eius nullam spem scilicet mihi propone-
bam; ex reliquiis magnam. Sed ea sunt consecuta, ut magis 2

EPISTOLA XXV.

Als der Brief geschrieben wurde,
war Cassius bei Caesar; s. § 3. Er
scheint aber erst in Asien zu Caesar
gekommen zu sein, denn noch prid.
Id. Maias schreibt Cicero ad Att.
XI, 15, 2: *C. Cassium aiunt consilium
Alexandream eundi mutavisse.* Da
nun Caesar VI Kal. April. 47 Alexandrien genommen hat (Kalendar. Maf-
faeiorum), und da Cicero III Non.
Quint. Caesars Abreise von Alexandrien erfahren hat (ad Att. XI, 25,
2), so muss der Brief nach diesem
letzteren Datum geschrieben sein.
Er muss ferner vor den September
gesetzt werden; denn in diesem
Monat kehrte Caesar nach Italien zurück (ad Att. XI, 21). Cicero war,
als er den Brief schrieb, noch immer
in Brundisium und verliess diese
Stadt erst nach Caesars Rückkehr.
Kal. Octobr. war er in Venusia und
an den Nonen oder den Tag darauf
dachte er in seinem Tusculanum
wieder einzutreffen.

1. *a belli necessaria pertinacia*]
von der unvermeidlichen Hartnäckig-
keit, d. i. würde der Krieg nun von
uns fortgesetzt, so müsste er hart-
näckig geführt werden, weil Ver-

zeihung nicht zu hoffen wäre. *Belli*
der Genitivus obiectivus, wie bei
Iustin III, 4: *veriti, ne hac persere-
rantia belli gravius sibi quam Mes-
seniis nocerent.*

praestare] *consilium*, einstehen
für den Entschluss; das folgende *etsi* indessen; s. zu III, 20, 9. Mir
kommt es zu unsern gemeinsamen
Entschluss bei dir zu rechtfertigen.
Indessen er bedarf der Rechtfertigung nicht. Denn unsern Vorsatz,
unser Benehmen von dem Ausfall
einer Hauptschlacht abhängig zu machen, konnte niemand tadeln; was
aber nachher sich ereignet hat,
konnte niemand vorhersehen.

scilicet] natürlich, wie sich von
selbst versteht; z. B. Caesar ad Att.
IX, 7, C, 2: *N. Magium, Pompeii praefectum, deprehendi. Scilicet meo
instituto usus sum et eum statim
missum feci;* ad fam. I, 6, 1: *me in
summo dolore, quam in tuis rebus
capio, maxime scilicet consolatur
spes cet.*

2. *Sed ea sunt consecuta*] Caesars
langer Aufenthalt in Alexandria und
die dadurch möglich gewordene
neue Schilderhebung der Pompeianer in Afrika.

mirum sit accidere illa potuisse, quam nos non vidisse ea futura
nec, homines cum essemus, divinare potuisse. Equidem fateor
meam coniecturam hanc fuisse, ut illo quasi quodam fatali proelio ·
facto et victores communi saluti consuli vellent et victi suae, utrumque autem propositum esse arbitrarer in celeritate victoris. Quae
si fuisset, eandem clementiam experta esset Africa, quam cognovit Asia, quam etiam Achaia, te, ut opinor, ipso legato ac deprecatore. Amissis autem temporibus, quae plurimum valent, praesertim in bellis civilibus, interpositus annus alios induxit, ut victoriam sperarent, alios, ut ipsum vinci contemnerent. Atque
horum malorum omnium culpam fortuna sustinet. Quis enim aut
Alexandrini belli tantam moram huic bello adiunctum iri aut
nescio quem istum Pharnacem Asiae terrorem illaturum putaret?
3 Nos tamen in consilio pari casu dissimili usi sumus. Tu enim
eam partem petisti, ut et consiliis interesses et, quod maxime
curam levat, futura animo prospicere posses. Ego, qui festinavi,
ut Caesarem in Italia viderem, — sic enim arbitrabamur — eum-

*coniecturam hanc fuisse ut .....
vellent*] Verkürzung des Ausdrucks
statt *ut putarem.* So heisst es ad
fam. II, 10, 1: *non possum adduci,
ut abs te nullas putem datas* (litteras); de fin. IV, 19, 55: *ipsa veritas
clamabat non posse adduci, ut inter
eas res, quas Zeno exaequaret, nihil interesset;* und ad Att. XI, 16, 2
auch: *ego non adducor quemquam
bonum ullam salutem putare mihi
tanti fuisse.* Beide Constructionen,
wie hier, neben einander Tusc. V,
41, 119: *quorum ea sententia est,
ut virtus per se ipsa nihil valeat
omneque, quod honestum nos et
laudabile esse dicamus, id illi cas-
sum quiddam et inani vocis sono
decoratum esse dicant.*
propositum esse] Ich gestehe,
dass meine Ansicht damals diese
war, dass beide Theile nach der
Schlacht auf den Frieden bedacht
sein würden und dass ich meinte,
dies habe dem Sieger bei seiner
Schnelligkeit als Ziel vorgeschwebt.
Wenn diese Schnelligkeit geblieben
wäre u. s. w.
Africa] *Africa, Asia, Achaia,* d.i.
die Römer von der Pompeianischen

Partei, die sich in diesen Provinzen
aufhielten. *Etiam* bei *Achaia,* weil
hier die Pompeianer wirklich gekämpft hatten.

ipso legato ac deprecatore] Vergl.
ad Att. I, 11, 1: *habet quiddam profecto, quod magis in animo eius in-
sederit, quod neque epistolae tuae
neque nostra legatio tam potest facile delere cet.;* de imp. Cn. Pomp.
12, 35: *cum ad eum legatos depre-
catoresque misissent.*

istum Pharnacem] Pharnaces, der
Sohn des Mithridates, nach dessen
Besiegung Caesar die bekannten drei
Worte an die Freunde schrieb: veni,
vidi, vici.

putaret] wer konnte damals glauben; der Conjunctivus potentialis
der Vergangenheit.

3. *ut et consiliis interesses*] Cassius wurde Caesars Legat; ad fam.
VI, 6, 10: *at nos quemadmodum est
complexus! Cassium sibi legavit,
Brutum Galliae praefecit.*

sic enim arbitrabamur] nämlich
dass Caesar nach der Besiegung des
Pompeius gleich nach Italien zurückkehren würde.

que multis honestissimis viris conservatis redeuntem ad pacem
currentem, ut aiunt, incitarem, ab illo longissime et absum et
afui. Versor autem in gemitu Italiae et in urbis miserrimis querellis; quibus aliquid opis fortasse ego pro mea, tu pro tua, pro
sua quisque parte ferre potuisset, si auctor affuisset. Quare ve- 4
lim pro tua perpetua erga me benevolentia scribas ad me quid
videas, quid sentias, quid exspectandum, quid agendum nobis
existimes. Magni erunt mihi tuae litterae; atque utinam primis
illis, quas Luceria miseras, paruissem! sine ulla enim molestia
dignitatem meam retinuissem.

currentem] *ad pacem* ist mit *redeuntem* zu verbinden. *Currentem
incitare* ist eine sprüchwörtliche
Redensart; z. B. Cic. Phil. III, 8,
19: *quamquam ille non eguit consilio cuiusquam, sed tamen currentem,
ut dicitur, incitavi;* ad Q. fr. I, 1, 45:
*atque haec non eo dicuntur, ut te
oratio mea dormientem excitasse,
sed potius ut currentem incitasse
videatur;* ad Att. XIII, 45, 2: *quod
me hortaris, ut eos dies consumam
in philosophia explicanda, currentem tu quidem.*

in gemitu Italiae] Liv. epit. 113:
*cum seditiones Romae a P. Dola-
bella, tribuno plebis, legem ferente*
*de novis tabulis excitatae essent et
ex ea causa plebs tumultuaretur,
inductis a M. Antonio, magistro
equitum, in urbem militibus octin-
genti e plebe caesi sunt.* Ausserdem war in Campanien ein Soldatenaufstand ausgebrochen, der erst
durch Caesar selbst beseitigt wurde.

si auctor affuisset] wenn der da
gewesen wäre, der uns dazu hätte
ermächtigen und mit seinem Ansehn
decken können; nämlich Caesar.

4. *primis illis*] Dieser Brief muss
geschrieben sein, als Cassius mit
Pompeius auf dem Rückzug aus
Italien begriffen war. Was er enthielt, wissen wir nicht.

ANHANG.

Das folgende Verzeichniss der Stellen, an welchen die Mediceischen Handschriften, Plut. XLIX Num. XVIII der Briefe ad Atticum und Plut. XLIX Num. IX der Briefe ad familiares von meinem Texte abweichen, ist angefertigt worden nach der von Herrn Th. Mommsen angestellten Vergleichung dieser beiden Handschriften, deren Benutzung mir mit gröfster Liberalität gestattet und durch seinen Rath erleichtert worden ist. Die Abweichungen sind vollständig und genau angegeben; sie sind nur dann nicht bemerkt worden, wenn sie die Schreibart folgender und ähnlicher Wörter betrafen: *quotiens, cotidie, milia, querella, benevolentia, quicquam, paenitet, caena, contio, intellego, obsecro, Gnaeus.* In der Schreibart dieser Wörter bleiben sich die Handschriften nicht gleich; jedoch hat die der Briefe ad familiares fast immer *paenitet, intellego, opsecro, benivolentia,* und *Gnaeus* ist in beiden Handschriften gewöhnlich *Cnaeus* geschrieben.

Ferner ist der ursprüngliche Text der beiden Handschriften sorgfältig geschieden worden von den Verbesserungen, die nachträglich theils von derselben, theils von anderer Hand eingetragen sind. In der Handschrift der Briefe ad familiares scheinen die Verbesserungen theils von Petrarca, theils von Politianus herzurühren; in der Handschrift der Briefe ad Atticum, die zum gröfsten Theil von Petrarca selbst geschrieben ist, sind die Verbesserungen von zweiter Hand von Coluccius Pierius Salutatus, der nach Petrarcas Tode in den Besitz des Codex kam, und es finden sich auch noch Verbesserungen neueren Ursprungs. Wenn Abweichungen nur der einen oder der anderen Hand angegeben

sind, so ist anzunehmen, dass die andere Hand mit dem Texte
übereinstimmt; nur selten ist das noch ausdrücklich erwähnt.

Neben den Abweichungen des angegebenen Codex Med. der
Briefe ad familiares sind zuweilen, wo es von Interesse zu sein
schien, auch Lesarten aus zwei anderen Handschriften, ebenfalls
nach Th. Mommsens Collation angegeben, nämlich aus Cod. Med.
Plut. xlix Num. vii, der von Petrarca angefertigten Abschrift des
Cod. Med. N. ix (s. Orelli, Historia crit. epistolarum p. xv), und
aus einer Pariser Handschrift Notre Dame 178, welche die ersten
Bücher enthält bis zu den Worten *impediendi moram* ad fam.
VIII, 8, 6.

In dem Cod. Med. der Briefe an Atticus ist im ersten Buche
eine bedeutende Lücke; es fehlen fast ganz die Briefe 18 und 19.
Deshalb sind für den 19. Brief die Abweichungen der Handschrift
des Poggius, Cod. xxiv (s. Orelli a. a. O. p. xlii), gleichfalls nach
Th. Mommsens Collation vollständig angegeben worden.

Bei den in den Text aufgenommenen Verbesserungen sind
die Namen der Urheber dabei gesetzt, wenn die Verbesserung nach
dem Erscheinen der ersten Orellischen Ausgabe gemacht worden ist; über die älteren Verbesserungen kann diese Ausgabe
Auskunft geben.

Abkürzungen sind folgende angewandt: *P.* = Codex Parisinus Notre Dame 178, *Petr.* = Cod. Med. Plut. xlix Num. vii,
man. 1 = erste Hand, *man.* 2 = zweite Hand, *man.* 3 = dritte
Hand. Ausserdem ist zu bemerken, dass, wo im Codex vor Verbesserungen der zweiten oder dritten Hand l mit einem Strich
durch, c mit einem Strich darüber, al, das l durchstrichen, steht,
hier l. c. al. gedruckt ist. Das erste bedeutet *vel*, das zweite *cor-
rige*, das dritte *alias*, d. i. anderswo wird gelesen.

ABWEICHUNGEN

DES CODEX MEDICEUS PLUT. XLIX NUM. XVIII ZU DEN BRIEFEN AN ATTICUS.

EP. AD ATT. I, 16 — LIB. I, EP. 4.

1. πρότερον] προτεπον ‖ Ὁμηρικῶς) ομηριχμς ‖ dii immortales] dei inmortales ‖

2. Fufius tribunus] Fusius tribunus ‖ pugnavitque] pugnavique *man.* 1 ‖ notum] nouum *man.* 1 ‖ in infamia] in *weggelassen von man.* 1 ‖ ac sordibus] a sordibus *man.* 1 ‖ iugulatum iri] iugula iri *man.* 1 ‖

3. nequissimos] quis summos *man.* 1 ‖ frugalissimum) frugalissumum ‖ aerati quam] quam *weggelassen von man.* 1 ‖ fugare) effugare ‖ potuerat] poterat *man.* 1 ‖

4. impetrabat] impetrarat ‖ advocatorum] advocatorem ‖ iurare] iurarent, nt *unterpunctirt* ‖

5. et una] e cuna *man.* 1 ‖ praesidio] prescio ‖ Ἔσπετε νῦν] εσιτεηνν ‖ δὴ πρῶτον] λη πρατον, *über das* α *ist* ω *geschrieben* ‖ πῦρ ἔμπεσε] πεπεπεσε, *das zweite* π *ist unterpunctirt und* μ *darüber geschrieben* ‖ et eum] et cum *man.* 1 ‖ nonnullis) nonnullas *man.* 1 ‖

6. rerum] reum *man.* 1 ‖ coniunctione) coniunctionem *man.* 1 ‖ delere et] deleret, t *durchstrichen, man.* 1 ‖

7. plane] plena *man.* 1 ‖ libido) l. lubitudo *man.* 2, *aber wieder gestrichen* ‖ inusserat] innapserat *man.* 1 ‖

8. Idem] eidem *man.* 1 ‖ in ca] mea *man.* 1 ‖ idem] eidem ‖ neque venustatem] neque *ist hinzugefügt von man.* 2 ‖

9. aut metuendo ignavissimi, *weggelassen im Mediceus, zugefügt von Lambin aus den Memmianischen Handschriften.* ‖

10. appellas, inquam] inquam *zugefügt von man.* 2. ‖ Putes, inquam] putes quam ‖ Mihi vero, inquam, xxv iudices crediderunt] *zugefügt von man.* 2. ‖

11. melius nunc quam] melius nunquam *man.* 1; *von man.* 2 *ist zuerst*

geschrieben melius cuiquam, *dann wie im Text.* ‖ hirudo] trudo ‖ su-
mus] simus *man.* 1 ‖ usque eo, ut nostri isti comissatores] *so die man.* 2
am Rande; iisque isti nostri comissatores *man.* 1 ‖ iuvenes] tuens ‖ et
ludis et gladiatoribus] et ludet si gladiatoribus *man.* 1, *dann verbessert* et
ludis gladiatoribus ‖

12. ingens comitiorum] in comitiorum ‖ in quae] in qua ‖ qui
domi] cuiusmodi ‖ haberent] habitarent ‖ rem publicam] remi *man.* 1 ‖

13. insimulatus *Hofmann*] insimul cum ‖ ut legem] aut legem *man.* 1 ‖
comitia in ante diem vi Kal.] comicia madii K. *man.* 1, in a. d. vi *verbessert*
von man. 2 ‖ in tribus] in tribu ‖ pronuntiare] pro una re *man.* 1 ‖
fabae hilum *Hofmann*] fabam minimum, ni *unterpunctirt* ‖ φιλοσοφητέον]
φιλσοφητεον ‖ non flocci facteon] noneloci facteon ‖

15. quae] qui *man.* 1 ‖ Chilius] cblylius *man.* 1, thlilyus *man.* 2 ‖
et Archias nihil de me scripserit] *zugefügt von man.* 2 ‖ Lucullis] Lucullus ‖ poema] poetam *man.* 1 ‖

16. Manlio] Mallio ‖ quo darem] quoi darem ‖ valde] vale ‖

17. uno in loco] una iulo, *über* a *ist* o *geschrieben und das zweite* n
ist unterpunctirt ‖

EP. AD ATT. I, 19 — LIB. I, EP. 5.

Dieser Brief fehlt im Mediceus bis zu den Worten am Schluss qualem
esse cet. *Im Folgenden sind die Abweichungen des Textes von der Handschrift des Poggius (s. oben p.* 220) *nach Th. Mommsens Collation vollständig angegeben.*

1. vellem] velim ‖ sino *Hofmann*] solo ‖ sine argumento] *So hatte
die Handschrift anfangs; dann ist* sine in sino *verändert und* absque
untergeschrieben ‖ pervenire] evenire ‖

2. Aedui] edues ‖ Helvetii palam *Th. Mommsen*] pueri in alam ‖
φαχῇ] φλῃ ‖ Clodiani] Clodie ‖

3. queo] que, o *übergeschrieben* ‖

4. contionis] conditionis ‖ pertinebant] pertinebat ‖ liberabam]
liberarem ‖ Arretinos] Arteminos ‖ quae] quo, o *unterpunctirt und* e
übergeschrieben ‖ et Pompeio] et *weggelassen* ‖ exhauriri] exhausi ‖
quid emerit] quidem erit, em *unterpunctirt und* est *übergeschrieben* ‖

6. destiti] dedisti, *nach* sti *ist* ti *übergeschrieben und* di *unterpunctirt* ‖

7. huius] suis ‖ me tanta] met tanta ‖

8. mitigata] mitigate ‖ insusurret] insusurret Epicharmus ‖ Νᾶφε]
φιφε ‖ ἀπιστεῖν] ωπιστειν ‖ ἄρθρα ταῦτα] ορορατυντα *man.* 1,
ανδρα ταυτα *man.* 2 ‖ τᾶν] των ‖ vides] *Nach diesem Worte ist eingeschoben* ex ipso SCto intelligere *und übergeschrieben* vacat ‖

9. nunc non] non *übergeschrieben* ‖ celebrabantur] celebrantur ‖ Tu si] si *fehlt* ‖ a Sicyoniis] asityoniis, *über* a *übergeschrieben* an ‖

10. dixerat se] dixerat sed ‖ σόλοικα] soleta ‖ invito] inimico ‖ αἰνήσει] δινσει ‖ potius sit] potius si ‖ ἐγκωμιαστικὰ] σηκωμιαστικα ‖

11. nuntiarant] nuntiarunt *Med. man.* 2 ‖

EP. AD ATT. II, 16 — LIB. I, EP. 6.

1. Caenato] coenato ‖ primum ita] primo ita *man.* 1 ‖ familiari te illius] familiaritate illius ‖ hominum] homines *man.* 1 ‖ vectigal] vectigali ‖ .

2. σμικροῖσιν] σμεικροισιν *man.* 1, μικροισιν *man.* 2 ‖ αὐλίσκοις] αυαισκοις *man.* 1 ‖ φύσαισι] ψισαισι *man.* 1, φυσεσι *man.* 2 ‖ adduci] addici ‖ se leges] si leges ‖ intercedi] intercedit ‖ necne sibi] nec ignes sibi *man.* 1 ‖ quaerendum non] um non *ist von man.* 2 *auf Rasur geschrieben* ‖ quid futurum] quicquid futurum ‖ si] sibi ‖ descendisset] discendissel ‖ te nobis] se nobis ‖

3. videatur] videbatur *man.* 1 ‖ eo unde] eo et unde, *doch ist* et *unterpunctirt* ‖

4. consilii] consulis *man.* 1 ‖ rescripseram] perscripseram *man.* 2 ‖ μή] *MN man.* 1 ‖ ne illud quidem] illud ne quidem. *Vielleicht ist zu lesen* illud nequicquam ‖

EP. AD ATT. II, 21 — LIB. I, EP. 7.

3. populi] publi *man.* 1 ‖

4. spectaculum] speculum *man.* 1 ‖ non item] non idem ‖ Archilochia] Archilodia *man.* 1 ‖ legunt] leguntur *man.* 1 ‖ nequeamus] *Vorher scheint in der Handschrift* nequeant *gestanden zu haben.* ‖ dileximus excruciant] dilexi nimis excruciant *man.* 2, *welche Lesart aus Versehen nicht in den Text aufgenommen ist.* ‖ pareat] parcat *man.* 1; pareat *giebt* man. 2, *aber es ist wieder ausgestrichen.* ‖

5. distulisset] detulisset *man.* 2, *aber ausgestrichen* ‖ ullius] nullius *man.* 2 ‖

EP. AD ATT. III, 1 — LIB. I, EP. 8.

interesse] interesset *man.* 1

EP. AD ATT. III, 2 — LIB. I, EP. 12.

in fundo] in fundum ‖ Siccae *nach ad fam.* XIV, 4, 6, *ad Att.* XII, 23, 3, *XIV,* 19, 4, *XVI,* 6, 1] Sicae ‖ si te haberem] se iter habere *ausgestrichen, dafür* si recte haberem; *beides von man.* 2. *Was die erste Hand geschrieben hat, ist nicht zu erkennen.* ‖ posse me] me *von man.* 2 *auf Rasur* ‖ nobis] nobilis *man.* 2, *aber ausgestrichen* ‖ Autronium] Antro-

nium ‖ capiemus] capimus *man.* 2, *aber ausgestrichen* ‖ tanta *Wesenberg*] tota ‖

EP. AD ATT. III, 3 — LIB. I, EP. 9.

multis de causis] de *zugefügt von man.* 2 ‖ ac fuga] ac *zugefügt von man.* 2 ‖

EP. AD ATT. III, 4 — LIB. I, EP. 10.

correctum] confectum ‖ ultra] intra *man.* 2 ‖ Illo cum pervenire non liceret] illoc pervenirem non licere *man.* 1 ‖ Sicca] Sica ‖ et quod] *zugefügt von man.* 2 ‖

EP. AD ATT. III, 5 — LIB. I, EP. 11.

es Romae] esero me *man.* 1, Seronine *man.* 2 *ausgestrichen* ‖ sin es in via] semel in via *man.* 1; *am Rande, aber ausgestrichen* sin es in via, al. senies in via, c. senties in via ‖ quoniam] l. cum *man.* 2, *aber ausgestrichen* ‖ idem] eidem *man.* 1 ‖

EP. AD ATT. III, 6 — LIB. I, EP. 13.

pertinuit; in eis] pertinuit meis *man.* 1, al. in eis *man.* 2, pertinuisset *man.* 3 ‖ Cyzicum] cuzicum *man.* 1 ‖

EP. AD ATT. III, 7 — LIB. I, EP. 14.

1. a. d. xiv Kal.] ad K. *man.* 1 ‖ Eo die] et eo die, *aber et unterpunktirt* ‖ et consilium] sed consilium ‖ deverterer] divorterer ‖ Autronio] antronio *man.* 1 ‖ quatridui] quadridui ‖ Nam] n̄ū (*das ist* natura); *am Rande* namad, *aber wieder gestrichen* ‖ ibi sunt et] et *zugefügt von man.* 2 ‖ habemus et] habemus ne et, *aber* ne *unterpunktirt* ‖

2. meum maerorem] me eum merrorem *man.* 1 ‖ cuius] quoius ‖

3. accedemus] accedamus *man.* 1 ‖ quomodo] modo *man.* 1; *dariiber geschrieben* ubi ‖ sim] sum ‖ dedi *Hofmann*] dat. ‖ Brundisii] Brundisi ‖

EP. AD ATT. III, 15 — LIB. I, EP. 16.

2. firma] infirma *man.* 1 ‖ quomodo] et quo modo ‖ aliorum] malorum *man.* 1 ‖ ceteros quod *Lambin nach dem Turnesianus*] ceteros quos ‖ purgati] probati *man.* 2, *aber ausgestrichen* ‖

3. Axius] auxius *man.* 1, anxius *man.* 2, *aber ausgestrichen* ‖ At] ac ‖

4. debuisses] debuisses ut *man.* 2, *aber ut wieder gestrichen* ‖ perferri] proferri *man.* 1 ‖ cogitares] cogitare(?) *man.* 1, cogitarem *man.* 2 ‖ id] si ‖ sed quisquam] *für* sed *ist* vel *gesetzt von man.* 2, *aber wieder gestrichen* ‖ aut occubuissem honeste] *am Rande zugefügt* ‖ quaero] que ‖

5. idem] eidem ‖

6. Multa] quo ipsa multa, *aber* quo ipsa *ist ausgestrichen* ‖   Ast]
Hier ist eine Rasur ‖ ʼ quos] quo ‖   in spem me vocas? Sin autem] spem
me vocassem autem *man.* 1 ‖

   7. quoniamque] q̄m quem *man.* 1; *man.* 2 *setzt* quom *für* quem ‖
iam erectam *Orelli*] in me erectam ‖   me meis] *am Rande* me meosque ‖
sollerter] cŏiter. *Es ist zu lesen* comiter. ‖   exitium] exitum *man.* 1 ‖

8. omnia] *zugefügt von man.* 2 ‖

EP. AD ATT. III, 23 — LIB. I, EP. 18.

1. Decembr.] september. ‖   putes] potest ‖   in me amore] immemore
man. 1; *von derselben Hand verbessert* ‖

2. ipsum abrogatur] ipsum abrogaretur ‖

3. ita est *Bückeler*] ita sit ‖   plebisve scita] pl. ve. sc. ‖   quodve
ei qui] quod vel qui ‖   abrogavit] *fehlt* ‖   obrogavit] *fehlt* ‖   multaeve]
multae ut ‖   E. H. L. N. R.] EHINR ‖

4. collegii] conlegii ‖   Quo maior] com nuo res *man.* 1 ‖   alicuius]
aliquoius ‖   praescriptum] perscriptum ‖   quo si *Hofmann*] quod si ‖   uti,
mirum ut *Hofmann*] aut nimium aut ‖   scilicet] sive. *Vielleicht ist iure
zu lesen* ‖   iidem] eidem *man.* 1, et iidem *man.* 2 ‖   fuerint] fuerunt ‖
Visellius] T. Visellius ‖   Sestii] sextii *man.* 1 ‖

5. incumbas] incumbas et, *aber et unterpunktirt* ‖   spei] spes *man.* 1 ‖
quid eum] quidem ‖   cui] quo *man.* 1 ‖   tueare] tuere ‖

EP. AD ATT. IV, 1 — LIB. I, EP. 19.

1. fuitque cui] fuitque qui *man.* 1, fuit cui *man.* 2 ‖   ut vere scribam]
te vere scibam *man.* 1 ‖   me etiam *Hofmann*] nec etiam ‖   potius] totius ‖
timoris] rumoris ‖   discidium] dissidium, *aber verbessert am Rande* ‖

2. ad cumulandum] accumulandum *man.* 1 ‖   nunquam] tum quam
man. 1 ‖   fructus] fluctus *man.* 1. *Nach* fructus *ist* tuos *eingeschoben,
scheint aber wieder ausgestrichen* ‖

3. difficillime] difficile me ‖   forensem] forensium ‖   reliquias]
reliquas *man.* 1 ‖

4. ea scribam] ea inscribam ‖   Pridie Nonas] p. r. nouis ‖   tuae
vicinae Salutis] vicinae salutis tuae, *aber es ist verbessert, wie es scheint,
von man.* 1 ‖   a multis studio summo *Hofmann*] multitudine summa ‖
diem vi] dies sex ‖   legem] leges *man.* 1 ‖   feci] fecimus, *aber* mus *ist
ausgestrichen* ‖

5. ullius] illius *man.* 1 ‖   completi erant] competierant *man.* 1 ‖
et plausus] et *zugefügt von man.* 2 ‖   et in] *zugefügt von man.* 2 ‖

6. ut id] vidi *man.* 1 ‖   feci et] faciet *man.* 1 ‖   Messallam] mes-
salam ‖   Afranium] atranium *man.* 1 ‖   Factum] factus ‖   cum contio more]

continuo more *man.* 1, continuo *ist von man.* 2 *getilgt und cum, überge-*
schrieben ‖ meo nomine recitando] *Es ist wohl in vorher ausgefallen* ‖
praetorem] p. r. *man.* 1 ‖ dederunt] decreverunt *man.* 2 ‖

7. nominavit] nominaverit *man.* 1 ‖ ad omnia] omnia ‖ Messias]
messa is, *am Rande* messius *und* messala ‖ adiungit] adinoxit ‖ Messii]
messe *man.* 1, messale *man.* 2 ‖ responderant] responderant ‖ aream]
nera in *man.* 1, eream *man.* 2, aream *am Rande* ‖ habebimus] habemus
man. 1; *am Rande, wo die Worte* qui si *bis aliter von man.* 2 *wiederholt*
sind, habebimus ‖ •

EP. AD ATT. IV, 2 — LIB. I, EP. 20.

1. neglegentiae meae] negligentia mea *man.* 1 ‖ adversis] advorsis ‖

2. nunquam alias] unquam alias ‖ doloris magnitudo] dolor et magnitudo ‖ iuventuti nostrae deberi] iubent ut nostre debere, *nach* ut *ist*
von man. 2 *in eingeschoben* ‖

3. decressent] decrescent *man.* 1 ‖ populi iussu neque plebis scito
is qui] populuus neque plebiscitius qui ‖ populi iussu aut plebis scito] populuus sua ut plebiscitii ‖ areae mi] arae emi ‖ dubitabat] dubitat ‖
Nuntiat] nuntiant ‖

4. Tum M.] c̄u. m. *Das* m *ist ausgestrichen* ‖ et collegas suos] *zu-*
gefügt von man. 1 ‖ statuturos] statuos ‖ cupiit] cupit ‖ tres] tris ‖
Serranus intercessit. De intercessione] serranus intercessiorem *man.* 1,
serranum intercessorem *man.* 2; de intercessione *fehlt* ‖ locari] locare ‖
quae vis] qua eius *man.* 1; e *von man.* 2 *gestrichen* ‖ tandem illi] tamen
tibi *man.* 1, tamen sibi *man.* 2 ‖

5. consultum] consulto ‖ HS] sestercios, s *am Schluss gestri-*
chen ‖ vicies] vicis ‖ illiberaliter] in te liberaliter ‖ optimo] op-
tumo ‖ reprehenditur] reprenditur ‖ mi] mei ‖ tui] tu *man.* 1 ‖

6. me a] mea *man.* 1 ‖ ut si *Hofmann*] aut si ‖ proximi] pro-
xumi *man.* 2 ‖ peterem, possem *Hofmann*] petere possent ‖ lucorum]
locorum ‖ petendi] pretendi ‖ alienum] alienorum *man.* 1 ‖

7. non facile] non *zugefügt von man.* 2 ‖ et praesentes *Hofmann*]
praesentes ‖ per meos] per meo *man.* 1 ‖ nunc] hinc ‖ Te exspecta-
mus] te *fehlt* ‖

EP. AD ATT. V, 15 — LIB. II, EP. 9.

1. Ex hoc die clavum anni movebis] ex hoc die clavom animo verbis.
Aus clavom *hat man* 1. clavo in *gemacht. Ueber* clavo in *ist von man.* 2
clavum *geschrieben; ausserdem über die ganze Stelle* al. vacat, d. i. *an-*
derswo fehlt sie ‖ cursus] cursum *man.* 1 ‖ cesset] *Es ist übergeschrie-*
ben i. cessare faciat ‖ Ius] et iis ‖ A. Plotius] aplotius ‖

2. ut verear] aut verear *man.* 1 ‖   quod] que *man.* 1 ‖   permutavi] permulta vi ‖   refrico] reficio ‖

3. castra] castro ‖   Moeragene] Mofragine *man.* 1, al. Mofragene *man.* 2 ‖   deciderem] decedere ‖   clitellae] clitelliae ‖   bovi sunt] bovis ut *man.* 1, sunt *man.* 2 *am Rande* ‖   plane *nach Ammian. Marcell. XVI,* 5, 10] illa *man.* 1, illane *man.* 2 ‖   Adsis tu ad] adsitua *man.* 1; *von man.* 2 *ist darüber geschrieben* verbum est, *d. h. wahrscheinlich:* in adsitua *steckt das Verbum; man.* 3 *am Rande* al. si tu ad tempus ‖   totum] *weggelassen von man.* 1 ‖   quod iam] iam *zugefügt von man.* 2 ‖   scribebam] scribam *man.* 1 ‖   reddituro] redituro, *am Rande* l. redditu ire ‖   per magistros] permagistris *man.* 1; *übergeschrieben von man.* 2. i. valde magris ‖ nostrarum dioecesium] et nostrarum diocesium ‖

EP. AD ATT. V, 16 — LIB. II, EP. 10.

1. spatii] pati *man.* 1 ‖   desiderant] se deserant ‖

2. venisse] invenisse ‖   moratos] moratus ‖   Apameae] apame ‖ ὡράς] onas ‖   hominis] homines ‖   omnino eos] omnium nos ‖

3. Iulia] iullia ‖   ne tectum] nec tectum ‖   ex domibus omnibus] ex noibus ex omnibus ‖   reviviscunt] revivescunt ‖   tui] tua *man.* 1 ‖

4. ue cogitabat] negociabat ‖

EP. AD ATT. VII, 3 — LIB. III, EP. 4.

1. Aeculanum] eculanum ‖   Philotimus] philotumus ‖   accuratissima] accuratissuma ‖   te Dicaearcho] de Dicaearcho ‖   approbante te] te *zugefügt von man.* 2 ‖

2. saepe] *fehlt, zugefügt von Lambin aus dem Cod. Turnesianus* ‖ utriusvis] utrumvis ‖   agi] ac *man.* 1 ‖

3. quod tutius] quo tutius ‖   prodesse] prodire *man.* 1 ‖   pro meis] pro me iis *man.* 1 ‖   in alios] alios in ‖   memorem] iis memorem, *aber* iis *ausgestrichen* ‖

4. ferrent] ferent ‖   spes] res ‖   qui mallem] quo mollem *man.* 2 ‖ tantas ei vires] tanta se iuris *man.* 1 ‖

5. cum erit] dum erit ‖   maximo] maxumo ‖   hoc] hec *man.* 1 ‖ paratissimoque] paratissumoque ‖   illac] *nach diesem Worte ist eine Rasur von ungefähr zwei Buchstaben* ‖   quos plures] quod plures *man.* 1 ‖ nunc enimvero *Hofmann*] nunc etiam vero ‖   Veientonem] velentonem ‖

6. scripsisti] scripsi *man.* 1 ‖   ei vici Lucceii] Euuci lucceis ‖

7. Philotimo] philotumo ‖   esse tibi] esse ibi ‖   posthac] posthanc *man.* 1 ‖   amicorum] et aicorum ‖

8. serperastris] serpirastris ‖   nihil est] est *zugefügt von man.* 2 ‖ integritatis] in te integritatis *man.* 1, vitae integritatis *am Rande* ‖   ne-

minem] nemo ‖   meisque) in iisque *man.* 1 ‖   honorificentissimis] honori-
ficentissumis ‖

9. aveo] habeo ‖   auctionem] actionem; *am Rande ausgestrichen*
rationem, *am Rande von neuer Hand* autionem ‖

10. Piraeea) pirea ‖   Piraeea) pire *man.* 1, pirea *man.* 2 ‖   Pirae-
um] pireum ‖   quam] cui *man.* 1 ‖   in] *fehlt* ‖   et Nicias] et *fehlt* ‖   non]
noen *man.* 1, *e unterpunktirt*, noenu *man.* 2 ‖   Piraeea] pire *man.* 1,
pirea *man.* 2 ‖   de re] de reo *man.* 1, l. de re *übergeschrieben*, de eo
man. 2 ‖   non dico] *zugefügt von man.* 2 ‖   Mane] *vor diesem Worte
steht von erster Hand* non, *es ist aber durchstrichen* ‖   Piraeum] pireum ‖
malus enim auctor] in aliis auctor *man.* 1 ‖   Heri aliquot adolescentuli
coimus in Piraeum] *man.* 2 pireum, *sonst ebenso*; *man.* 1 heria cum imus
in epireum ‖   e Sunio] ex iunio *man.* 1 ‖   Quod si] quod est *man.* 1 ‖
Sunium] sumium *man.* 1 ‖   Piraeus] pireus ‖

11. reperis] repereris *übergeschrieben von man.* 2 ‖   a Caelio] a
zugefügt von man. 1 ‖   Hoc tu] tu *zugefügt von man.* 2 ‖

12. Quid] qui ‖   gener] genere *man.* 1 ‖   satis est *Th. Mommsen*]
satis ‖   appetierimus *Th. Mommsen*] apierimus, p *mit einem Strich durch* ‖
facerent *Th. Mommsen*] facere rentur ‖   ferret] offeret ‖   M' Curio] M.
Curione ‖

EP. AD ATT. VII, 9 — LIB. III, EP. 5.

Die Ueberschrift fehlt.

1. spoliatus] *vor dem Worte ist* de *hinzugefügt, aber wieder gestrichen* ‖

2. et simul tu hoc] etsi multo hoc ‖   consul] eos *man.* 1 ‖   si id ei]
ei *zugefügt von man.* 2 ‖   paratis] partis *man.* 1 ‖   impetratum] impe-
ratum *man.* 1 ‖   aut ea] ut ea *man.* 1 ‖   quod] quid *man.* 3 ‖

3. ille consul] ille eos *man.* 1 ‖   dico] sic o ‖   ullum] al. stultum
man. 2 *am Rande, aber ausgestrichen* ‖   consulem] eos *man.* 1 ‖   in-
quit] inquis *übergeschrieben von man.* 2 ‖   a bonis] a *fehlt* ‖

4. non legis] non legit, *am Rande* l. legitimum ‖   sed libidinis
tuae, fac tamen legis] *diese Worte fehlen; sie stehen am Rande der Ausgabe des Cratander* ‖   impedis et] impedisset *man.* 1 ‖   meam] in eam
man. 1 ‖   Habe nostrum] habet nostrum *man.* 1. *Vielleicht ist hier* nostram
zu lesen ‖   casu] caū ‖   in temporibus] sine temporibus *man.* 1 ‖

EP. AD ATT. VII, 10 — LIB. III, EP. 7.

nec] ne ‖   cuius] quoius ‖   coartatus] l. cohortatus *man.* 2, *aber
ausgestrichen* ‖   et stupens] set stupens *man.* 1 ‖   consilii res est. Adhuc certe] consilia res est adhuc certa *man.* 1, consilii res est adhuc incerti
man. 2 ‖

EP. AD ATT. VIII, 3 — LIB. III, EP. 9.

1. esset] est sed *übergeschrieben von man.* 2, *aber wieder ausge-*
strichen ‖ uti] ut ita *man.* 1 ‖ Italia excedat] italiam accedat *man.* 1 ‖
quid in] quod in *man.* 1 ‖

2. cum fortuna] *weggelassen* ‖ sit idem ideinque *Hofmann*] subeun-
demque *man.* 1, subeundumque *man.* 2 ‖ cum maiore dedecore *Kempf*]
cum aliquo fore docere ‖

3. sapienter] saltenter *man.* 1 ‖ nisi] ni ‖ auctoritatemque]
que auctoritàtem *man.* 1 ‖ legibus per vim et contra] legibus servi
mei contra *man.* 1 ‖ ille in] ille *zugefügt von man.* 2 ‖ adoptando]
optando ‖ Idem] fidem *man.* 1 ‖ consuli] consule *man.* 1 ‖ Kalendarum Martiarum die *Hofmann*] K. Martis die ‖ hoc ab urbe] hoc *zugefügt*
von man. 2 ‖ turpissima nequissima fuga *Hofmann*] turpissimamq; sum
fuga (mq; sum *unterstrichen*) ‖ conditio non] conditiōn *man.* 1 ‖

4. recuperabit] recuperavit *man.* 1 ‖ tradita] tradit *man.* 1 ‖ nullae vires] nulla viris *man.* 1 ‖ visa quaeri desperatione] vis aquari de-
sperationem *man.* 1 ‖ Non recepi *Hofmann*] in te cepit *man.* 1, invite
cepi *man.* 2 ‖ sane causam *Hofmann*] sine causa ‖ sensi esset *Orelli*]
sensissem ‖ quisque] quis *weggelassen von man.* 1 ‖

5. habui] habuit ‖ negotii] negocio ‖ Eam si] meam. Si ‖ hieme]
hiemein, in *unterstrichen* ‖ sine eo *Hofmann*] si nec *man.* 1, sine et
man. 2 ‖ putabit] putauit ‖ laureatos] lauratos ‖ efferre] hec ferre ‖

6. Q. Mucius] que mucius *man.* 1 ‖ quidem cecidit] cecidit quidem,
aber mit Umstellungszeichen ‖ fortasse] fortis se *man.* 1 ‖ certa] certe ‖
iidem] eidem ‖ Quid enim *Hofmann*] qui enim ‖ in eam partem] mea
in parte, *aber in ist unterstrichen* ‖ Brundisii] brundusii ‖

7. Caleno] calleno ‖ a consulibus duci] ac consulibus ducis ‖ deserere erit] deserit *man.* 1 *und vorher* deterit ‖ Est quaedam] et quaedam ‖ Trebonio] petronio ‖ summa] suum ‖ et litteras] et *fehlt* ‖
sed exquirens] et exquirens *man.* 1 ‖

EP. AD ATT. VIII, 12, C — LIB. III, EP. 10.

1. ad me ire] admire *man.* 1 ‖ istaea] istic ‖ te ei] te et *man.* 1 ‖
ab aliis] ab illis ‖ Quae si] quasi *man.* 1 ‖ sed locis] ut locis *man.* 1 ‖
neque] ne qui *man.* 1 ‖ ut frumentatum] et frumentatum ‖

2. cum omni copia] cum omni copias *man.* 1, cum omnibus copiis
man. 2 ‖ huc] hoc ‖ M. Tuscilio] metu stileo ‖

3. tam amplum] tam *zugefügt von man.* 2 ‖ summae] summam ‖

4. Sicca a te] sic adpocto ‖

EP. AD ATT. IX, 6, A — LIB. III, EP. 11.

meo commodo] me commodo ‖ potuissem] potuisset, *was überge-*
schrieben ist, ist wieder gestrichen ‖ hoc et feci saepe] *so von neuer*

Hand am Rande, hoc effecit saepe *man.* 1, hoc officium saepe, *übergeschrieben von man.* 2, *aber wieder gestrichen* ‖ Reliqua ex Furnio cognosces] *von zweiter Hand am Rande zugefügt* ‖

EP. AD ATT. IX, 11, A — LIB. III, EP. 12.

In der Ueberschrift hat man. 1 sed *statt* S. D.

1. et dignitate] et *von man.* 2 *getilgt* ‖ mea] *zugefügt von man.* 2 ‖

2. auctor fui] auctore ut *man.* 1 ‖ belli ullam] bellis nullam, *aber* s *und* n *unterpunktirt* ‖ adiutor] auctor ‖ duo] al. duos *man.* 2 ‖ quos] quo *man.* 1 ‖

3. omnibus te precibus] omnibus et precibus ‖ impertias] imperitas *man.* 1 ‖ pius] plus *man.* 1 ‖ esse in] essem *man.* 1 ‖ maximi] maxime, *aber* e *unterpunktirt und* i *übergeschrieben* ‖ sperarem] separarem *man.* 1 ‖ impetraturum] imperatorum *man.* 1 ‖ et ad] sed ad *man.* 1 ‖ pertinet] pertinent, *aber das letzte* n *ist unterpunktirt* ‖ me e paucis et ad utriusque] me et pacis et utriusque ‖ conservari] conversari *man.* 1 ‖ putavi] *fehlt* ‖ ille] iiii *man.* 1 ‖ esse gratum] sese gratum *man.* 1 ‖ cura] cur *man.* 1 ‖

EP. AD ATT. IX, 13, A — LIB. III, EP. 13.

1. scire] scripsi *man.* 1 ‖ N. Magium] cn. magnum *man.* 1, cn. magium *man.* 2 ‖ Cum] qui *man.* 1 ‖

2. proficere possem videri] proficiscere possum videre *man.* 1 ‖

EP. AD ATT. IX, 15, A — LIB. III, EP. 14.

in itinere] *zugefügt von man.* 2 ‖ audivimus] audimus *man.* 1 ‖ Pompeium] *zugefügt von man.* 2 ‖ habuit] buit ‖ pauculos] paulos *man.* 1 ‖ visum est] visus est *man.* 1 ‖ pueros] pueros tuos *am Rande* ‖ curae sunt] curas ne ne *man.* 1. ‖ eaque] eaqq(?) *man.* 1 ‖ Scaevola] scevola ‖ Caesarem a. d. viii Kal. Capuae, a. d. vi Sinuessae] cesarem ad viii K. capue ad vi sinuessae, capue ad vi *ist von man.* 2 *zugefügt* ‖ hoc] hec ‖

EP. AD ATT. IX, 16 — LIB. III, EP. 15.

1. quod scriberem] quid scriberem ‖ Sinuessae] so *auf Rasur* ‖ Ab eo] *auf Rasur* ‖ exspectat] exspecto *man.* 1 ‖

2. auguraris] auguraturi ‖ triumpho gaudio] triumpho gaudeo *man.* 1, triumpho et gaudeo *man.* 2 ‖ quod ii] quod dii *man.* 1 ‖ a me] ad me *man.* 1 ‖ discessisse] dicessisse se, se *unterpunktirt* ‖ sui] sui is, is *unterpunktirt* ‖

EP. AD ATT. IX, 18 — LIB. III, EP. 16.

1. nam et] amet *man.* 1 ‖ ad urbem] ab urbe *man.* 1 ‖ fefelle-

runt] fefelleret *man.* 1 ‖   reliquos si nos] belli quos si in his *man.* 1;
über si in his *ist von man.* 2 *geschrieben* l. sinus ‖   pace] pacem, m *unter-*
punktirt ‖   Meone inquam] eorum quam *man.* 1 ‖   in Hispanias iri] in
hispania sibi *man.* 1 ‖   de Gnaeo] digne eo ‖   ista] est a *man.* 1 ‖   est
multaque] *so am Rande. Von man.* 1 *ist das weiter unten folgende* aut
non veniendum *nach* est *eingeschoben* ‖   possem] possim ‖   me amavi]
meam aut *man.* 1, me amabo *man.* 2 ‖   nsu] usum m *unterpunktirt* ‖

2.   area sceleris] ero sceleri *man.* 1, aero sceleri *man.* 2 ‖   Quid
quod] quod *fehlt*] quod Tulli in *Kempf*] quot ut in ‖   Sex legiones] sed
legionis ‖

3.   κατακλεὶς *Lambin nach dem Turnesianus*] ΚΑΤΑΚΙC ‖   nostris]
nostri iis *man.* 1 ‖   liceret] licere *man.* 1 ‖   esse] esset, t *unterpunk-*
tirt ‖   ut scripseras] aut scripseras, a *in* aut *unterpunktirt* ‖   ipse]
zugefügt von man. 2 ‖   Pedanum] pelanum ‖   ego] *zugefügt von*
man. 2 ‖   Arpinum] arpino, o *unterpunktirt und* ū *übergeschrieben* |
πλαταγεῦσαν *Hofmann*] ΑΛΑΤΕΑCΑΝ ‖   malom] male *man.* 2 ‖

4.   quorsum] cyrsum *man.* 1 ‖   congressu nostro] congressu non
nostro, non *unterpunktirt* ‖   offenderim] offenderem, *das letzte* e *unter-*
punktirt und i *übergeschrieben* ‖   maturius] marius *man.* 1 ‖   Amabo]
togam amabo, *aber* togam *ist unterpunktirt* ‖   πολιτικήν] πολειτι-
κην ‖   exspecto] exspecto agendi, *aber* agendi *ist unterpunktirt* ‖

EP. AD ATT. X, 8 — LIB. III, EP. 20.

1.   de his] denis *man.* 1 ‖   esset] esse *man.* 1 ‖   Tullia] Tulia ‖   ad-
scribat] adscribam *man.* 1 ‖

2.   nostras] nrc ‖   ad Hispaniensem, ad *zugefügt von man.* 2 ‖   quod
nolim *Hofmann*] quod fieri ‖   Necesse est enim] nec est enim *man.* 1,
necesse est *ohne* enim *man.* 2 ‖   ab Hispania] ad hispaniam *man.* 1 ‖   trabi]
tradi, *aber schon von man.* 1 *verbessert* ‖   sin trahitur] si cumtrahitur ‖
aut quam diu] ut quam diu *man.* 1 ‖

3.   poterit indignitas] poterit id indignitas *man.* 1, poterit in id dignitas *man.* 2 ‖   poterunt] potuerint ‖   Clodium] cloelium, *wie sehr oft*
bei diesem Namen ‖   sine dedecore] sine *zugefügt von man.* 2 ‖   quidem]
quid ‖   senatum] senatu ‖   venerim] venirem *man.* 1 ‖   an ei nos] an
et nos ‖   venditemus] vendicemus ‖   coniuncti ne] coniunctione ‖

4.   nisi forte iis amissis] *so man.* 2 *am Rande,* nisi sorteus malis sis
man. 1 ‖   necesse esse] esse *fehlt* ‖   Itaque quoniam *Hofmann*] itque
quem *man.* 1, itaque quem *man.* 2 ‖   novalis] novatis (?) *man.* 1 ‖   ei sem-
per] et semper *man.* 1 ‖   cura] *zugefügt von man.* 2 ‖   Navigabit] na-
vigavit *man.* 1 ‖   adversabimur] udversauimur *man.* 1 ‖   Quod maius scelus aut tantum denique *Hofmann*] quod malus scilicet tm denique; *am*

Rande steht l. maius vel malum ‖ An invadentis in absentes *Hofmann*] aninval dehic in absentis *man.* 1, an invalde hic *man.* 2 *am Rande* ‖

5. salute] salutem ‖ transiimus *Nipperdey*] transierimus ‖ Omnino non] non *fehlt* ‖ contendimus *Nipperdey*] condimus ‖ possemus *Nipperdey*] possimus ‖ ea me res] eam res *man.* 1, ea res *man.* 2 ‖ debuit sed] debuisset *man.* 1 ‖ iratum] rata ‖ amicus esset] amicus esse *man.* 1 ‖ iidem] idem ‖ essent] esse *man.* 1 ‖ verens] vereris *man.* 1 ‖ incidi. Sed) incidisset *man.* 1 ‖ assequor] assequar ‖

6. mi Attice] me attice ‖ ab Attio]. ab attico ‖ istum] iste *man.* 1 ‖ concidat] concidant *man.* 1 ‖ florentissimus] florentis ‖ novus vi, vii diebus] novos ut uti diebus ‖ egenti] egentia, a *unterpunktirt* ‖ perditae] perditi (?) ‖ venerit] veniret ‖ tam] tn *man.* 1 ‖ aerario] afranio ‖ ministris] ministeris, *das zweite s übergeschrieben* ‖ ii provinciam] ii *zugefügt von man.* 2 *und wieder ausgestrichen* ‖ ii rem] ii *zugefügt von man.* 2 ‖

7. intelleges id] intelligent *ohne* id *man.* 1 ‖ malle] male *man.* 1 ‖ censueris] censuerunt ‖ exilio] ex illo ‖ Themistocleo] themistocle *man.* 1 ‖ Thucydides] chydides, *vorn von man.* 2 *übergeschrieben* tu ‖ τῶν μὲν παρόντων] *TONMEMIIAPONTA* ‖ ἐλαχίστης] *EAXICTOI* ‖ κράτιστος γνώμων] *IIATEICΘYCTNΩAI* ‖ μελλόντων ἐπὶ πλεῖστον] *MEAΩNECIIAEICTΩ* ‖ γενησομένου] *TENICΩNENOY* | ἄριστος] *das letzte* ς *fehlt* ‖ ἄμεινον] *AMINON* ‖ καὶ] *KAT* ‖ τῷ] *TOI* ‖ ἔτι] *CTI* ‖ προεώρα] προ *fehlt* ‖ μάλιστα] *MAMCTA* ‖ Artaxerxi] artaxersi ‖ polliceretur] pollicetur (?) *man.* 1 ‖ fuisset illa nox] fuisse et illa uox *man.* 1, fuisset et illa nox *man.* 2 ‖ Sullanus] sullanos *man.* 1 ‖ si nihil] se nihil *man.* 1 ‖ accidet] accidit ‖

8. iste] ista *man.* 1 ‖ qui quidem] qui *zugefügt von man.* 2 ‖ cogitare. Sin] cogitares in *man.* 1 ‖ haud] aut *man.* 1 ‖ factum videam] factum fiat videam *man.* 1 ‖ paream] so *man.* 1, ebenso *man.* 2, *welche erst* pareamus *geschrieben, dann wieder ausgestrichen hat.* ‖

9. Nec hercule *Hofmann*] ne hercule ‖ mihi unquam] minus quam *man.* 1 ‖ accidisse] accidisset *man.* 1 ‖ Est στοργή, est] sit *CTOPTIIC* sit ‖

10. re nimis] remis ‖ συμπάθειαν] sim παειαν iam ‖ Hispaniis] bispanis ‖ Antonio] anio ‖ Curione] curionem *man.* 1 ‖ velle] vellet ‖ huic bello] huic libello ‖ uti possem] ut possem ‖ Curione. Is] curionis *man.* 1, curio. is *man.* 2 ‖

BEILAGE A ZU AD ATT. X, 8.

1. falsa magni] falsam agnosco magno; agnosco *unterpunktirt, ebenso* o *in* magno *und* i *übergeschrieben; am Rande* inaiö esse, ‖ lectis-

simam] letissimam *man.* 1 ‖ fias] fiat *man.* 1 ‖ dignitas] designatas
man. 1 ‖ commoveri etiam] commoverit iam *man.* 1 ‖ ζηλοτυπίᾳ] ze-
lotipia *man.* 1 ‖ excepto Caesare Caesarem] Caesarem *zugefügt von man.*
2 *am Rande. Am Rande der Cratandrischen Ausgabe ist nach* Caesare
eingeschoben meo meque illud una iudicare ‖

2. serves] servis *man.* 1 ‖ Dedita] dedit *man.* 1 ‖ familiarissimum
meum] familiarissimumque eum *man.* 1 ‖ Philotimus] *nach diesem
Worte ist von man.* 2 litteras *eingeschoben, aber wieder gestrichen* ‖

BEILAGE B ZU AD ATT. X, 8.

In der Ueberschrift hat man. 2 cic. imp. sal. d., *man.* 1 sal. *statt*
Ciceroni imp. s.

1. quo integra] qua integra, *aber vorher war war* quo ‖ videberis] ut
deberes, *am Rande* videbere ‖ indicasti] iudicastis, *das letzte s unterpunktirt* ‖ abs te] obficat *man.* 1 ‖ nil] nihil *man.* 2 ‖ peto] puto
man. 1 ‖

2. cum probarent] comprobarent *man.* 1 ‖ periculi causa] pericula
causam *man.* 1 ‖ Tu explorato] quo et plorato *man.* 1 ‖ omni] omͤe
man. 1 ‖ contentione] contentionem *man.* 1 ‖

EP. AD ATT. X, 9, A, AD FAM. VIII, 16 — LIB. III, EP. 17.

*In diesem Briefe ist der Cod. Med. zu den Briefen ad Atticum mit A,
der zu den Briefen ad familiares mit F bezeichnet.*

1. Exanimatus] exanimatus sum *F* ‖ te nihil nisi triste] te nihil triste
A man. 1, te nonnihil triste *A man.* 2 ‖ quid esset] quod esset et, et *unterpunktirt, A* ‖ perscripsisti neque non] perscripsi non *F* ‖ quale esset
quod cogitares] qualis esset quod cognita res *F* ‖ ilico] *so F immer,* illico
A ‖ et obsecro] et *fehlt in F* ‖ praedixisse] praedixi *F* ‖ Caesarem]
caesare *F* ‖ convenerim] convenirem *A man.* 1 ‖ futura] fuerat *F* ‖ parta
victoria] partha victa victoria *F* ‖ cognorim] cognoverim *F* ‖ existimas]
existimans *A man.* 1 ‖ fore] forte *A* ‖ Caesaris] caesar *F* ‖ exiit;
his] exilit bis *F*, exithes *A, he unterpunktirt und u übergeschrieben* ‖ me-
hercule] *fehlt in F,* mehercules *A* ‖ deprecationi] deprecatio *F* ‖

2. valemus eorum] valet quorum *F* ‖ velle] vel *A man.* 1 ‖ cuius]
quoius *F* ‖ odisse] odiose *A man.* 1 ‖ offensae] defense *A* ‖ fuerit]
fuerint *A* ‖ subisse] subesse *A* ‖ victorem Caesarem] Caesarem *fehlt
in F* ‖ quem] quam *F* ‖ quos] quod *F und A man.* 1 ‖ resistentes]
resistentis *F und A man.* 1 ‖ optimatem] adoptatim *F* ‖ quid] quod *A* ‖

3. saltem] salte *F* ‖ Hispaniis] hispanis *A* ‖ Hispaniis] hispanii
F, hispanis *A man.* 1 ‖ Quod porro] quid porro *A* ‖

4. mihi] me *A man.* 1 ‖ ac] hoc *F* ‖ Negavi] negavit *F* ‖ sed ta-
men] sed *fehlt in A* ‖ ubicunque esses] ubicunque esse *F* ‖ ad te] a te

A man. 1 ‖ percucurrissem] percurrissem *F*, pervicurissem *A man.*
1 ‖ vi te retinuissem] vitae retinuissem *F*, utteret inuissem *A man.* 1 ‖

5. ne te] ne ne *A man.* 1 ‖ omnes] omnis *F* ‖ ne te sciens] nec
te sciens *A man.* 2 ‖ demittas unde] demitta sum de *F*, dimittas unde
de, *aber* de *unterpunktirt, A* ‖ exitum vides] exitu invides *A man.* 1 ‖ iac-
tationem] iactatione *F* ‖ potes] potest *F* ‖ quae iam erunt confecta. Id
si feceris] quae tam erunt confeceris *F* ‖

EP. AD ATT. XI, 5 — LIB. III, EP. 23.

1. impetu magis] impetum agis *man.* 1 ‖ quodam] coram ‖ tantae,
ut] tanta. Fuit ‖ effecerint] effecerunt ‖ reperio. Rem] *so man.* 2, man.
1 *hat schlecht interpunktirt* ‖ te subdebilitatum] te subidebilitatum, i *nach*
sub *unterpunktirt. Am Rande der Cratandrischen Ausgabe steht* te su-
bita re quasi debilitatum ‖

2. deversoria] devorsoria ‖ tota] tuta *man.* 2, *aber ausgestrichen* ‖

3. Basilo] basilio ‖ intervallo] in vallo *man.* 1 ‖ scripsi, bis litteris *Wesenberg*] scriptis litteris ‖ deesse de qua] des sede quam
man. 1 ‖

4. deesset] deest ‖ qua in] quam in *man.* 1 ‖ Quintus] que ‖ Cor-
cyra] corcyram ‖

EP. AD ATT. XI, 6 — LIB. III, EP. 24.

1. ac de dolore] accede dolore *man.* 1 ‖ sibi] tibi *man.* 1 ‖ quic-
quam] *so man.* 2, *die zuerst* for (tasse) que *schrieb, aber wieder durch-
strich,* huicquam *man.* 1 ‖ dolerem] dolorem *man.* 1 ‖

2. Crede] credo *man.* 1 ‖ minui] minus *man.* 1 ‖ est. Quare] si.
quare *man.* 1, sensi. quare *man.* 2, siqua re, *was auch von man.* 2 *geschrieben ist, ist ausgestrichen* ‖ ego nunc] ego non ‖

3. Reliquo tempore me domi tenui ad oppidum, eo quoniam displiceret modo *Hofmann*] recipio tempore me domo te nunc ad oppidum et quoniam his placeret modo ‖ Credo] cedo ‖ quae quidem] que equidem *man.*
1, *aber von derselben Hand verbessert* ‖ et si istis] et *von man.* 1 *in* ut
verändert ‖ quo magis] quod magis ‖ adhibeantur] adhibentur, *von man.*
1 n *unterpunktirt und a* übergeschrieben ‖ Pausa] pausa ‖ quidquid]
qui quid ‖

4. exanimat] examinat *man.* 1 ‖

7. Quintum] q̄ *man.* 1, quintum *man.* 2 ‖ qui istas] quis istas, *aber*
s *in* quis *unterpunktirt* ‖ euntem] an euntem ‖

ABWEICHUNGEN

DES CODEX MEDICEUS PLUT. XLIX NUM. IX ZU DEN BRIEFEN AD FAMILIARES.

EP. AD FAM. I, 7 — LIB. II, EP. 2.

Die Ueberschrift fehlt, aber die Anfangsworte Legi *bis* tibi *sind roth geschrieben* ‖

1. is] his, *aber verbessert von derselben Hand* ‖

2. dictu] dictum, m *unterpunktirt* ‖ virtutis] virtutes, e *unterpunktirt und* i *übergeschrieben* ‖ officii maiorem] officio maiorum, *aber es ist verbessert* ‖

3. officii] auficii *man.* 1 ‖ a me] a *fehlt* ‖ periucundae fuerunt] periucun defuerint ‖ devinctum] de devinctum ‖ te ab se abalienatum] tuae ab se abalienatum, *nach* se *ist* te *übergeschrieben. Petr. hat* tue ab ste ab alienatum; e *in* tue *und das zweite* ab *sind unterpunktirt* ‖

4. sic] si ‖ senatus] senatum *man.* 1 ‖ consultum] consultu ‖ adempta sit] adempta sint ‖ Alexandream atque] Alexandre amat que ‖ Ptolemaide) Ptolomaidae ‖ aliquo] alico ‖ Alexandream) Alexandriam ‖ Ptolemacus] ptolomeus ‖

5. et optamus] ut optamus ‖ dicturos] dicituros, *das zweite* i *unterpunktirt* ‖ iudicare] iudicari ‖

6. qui] quis, s *unterpunktirt* ‖ provinciam] proviutiā ‖ imperium tuum pecunias] imperii tui provincias ‖ praestitisset] praestetisset ‖ ferat] fuerat, u *unterpunktirt* ‖ optare *Hofmann*] optere ‖

7. de vetere] de devertere ‖ obliti] oblitis, s *unterpunktirt* ‖ consularibus] consularivus *man.* 1 ‖

8. quia *nach Schol. Bobiens.* p. 288 *ed. Orelli*] qui ‖ quae] qui; *übergeschrieben ist* ue *von einer neuern Hand* ‖ fuvisti *nach Schol. Bob. a. a. O.*] praefuisti *auf Rasur, von erster Hand nur* . . . . ti. Petr. *im Text* virtuti, *am Rand von einer neueren Hand* praefuisti ‖ paeniteret] paeniteret *mit einer Rasur zwischen* p *und* a; Petr. peniteret *verbessert in* preniteret ‖ quam] quem *man.* 1 ‖

9. beneficiis] beneficentiis ‖   aliquantum] aliquam tum ‖   sentias-
que] sententiasque *man.* 1 ‖   Quae quidem] qui quidem *man.* 1 ‖   movit]
movet ‖   reliqua] re qua *man.* 1 ‖

10.   profecisse] perfecisse ‖   tantum] tu̅, *d. i.* tamen *man.* 1 ‖   se
assequi] sed ad se qui ‖   cognovi; tu tuis] cognovit. Utuis *man.* 1 ‖

11.   summa virtute] *Dies scheint die ursprüngliche Lesart des Mediceus, die dann in summae virtutis geändert ist. Ebenso Petr.* ‖   erit]
erat, *über* a *ist* i *geschrieben* ‖

EP. AD FAM. II, 4 — LIB. II, EP. 3.

*In der Ueberschrift fehlt M. im Text und in dem dem Codex beige-
fügten Index der Briefe; C. fehlt im Index;* c . . . . . . *der Text.*

1.   certiores] certioris ‖   absentes] absentis ‖   si quid] si quod ‖   At
huius *Hofmann*] in huius ‖   generis] *nach diesem Worte ist von man.* 3
sententias *hinzugefügt* ‖   tuarum enim] domesticarum enim tuarum enim,
aber die beiden ersten Worte sind ausgestrichen ‖   intellego] intellegat
man. 1 ‖   neque ea quae sentio] *weggelassen* ‖

2.   laudum] laudem, *aber verbessert von derselben Hand* ‖   in his
esse laborandum] in hiis esse laboramdum *man.* 1, in hiis esse elaborandum
man. 3 ‖

EP. AD FAM. II, 6 — LIB. II, EP. 4.

*In der Ueberschrift fehlt M. sowohl im Text als im Index. Weiter-
hin steht* Consulem Curioni, *aber* onsulem *ist ausradirt. Der Index hat*
Curioni. C.

1.   epistola] epistolae *man.* 1 ‖   es ut] est ut *man.* 1 ‖   abes] babes
man. 1 ‖   sita est] sita sit ‖   obscuro] abscuro *man.* 1 ‖   et una] et una
et una ‖   omnium] omniaim ‖

2.   mehercule] mercule ‖   ac prope] iam prope *man.* 1, iam prope et
man. 2 ‖   rectene] recte non *man.* 1 ‖

EP. AD FAM. II, 6 — LIB. II, EP. 5.

1.   Sex. Villium] so *man.* 1, servillium *man.* 2, sex. iullium *Petr.* ‖
Milonis] Milones, *aber von derselben Hand verbessert* ‖   cito] scito, s *unterpunktirt* ‖   perferri] perferre ‖   si qua magna] so *man.* 2, si quae magnae *man.* 1 ‖

2.   ingenui] ingenu *man.* 1 ‖   innumerabilia] *am Rande von einer
anderen Hand zugefügt* beneficia, *aber wieder ausgestrichen* ‖   tuam
quam *Hofmann nach P*] tam quam *man.* 1, tanquam *Petr. man.* 1, tantam
quam *man.* 2 *und Petr. man.* 2. *Petr. man.* 2 *hat vorher* tam *getilgt, diesen Verbesserungsvorschlag aber wieder zurückgenommen* ‖   cumulan-
doque] cumulando atque *man.* 1, cumulare atque *man.* 3 ‖

3. tantae] tanta *man.* 1 ‖ quantae] quanti ‖ gratiosam] gratiosum ‖

4. moderator] moderatur *man.* 1 ‖ a te] ad te, d *unterpunktirt* ‖ ´et huic] ut huic ‖ benevolentiaeque] benevolentiaequae ‖

5. cum ad te haec scriberem] *so man.* 2, in te *man.* 1 *u. Petr.* ‖ quantum] quantus *man.* 1 ‖ sic] si *man.* 1 ‖ Miloni] moloni, *aber von derselben Hand verbessert* ‖ unius tuo] tuo, *aber von derselben Hand verbessert in* tui, *was aus Versehen im Texte geändert ist.* ‖

EP. AD FAM. II, 16 — LIB. III, EP. 18.

1. habent *Klotz*] haberet ‖ desciscerem] descisserem ‖ florentissimi] forentissimi, o *unterpunktirt* ‖

2. voculas] voculus *man.* 1 ‖ malevolorum] malevorum ‖ facillime sum] *So man.* 1 *und P.*; sum facillime *man.* 2 ‖ eum] euum ‖

3. abhorrerem] aborrerem ‖ civile] civilem ‖ existimari] existimare ‖

4. hac orbis] hoc orbis *man.* 1 ‖ domesticis] modesticis ‖

5. satis] satris ‖ adolescentem] adulescentem ‖ cum scias] quin scias, *verbessert von einer neueren Hand* ‖ mihimet ipsi *Orelli*] mihi fuit ipsi ‖

6. et haec] ut haec ‖ meliores] melioris ‖ adolescente me] adolescentes, *über dem letzten* e *ein Strich,* a *unterpunktirt; alles von derselben Hand* ‖

7. Dolabellae] *so man.* 2; Dolabella *man.* 1 *und Petr.* ‖ nostra] nostram, *aber von derselben Hand verbessert.* ‖

EP. AD FAM. II, 18 — LIB. II, EP. 17.

In der Ueberschrift ist Q. *im Index weggelassen; für* PROPRAET. *hat der Index* PRO, *der Text des Codex* propter, *in welchem Worte alle Buchstaben ausser das erste* p *unterpunktirt sind.*

1. Rhodonem] rodonem ‖ praestiti tibi] praestitistibi *man.* 1 ‖

2. rationibus tuis] rationibus studiis *man.* 1 ‖ graves] gavis *man.* 1 ‖ sine] si *man.* 1 ‖ hoc ipso] hoc ipse *man.* 1 *und Petr.*

3. quaestoriis] quaestoris ‖ dignum se] se *weggelassen.* ‖

EP. AD FAM. II, 19 — LIB. II, EP. 18.

Die Ueberschrift und der Anfang lautet im Mediceus so: Marcus tullius marcellus (arcellus *unterpunktirt*) f . . . . . (*Rasur*) cicero imperator salutem dicit consule coelio lentulo filio gneus caldo quecum optatissimum.

1. accepissem] accipissem ‖ sors] fors ‖ accedere] accidere ‖ postea cum *nach P.*] postea quam ‖ a. d.] ad ‖ aut quo tempore *nach P.*]

atq tempora ‖ nec is] nec his, h *unterpunktirt* ‖ aut quo] atquo, *aber von derselben Hand verbessert* ‖

2. ad me *nach P.*] ad *fehlt* ‖ Curius] curis ‖ C. Virgilius] consul Virgilius ‖ proficiscentur] *am Rande ist hinzugefügt* elaborabo. *Madvig opusc. priora. p.* 397 *will lesen:* proficisci poterunt, proficiscentur. ‖ maiorumque] maioremque, *aber verbessert von derselben Hand* ‖

EP. AD FAM. III, 2 — LIB. II, EP. 6.

In der Ueberschrift ist IMP. *erst nachträglich von der ersten Hand hinzugefügt worden.*

1. a te] a te *ist von man.* 1 *verändert in* at te, *welche Lesart besser zu sein scheint* ‖ humanitate] humanite, *aber verbessert von man.* 1 ‖

2 senatus] senatu *man.* 1 ‖ expeditissimam] expeditissumam ‖ ad te] a te, *aber verbessert von derselben Hand* ‖ capturum] *von einer alten Hand zugefügt* Vale. ‖

EP. AD FAM. III, 3 — LIB. II, EP. 7.

1. Fabius Vergilianus] Fabianus ‖ quae] quem, m *unterpunktirt und e mit Häkchen versehen* ‖ firmiore opus] firmioribus, *verbessert von einer alten Hand* ‖ itaque fecimus] itaque quae fecimus, quae *unterpunktirt* ‖ benevolentiori] bevolentiori, *im Uebergang zu einer andern Zeile* ‖

2. idem demonstravit] eidem . . . . . demonstravit *mit einer Rasur*, eidem dem. *Petr.* ‖ istas] ista *man.* 1 ‖ senatus consulta] senatoconsulto *man.* 1, senatusconsulto *man.* 2 ‖ C. Pomptinium] consul pomitinum ‖ Brundisium] brundium *man.* 1 ‖ arbitrabar] *von einer alten Hand verändert in* arbitror ‖

EP. AD FAM. III, 11 — LIB. II, EP. 19.

1. Q.] que ‖ ante] a te ‖ aliter] alter ‖ obscure] obscura ‖

2. a cuncto] a *weggelassen* ‖ mentem] mente ‖ ea est] est ‖ et sic *nach P.*] et si ‖ ne] ut ‖ nec facta *Hofmann*] enim facta ‖

3. re publica] rei publice ‖ eo magis] eos magis ‖ tanta] tuante ‖ honoris] oneris ‖ tales] talis ‖ laudas] laudat ‖ cum tuorum] quam tuorum *man.* 1, cum tuorum *P.* ‖ saeculorum] seclorum ‖ mercenariis] mercennariis ‖

4. temporum] tempus eorum ‖ rei publicae] rei *zweimal geschrieben im Uebergang zu einer andern Zeile* ‖ per te] perite ‖ augurales] auguralis ‖ commune] communem ‖ omnes] omnis ‖

5. D. Tullius *nach P.*] dicit Tullius ‖ disertae] desertae ‖ disertum] desertum ‖ es censor] est censor ‖

EP. AD FAM. IV, 2 — LIB. III, EP. 19.

Ser. Sulpicio] servilio suspicio, *aber im Index richtig* ‖

1. breviores] brevioris ‖

2. meum] mecum ‖   capere] caperes ‖   homini] humini ‖

3. qua cum] quam qum, *aber* qum *in* cum *verbessert von einer alten Hand* ‖   gratiam *nach P.*] gratia ‖   ergo] erogo, ego *P.* ‖   quarum] quorum ‖

4. miserior res] misceriores, *aber von einer alten Hand verbessert* ‖ tum] tunc ‖   statutum] statum ‖

EP. AD FAM. V, 1 — LIB. I, EP. 1.

1. bene est] benest ‖   absentem] absente ‖

2. nostrorum] n̄r̄m̄ ‖   te tam mobili] ettammobili ‖

EP. AD FAM. V, 2 — LIB. I, EP. 2.

1. bene est] benest ‖   senatu] senatum, in *punctirt* ‖   ut ea] ut eas ‖   intestino] testino ‖   labefactatam] lure facta tam ‖   timuissent] timuisset ‖   ne qua *nach P.*] neque ‖

2. exponeretur] *nach diesem Worte cum a me wiederholt* ‖   est risus] et risus ‖   errorem meum] errorem metum ‖

3. levior] lenior ‖ ˙

5. gratia] *ausgelassen, was leicht geschehen konnte nach dem Worte, welches vorhergeht,* n̄r̄a ‖   imminuta est] imminutast ‖

6. restiterim *nach P.*] restitucrim ‖   Cn.] gn ‖

7. credo] certo. *Es ist hier* certo scio *zu lesen;* scio *steht in P. und im Mediceus kann es beim Uebergang auf die andere Seite leicht ausgefallen sein.* ‖   in minimo] in animo ‖

8. communes] communis ‖   qui in] quin ‖   dicendi] adiciendi ‖   egregium] aegrium ‖   quicquam] quisquam ‖   quacunque] quicunque ‖   virtute] virtutem *man.* 1 ‖

9. intellegis] intellegit ‖   appellanda est] appellandast ‖   acerbissima] aceruissima ‖   animi] animo ‖   nulla est] nullast ‖   pro mea] pro me ‖

10. utendum *nach P.*] ut est dum ‖

EP. AD FAM. V, 7 — LIB. I, EP. 3.

In der Ueberschrift gn *für* Cn.

1. veteres hostes] veteris hostis ‖

2. conciliatura] conciliatur ‖

3. vererere] verere, verebare *P.* ‖   maiori] maiore ‖   me non multo minorem] ame non multo minore ‖

EP. AD FAM. V, 12 — LIB. II, EP. 1.

1. reprehendenda] reprendenda ‖ vehementer] vementer ‖ exspectatum] exispectatum ‖ celerrime] celerrume ‖ ac spes quaedam *Hofmann*] ad spem quandam ‖ suavitate] avitate *von einer neueren Hand am Rande und auf Rasur, wo vorher irgend ein kürzeres Wort gestanden hat. Petr. weicht nicht ab.* ‖

2. deesse] desse ‖ cogitares] cogitare ‖ Phocicum *Westermann*] Troicum ‖ seiungeres. Equidem] seiungere se quidem ‖ ad nostram] ut nostram ‖ impudenter] imprudenter ‖

3. fines] finis ‖ vehementius] vementius ‖ suavissime] suavissume ‖ flecti] effecti; deflectum *P.* ‖ demonstras] demonstrans; demonstramus *P.* ‖ vehementius] vementius ‖ mihi] mbi ‖

4. quoddam] quodam ‖ vehementer] vementer ‖ in legendo tuo scripto retinere *Orelli*] in legem dote scripto retinere; in legendo te scriptore tenere *P.* ‖

5. qui tum] quintum ‖ aequo] aeque ‖ tenetur] retinetur, *was von mir aus Versehen nicht in den Text aufgenommen ist* ‖ annalium] an alium ‖ notabili] uotabili ‖ concluduntur] excluduntur, *aber von einer alten Hand verbessert.* ‖

6. hac] haec ‖ mutationesque *Madvig*] multasque actiones ‖ quadam] quaddam ‖ cum] quam ‖ qui quid sis] quid sis ‖

7. Spartiates Agesilaus] Spatiates hagesilaus ‖ fictam] fictam tam ‖ fuerit] fueri ‖ Timaeo] tcimaeo ‖ Sigeum] sigetum ‖

8. quicquam] quicum ‖ si quid est] si quod est ‖ reprehendendum] reprendendum ‖ reprehendant] reprendant ‖

9. mirere] merere ‖

EP. AD FAM. VIII, 1 — LIB. II, EP. 8.

1. et ad litteras] ut ad litteras ‖ cuius] quouius ‖ animadvertere] animatvertere ‖ edicta] dictae ‖ exhibeam] exeahibea ‖

2. possint] possit ‖ spes sit] spes est ‖ tenuissimam] tenuissem ‖ accepi] accipi ‖ fuerunt] *so der Mediceus, aber undeutlich geschrieben; Petr.* fuerant ‖ nos essemus] non essemus, *aber verbessert von derselben Hand* ‖

3. visus sit] visus sis ‖ ostenderit] ostenderet ‖ quid cupiat] ut quid cupiat ‖

4. eo rumores] eorum mores ‖ equitem] eqnidem ‖ fictum] factum ‖ Bellovacos] beluacos ‖ Neque adhuc] neque athuc *man.* 1 ‖ incerta tamen] tamen *fehlt in P.* ‖ at Domitius] aut Domitius ‖ capiti sit] capiti sint, *verderbt aus* siet ‖ perisse; unde urbe *Baiter*] perisseur de urbe ‖ te a Q.] atque ‖ ἐμετικήν] embaeneticam ‖ esuriei] esurire ‖

impenderent ut defuogeremur] impenderet vide fuogeremur ‖ Plancus]
plaogus ‖ vigent *nach P.*] vigens ‖

EP. AD FAM. VIII, 8 — LIB. II, EP. 14.

1. Qua quaeris in causa *C. F. Hermann*] qaaeris an causa ‖ deferre]
differre ‖ Tuccium] tuncium ‖ si quid iniuriis suum 'esset *Hofmann*] si
quod iniuriis suis esset ‖

2. nec quod] ne quod ‖ quicquam *nach dem Vaticanus*] quoi-
quam ‖ maximaque] maximequae ‖ invidia] invidioe ‖ praetor] prae-
torae ‖ . Q. Pilius *Madvig*] q' Pilius ‖ de repetundis] repetundis ‖ indicaret pecuniam] inpicet depecuniam ‖ pervenisse] perveuis ‖ causa]
causam ‖ stultissimosque] stultissimas qui ‖ de patre *nach P.*] de patris ‖

3. lites] litis ‖ pronuntiovit] pronuntiabit ‖ coeptus est] coetus ‖
legis *Hofmann*] legesque. *P. hat* legens *ohne* que ‖ iudicum] iudicium ‖ id
ius ratumque] idus iurotumque ‖ Postulaute rursus] postulanter usus ‖
cum cum *nach dem Vaticanus*] cum ‖ de repetundis] de repetendis ‖ emissario Sex. Tettio] emissa rustetio ‖

4. publicam] publica ‖ Martias] Martis ‖ consultum] consultus ‖

5. consultum] consultus ‖ Auctoritates] auctoritas ‖ Cn. F. Fab.]
cn. f. fabius ‖ Q. Caecilius] quintus caelius ‖ Fab.] fubius ‖ Villius]
iul. ‖ Lucilius *Nipperdey*] lucius ‖ Ter.] *Nach diesem Worte ist* Sal.
*so eingeschoben, als fnge hier ein neuer Brief an. Uebrigens sind die
Namen so geschrieben, dass die einzelnen Personen durch Striche geschieden sind.* ‖ L. Paullus] C. Paulus ‖ coss.] cos ‖ o. d. ex Kal.
Hofmann] a. d. X Kal. ‖ futurae] futura ‖ consularibus] consulati-
bus ‖ ex Kal. Mart.] ex kal. martis ‖ neve quid coniunctim, utique *Hofmann*] neve quis coniunctim de ea re referrentur a consiliis utique ‖ ha-
berent] haberes ‖ senatusque consultum facerent] sane tumque cons. faceret ‖ referrent ut a *Hofmann*] referrentur a ‖ qui senatorum *Hofmann*] qui eorum ‖ eos abducere] ses adducere ‖ de ea re] de. r., *aus
dem Compendium* D. E. R. *entstanden* ‖ plebemve lato opus] pl. velato-
pus ‖ M.] marcus *zweimal geschrieben* ‖ populum plebemve] p. pl.
ve ‖ ad populum plebemve ferrent] adp. pl. veferrent ‖ Cen. Th. *Mommsen*] i. u. ‖

6. Scrib.] scripta ‖ Cn. F. Fab. Ahenobarbus] cn. fab. athenobar-
bus ‖ Q. Caecilius Q. F. Fab. Metellus Pius Scipio] q. metellus q. f. plus
scipio ‖ Villius] iulius ‖ Pop.] pom. ‖ Ateius] Atilius ‖ Oppius] oppius; oppius *P.* ‖ V. F.] ut ‖ de R. P. P. R. Q.] de repub. Q. P. ‖ re-
ferri] referre ‖ senatique] senatique de, *wonach zu schreiben scheint* senatique d. e. r. ‖ possit] posse ‖ eum] tum ‖ existimare] existimari ‖
C.] consultus ‖ referri] referre ‖ C.] consultus ‖ Vinicius] vicinius ‖
Cornelius] corn. ‖

7. stipendia emerita] stipendiae merita ‖ referri] referre ‖   C. consultus ‖ de ea re ad hunc] de ea republica adhuc ‖   S. C.] senato. c. ‖   C. Caelius] caelius ‖ tribuni] tribunus ‖

8. in provinciam] in proviniam ‖ S. C.] senatu consultu ‖ oporteret] oportere ‖ quos ex S. C.] ex *fehlt* ‖ praetorum] p. r. ‖ quoad is] quod ais ‖ C.] consultus ‖ Caelius] a *unterpunktirt und o übergeschrieben* ‖ tribuni] tribunus ‖

9. inquit] inquis ‖ At ille] ad ille ‖ effecit] efficit ‖

10. advectae] advecti ‖ supersederi] supersedere ‖ quoniam] $\overline{quo}$ ‖ istuc] istoc ‖

EP. AD FAM. XIV, 2 — LIB. I, EP. 17.

1. longiores] longioris ‖

2. subleventur] sublevantur ‖ mea culpa] me culpa ‖

3. facienda est] faciendast ‖ partem te] parte ‖ misera proiicies] miseras proices ‖ sine] et sine ‖ omnes] omnis ‖

4. quoniam] quam ‖

EP. AD FAM. XIV, 4 — LIB. I, EP. 15.

1. fuissemus] fuisse ‖ reciperandi] recuperandi ‖ quoniam] $\overline{quo}$ ‖

2. Laenium] lenium ‖

3. profecti sumus] profectissimus ‖ a. d. ii] a. d. v ‖ mihi deest] mihi est ‖ quid aget? Iste vero sit] quid agetis te vero sit ‖ iam] Iam ‖

4. abisset] abesset ‖

5. reciperandae] recuperandae ‖ ferenda non sunt] non *fehlt* ‖

6. Sallustius] salustius ‖ vincit] vincet ‖ omnes. Pescennius] omnespes cennius ‖ carissima] karissima ‖

EP. AD FAM. XIV, 5 — LIB. III, EP. 1.

1. non] ‖, *eine sonst in dieser Handschrift nicht vorkommende Abkürzung* ‖ redditae] reddite ‖ diligentissimeque] diligentissimequae ‖ idque] idquae ‖ Acastus] castus ‖ primum] primus ‖ vos] nos, *aber von derselben Hand verbessert* ‖ veniamus] venimus ‖ quoniam] $\overline{quo}$ ‖ fortuna est] fortunast ‖ prodeas] propeas ‖

2. Preciana] practiana ‖ adiuvabunt] adiuvabant ‖

EP. AD FAM. XV, 1 — LIB. II, EP. 13.

1. a M. Bibulo] ambibulo ‖ paene] poene ‖

2. Pacorum] parcorem ‖ Iamblicho] iamblico ‖ iisdem] isdem ‖

3. mansuetudinem] consuetudinem ‖ amiciores populo Romano] amicioris p. r.

4. Nos] vos ‖

5. provincias] provicias ‖   hae] heae ‖   nulla est] nullast ‖   permisissetis] permisistis ‖

6. dignitati] dignitate, *aber verbessert von derselben Hand* ‖

EP. AD FAM. XV, 4 — LIB. II, EP. 15.

1. auctoritas] actoritas, *aber verbessert von derselben Hand* ‖   res eas] reaeas, *aber von derselben Hand verbessert* ‖   gessissem] gessisse ‖

2. Laodiceae] laodiciae ‖   quatriduum] quadriduum ‖   Philomelium] philomeleum ‖   M. Anneio] m. manneio ‖

3. firmam] firmo ‖   regumque] regnumque ‖

4. reliqua] requa, *aber von derselben Hand verbessert* ‖   demisissem] demississem ‖   Cybistra] cibystra ‖

5. egi ei] egi et ‖

6. Cybistra] cibystra ‖   exsilio] consilio, *verbessert von man.* 2 ‖   in maxima *Hofmann*] maxima ‖   et totus *Hofmann*] et toto ‖   discederet] disceret ‖

7. et Arabum] et *fehlt* ‖   ab equitum] ab equitatum, m *ausgestrichen.*

8. discedere] discere, *von einer alten Hand verbessert* ‖   Pomptinius] pomitinus ‖   M. Anneius] mamneius ‖   Tullius] tulleius ‖   autem] a *auf Rasur, aber von man.* 1 ‖   Sepyram] sepiram ‖   Pomptinio] pomitino ‖   tenenti *Hofmann*] tenente ‖   cepimus] *zweimal geschrieben* ‖   vi *Madvig*] sex ‖

9. quatriduum] quadriduum ‖   reliquiis] reliquis ‖

10. iisque] hiisque ‖   regibus] geribus ‖   adventum] adventu ‖   ad existimationem] ad *fehlt* ‖   vineis] viniis ‖   partibus] s *auf Rasur von einer neuern Hand, aber Petr. weicht nicht ab* ‖   Q.] que ‖   pacatis] patis ‖

11. de his] de iis ‖   mihi] tibi ‖

12. tempestates] tempestatis ‖   paratissimus] paratisimus ‖   ut facile] ut *von einer neueren Hand hinzugefügt* ‖   quis enim in te] in *fehlt*, de *von einer neueren Hand übergeschrieben* ‖   non modo iis] non *weggelassen, aber von einer neueren Hand ergänzt* ‖

13. inani] inane, *verbessert von einer neueren Hand* ‖

14. vis] ius ‖   vehementer] vementer ‖   paribus] partibus, t *von alter Hand gestrichen* ‖   firmissimum] firmissimus m. ‖   ex alienissimis] ex *von alter Hand hinzugefügt* ‖   infidelissimis] infidelissimos *man.* 1 ‖

15. iustiores] iustioris ‖   maiores] maioris ‖

16. communis] commune ‖

EP. AD FAM. XV, 5 — LIB. II, EP. 16.

1. et res publica me] *zweimal geschrieben* ‖ hortatur] hortatus ‖ administrare] administrari ‖

2. casum] casu ‖ clarius] clarior, *aber von derselben Hand* u *über* o *gesetzt* ‖

EP. AD FAM. XV, 6 — LIB. II, EP. 20.

1. ad me] a me, *aber verbessert von derselben Hand* ‖ a meis] a miis ‖

2. parum iusta] *nach* parum *ist* eingeschoben tibi iussa est; es ist *aber unterpunktirt* ‖ nimis) minus ‖ de honore] honore ‖ meliore] meliorem ‖

EP. AD FAM. XV, 7 — LIB. II, EP. 11.

C. Marcello] M. Marcello ‖

EP. AD FAM. XV, 12 — LIB. II, EP. 12.

M. Cicero Procos. *Hofmann*] M. Cicero Imp. ‖

2. quoniam] $\overline{quo}$ ‖ annuum] annum ‖ cumulus] cumules ‖

EP. AD FAM. XV, 15 — LIB. III, EP. 25.

1. spe] spes ‖ necessaria] *unterpunktirt von alter Hand,* vielleicht *von* man. 1. *Es ist wohl zu streichen.* ‖ quoniam] $\overline{quo}$ ‖ exspectare] exispectare ‖ reprehendit] reprendit ‖ praeter eos] praeterco ‖ imminutam] immunitam ‖ reliquiis] reliquis ‖

2. homines cum essemus] homines cum hominessemus, *aber verbessert von* man. 1 ‖ quasi] quase ‖ consuli] consule ‖ arbitrarer *Hofmann*] arbitrari ‖

3. interesses et] interesse sed ‖ arbitrabamur] arbitramur ‖ auctor] actor ‖

EP. AD FAM. XVI, 1 — LIB. III, EP. 2.

Cicero meus] *Ebenso die erste Person in der Ueberschrift zu* ad fam. III, 1] Cicero Ap. Pulchro, ut spero, censori s. d.

1. ad honorem] et honorem ‖ si tu] si tui ‖ es sententia] essentia ‖ videris] videres ‖

2. hoc tibi] hoc tibi hoc ‖

EP. AD FAM. XVI, 9 — LIB. III, EP. 3.

D. *in der Ueberschrift und* Nos *hat* man. 1 *zusammengezogen in* dignos ‖ Actium] actum ‖ Cassiopen] cassiodem ‖ ventis] vens ‖

2. facit] fecit, *aber verbessert von derselben Hand* ‖ tandem] tantendem ‖

3. Nunc quid] nunc quidem ‖   vellem] velim ‖   incideres] incederes ‖   quoniam] q̄uō ‖   Equum] ecum ‖

4. stiteris] steteris ‖

EP. AD FAM. XVI, 11 — LIB. III, EP. 6.

1. quoniam] q̄uō ‖

2. minaces] minacis ‖

3. descriptae] discriptae *man.* 1 ‖   quotienscunque] quotiescunque ‖

EP. AD FAM. XVI, 12 — LIB. III, EP. 8.

1. salus] saluus ‖   deducta est] deductast ‖   qui deus] quideius, *das zweite* i *unterpunktirt* ‖

2. destiti] destituti ‖   iis] is ‖

4. stare] istare ‖   Petreio) preio, *aber verbessert von derselben Hand* ‖   Videtur] videbitur ‖   nobiscum est] est *fehlt*.

5. quod] quem ‖

6. quem cum] quem quam ‖   quoniam] q̄uō.

REGISTER ZU DEN ANMERKUNGEN.

B.

C.

D.

O.

P.

Q.

R.

Verlag der Weidmannschen Buchhandlung (Karl Reimer) in Berlin.

Druck von Carl Schultze in Berlin, Kommandanten-Str. 72.